U1001316

LEGAL ENCYCLOPEDIA

OF

MARITIME DISPUTES RESOLUTION

涉海商事
争议解决法律全书

规则通解与实务指引

任雁冰　编著

GENERAL RULES

&

PRACTICAL GUIDELINES

法律出版社 LAW PRESS · CHINA

序 一

任雁冰律师表示，其著《涉海商事争议解决法律全书——规则通解与实务指引》一书受到《中国海商法研究》（2015 年第 3 期）《中国海法典编纂论纲》（作者：司玉琢、李天生）启发，尤其是下面一段话：

法典编纂属于立法活动，是指对属于某一法律部门的全部已有和应有的规范性法律文件进行内部加工，使之成为一部系统化的新法典的活动。海法典编纂，就是删除或修订相关法律规范中已经过时的或不适合的部分，消除相关法律、法规互相重叠和矛盾的部分，增加海事发展所需要的内容和规范条款，填补空白，统括与海事相关的具有海上特殊性的民事、行政、刑事法律规范，统一与海事相关的实体法、程序法，形成一部系统、兼容的新的海法典。这样既可以避免频繁立法带来的资源浪费，又可以避免各法律、法规、司法解释之间的不协调，并有利于为我国发展海洋经济、建设海洋强国、建设“21 世纪海上丝绸之路”战略提供法律保障。

参照来看，《涉海商事争议解决泆律全书——规则通解与实务指引》分别对我国《1992 海商法》和《1999 年海事诉讼特别程序法》及已有相关司法解释及指导案例等法律规范文件进行了系统整理，条分缕析展示了各相关法律、法规及司法解释等法律规范之间对应关系，尝试对我国海事实体法和程序法进行有机统一。

这相当于《中国海法典编纂论纲》一文部分注释，即法律、法规、司法解释等法律规范之间协同性，以及实体法与程序法之间协同性。

实际上，这两种协同性不仅是理论问题，也是实务问题。换句话说，在对海商法和海诉法进行协同整理之后，其对于实务工作将具有更好参考作用。

值得注意的是，《涉海商事争议解决法律全书——规则通解与实务指引》并没有把《1992 海商法》第十四章“涉外关系的法律运用”归入实体法，而是单列为法律适用法，并与涉外民事关系法律适用法进行嫁接和整合，单列“涉海商事法律适用法及准据法查明和解释”一编，这种尝试，至少从实务上看具有一定的合理性。

在程序法方面，该书在《1999 年海事诉讼特别程序法》之外还分别编入仲裁程序和调解程序相关法律规范文件，表明了实务中程序法多面性。

关于证据规则是否属于程序法问题，任雁冰律师提出，二者在性质上和解决的法律问题上存在不同，这在已有法律规范文件中也有所体现。结合其对《1992 海商法》和《1999 年海事诉讼特别程序法》中特别证据规则分析，并整合民事证据规则，该书单列了“涉海商事证据规则”一编。

最后，在海法体系上，该书将海法调整范围分为涉海商事、涉海行政、涉海刑事和涉海国际关系四类，各调整范围又分别对应实体法、法律适用法、管辖和程序法以及证据法，可作为构建海法体系的分类方法之一，也是为推进海法理念添砖加瓦。

总之，任雁冰律师《涉海商事争议解决法律全书——规则通解与实务指引》是一部精心打造工匠之作，对我国 20 世纪 90 年代至 21 世纪 10 年代海商法和海诉法已有法律规范文件进行了体系化梳理和总结，并在此基础上提出有见地的学术观点，实属难能可贵。

在我国发展海洋经济、建设海洋强国、建设“21 世纪海上丝绸之路”战略之际，希望有更多学者为构建有中国特色的海法体系和创建海法学学科作出更大贡献。

司玉琢

2019 年 11 月 23 日于大连

序　二

看到大成广州分所合伙人任雁冰律师的《涉海商事争议解决法律全书——规则通解与实务指引》出版，可喜可贺！

该书超越了以往教科书固化模板，以我国20世纪90年代至21世纪10年代颁布或作出的现行135部法律规范文件和案例为基础，重新梳理了涉海商事实体法、法律适用法、管辖和程序法，以及证据法等，归纳了其中960项具体法律问题或范畴，具有里程碑式的价值。由此亦可见著者之匠心独具，如切如磋，如琢如磨。

任雁冰律师是大成所专业海事海商律师之一。大成所在国内各主要港口城市分所均配备专业海事海商律师，目前全国已有30余名，且在持续发展中，在航天航空与海商海事专业委员会等和相关专业组统一领导下，形成了一支强大队伍，在全国知名度和美誉度不断提升，连续被权威机构评为优秀团队。

大成所国际化发展和全球布局，促进了包括海商海事业务在内的各项法律业务大幅度提升，顺应了“一带一路”建设，不断开拓中国法治国际合作之路。

《涉海商事争议解决法律全书——规则通解与实务指引》首次从宏观上对中国涉海商事法律规范进行了系统化，且凭借此方法，统摄具体法律问题及相关规定，客观、全面展示了中国涉海商事法律规范的实际状况和水平。

我国《海商法》自1992年颁布以来，涉海商事法律规范及法治水平快速发展，当然，也有部分国际国内专业人士对其发展现状认识不足，《涉海商事争议解决法律全书——规则通解与实务指引》采用系统化方法，兼顾宏观和微观，对我国当前涉海商事法律规范进行整理，其目的之一也在于澄清这些模糊认识，另外，也为我国涉海商事法后续发展奠定更为扎实的基础。

在法律服务国际化的趋势下，任雁冰律师表示，《涉海商事争议解决法律全书——规则通解与实务指引》的宗旨之一也在于，参照其中的系统化方法或者其他更妥当的方法，对其他国家或地区的涉海商事法律规范进行系统化比较，从而更加全面、清晰和体系化地把握之。在此基础上，既可以凸显中国涉海商事法的特点，又可以深化比较和沟通，增进共识，优化相关法律制度，使其在共建“一带一路”过程中发挥积极作用。应当指出，与英美等海商法传统强国相比，中国海商法尚有薄弱环节，但是我们不应妄自菲薄，而是应当自强不息，迎头赶上。

在法律服务专业化和国际化大潮中，《涉海商事争议解决法律全书——规则通解与实务指引》的付梓，就是中国法律人努力精神的体现和缩影，希望更多同人为中国法治进步发挥力量，聚力前行。

是为序。

第十一届全国人大代表
第十二届全国政协常委　彭雪峰
大成 Dentons 全球董事局主席
2019 年 11 月 25 日于北京

目　录

第四编

涉海商事证据规则

实务要点索引

第一编 《1992 海商法》及其司法规则

第二编　涉海商事法律适用法及准据法查明和解释

第四编 涉海商事证据规则

导　论

一、涉海法总体架构暨争端通盘解决模型：四类调整范围及六类法律规范

涉海法乃涉海法律规范之简称。

静态上，涉海法总体架构以涉海法律规范四类调整范围及六类法律规范为经纬。

动态上，其内在逻辑流程兼有涉海法律争端解决功能。

故其统称：涉海法总体架构暨争端通盘解决模型。

其中，按调整涉海实务性质和范围不同，涉海法律规范大致分四类如下：

1. 涉海商事法律规范；
2. 涉海行政法律规范；
3. 涉海刑事法律规范；
4. 涉海国际法律规范。

以争端解决为导向，各调整范围涉海法律规范又分六类如下：

1. 管辖法，用以解决涉海争端在哪里管辖的问题；
2. 程序法，用以解决涉海争端在特定管辖处所用程序如何的问题；
3. 法律适用法，用以解决如何选择涉海争端适用何种法律解决的问题；
4. 实体法，用以解决运用何种法律解决涉海争端实体纠纷的问题；
5. 特别证据规则，用以解决涉海争端证明对象是什么的问题；
6. 一般证据规则，用以解决涉海争端证明对象如何证明的问题。

另外，按法律规范产生模式不同，各种法律规范又可分为国内法和国际法。

基本上，涉海法总体架构暨争端解决通盘模型如表 1 所示：

表 1　涉海法总体架构暨争端解决通盘模型

规范类型	涉海商事法		涉海行政法		涉海刑事法		涉海国际关系法	
	国际法	国内法	国际法	国内法	国际法	国内法	国际法	国内法
管辖法								
程序法								
法律适用法								
实体法								
特别证据规则								
一般证据规则								

二、涉海法律规范调整范围：涉海商事 | 涉海行政 | 涉海刑事 | 涉海国际关系（涉海区划和权益、维权、军事和武装冲突）

按调整涉海实务性质和范围不同，涉海法律规范大致分如下四类：

1. 涉海商事法律规范，调整涉海商事活动，例如8世纪《罗德海商法》《1989年国际救助公约》等；

2. 涉海行政法律规范，调整涉海行政活动，例如《1227年巴塞罗那航海法》《海上人命安全公约》等；

3. 涉海刑事法律规范，调整涉海刑事活动，例如公元前67年《关于镇压海盗的加比尼法》《1988年制止危及海上航行安全非法行为公约》等；

4. 涉海国际关系法律规范，调整涉海国际关系活动，例如《1982年联合国海洋法公约》、1992年《中华人民共和国领海及毗连区法》等。

另外，涉海国际关系法律规范可进一步划分如下：

1. 涉海区划、权益及维权法律规范，例如《1982年联合国海洋法公约》等；

2. 涉海军事法律规范，例如《1998年美中关于加强建立海上军事安全磋商机制的协定》等；

3. 涉海武装冲突法律规范，例如《1907年海牙公约》等。

三、涉海法律争端解决规范六类：管辖法 | 程序法 | 法律适用法 | 实体法 | 特别证据规则 | 一般证据规则

表 2　涉海法律争端发生后，其典型解决过程依次涉及下列不同性质法律规范

【柱一】管辖与程序 角斗场非一方檐宇， 乃其阵纹与气场	【柱二】适用法 选择与被选择，双层结构	【柱三】证据 从证据到事实， 奇幻之旅	【柱四】规范与裁判 顾盼于事实与法律之间， 交相感应
（1）管辖法	（3）法律适用法	（5）特别证据规则	（7）涉海实务之法律性
（2）程序法	（4）准据法	（6）一般证据规则	（8）涉海法之实务性

如是，以争端解决为导向，涉海法律规范包括六类法律规范如下：

1. 涉海争端管辖法；
2. 涉海争端程序法；
3. 涉案争端法律适用法；
4. 涉海争端实体法；
5. 涉海争端特别证据规则；
6. 涉海争端一般证据规则。

至于涉海实务之法律性，则指如何从涉海争端所涉事实和操作中识别和提炼出法律属性、法律概念及法律要素，完成从涉海实务向涉海法之切换；舍此二者无从对接。

另外，涉海法之实务性即涉海法向涉海实务之反演与匹配，将其法律概念及法律要素阐释为对应涉海实务，从而切实规范之，对涉海实务产生调整效应；否则，涉海法将流于虚无。

四、国际涉海法律规范与一国国内涉海法律规范及其体例

以法律规范产生模式不同，涉海法律规范可分为（1）国际涉海法律规范和（2）一国国内涉海法律规范。

基于其法律渊源及法律实践，可分别归纳其体例如下。就一国国内涉海法律规范而言，谨以中国法为例。

（一）国际涉海法律规范体例（见表3）

表3　国际涉海法律规范体例

国际条约	已对本国生效者的国际条约	国际条约本身
		批准该国际条约的法律文件及保留
		履行该国际条约的法律文件
	未对本国生效的国际条约	国际条约本身
	国际条约解释	国际条约相关机构作出的正式解释
		国际司法机构案例解释
		国内司法机构案例解释
国际惯例	成文国际惯例	
	未对我国生效的国际条约而得为国际惯例者	
	不成文国际惯例	
	国际惯例解释	国际惯例相关机构作出的正式解释
		国际司法机构案例解释
		国内司法机构案例解释

续表

国际规则	官方组织制定的国际规则，供各国自由采用者	
	民间组织制定的规则或格式条款，在不同国家间常用者	
	国际规则解释	国际规则相关机关正式解释
		国际司法机构案例解释
		国内司法机构案例解释

（二）我国涉海法律规范体例（见表4）

表4　我国涉海法律规范体例

全国性成文规则	立法规则	法律	特别法
			一般法
		法律解释	特别法
			一般法
	司法规则	司法解释	特别规定
			一般规定
		司法指导意见	特别规定
			一般规定
		司法复函	特别规定
			一般规定
	行政规则	行政法规	
		行政法规解释	
		部门规章	
		专业技术规则	
	军事规则	军事法规	
		军事规章	
地方性成文规则	立法规则	地方性法规	
		自治条例和单行条例	
	司法规则	地方司法规范文件	
	行政规则	地方政府规章	

续表

案例规则	指导案例	特别案例	
		一般案例	
	最高人民法院公报案例	特别案例	
		一般案例	
	最高人民法院典型案例	特别案例	
		一般案例	
	最高人民法院精选案例	特别案例	
		一般案例	
	最高人民法院普通案例	特别案例	
		一般案例	
	地方法院精选案例	特别案例	
		一般案例	
	地方法院基础案例	特别案例	
		一般案例	

五、涉海法律规范总体架构之填充：散裂法律规范之系统化归集

现实中，涉海法律规范并未按照上述涉海法律规范总体结构进行系统化生成，而是基于法律活动实践而生成，尤其是法律规范一直处于动态发展之中。是故，同一类型或解决同一问题的涉海法律规范通常不会集中在特定涉海法律规范中，而是散列在不同法律规范中。

在问题解决导向下，这种客观形势要求对相关法律规范进行系统化归集，并结合相关涉海法律规范体例，从而全面深入地厘清相关法律规范，分别在宏观和微观处着眼，从中探索更优的、务实的解决方案。

六、涉海法哲学导论

（一）涉海法萌生与进化论

按涉海法律规范简史，涉海法随着人类涉海实务而发生，存在从无到有之萌生过程，以及由简至繁之进化过程，且仍在加速发展中。在发生论上，涉海法是人类对涉海实务法律属性的发现和拓展。

（二）涉海法本体论初阶：涉海实务之法律属性

按涉海法律规范简史，涉海法源于涉海实务，是人们对涉海实务中法律属性之认识和表达，其表达方式可以是涉海惯例、案例、成文法或国际条约等。例如，《罗德海商

法》作为一部涉海法律惯例集，记载了大量涉海实务，从而为这些涉海实务赋予了法律属性。

此处有四个关键问题：

1. 被赋予法律属性的涉海实务，随着涉海实务增加，有一个从少到多的过程，这属于涉海实务量化增加。例如，《罗德海商法》中记载的涉海实务远远多于《汉谟拉比法典》。

2. 被赋予法律属性的涉海实务，随着涉海活动革新，有一个新旧更迭过程，这属于涉海实务方式更替。例如，MARPOL公约中规定油轮运输实务在油轮发明之前不可能存在。

3. 为涉海实务赋予的法律属性，有一个规范方式从僵化向灵活、从粗略到精密、从缺乏论证到深入论证的进化过程，反映了人类对涉海实务法律属性认知之深化，这属于涉海实务法律属性之理性架构进化。例如，《汉谟拉比法典》中在规范方式极为僵化和粗略，且缺乏必要论证，至查士丁尼学说汇编，其中规范方式已相当灵活和精密，且论证逐渐深入。

4. 一系列涉海实务相关法律属性之间架构关系，有一个从松散到紧密的发展过程。例如，关于船舶碰撞，《罗德海商法》中已有相关法律规定。但相较于《1910年统一船舶碰撞某些法律规定的国际公约》，前者显然更为松散，而后者更为紧密。

在涉海法实践中，以上四者密不可分，总是与当时当地涉海实务交织在一起；不得脱离当时当地涉海实务孤立看待，也不得割裂看待和处理。

基本上，在涉海法本体论初阶上，涉海法是涉海实务法律属性之统称。

（三）涉海法本体论中阶：单一涉海法律属性之内在结构和两个或多个涉海法律属性之间架构

涉海法律属性之基底永远是涉海实务，是认识涉海实务的维度之一。由于涉海法律属性通过认识过程而产生，那么其中存在的问题就是：

1. 反思单一涉海法律属性之产生过程，其认识过程的内在逻辑怎样？

2. 反思两个或两个以上涉海法律属性之间的关系，其认识过程对不同涉海法律属性之间关系如何架构？

例如，查士丁尼学说汇编提及了罗得弃货法之规定，就涉海实务中产生的这一法律属性，其中具有一定内在结构，即共同海损对应之情形和定义。在此基础上，《罗德海商法》将此问题置于海上货物运输合同中进行规定，当运输过程中发生货物损失时，对哪些损失属于共同海损进行了规定。这就涉及共同海损与海上货物运输合同两种不同法律属性之间架构问题。

因此，在涉海法本体论中阶上，涉海法是涉海实务法律属性内在结构和外在架构之统称。

（四）涉海法本体论高阶：涉海法律属性之比较分析与优胜劣汰

既然涉海法律属性存在内在结构与外在架构，由此推论，不同内在结构与外在架构可进行比较分析，由此带来优胜劣汰或者相对优势或劣势问题。

一个显例即罗德海法与汉谟拉比法典之比较。其中，《汉谟拉比法典》已沦为“死法”，而罗德海法中部分法律原则（如共同海损、租船合同等）仍在延续。当然，与后来者相比，《罗德海商法》中大部分法律规定也已因不合时宜而被更替。

因此，在涉海法本体论高阶上，涉海法乃涉海实务法律属性内在结构与外在架构之施行力度和相对竞争优势度之统称。

（五）涉海法本体论拓展：涉海实务法律属性与涉海实务利益属性及其他属性联动效应

涉海实务包含诸多属性，法律属性只是其中之一。除此之外，涉海实务还具有利益属性、政治属性、文化属性、军事属性等。

须指出，涉海实务之法律属性与利益属性分别属于涉海实务不同属性，存在本质区别，但二者之间会发生联动效应。即涉海实务经过涉海法调整后，会在涉海实务利益分配方面有所体现，是为涉海实务法律属性与利益属性之联动。

此外，由于各属性均以涉海实务为依归，故涉海实务法律属性也会与其他属性发生联动，且不同属性之间共同对涉海实务发生联动效果存在客观基础，如同牵一发而动全身。

例如，美国《1893 年哈特法》在法律属性上对承运人无限免责进行了限制，对承运人施加了若干强制性法律义务，这本质上属于海上货物运输活动法律属性革新。

但其对此涉海实务之利益属性也产生了立竿见影的效果，海上货物运输活动中货方基本利益在当时局势下得以提升，这又进一步促进了美国货物进出口贸易，从而产生良性链式反应。

（六）涉海法认识论初阶：人们对涉海实务法律属性及涉海法之认知与实践

涉海实务之法律属性作为涉海法之本体，并非先验存在，而是人们对涉海实务认识深化之产物，并表现为人类理性对其法律属性之识别、表达与应用，是为涉海法基本认识论。

由此，不同认知主体在不同时期和不同形势下，会对同一涉海实务之法律属性产生不同认识和实践。例如，对于海上货物运输活动，美国《1893 哈特法》与当时英国普遍法截然不同。但到 1924 年，英国法接受了《海牙规则》，并将其国内法化，与美国法基本趋同。

进一步，对于涉海法律规范，人们也会进行再认识和反思，从而推动涉海法革新和更迭。同样，人们对于涉海法之认识也会由于各种原因而产生差异。例如，从 1609 年《海洋自由论》，到 1619 年《海洋主权论》，再到 1890 年《海权对历史的影响》，以及法国“青年学派”另辟蹊径，侧重海权之外因素，均涉及对海洋基本法之认识，但判然有别，乃至完全相反，却各有拥趸，由此触发涟漪仍未消退。

（七）涉海法认识论中阶：涉海法律认知和实践冲突与协调

由于涉海实务及涉海法律规范发展进程不均衡，且不同认知主体囿于自身时代、形势和认知水平差异，涉海法律规范中认知冲突在所难免。

当不同认知主体卷入同一涉海实务中时，其间之涉海法认知冲突亟须协调。在协调不成时，将陷入僵局，或通过和平手段解决争端，或通过非和平手段解决，或二者相结合。例如，1961 年至 1964 年，法国与巴西因捕捞龙虾而引发争端，因海洋法认知冲突无法协调，两国各自出动了海军对峙，最终于 1964 年 12 月 10 日达成协议，双方同意巴西将领海扩大至 200 海里覆盖龙虾产区，允许 26 艘法律渔船继续在该海域捕捞龙虾 5 年，法国渔民在指定区域捕捞龙虾应提供一定利润给巴西渔民，史称“龙虾战争”。

（八）涉海法认识论高阶：涉海法逻辑论

对涉海实务赋予不同法律属性，以及对涉海法形成不同认知，均有其内在理性思维进程，是为涉海法及涉海法律认知和实践冲突之源。

此处问题是，互有冲突涉海法理性思维进程是否符合或背离逻辑法则？

事实上，逻辑法则不一而足，例如，形式逻辑（包括同一律、排中律、不矛盾律和充足理由律）、辩证逻辑（包括对立统一规律、量变质变规律和否定之否定规律）以及理性逻辑（包括简一律、排序律、消矛盾律和追本溯源律）等。

以逻辑法则为尺度，对同一涉海实务，可权衡不同法律属性建构之得失；对同一涉海法律规范，可校正不同法律认知之曲直。例如，海上货物运输合同中，“托运人”之法律概念及法律地位与涉海实务相关主体之间是何逻辑？其与其他法律属性架构关系如何？等等。

（九）涉海法逻辑论拓展：涉海法深层逻辑进程及其长短之争

基于不同逻辑法则，涉海法深层逻辑进程将会存在一定差异，由此引发短长之争。

例如，英国涉海法与法国涉海法，前者为普通法，后者为大陆法，二者深层逻辑进程存在较大差异，由此产生了各自长处和短处。

即使在普通法系或大陆法系内部，例如英国法与美国法、法国法与德国法，各自深层逻辑进程也不尽相同。

因此，对涉海法深层逻辑进程之把握必将深化其理解、应用和创新能力。反之，未能观照此深层逻辑进程，相应涉海法在施行力和比较优势方面将会存在根本缺陷。

（十）涉海法方法论：涉海法与涉海实务双向建构及衔接切换

在涉海法本体论、认识论和逻辑论基础上，为了促进和保障涉海实务向预期方向积极发展，须采用妥当逻辑建构涉海法，并由此规范和重构涉海实务，二者间存在边缘区及双向反馈机制。

涉海法之根本在于涉海实务，其基本元素则是涉海实务之法律属性，以及法律属性内在结构和外在架构，乃至其深层逻辑进程。这就需要运用不同方法论进行推演和验证，从中找到更优涉海法架构，更好促进和保障涉海实务健康发展，这反过来也会促进涉海法积极发展。

在涉海法历史中，美国《1893 哈特法》为海上货物运输活动首创了大量法律属性，以之反制英国“合同自由”原则下承运人滥用免责权利之法律属性，并就不同法律属性设计出巧妙调整机制，以切实保护本国货主利益。

我国 1992 年《海商法》对于我国航运融入全球航运并健康发展，居功至伟。同时，我国航运实务蓬勃发展反过来以源源不断动力推动了我国海商法持续进化。

通过自觉运用涉海法方法论，通贯涉海法发生论、本体论、认识论和逻辑论，可更加深刻高效地对不同涉海实务进行法律升级，再反过来推动涉海实务革新。

由此，为涉海实务增加法律维度，为涉海法增加涉海实务维度，二者将会双向协同发展。

法律文件列表

序号	法律文件类型	法律文件全称	法律文件简称
1	国际条约	《1969年维也纳国际条约法条约》	无
2	法律	《中华人民共和国民法通则》	《1986民法通则》
3		《中华人民共和国海商法》	《1992海商法》
4		《中华人民共和国担保法》	《1995担保法》
5		《中华人民共和国海事诉讼法》	《1999海诉法》
6		《中华人民共和国涉外民事关系法律适用法》	《2010法律适用法》
7		《中华人民共和国海上交通安全法》	《2016海上交通安全法》
8		《中华人民共和国海洋环境保护法》	《2017海洋环境保护法》
9		《中华人民共和国民事诉讼法》	《2017民诉法》
10		《中华人民共和国仲裁法》	《2017仲裁法》
11		两岸公证书使用查证协议	《1993两岸公证书使用查证协议》
12	行政法规	《关于不满300总吨船舶及沿海运输、沿海作业船舶海事赔偿限额的规定》	《1994赔偿限额规定》
13	部门规章	《交通运输部办公厅关于规范国内船舶融资租赁管理的通知》（厅水字〔2008〕1号）	《2008规范国内船舶融资租赁通知》

续表

序号	法律文件类型	法律文件全称	法律文件简称
14	司法解释	《最高人民法院关于贯彻执行〈中华人民共和国民法通则〉若干问题的意见（试行）》	《1987 民法通则意见试行》
15		《最高人民法院关于保函是否具有法律效力问题的批复》	《1988 保函效力批复》
16		《最高人民法院关于审理船舶碰撞和触碰案件财产损害赔偿的规定》	《1995 船舶碰撞和触碰规定》
17		《最高人民法院关于承运人就海上货物运输向托运人、收货人或提单持有人要求赔偿的请求权时效期间的批复》	《1997 承运人索赔时效批复》
18		《最高人民法院关于适用〈中华人民共和国担保法〉若干问题的解释》（法释〔2000〕44 号）	《2000 担保法解释》
19		《最高人民法院关于民事诉讼证据的若干规定》（法释〔2001〕33 号，自 2020 年 5 月 1 日前失效）	《2001 民事证据规定》
		《最高人民法院关于民事诉讼证据的若干规定》（法释〔2019〕19 号，自 2020 年 5 月 1 日起施行）	《2019 民事证据规定》
20		《最高人民法院关于如何确定沿海、内河货物运输赔偿请求权时效期间问题的批复》	《2001 沿海内河货物运输时效批复》
21		《最高人民法院关于确定民事侵权精神损害赔偿责任若干问题的解释》	《2001 精神损害赔偿解释》
22		《最高人民法院关于审理人身损害赔偿案件适用法律若干问题的解释》	《2003 人身损害赔偿解释》
23		《最高人民法院关于适用〈中华人民共和国海事诉讼特别程序法〉若干问题的解释》	《2003 海诉法解释》
24		《最高人民法院关于人民法院民事调解工作若干问题的规定》	《2004 民事调解规定》
25		《最高人民法院关于审理信用证纠纷案件若干问题的规定》（法释〔2005〕13 号）	《2005 信用证规定》
26		《最高人民法院关于人民法院民事执行中查封、扣押、冻结财产的规定》	《2005 查封财产规定》
27		《最高人民法院关于适用〈中华人民共和国仲裁法〉若干问题的解释》	《2006 仲裁法解释》
28		《最高人民法院关于审理海上保险纠纷案件若干问题的规定》	《2007 海上保险规定》

续表

序号	法律文件类型	法律文件全称	法律文件简称
29	司法解释	《最高人民法院关于审理船舶碰撞纠纷案件若干问题的规定》	《2008 船舶碰撞规定》
30		《最高人民法院关于审理无正本提单交付货物案件适用法律若干问题的规定》	《2009 无单放货规定》
31		《最高人民法院关于审理海事赔偿责任限制相关纠纷案件的若干规定》	《2010 责任限制规定》
32		《最高人民法院关于审理涉台民商事案件法律适用问题的规定》	《2010 涉台法律适用规定》
33		《最高人民法院关于审理船舶油污损害赔偿纠纷案件若干问题的规定》	《2011 船舶油污规定》
34		《最高人民法院关于审理海上货运代理纠纷案件若干问题的规定》	《2012 货代规定》
35		《最高人民法院关于适用〈中华人民共和国涉外民事关系法律适用法〉若干问题的解释（一）》	《2012 法律适用法解释一》
36		《最高人民法院关于废止 1980 年 1 月 1 日至 1997 年 6 月 30 日期间发布的部分司法解释和司法解释性质文件（第九批）的决定》	《2013 海上人身伤亡决定》
37		《最高人民法院关于审理融资租赁合同纠纷案件适用法律问题的解释》（法释〔2014〕3 号）	《2014 融资租赁合同解释》
38		《最高人民法院关于海上保险合同的保险人行使代位请求赔偿权利的诉讼时效期间起算日的批复》	《2014 海上保险追偿时效批复》
39		《最高人民法院关于适用〈中华人民共和国民事诉讼法〉的解释》	《2015 民诉法解释》
40		《最高人民法院关于扣押与拍卖船舶适用法律若干问题的规定》	《2015 扣押与拍卖船舶规定》
41		《关于办理刑事案件收集提取和审查判断电子数据若干问题的规定》	《2016 刑案电子数据规定》
42		《最高人民法院关于首先查封法院与优先债权执行法院处分查封财产有关问题的批复》（法释〔2016〕6 号）	《2016 处分查封财产批复》
43		《最高人民法院关于人民法院办理财产保全案件若干问题的规定》（法释〔2016〕22 号）	《2016 财产保全规定》

续表

序号	法律文件类型	法律文件全称	法律文件简称
44	司法解释	《最高人民法院关于审理独立保函纠纷案件若干问题的规定》（法释〔2016〕24号）	《2016独立保函规定》
45		《最高人民法院关于审理仲裁司法审查案件若干问题的规定》	《2017仲裁司法审查规定》
46	最高人民法院指导意见	《全国海事法院院长座谈会纪要》	《2001院长座谈会纪要》
47		《最高人民法院民四庭涉外商事海事审判实务问题解答（一）》	《2004解答》
48		《最高人民法院第二次全国涉外商事海事审判工作会议纪要》	《2005纪要》
49		《最高人民法院民事审判第四庭、中国海事局关于规范海上交通事故调查与海事案件审理工作的指导意见》	《2006海上调查指导意见》
50		《最高人民法院关于适用〈关于民事诉讼证据的若干规定〉中有关举证时限规定的通知》	《2008举证时限通知》
51		《关于国内水路货物运输纠纷案件法律问题的指导意见》	《2012水路运输指导意见》
52		《在全国海事审判实务座谈会上的总结讲话》	《2017海事审判总结》
53	最高人民法院复函	《最高人民法院关于中国人民保险公司对“拖轮三号”保险索赔纠纷案判决意见函的复函》	《1990拖轮三号复函》
54		《最高人民法院关于国内船舶发生海损事故造成的营运损失应列入海损赔偿范围的复函》	《1991海损营运损失复函》
55		《最高人民法院关于托运人主张货损货差而拒付运费应付支付滞纳金的答复》	《1992滞纳金答复》
56		《最高人民法院对山东省高级人民法院〈关于船舶所有权纠纷一案的请示报告〉的答复》	《1995船舶所有权答复》
57		《最高人民法院关于船员私自承揽运输擅自开航的民事责任应否由轮船公司承担问题的答复》	《1995私自承揽运输答复》
58		《最高人民法院关于宁波市外海航运公司申请海事赔偿责任限制设立基金有关问题的复函》	《1995责任限制基金复函》
59		《最高人民法院关于厦门海事法院有关碰撞船舶赔偿责任限额问题的复函》	《1997碰撞船舶赔偿责任限额复函》

续表

序号	法律文件类型	法律文件全称	法律文件简称
60	最高人民法院复函	《最高人民法院关于提单持有人向收货人实际取得货物后能否再向承运人主张提单项下物权的复函》	《2000 提单物权复函》
61		《最高人民法院关于中国上海抽纱进出口公司与中国太平洋保险公司上海分公司海上货物运输保险合同纠纷请示的复函》	《2001 抽纱复函》
62		《最高人民法院关于能否对连带责任保证人所有的船舶行使留置权的请示的复函》	《2001 船舶留置权复函》
63		《最高人民法院关于保险船舶发生保险事故后造成第三者船舶沉没而引起的清理航道费用是否属于直接损失的复函》	《2001 清理航道费用复函》
64		《最高人民法院关于长春大成玉米开发公司与中国人民保险公司吉林省分公司海上保险合同纠纷一案的请示的复函》	《2001 大成玉米复函》
65		《最高人民法院关于天津龙翔（天津）国际贸易公司与南京扬洋化工运贸公司、天津天龙液体化工储运公司沿海货物运输合同货损赔偿纠纷一案请示的复函》	《2001 龙翔复函》
66		《最高人民法院关于浙江省工艺品进出口公司与阿科特利斯卡贝特 1912 公司、宁波致远国际货运有限公司海上货物运输合同纠纷一案的请示的复函》	《2001 阿科特复函》
67		《最高人民法院关于船东所有的船舶能否因期租人对第三方负有责任而被扣押等问题的复函》	《2001 期租船扣押复函》
68		《最高人民法院关于国内船员劳务合同纠纷案件是否应劳动仲裁前置的请示的复函》	《2002 船员劳务合同复函》
69		《最高人民法院关于中国人民保险公司青岛市分公司与巴拿马浮山航运有限公司船舶保险合同纠纷一案的复函》	《2002 浮山复函》
70		《最高人民法院关于青岛口岸船务公司与青岛运通船务公司水路货物运输合同纠纷一案中赔偿请求权诉讼时效期间如何计算的请示的复函》	《2002 水路货物运输合同时效复函》
71		《最高人民法院关于船舶抵押合同为从合同时债权人同时起诉主债务人和抵押人地方人民法院应否受理请示的复函》	《2003 船舶抵押合同复函》

续表

序号	法律文件类型	法律文件全称	法律文件简称
72	最高人民法院复函	《最高人民法院关于对中国长江航运（集团）总公司与武汉港口管理局委托代收水运客货运附加费纠纷一案的请示的复函》	《2003 客货运附加费复函》
73		《最高人民法院关于招远市玲珑电池有限公司与烟台集洋集装箱货运有限责任公司海事赔偿责任限制申请一案请示的复函》	《2003 玲珑电池复函》
74		《最高人民法院关于大连港务局与大连中远国际货运有限公司海上货物运输货损赔偿追偿纠纷一案的请示的复函》	《2003 货损追偿复函》
75		《最高人民法院关于中国船东互保协会与南京宏油船务有限公司海上保险合同纠纷上诉一案有关适用法律问题的请示的复函》	《2004 船东互保复函》
76		《最高人民法院民事审判第四庭关于广州海事法院拍卖“新双运机 13”等船舶后价款分配问题的请示的答复》	《2005 新双运机复函》
77		《最高人民法院关于吕洪斌与浙江象山县荣宁船务公司水路货物运输合同纠纷一案有关适用法律问题的请示的复函》	《2006 象山复函》
78		《最高人民法院关于南京石油运输有限公司与华泰财产保险股份有限公司石家庄分公司海上货运运输保险代位求偿一案有关适用法律问题的请示的复函》	《2006 散装液体货物复函》
79		《最高人民法院关于毕可惠与中国远洋运输集团总公司、大连远洋运输公司海上人身伤亡赔偿纠纷申诉复查一案的请示的复函》	《2006 海上人身伤亡复函》
80		《最高人民法院关于未取得无船承运业务经营资格的经营者与托运人订立的海上货物运输合同或签发的提单是否有效的请示的复函》	《2007 无船承运人提单复函》
81		《最高人民法院关于大众保险股份有限公司苏州中心支公司、大众保险股份有限公司与苏州浙申实业有限公司海上货物运输保险合同案适用法律问题的请示的复函》	《2007 大众保险复函》
82		《最高人民法院关于青岛思锐国际物流有限公司与无锡富通摩托车有限公司海上货物运输合同欠付运费纠纷一案的请示的答复》	《2008 运费答复》

续表

序号	法律文件类型	法律文件全称	法律文件简称
83	最高人民法院复函	《最高人民法院关于非航行国际航线的我国船舶在我国海域造成油污损害的民事赔偿责任适用法律问题的请示的答复》	《2008 油污损害答复》
84		《最高人民法院关于儋州永航不锈钢有限公司与大连泰嘉船务有限公司航次租船合同纠纷一案的请示报告的复函》	《2010 航次租船合同复函》
85		《最高人民法院关于在申请海事赔偿责任限制基金案件中如何认定利害关系人申请债权登记期限的请示的复函》	《2010 债权登记期限复函》
86	复函	最高人民法院关于巴柏赛斯船舶科技有限公司诉蓬莱市渤海造船有限公司船舶建造合同纠纷一案仲裁条款效力问题的请示的复函［（2011）民四他字第 61 号］	《2011 渤海造船仲裁条款效力复函》
87	最高人民法院复函	《最高人民法院关于仰海水与北京市鑫裕盛船舶管理有限公司之间是否为劳动合同关系的请示的复函》［（2011）民四他字第 4 号］	《2011 劳动合同关系复函》
88		《最高人民法院关于汽船互保协会（百慕大）与中国人民财产保险股份有限公司厦门分公司海上保险合同纠纷一案时效法律适用问题的请示的复函》	《2012 时效复函》
89		《最高人民法院关于济宁九龙国际贸易有限公司与永安财产保险股份有限公司济宁中心支公司海上保险合同纠纷一案的请示的复函》	《2012 济宁复函》
90	复函	《最高人民法院关于西特福船运公司申请承认英国伦敦仲裁庭作出的“HULL XXK06－039”号仲裁裁决案件请示的复函》［（2015）民四他字第 48 号］	《2015 西特福仲裁裁决承认复函》
91		《最高人民法院关于申请人翠丽提散货航运有限公司与被申请人江苏汇鸿国际集团土产进出口股份有限公司、扬州华美船业有限公司申请承认和执行伦敦仲裁裁决一案请示的复函》［（2015）民四他字第 34 号］	《2015 华美船业仲裁裁决承认和执行复函》
92	地方法院规范文件	《天津市高级人民法院关于审理保理合同纠纷案件若干问题的审判委员会纪要（一）》（津高法〔2014〕251 号）	《2014 天津高院保理合同纪要一》
93		《天津市高级人民法院关于审理保理合同纠纷案件若干问题的审判委员会纪要（二）》（津高法〔2015〕146 号）	《2015 天津高院保理合同纪要二》

续表

序号	法律文件类型	法律文件全称	法律文件简称
94		指导案例16号 中海发展股份有限公司货轮公司申请设立海事赔偿责任限制基金案（最高人民法院审判委员会讨论通过 2013年1月31日发布）	
95		指导案例31号 江苏炜伦航运股份有限公司诉米拉达玫瑰公司船舶碰撞损害赔偿纠纷案（最高人民法院审判委员会讨论通过 2014年6月23日发布）	
96		指导案例52号 海南丰海粮油工业有限公司诉中国人民财产保险股份有限公司海南省分公司海上货物运输保险合同纠纷案（最高人民法院审判委员会讨论通过 2015年4月15日发布）	
97	指导案例	指导案例108号 浙江隆达不锈钢有限公司诉A. P. 穆勒—马士基有限公司海上货物运输合同纠纷案（最高人民法院审判委员会讨论通过 2019年2月25日发布）	
98		指导案例110号 交通运输部南海救助局诉阿昌格罗斯投资公司、香港安达欧森有限公司上海代表处海难救助合同纠纷案（最高人民法院审判委员会讨论通过 2019年2月25日发布）	
99		指导案例111号 中国建设银行股份有限公司广州荔湾支行诉广东蓝粤能源发展有限公司等信用证开证纠纷案（最高人民法院审判委员会讨论通过 2019年2月25日发布）	
100		指导案例112号 阿斯特克有限公司申请设立海事赔偿责任限制基金案（最高人民法院审判委员会讨论通过 2019年2月25日发布）	
101	公报案例	《最高人民法院公报》（2005年第11期）：江苏外企公司诉上海丰泰保险公司海上货物运输保险合同纠纷案	
102		《2014年十大典型海事案例》之案例3：JP摩根大通银行与海流航运公司船舶抵押权纠纷案	
103	典型案例	《2014年十大典型海事案例》之案例10：马绍尔群岛第一投资公司申请承认和执行英国伦敦临时仲裁庭仲裁裁决案	
104		《2015船舶扣押与拍卖典型案例》之【案例1】陈震、陈春申请强制执行“中威案”判决扣押船舶案	
105		《2015船舶扣押与拍卖典型案例》之【案例2】舟山市海利远洋渔业有限公司申请“雪曼斯”轮案	

续表

序号	法律文件类型	法律文件全称	法律文件简称
106	典型案例	《2015船舶扣押与拍卖典型案例》之【案例3】奥列格等外籍船员申请扣押“密斯姆”轮案	
107		《2015船舶扣押与拍卖典型案例》之【案例4】上海海事法院扣押拍卖“富通09”轮案	
108		《2015船舶扣押与拍卖典型案例》之【案例5】“三湖蓝宝石”轮系列扣押案	
109		《2015船舶扣押与拍卖典型案例》之【案例6】丹麦供油有限公司申请扣押“星耀”轮案	
110		《2015船舶扣押与拍卖典型案例》之【案例7】德国航运贷款银行申请扣押拍卖“阿明”轮案	
111		《2015船舶扣押与拍卖典型案例》之【案例8】五矿国际货运有限责任公司申请扣押“海芝”轮案	
112		《2015船舶扣押与拍卖典型案例》之【案例9】巴拿马天裕轮船有限公司申请扣押“姗妮1号”案	
113		《2015船舶扣押与拍卖典型案例》之【案例10】马绍尔群岛伊克利普斯财产股份公司申请扣押“L－710”轮案	
114		2016年十大典型海事案例之栾某某等21人与康菲石油中国有限公司（Conoco Phillips China Inc.）、中国海洋石油总公司海上污染损害责任纠纷案	
115		2016年十大典型海事案例之镇江市自来水公司诉韩国开发银行投资有限公司（Kdb Capital Co.，Ltd.）水污染损害赔偿纠纷案	
116		2016年十大典型海事案例之绍兴县金斯顿针纺织有限公司诉商船三井株式会社（Mitsui O. S. K. Lines，Ltd.）海上货物运输合同纠纷案	
117		《人民法院为“一带一路”建设提供司法服务和保障的典型案例》之案例2：准确适用国际条约，依法支持当事人选择准据法——德国蒂森克虏伯冶金产品有限责任公司与中化国际（新加坡）有限公司国际货物买卖合同纠纷案	
118		《人民法院为“一带一路”建设提供司法服务和保障的典型案例》之案例7：严格把握保函欺诈标准，维护国际金融秩序——江苏太湖锅炉股份有限公司与卡拉卡托工程有限公司、中国银行股份有限公司无锡分行保函欺诈纠纷案	
119		《人民法院为“一带一路”建设提供司法服务和保障的典型案例》之案例8：切实履行司法协助协定，依法承认和执行外国民商事判决——波兰弗里古波尔股份有限公司申请承认和执行波兰共和国法院判决案	
120		《第二批涉“一带一路”建设典型案例》之案例三：明确中介行过错赔偿责任，维护信用证交易安全——栖霞市绿源果蔬有限公司与中国银行股份有限公司北京市分行信用证转让纠纷再审审查案	

续表

序号	法律文件类型	法律文件全称	法律文件简称
121	典型案例	《第二批涉“一带一路”建设典型案例》之案例四：恪守《纽约公约》裁决执行义务，营造自贸试验区优质法治环境——西门子国际贸易（上海）有限公司与上海黄金置地有限公司申请承认和执行外国仲裁裁决案	
122		《第二批涉“一带一路”建设典型案例》之案例五：认定中新两国互惠关系，首次承认和执行新加坡法院商事判决——高尔集团股份有限公司申请承认和执行新加坡高等法院民事判决案	
123		《第二批涉“一带一路”建设典型案例》之案例六：依约适用国际商会见索即付保函统一规则，保障独立保函交易秩序——现代重工有限公司与中国工商银行股份有限公司浙江省分行独立保函索赔纠纷上诉案	
124		《第二批涉“一带一路”建设典型案例》之案例八：准确解释《1992年国际油污损害民事责任公约》，明确排除公约规定赔偿范围之外的索赔——大连市海洋与渔业局与昂迪玛海运有限公司、博利塔尼亚汽船保险协会海域污染损害赔偿纠纷再审审查案	
125		《第二批涉“一带一路”建设典型案例》之案例九：合理填补《国际海运固体散装货物规则》空白，完善国际海事裁判规则——徐州天业金属资源有限公司与圣克莱蒙特航运股份公司、东京产业株式会社海上货物运输合同纠纷再审审查案	
126		大宇造船海洋株式会社诉西达克凌公司船舶抵押合同纠纷案——最高人民法院2017年度十件海事审判典型案例之十	
127	最高人民法院普通案例	（2016）最高法民申38号民事裁定书	
128		（2014）民申字第567号民事裁定书	
129		（2014）民申字第577号民事裁定书	
130		（2014）民申字第1551号民事裁定书	
131		（2014）民申字第1777号民事裁定书	
132		（2016）最高法民申1号民事裁定书	
133		（2016）最高法执监205号执行裁定书	
134	地方法院基础案例	浙江省高级人民法院（2016）浙民终479号民事判决书	
135		山东省高级人民法院（2016）鲁民终1542号民事判决书	

第一编

《1992 海商法》及其司法规则

第一章

《1992 海商法》适用范围及调整对象

一、《1992 海商法》适用范围

1.1【法律】《1992 海商法》第一条

为了调整海上运输关系、船舶关系，维护当事人各方的合法权益，促进海上运输和经济贸易的发展，制定本法。

1.2【法律】《1992 海商法》第二条

本法所称海上运输，是指海上货物运输和海上旅客运输，包括海江之间、江海之间的直达运输。

本法第四章海上货物运输合同的规定，不适用于中华人民共和国港口之间的海上货物运输。

1.3【指导意见】《2004 解答》第一百二十五条

如何理解《海商法》关于海上运输规定的适用范围?

答:《海商法》第四章关于海上货物运输合同的规定，不适用于我国港口之间的海上货物运输。我国港口之间的海上货物运输应当适用《合同法》和《民法通则》等有关法律的规定。

《海商法》第五章关于海上旅客运输合同的规定不仅适用于国际海上旅客运输的法律关系，也适用于国内沿海港口之间的海上旅客运输，包括位于江河、湖泊内的一港经海路至另一海港的直达旅客运输。

二、海船定义及例外

1.4【法律】《1992 海商法》第三条

本法所称船舶，是指海船和其他海上移动式装置，但是用于军事的、政府公务的船舶和 20 总吨以下的小型船艇除外。

前款所称船舶，包括船舶属具。

1.5【指导意见】《2017 海事审判总结》

（一）关于海事审判中的船舶

船舶概念是海事审判中最基本、最首要的概念之一，我们要注意从三个方面来认识和把握。

一是从整体上进行系统把握，要认识到海事法律的渊源比较庞杂，包括大量国际公约和国内的法律、行政法规和部门规章等，而各个法律文件对船舶的定义并不完全一致，我们不可能对船舶下一个统一的定义。严格地讲，对于船舶的内涵和外延，应当根据拟适用的每一个法律规范性文件甚至其部分章节或者条款的具体限定进行确定。

二是要认识问题的根源和实质，准确把握“海船”的本质特征是具有航海能力（适于海上航行）。大体上讲，海事公约所调整的船舶大多是我们所讲的“海船”，公约英文文本普遍以“seagoing vessel”表述，其中英文“seagoing”一词的字面意思就是适于海上航行的意思，而不是正在海上航行的意思，这在英语语系的国家中基本没有歧义。而将英文“seagoing vessel”翻译为中文“海船”后，就其是正在海上航行的船舶，还是具有航海能力的船舶，抑或仅限于持有海船检验技术证书的船舶（笔者按：疑有缺文）。无论如何，就公约规定的“seagoing vessel”，应当坚持从其本意来理解，即具有航海能力（适于海上航行）的船舶。

我国《海商法》第三条规定了海船，但没有进一步对“海船”下定义，我国《海事诉讼特别程序法》也没有对“海船”下定义。从上述两部国内法的立法本意和国际上的普遍观念，最高人民法院 2003 年发布的《关于适用〈中华人民共和国海事诉讼特别程序法〉若干问题的解释》第三条规定：“海事诉讼特别程序法第六条规定的海船指适合航行于海上或者通海水域的船舶”。该司法解释的规定体现了“海船”的本质特征。

对于尚不具有航海能力的在建船舶，原则上不属于《海商法》调整对象，但建造中船舶抵押应适用《海商法》第十四条的特别规定为例外。

三是适用我国《海商法》和《海事诉讼特别程序法》时，要注意根据该两部法律下“海船”的本质特征准确识别，原则上不为其他规范性或技术性文件的不同定义、标准或者名称所左右。认定海船的标准，一般是船舶检验证书，但又不能仅局限于船舶检验证书的名称是海船证书或者内河船证书，关键看证书载明船舶是否具有航海能力和可以在什么海域内航行。例如，有的船舶持有的船舶检验证书名称为内河船舶检验证书，但船舶检验机构核定航区为 A 级，在广东水域经交通主管部门批准可在一定范围内（距岸不超过五公里）航行港澳航线。如果这类船舶（超过 20 总吨且非用于军事或政府公务）在核定海上航区内航行发生事故，其就是《海商法》第三条规定的海船。

《海商法》调整海上运输和海江之间、江海之间的直达运输，“海船进江”和“江船出海”的情况也较为普遍，如何认定“海船”是准确适用法律的起点，至关重要。简而言之，持有海船检验证书的船舶，无论发生事故在海上还是内河，均是海船；对于持有内河船舶检验证书但可以在核定海上航区内航行的船舶涉案事故实际发生于海上时，在相关案件中按海船处理。

1.6【指导意见】《2004 解答》第一百三十六条

军用船舶租给地方使用，在运输中发生纠纷如何适用法律？

答：用于军事的船舶，不属于《海商法》的调整范围。但是军事船舶为商业目的租给非军事单位用于商业运输的，仍应当适用《海商法》《合同法》等有关法律调整当事人之间的权利义务关系。

三、我国港口之间海上运输和拖航行政管理

1.7【法律】《1992 海商法》第四条

中华人民共和国港口之间的海上运输和拖航，由悬挂中华人民共和国国旗的船舶经营。但是，法律、行政法规另有规定的除外。

非经国务院交通主管部门批准，外国籍船舶不得经营中华人民共和国港口之间的海上运输和拖航。

1.8【法律】《1992 海商法》第五条

船舶经依法登记取得中华人民共和国国籍，有权悬挂中华人民共和国国旗航行。

船舶非法悬挂中华人民共和国国旗航行的，由有关机关予以制止，处以罚款。

1.9【法律】《1992 海商法》第六条

海上运输由国务院交通主管部门统一管理，具体办法由国务院交通主管部门制定，报国务院批准后施行。

四、计算单位（特别提款权）定义

1.10【法律】《1992 海商法》第二百七十七条

本法所称计算单位，是指国际货币基金组织规定的特别提款权；其人民币数额为法院判决之日、仲裁机构裁决之日或者当事人协议之日，按照国家外汇主管机关规定的国际货币基金组织的特别提款权对人民币的换算办法计算得出的人民币数额。

第二章

船　舶

第一节　船舶所有权

一、船舶所有权定义及国家所有船舶特别规定

2.1【法律】《1992 海商法》第七条

船舶所有权，是指船舶所有人依法对其船舶享有占有、使用、收益和处分的权利。

2.2【法律】《1992 海商法》第八条

国家所有的船舶由国家授予具有法人资格的全民所有制企业经营管理的，本法有关船舶所有人的规定适用于该法人。

二、船舶所有权取得、转让和消灭的要件及未经登记不得对抗第三人之效力

2.3【法律】《1992 海商法》第九条

船舶所有权的取得、转让和消灭，应当向船舶登记机关登记；未经登记的，不得对抗第三人。

船舶所有权的转让，应当签订书面合同。

2.4【指导意见】2001 年全国海事法院院长座谈会纪要

二、关于船舶所有权、抵押权未经登记不得对抗第三人的问题

在审理有关海事案件中，涉及船舶所有权或者抵押权未经登记的，应当根据不同情况依法处理：

1. 对根据船舶建造合同、船舶买卖合同、船舶租购合同等合法方式接受船舶，但没有依法进行所有权登记的委托建造方式或者买受方，其与合同对方之间的权利义务关系依据合同约定和法律规定予以保护；但其对合同之外的第三人提出的船舶所有权主张

（包括以船舶所有人名义向他人请求船舶损害赔偿等）或者抗辩，法院依法不应支持和保护。

2. 未经船舶所有权登记的船舶买受人不能以其不是船舶登记所有人为由主张免除对他人应当承担的民事责任或者义务，即当该船舶没有其他登记所有人时，买受人应当独立承担船舶对第三人的侵权民事责任和义务；当该船舶有其他登记所有人时，由登记所有人承担对第三人的侵权民事责任和义务。买受人对在接受或掌管该船舶之后发生的对第三人的侵权民事责任亦有过错的，承担连带责任。

3. 对设定船舶抵押权但没有依法进行抵押权登记的抵押权人，可以根据与船舶所有人之间设定的船舶抵押权到期债权，请求拍卖该船舶清偿债务；但是，其提出的针对第三人的抵押权主张或者抗辩，法院依法不应支持和保护，即在其他债权人参加对拍卖船舶所得价款清偿时，未经登记的船舶抵押权不能优先于已登记的船舶抵押权和其他海事债权受偿。

2.5【复函】最高人民法院对山东省高级人民法院《关于船舶所有权纠纷一案的请示报告》的答复（1995 年 1 月 4 日）

黑龙江省东宁县华埠经济贸易公司（以下简称“东宁公司”）与俄罗斯纳霍德卡市南海滨区社会股份有限公司（以下简称“俄方”）签订了进口“尼古拉”号废钢船的买卖合同，因东宁公司未以船舶所有人的身份进行船舶登记，根据《中华人民共和国海商法》第九条和《中华人民共和国交通部拆解船舶监督管理规则》第七条的规定，东宁公司不能作为船舶所有人起诉威海经济技术开发区木材公司侵权。“尼古拉”号的所有权在东宁公司与俄方之间依约是否转移，东宁公司应按照《中苏两国交货共同条件》中的仲裁条款规定，提请仲裁解决。

三、船舶共有的要件

2.6【法律】《1992 海商法》第十条

船舶由两个以上的法人或者个人共有的，应当向船舶登记机关登记；未经登记的，不得对抗第三人。

四、船章与船舶所有人和船舶经营人之关系

2.7【指导意见】《2017 海事审判总结》

（六）关于船章使用引起的责任承担

船章，与法人制度中的印章相比，其地位相当于公司内设职能部门的印章。以船章对外签订合同原则上对船舶所有人和船舶经营人不应产生表见代理的效果，除非相对人有合理理由相信船长有权代表船舶所有人或船舶经营人以船章签订合同，如船长依法定职权签订海难救助合同、船长为船舶航行添加燃油和供应品、紧急情况下的临时修理

等。在航运实践中，为船舶航行添加燃油和备品可视为船长管理船舶的职责，在没有其他书面合同的情况下，一般可以认定船舶所有人与供应商之间成立供应合同关系。如果以船章向第三人借款，第三人请求船舶所属或者所挂靠经营的公司承担偿还责任的，一般应不予支持。

第二节　船舶抵押权

一、船舶抵押权定义

2.8【法律】《1992 海商法》第十一条

船舶抵押权，是指抵押权人对于抵押人提供的作为债务担保的船舶，在抵押人不履行债务时，可以依法拍卖，从卖得的价款中优先受偿的权利。

二、船舶抵押权设定及要件

2.9【法律】《1992 海商法》第十二条

船舶所有人或者船舶所有人授权的人可以设定船舶抵押权。

船舶抵押权的设定，应当签订书面合同。

2.10【法律】《1992 海商法》第十三条

设定船舶抵押权，由抵押权人和抵押人共同向船舶登记机关办理抵押权登记；未经登记的，不得对抗第三人。

船舶抵押权登记，包括下列主要项目：

（一）船舶抵押权人和抵押人的姓名或者名称、地址；

（二）被抵押船舶的名称、国籍、船舶所有权证书的颁发机关和证书号码；

（三）所担保的债权数额、利息率、受偿期限。

船舶抵押权的登记状况，允许公众查询。

三、建造中船舶抵押权设定

2.11【法律】《1992 海商法》第十四条

建造中的船舶可以设定船舶抵押权。

建造中的船舶办理抵押权登记，还应当向船舶登记机关提交船舶建造合同。

四、共有船舶抵押权设定

2.12【法律】《1992 海商法》第十六条

船舶共有人就共有船舶设定抵押权，应当取得持有三分之二以上份额的共有人的同意，共有人之间另有约定的除外。

船舶共有人设定的抵押权，不因船舶的共有权的分割而受影响。

2.13【指导意见】《2004 解答》第一百八十三条

共有的船舶可否设定抵押权？

答：船舶共有人就共同共有的船舶可以设定抵押权，但应当取得全体共有人的同意；按份共有的船舶设定抵押权的，应取得三分之二以上份额的共有人的同意。共有人之间另有约定的除外。

五、抵押权登记和受偿顺序

2.14【法律】《1992 海商法》第十九条

同一船舶可以设定两个以上抵押权，其顺序以登记的先后为准。

同一船舶设定两个以上抵押权的，抵押权人按照抵押权登记的先后顺序，从船舶拍卖所得价款中依次受偿。同日登记的抵押权，按照同一顺序受偿。

六、被抵押船舶保险办理

2.15【法律】《1992 海商法》第十五条

除合同另有约定外，抵押人应当对被抵押船舶进行保险；未保险的，抵押权人有权对该船舶进行保险，保险费由抵押人负担。

七、被抵押船舶转让

2.16【法律】《1992 海商法》第十七条

船舶抵押权设定后，未经抵押权人同意，抵押人不得将被抵押船舶转让给他人。

八、船舶抵押权转移

2.17【法律】《1992 海商法》第十八条

抵押权人将被抵押船舶所担保的债权全部或者部分转让他人的，抵押权随之转移。

九、船舶抵押权消灭

2.18【法律】《1992 海商法》第二十条

被抵押船舶灭失，抵押权随之消灭。由于船舶灭失得到的保险赔偿，抵押权人有权优先于其他债权人受偿。

十、船舶抵押权行使

2.19【指导意见】《2004 解答》第一百八十条

船舶抵押权人行使拍卖船舶权利应当通过何种程序？

答：船舶抵押权人根据《海商法》第 11 条的规定要求拍卖船舶的，应当向海事法院提起诉讼。

第三节　船舶优先权

一、船舶优先权定义

2.20【法律】《1992 海商法》第二十一条

船舶优先权，是指海事请求人依照本法第二十二条的规定，向船舶所有人、光船承租人、船舶经营人提出海事请求，对产生该海事请求的船舶具有优先受偿的权利。

二、20 总吨以下船舶适用船舶优先权制度之禁止与例外

2.21【指导意见】《2004 解答》第一百八十四条

20 总吨以下船舶发生海损事故造成人身伤害，如何适用法律？受害方能否依照《海商法》的规定主张船舶优先权？

答：《海商法》调整的船舶不包括 20 总吨以下的小型船艇。20 总吨以下的船舶发生海损事故造成人身伤害的，应当适用《民法通则》的有关规定。因此受害方不能依照《海商法》的规定主张船舶优先权。

20 总吨以下的船舶与海船发生碰撞造成人身伤亡的，受害人可以依据《海商法》的规定主张船舶优先权。

三、享有船舶优先权的海事请求

2.22【法律】《1992 海商法》第二十二条

下列各项海事请求具有船舶优先权：

（一）船长、船员和在船上工作的其他在编人员根据劳动法律、行政法规或者劳动合同所产生的工资、其他劳动报酬、船员遣返费用和社会保险费用的给付请求；

（二）在船舶营运中发生的人身伤亡的赔偿请求；

（三）船舶吨税、引航费、港务费和其他港口规费的缴付请求；

（四）海难救助的救助款项的给付请求；

（五）船舶在营运中因侵权行为产生的财产赔偿请求。

载运2000吨以上的散装货油的船舶，持有有效的证书，证明已经进行油污损害民事责任保险或者具有相应的财务保证的，对其造成的油污损害的赔偿请求，不属于前款第（五）项规定的范围。

2.23【法律】《1992海商法》第二十三条

本法第二十二条第一款所列各项海事请求，依照顺序受偿。但是，第（四）项海事请求，后于第（一）项至第（三）项发生的，应当先于第（一）项至第（三）项受偿。

本法第二十二条第一款第（一）、（二）、（三）、（五）项中有两个以上海事请求的，不分先后，同时受偿；不足受偿的，按照比例受偿。第（四）项中有两个以上海事请求的，后发生的先受偿。

四、行使船舶优先权而拍卖船舶时先行拨付费用

2.24【法律】《1992海商法》第二十四条

因行使船舶优先权产生的诉讼费用，保存、拍卖船舶和分配船舶价款产生的费用，以及为海事请求人的共同利益而支付的其他费用，应当从船舶拍卖所得价款中先行拨付。

2.25【指导意见】《2005纪要》第一百四十条

清除搁浅或者沉没船舶所产生的费用，可以在行使船舶优先权所拍卖船舶的价款中先行拨付。

五、船舶优先权转移

2.26【法律】《1992海商法》第二十七条

本法第二十二条规定的海事请求权转移的，其船舶优先权随之转移。

六、船舶优先权行使

2.27【法律】《1992海商法》第二十八条

船舶优先权应当通过法院扣押产生优先权的船舶行使。

七、船舶转让与行使船舶优先权期间

2.28【法律】《1992海商法》第二十六条

船舶优先权不因船舶所有权的转让而消灭。但是，船舶转让时，船舶优先权自法院应受让人申请予以公告之日起满六十日不行使的除外。

2.29【指导意见】《2004解答》第一百七十九条

船舶转让产生什么法律后果？

答：船舶经合法转让后，除非因船舶优先权，对原船舶所有人主张权利的人不得申请扣押船舶；但是此处的合法转让不包括经海事法院司法拍卖后船舶的转让。

八、船舶优先权消灭

2.30【法律】《1992 海商法》第二十九条

船舶优先权，除本法第二十六条规定的外，因下列原因之一而消灭：

（一）具有船舶优先权的海事请求，自优先权产生之日起满一年不行使；

（二）船舶经法院强制出售；

（三）船舶灭失。

前款第（一）项的一年期限，不得中止或者中断。

九、船舶优先权与海事赔偿责任限制之间关系

2.31【法律】《1992 海商法》第三十条

本节规定不影响本法第十一章关于海事赔偿责任限制规定的实施。

十、船舶优先权司法裁判指引

2.32【指导意见】《2017 海事审判总结》

（二）关于船舶优先权

根据海事审判实践反映的相关争论与问题，对船舶优先权相关案件，应当注意以下几点：

第一，当事人对于特定海事请求是否具有船舶优先权，具有利害关系或者诉的利益，有权提出确认请求。无论当事人在提起要求赔偿的给付之诉同时一并提出确认之诉，还是单独提出确认之诉，法院均应依法受理，进行审理并作出确认与否的判决。

第二，权利的存续或者享有的状态与权利的行使是两个不同概念，两者的关系应当是：存续或者享有的状态是行使的前提或者条件；行使权利可以是权利（享有）延续或者在实现后消灭；在权利存续或享有状态下，当事人可以自由决定是否行使、何时行使等问题。船舶优先权的存续或者享有与行使也是如此，司法实践应当予以明确区分。当事人请求法院确认某项海事请求具有船舶优先权或者其享有船舶优先权，在性质上属于确认权利享有或者存续问题，而不是行使问题，因为船舶优先权的行使方式有其法定性（如《海商法》第二十八条规定的扣押）。当事人请求确认船舶优先权，如果船舶优先权仍在存续期间或者为当事人所享有，则法院不应将该请求与船舶优先权的行使方式即船舶扣押相联系，不能断然以当事人未申请船舶扣押为由不受理、不审理或者不确认该确认请求。

第三，船舶优先权是《海商法》规定的一种特殊的担保物权，具有法定性、依附

性、秘密性、优先性、有期限性的特点。当事人请求确认船舶优先权，法院应当查明其产生与存续的事实，对于在一审、二审判决作出前船舶优先权已经逾期消灭的，判决驳回该项确认请求；对于在一审、二审判决作出前船舶优先权尚存续的，应当在判决确认具体海事请求对特定船舶具有船舶优先权的同时，特别一并写明其存续期限，以免造成当事人在存续期间届满后根据生效判决，以法院无期限地确认船舶优先权为由继续主张船舶优先权所带来种种后续争议。

第四，关于船舶优先权相关案件的释明，这是审判实践中应当注意的问题。对于船舶优先权的享有和行使问题，目前有些海事法官尚有疑问，就勿论当事人甚至船员等社会弱势群体。尽管法律和司法解释对法官在这方面的释明权或者释明义务没有明确规定，但从实质的公平争议和务实解决问题的角度看，法官根据具体案情向当事人适当释明是可行和必要的，包括船舶优先权制度内容、当事人是否主张或者行使、如何主张或者行使等事项。

第五，就船员工资、其他劳动报酬、船员遣返费用和社会保险费用主张船舶优先权的，原则上仅认定船员在船工作期间发生上述报酬与费用请求具有船舶优先权。船员上船服务之前在岸上待派或者离船休假期间的工资和社会保险费用请求不具有船舶优先权。

第六，《海商法》第二十九条规定了船舶优先权的除斥期间为一年，该期间的起算原则上从船舶优先权所担保的请求权产生之日起算。但是，船员工作具有特殊性，工资等劳动报酬一般按月给付，部分船员长期随船作业，难以及时维权，相关船舶优先权的除斥期间从船员离船时起算更为合理。

2.33【指导意见】《2017 海事审判总结》

（十六）关于光船承租人因经营光租船舶产生债务在光船承租人或船舶所有人破产时的受偿问题

对于光船承租人应经营光租船舶而产生的债务，债权人可以申请扣押光租船舶，也可以依法申请拍卖从拍卖款中受偿。但光船承租人或船舶所有人破产时，因破产案件原则上由受理破产案件的法院集中管辖，由此存在海事诉讼特别程序法与破产法的衔接问题，需要在海事案件的审理和执行过程中予以明确。

3. 关于船舶所有人破产程序对船舶扣押和拍卖的影响，《中华人民共和国破产法》第十九条规定：“人民法院受理破产申请后，有关债务人财产的保全措施应当解除，执行程序应当中止”。因此，海事法院无论基于海事请求保全还是执行生效裁判文书等原因扣押、拍卖船舶，均应在知悉针对船舶所有人的破产申请被受理后及时解除扣押、中止拍卖程序。

船舶优先权在理论和实践中被视为一种法定的担保物权，产生优先权的船舶除非具有《最高人民法院关于适用〈中华人民共和国破产法〉若干问题的规定（二）》第二条规定的情形，否则仍应认定为债务人财产。实务中，有的审判人员认为产生优先权的船舶不是前述司法解释第三条规定的债务人财产，因船舶优先权而被扣押、拍卖的船舶不适用《中华人民共和国破产法》第十九条规定，这种认识是不符合企业破产法及其司法解释有关规定的。对于破产程序之前当事人已经申请扣押船舶，后又基于破产程序解除扣押的，有关船舶优先权已经行使的法律效果不受影响。船舶所有人进入破产程序后，当事人不能申请扣押船舶，属于法定不能通过扣押行使船舶优先权的情形，参照《海商法》立法所借鉴的1993年《船舶优先权和抵押权国际公约》第九条第二款关于法律不允许扣留或扣押船舶期间不得计算在内的规定，该类期间可以不计入法定行使船舶优先权的一年期间内，以公平公正保护船舶优先权人的合法权益。船舶优先权人在船舶所有人进入破产程序后直接申报要求从产生优先权船舶的拍卖价款中优先受偿，且该申报没有超过法定行使船舶优先权一年期间的，该船舶优先权所担保的债权应当在一般（无担保的）破产债权之前优先受偿。对因扣押、拍卖产生的评估、看管费用等支出，依照《最高人民法院关于执行案件移送破产审查若干问题的指导意见》第十五条的规定，可以从债务人财产中随时清偿。

第四节　船舶留置权

一、船舶留置权定义及其与船舶优先权、船舶抵押权之受偿次序

2.34【法律】《1992海商法》第二十五条

船舶优先权先于船舶留置权受偿，船舶抵押权后于船舶留置权受偿。

前款所称船舶留置权，是指造船人、修船人在合同另一方未履行合同时，可以留置所占有的船舶，以保证造船费用或者修船费用得以偿还的权利。船舶留置权在造船人、修船人不再占有所造或者所修的船舶时消灭。

二、修造船人船舶留置权、拖航人船舶留置权及一般留置权之间关系

2.35【指导意见】《2017海事审判总结》

（三）关于船舶留置权

对船舶行使留置权的规定，不仅有《海商法》第二十五条（修造船人的船舶留置权），还有《海商法》第一百六十一条（船舶作为被拖物情形下拖航人的留置权），也有《物权法》关于一般留置权的规定。根据《海商法》第二十五条，船舶留置权在造船人、修船人不再占有所造或者所修的船舶时消灭。该规定要求占有与债权具有关联，即该占有系基于主张留置的债权而产生。根据《物权法》第二百三十一条关于“但企业之

间留置的除外”的规定，如果船舶修造企业在船舶经营企业拖欠前次修理费情况下，当时准许船舶离开修造厂（脱离其占有），之后又一次修理而占有船舶经营企业的船舶（包括同一船舶或者其所有的其他船舶），船舶修造企业仍可就前次船舶修理费债权而留置船舶。涉及船舶留置权时，《海商法》第二十五条与《物权法》第二百三十一条的规定不同，二者之间属于旧的特别法与新的一般法的关系，根据《立法法》的规定，对这类相互冲突的法律如何适用，应当报请全国立法机关裁决。但是，也应当看到《海商法》第二十五条规定的船舶留置权相当局限，系立法借鉴当时国际上尚在研讨中的《1993 年船舶优先权和抵押权国际公约》草案而来，仅限于船舶修造，同时也受到当时我国民商事基本法律一律要求行使留置权须满足动产占有与债权之间具有牵连关系要件的影响。法律规定留置权的主旨是保护债权人的利益，适当兼顾债务人的利益。固守《海商法》第二十五条的规定而排除《物权法》第二百三十一条的适用并无特别意义，反之似更符合立法主旨。因此，我们倾向认为，企业之间就船舶修造而产生的留置权争议，可以适用《物权法》第二百三十一条的规定，而不应当根据《海商法》第二十五条的规定而排除《物权法》第二百三十一条的适用。

三、被留置船舶非委托人所有及连带责任保证人所有船舶能否留置问题

2.36【复函】《最高人民法院关于能否对连带责任保证人所有的船舶行使留置权的请示的复函》（2001 年 8 月 17 日）

船舶留置权是设定于船舶之上的法定担保物权。根据《中华人民共和国海商法》第二十五条第二款的规定，当修船合同的委托方未履行合同时，修船人基于修船合同为保证修船费用得以实现，可以留置所占有的船舶，而不论该船舶是否为修船合同的委托方所有。但修船人不得基于连带责任保证对连带责任保证人所有的船舶行使留置权。

天津新港船厂修船分厂作为修船人，依据其与英国伦敦尤恩开尔公司订立的修船合同，对俄罗斯籍“东方之岸”轮进行修理后未取得合同约定的修船费用，有权留置该轮。“东方之岸”轮的所有人东方航运公司虽不是本案修船合同的当事人，但不影响该留置权的成立。

据此，同意你院关于天津新港船厂修船分厂对“东方之岸”轮的留置行为合法有效，并可以基于留置权先于抵押权人受偿的处理意见。

四、留置船舶被扣押，留置权人权利是否受影响问题

2.37【指导意见】《2004 解答》第一百七十八条

留置的船舶被依法扣押的，留置权人的权利是否受影响？

答：造船人或者修船人对船舶行使留置权后，海事法院依海事请求人的申请扣押船舶的，造船人和修船人留置权的法律地位不受影响。

第三章

船　员

第一节　船员范围、任用及劳动权利和义务

一、船员范围

3.1【法律】《1992 海商法》第三十一条

船员，是指包括船长在内的船上一切任职人员。

二、船员任用资质要求

3.2【法律】《1992 海商法》第三十二条

船长、驾驶员、轮机长、轮机员、电机员、报务员，必须由持有相应适任证书的人担任。

3.3【法律】《1992 海商法》第三十三条

从事国际航行的船舶的中国籍船员，必须持有中华人民共和国港务监督机构颁发的海员证和有关证书。

三、船员任用和劳动方面权利、义务

3.4【法律】《1992 海商法》第三十四条

船员的任用和劳动方面的权利、义务，本法没有规定的，适用有关法律、行政法规的规定。

3.5【复函】《2011 劳动合同关系复函》

北京鑫裕盛船舶管理公司（以下简称鑫裕盛公司）与 Ofer Ships Management Inc. 及 Ofer（Ships Hoding）Ltd. 签订《船员招募合同》，约定鑫裕盛公司为其招募合格船员。

2008 年 7 月 14 日，鑫裕盛公司与仰海水签订《船员聘用合同》，约定鑫裕盛公司负责仰海水的外派工作、监督仰海水在外派期间的行为并协助其办理出境手续及相关证件。2008 年 7 月 15 日，鑫裕盛公司安排仰海水前往以色列 Ofer（ Ships Hoding）Ltd. 所属的“ZIM LIVOR – NO”轮工作，之后，Ofer Ships Management Inc. 与仰海水签订《船员雇佣合同》。根据上述合同约定，鑫裕盛公司为劳务派遣单位，Ofer Ships Management Inc . 及 Ofer（Ships Hoding）Ltd. 为用人单位，仰海水为劳动者。

我国《劳动合同法》第五十八条规定：“劳务派遣单位是本法所称用人单位，应当履行用人单位对劳动者的义务。劳务派遣单位与被派遣劳动者订立的劳动合同，除应当载明本法第十七条规定的事项外，还应当载明被派遣劳动者的用工单位以及派遣期限、工作岗位等情况。”根据上述规定，劳务派遣单位属于用人单位的，应当履行用人单位对劳动者的义务。根据交通运输部颁布的《船员服务管理规定》，船员服务机构向船员提供船员服务业务，应当与船员签订船员服务协议。本案鑫裕盛公司是具有从事对外劳务合作经营资格的船员外派服务机构，不是劳动者的用工单位。因此，仰海水与鑫裕盛公司签订的《船员聘用合同》为船员服务合同，不属于船员劳务合同，也不属于船员劳动合同，不适用《劳动合同法》的规定。对涉案纠纷，按照鑫裕盛公司与仰海水签订的《船员聘用合同》约定，并根据有关法律规定，依法审理。

四、船员劳务合同纠纷不适用仲裁前置程序

3.6【指导意见】《2004 解答》第九十六条

船员劳务合同纠纷案件是否应适用仲裁前置的规定?

答：有关船员劳务合同纠纷包括国内船员劳务合同纠纷案件，当事人向海事法院起诉的，不受最高人民法院（法释〔1998〕24 号）文规定的必须经过仲裁程序的限制。

第二节　船长

一、船长职责

3.7【法律】《1992 海商法》第三十五条

船长负责船舶的管理和驾驶。

船长在其职权范围内发布的命令，船员、旅客和其他在船人员都必须执行。

船长应当采取必要的措施，保护船舶和在船人员、文件、邮件、货物以及其他财产。

3.8【法律】《1992 海商法》第三十六条

为保障在船人员和船舶的安全，船长有权对在船上进行违法、犯罪活动的人采取禁

闭或者其他必要措施，并防止其隐匿、毁灭、伪造证据。

船长采取前款措施，应当制作案情报告书，由船长和两名以上在船人员签字，连同人犯送交有关当局处理。

3.9【法律】《1992 海商法》第三十七条

船长应当将船上发生的出生或者死亡事件记入航海日志，并在两名证人的参加下制作证明书。死亡证明书应当附有死者遗物清单。死者有遗嘱的，船长应当予以证明。死亡证明书和遗嘱由船长负责保管，并送交家属或者有关方面。

二、船舶施救与弃船

3.10【法律】《1992 海商法》第三十八条

船舶发生海上事故，危及在船人员和财产的安全时，船长应当组织船员和其他在船人员尽力施救。在船舶的沉没、毁灭不可避免的情况下，船长可以作出弃船决定；但是，除紧急情况外，应当报经船舶所有人同意。

弃船时，船长必须采取一切措施，首先组织旅客安全离船，然后安排船员离船，船长应当最后离船。在离船前，船长应当指挥船员尽力抢救航海日志、机舱日志、油类记录簿、无线电台日志、本航次使用过的海图和文件，以及贵重物品、邮件和现金。

三、船长与引航员之间关系

3.11【法律】《1992 海商法》第三十九条

船长管理船舶和驾驶船舶的责任，不因引航员引领船舶而解除。

四、船长职务代理及接任

3.12【法律】《1992 海商法》第四十条

船长在航行中死亡或者因故不能执行职务时，应当由驾驶员中职务最高的人代理船长职务；在下一个港口开航前，船舶所有人应当指派新船长接任。

第四章

海上货物运输合同

第一节　海上货物运输合同定义、形式和强制性规定

一、海上货物运输合同定义

4.1【法律】《1992 海商法》第四十一条

海上货物运输合同，是指承运人收取运费，负责将托运人托运的货物经海路由一港运至另一港的合同。

二、承运人、实际承运人、托运人、收货人、货物等术语定义

4.2【法律】《1992 海商法》第四十二条

本章下列用语的含义：

（一）“承运人”，是指本人或者委托他人以本人名义与托运人订立海上货物运输合同的人。

（二）“实际承运人”，是指接受承运人委托，从事货物运输或者部分运输的人，包括接受转委托从事此项运输的其他人。

（三）“托运人”，是指：

1. 本人或者委托他人以本人名义或者委托他人为本人与承运人订立海上货物运输合同的人；

2. 本人或者委托他人以本人名义或者委托他人为本人将货物交给与海上货物运输合同有关的承运人的人。

（四）“收货人”，是指有权提取货物的人。

（五）“货物”，包括活动物和由托运人提供的用于集装货物的集装箱、货盘或者类

似的装运器具。

三、海上货物运输合同书面订立问题

4.3【法律】《1992海商法》第四十三条

承运人或者托运人可以要求书面确认海上货物运输合同的成立。但是，航次租船合同应当书面订立。电报、电传和传真具有书面效力。

四、海上货物运输合同强制性法律规定及例外

4.4【法律】《1992海商法》第四十四条

海上货物运输合同和作为合同凭证的提单或者其他运输单证中的条款，违反本章规定的，无效。此类条款的无效，不影响该合同和提单或者其他运输单证中其他条款的效力。将货物的保险利益转让给承运人的条款或者类似条款，无效。

4.5【法律】《1992海商法》第四十五条

本法第四十四条的规定不影响承运人在本章规定的承运人责任和义务之外，增加其责任和义务。

第二节　承运人责任

一、承运人责任期间

4.6【法律】《1992海商法》第四十六条

承运人对集装箱装运的货物的责任期间，是指从装货港接收货物时起至卸货港交付货物时止，货物处于承运人掌管之下的全部期间。承运人对非集装箱装运的货物的责任期间，是指从货物装上船时起至卸下船时止，货物处于承运人掌管之下的全部期间。在承运人的责任期间，货物发生灭失或者损坏，除本节另有规定外，承运人应当负赔偿责任。

前款规定，不影响承运人就非集装箱装运的货物，在装船前和卸船后所承担的责任，达成任何协议。

4.7【复函】最高人民法院关于南京石油运输有限公司与华泰财产保险股份有限公司石家庄分公司海上货运运输保险代位求偿一案有关适用法律问题的请示的复函［（2005）民四他字第1－1号］

1. 关于承运人对散装液体货物运输责任期间的认定。

我国《海商法》第46条规定，承运人对于非集装箱装运的货物责任期间是从货物

装上船时起至卸下船时止，货物处于承运人掌管之下的全部期间。由于散装液体货物在形态上不同于其他散装货物，因此，承运人对于散装液体货物运输的责任期间，应自装货港船舶输油管线与岸罐输油管线连接的法兰盘末端时起至卸货港船舶输油管线与岸罐输油管线连接的法兰盘末端时止，货物处于承运人掌管之下的全部期间。

2. 关于对散装液体货物交货数量证据效力的认定。

在收货人未能提供有效证据证明货物短少发生在承运人责任期间的情况下，承运人提供的船舶干舱证书、空距报告，具有证明散装液体货物交货数量的效力。收货人提供的岸罐重量检验证书，除非经承运人同意，否则不具有证明散装液体货物交货数量的效力。

二、承运人船舶适航义务及适航认定标准

4.8【法律】《1992 海商法》第四十七条

承运人在船舶开航前和开航当时，应当谨慎处理，使船舶处于适航状态，妥善配备船员、装备船舶和配备供应品，并使货舱、冷藏舱、冷气舱和其他载货处所适于并能安全收受、载运和保管货物。

4.9【指导意见】《2017 海事审判总结》

（四）关于船舶适航问题

就适航的原意来讲，适航更多的是与船舶的状态有关，即船舶处于适于航行的状态，而非船东的行为。但船东对于货主等特定与不特定的利害关系人有保持船舶适航的义务，否则会承担违约或者侵权责任。关于适航的法律规制，适航的标准不是一成不变的，也不是绝对的、划一的。司法实践中，应当注意把握以下几个要点：

第一，整体把握适航概念。船舶的适航性标准有一个悠久的历史演进过程，也正在不断的发展。适航概念发展的趋势是：标准越来越高，船舶所有人或者经营人的举证责任越来越重，适航责任期间必将延长之航程中的各个区段（如《鹿特丹规则》）。但无论如何发展，目前已生效或者未生效的公约或者国际规则并没有将适航义务确定为严格责任意义上的绝对义务，仍然定位在“谨慎处理”意义上的相对适航。适航基本义务的性质没有改变，仅是具体内容的增加和判断标准的提高而已［如国际海事组织《国际船舶安全营运和防止污染管理规则》（以下简称《ISM 规则》）的规定］。而且，在特定历史条件下，适航随着货物的种类、船舶的特点、航线的情况不同而有所不同，如远洋航行的船舶与沿海航行船舶在船体强度等技术性能上的要求显然有较大差异。

第二，认真区分不同法律规范和合同约定的要求。不同海事法律规范以及不同海商合同对适航的要求和不适航的责任的规定或约定均有所不同。《海商法》第四章、第六章、第七章、第十二章都有船舶适航义务的规定，审判实务中要注意区别上述规定中的适航义务以及违反适航义务的法律后果。例如，我国《海商法》借鉴《海牙规则》的规定，仅在第四十七条作出了具体规定，同时将承运人的适航义务限定在“船舶开航前和

开航当时”。该规定仅适用于国际海上货物运输的承运人对本船所载货物的货损的责任。但对之外的其他损失（如不适航引起碰撞、搁浅等海事事故造成本船以外的他船的船货损失、码头等港航设施损失等海事侵权损失），除可参照《海商法》第四十七条的规定外，更重要还要结合我国参加的《ISM 规则》等其他规定认定船舶的适航性，特别是《海商法》针对特定货物运输的“船舶开航前和开航当时”之适航责任期间，对其他海事事故损害赔偿不具有普遍适用的意义。定期租船合同、船舶保险合同等合同对适航性及其相关责任另有约定的，还要根据合同约定进行处理。

第三，全面掌握适航与不适航的认定标准。认定船舶不适航，是从审查船舶适航性为起点的，以船舶适航的标准反向认定不适航，未达适航标准的，即为不适航。一般由船方证明船舶适航，其不能举证证明的，则认定船舶不适航。认定船舶是否适航，不仅要看船舶证书是否齐全有效，还要看船舶实际的技术状况如是否超载以及船舶在强度、稳性（包括易流态化散装固态货物含水率是否超过适运水分极限等）等诸方面是否符合规范并具备抵挡预订航次风险的能力。船舶适航性是一个包含多种因素的航行技术状况，审判实践中既要全面审查诸相关因素，也要结合争议焦点重点审查争议因素，慎重作出认定。

第四，准确认定不适航的法律后果。认定船舶不适航后，应当存在两个层次的法律问题：首先是判断船舶所有人、经营人是否应当承担不适航的责任；其次，在判断船舶所有人或者经营人应当承担责任后，才进一步涉及其是否应当丧失赔偿责任限制权利的问题。从责任人（船舶所有人、经营人）的过错程度来看，船舶不适航的原因可分三类：（1）由于责任人尽合理谨慎仍无法发现的船舶本身的潜在缺陷（无过失）；（2）责任人没有尽到合理谨慎（一般过失）；（3）责任人故意或者明知可能造成损失而轻率地作为或不作为。如果船舶不适航是因第一种原因所致，除船舶污染等应当承担无过错责任的情形外，只有不适航是由于船舶所有人或者经营人未经谨慎处理义务所致，其才承担因不适航造成的损失。国际海上货物运输合同的承运人还可依据我国《海商法》第五十一条第一款第十一项的规定主张免责。即使存在上述第二种情况，如果不适航与货物损失没有因果关系，则承运人也不应基于不适航而承担责任；如果不适航与承运人可免责的事由共同造成货损，则由承运人承担举证责任合理分清，否则承担举证不能的不利后果。如果不适航是由于第二种原因所致，责任人应当承担因不适航造成的损失，但责任人有权主张责任限制。只有不适航是第三种原因所致，且损失是不适航造成的，责任人才丧失责任限制的权利。总之，不适航不当然地成为船舶所有人、经营人应当承担责任的理由，更不能当然使责任人丧失责任限制的权利。

三、承运人管货义务

4.10【法律】《1992 海商法》第四十八条

承运人应当妥善地、谨慎地装载、搬移、积载、运输、保管、照料和卸载所运货物。

四、承运人不得绕航义务及例外

4.11【法律】《1992 海商法》第四十九条

承运人应当按照约定的或者习惯的或者地理上的航线将货物运往卸货港。

船舶在海上为救助或者企图救助人命或者财产而发生的绕航或者其他合理绕航，不属于违反前款规定的行为。

五、迟延交货认定及承运人赔偿责任

4.12【法律】《1992 海商法》第五十条

货物未能在明确约定的时间内，在约定的卸货港交付的，为迟延交付。

除依照本章规定承运人不负赔偿责任的情形外，由于承运人的过失，致使货物因迟延交付而灭失或者损坏的，承运人应当负赔偿责任。

除依照本章规定承运人不负赔偿责任的情形外，由于承运人的过失，致使货物因迟延交付而遭受经济损失的，即使货物没有灭失或者损坏，承运人仍然应当负赔偿责任。

承运人未能在本条第一款规定的时间届满六十日内交付货物，有权对货物灭失提出赔偿请求的人可以认为货物已经灭失。

4.13【指导意见】《2004 解答》第一百三十四条

如何理解《海商法》第 50 条规定的迟延交付构成的条件？

答：《海商法》规定的迟延交付仅限于海上货物运输合同的当事人在合同中明确约定了运输期限的情况。承运人应托运人的要求倒签提单的，不能构成迟延交付。

4.14【指导意见】《2004 解答》第一百三十五条

《海商法》规定的迟延交付所致的“经济损失”的含义是什么？

答：《海商法》规定的迟延交付所致的“经济损失”的含义是：虽然迟延交付没有造成货物的灭失或损坏，承运人仍需承担以下责任：（1）市场差价损失；（2）利息损失；（3）已经实际支付给第三人的违约损失，但应以在签订运输合同时承运人可以合理预见或者应当预见的因违反合同可能造成的损失为限定。

六、承运人免责事由及举证责任

4.15【法律】《1992 海商法》第五十一条

在责任期间货物发生的灭失或者损坏是由于下列原因之一造成的，承运人不负赔偿责任：

（一）船长、船员、引航员或者承运人的其他受雇人在驾驶船舶或者管理船舶中的过失；

（二）火灾，但是由于承运人本人的过失所造成的除外；
（三）天灾，海上或者其他可航水域的危险或者意外事故；
（四）战争或者武装冲突；
（五）政府或者主管部门的行为、检疫限制或者司法扣押；
（六）罢工、停工或者劳动受到限制；
（七）在海上救助或者企图救助人命或者财产；
（八）托运人、货物所有人或者他们的代理人的行为；
（九）货物的自然特性或者固有缺陷；
（十）货物包装不良或者标志欠缺、不清；
（十一）经谨慎处理仍未发现的船舶潜在缺陷；
（十二）非由于承运人或者承运人的受雇人、代理人的过失造成的其他原因。

承运人依照前款规定免除赔偿责任的，除第（二）项规定的原因外，应当负举证责任。

4.16【指导意见】《2004 解答》第一百三十九条

司法扣押可否构成承运人免责的条件？

答：因承运人的民事责任引起的司法扣押，不能免除其对责任期间发生的货物灭失或者损坏引起的赔偿责任。

4.17【指导意见】《2004 解答》第一百四十六条

对托运人负责装箱的集装箱货物发生短缺的，承运人是否应承担责任？

答：由托运人负责装箱的货物，从装箱托运后至交付收货人之前的期间内，如箱体和封志完好，收货人以承运人交付的货物短缺向承运人索赔的，承运人不承担赔偿责任；如箱体损坏或者封志破坏，箱内货物短缺，承运人应当承担赔偿责任，除非其能证明具有法律规定的免责的情节。

七、承运人运输活动物免责及例外

4.18【法律】《1992 海商法》第五十二条

因运输活动物的固有的特殊风险造成活动物灭失或者损害的，承运人不负赔偿责任。但是，承运人应当证明业已履行托运人关于运输活动物的特别要求，并证明根据实际情况，灭失或者损害是由于此种固有的特殊风险造成的。

八、承运人运输舱面货免责及例外

4.19【法律】《1992 海商法》第五十三条

承运人在舱面上装载货物，应当同托运人达成协议，或者符合航运惯例，或者符合有关法律、行政法规的规定。

承运人依照前款规定将货物装载在舱面上，对由于此种装载的特殊风险造成的货物灭失或者损坏，不负赔偿责任。

承运人违反本条第一款规定将货物装载在舱面上，致使货物遭受灭失或者损坏的，应当负赔偿责任。

九、免责事由与其他事由共同造成货物损失或者迟延交付时责任分担

4.20【法律】《1992 海商法》第五十四条

货物的灭失、损坏或者迟延交付是由于承运人或者承运人的受雇人、代理人的不能免除赔偿责任的原因和其他原因共同造成的，承运人仅在其不能免除赔偿责任的范围内负赔偿责任；但是，承运人对其他原因造成的灭失、损坏或者迟延交付应当负举证责任。

十、大宗散货短量责任承担

4.21【指导意见】《2017 海事审判总结》

（七）关于承运人对大宗散装货物短重的责任承担

认定承运人对其责任期间货物短少的赔偿责任，要在严格依法的同时，充分考虑航运实践，尊重行业惯例。只要承运人已经尽到谨慎管货的义务，对于因合理损耗、计量允差造成的货物短少，承运人可以免责。按照我国进出口商品检验行业标准《进出口商品重量鉴定规程——水尺计重》，水尺计重可能存在千分之五计量允差（合理误差）。因此，如果卸货后货物短少在千分之五以内，可以认定为由于自然损耗、计量误差等因素造成合理范围内的短量，除非有相反证据证明承运人有过失，则承运人原则上对该短少损失不应负责赔偿。如果货物短少超过千分之五，即已超过合理的短量范围或者说货物短量已经不合理，这表明货物运输中存在不合理因素，则承运人原则上应当对全部短少承担赔偿责任，除非承运人可以证明部分短量系因合理原因造成的。

这里，需要进一步说明三点理由：一是水尺计重作为一种技术，其结论具有盖然性特征，而不具有自然科学的严密与精确，其误差是客观存在的，即使经过合理修正，其结论仍有误差，只是误差大小而已，这就是为什么要允许合理计量误差，所谓“计量允差”就有此意。二是在概念和逻辑上，水尺计重允许千分之五的合理误差（应然规范）不等于具体运输中合理的计量误差就是千分之五（实然状态），应然规范不能代替实然状态。也就是说，计量允差千分之五的含义是货物短少千分之五以内（如千分之一、千分之四）合理，但不等于具体运输货物中合理因素造成的短少一定就是千分之五（而不是千分之一、千分之四之类不等）。货物短少超过千分之五可以初步说明运输中存在不合理因素导致短少。如果承运人不能举证区分合理因素与不合理因素各自造成的损失，

则应当由其承担举证不能的不利后果，而实践中承运人基本上难以举证。这种认定可以在一方面支持承运人对合理短量免责的同时，另一方面起到防止承运人或者其雇员发生监守自盗等道德风险的作用。三是允许承运人提出水尺计重千分之五计量允差的免责抗辩的前提是承运人不存在承运人非谨慎管货等过错。如果有相反证据证明承运人有过失（如在装货港已知货物短少而凭托运人保函按托运人申报签发提单），即使短少在千分之五以内，原则上不应支持承运人提出千分之五计量允差的抗辩。

十一、货物灭失或者损坏赔偿金额计算

4.22【法律】《1992 海商法》第五十五条

货物灭失的赔偿额，按照货物的实际价值计算；货物损坏的赔偿额，按照货物受损前后实际价值的差额或者货物的修复费用计算。

货物的实际价值，按照货物装船时的价值加保险费加运费计算。

前款规定的货物实际价值，赔偿时应当减去因货物灭失或者损坏而少付或者免付的有关费用。

4.23【指导意见】《2017 海事审判总结》

（八）关于《海商法》第五十五条规定货物灭失或损坏赔偿额的计算

《海商法》第五十五条规定，货物的实际价值，按照货物装船时的价值加保险费加运费计算。货物在运输途中被转卖的，按照提单持有人（货损索赔人）为买方的买卖合同约定的价格计算。当事人要求承运人赔偿货物交付或应当交付之日起至损失确定之日因价格变化造成的损失，或主张按照目的港出售价格计算实际价值差额的，人民法院不予支持。具体计算方法可以参照最高人民法院审理哈池曼海运公司与上海申福化工有限公司、日本德宝海运株式会社海上货物运输合同货损赔偿纠纷一案的（2013）民提字第6号民事判决采用的“贬值率法”。

十二、货物灭失或者损坏赔偿限额

4.24【法律】《1992 海商法》第五十六条

承运人对货物的灭失或者损坏的赔偿限额，按照货物件数或者其他货运单位数计算，每件或者每个其他货运单位为666.67 计算单位，或者按照货物毛重计算，每公斤为2 计算单位，以二者中赔偿限额较高的为准。但是，托运人在货物装运前已经申报其性质和价值，并在提单中载明的，或者承运人与托运人已经另行约定高于本条规定的赔偿限额的除外。

货物用集装箱、货盘或者类似装运器具集装的，提单中载明装在此类装运器具中的货物件数或者其他货运单位数，视为前款所指的货物件数或者其他货运单位数；未载明的，每一装运器具视为一件或者一个单位。

装运器具不属于承运人所有或者非由承运人提供的，装运器具本身应当视为一件或者一个单位。

十三、货物迟延交付经济损失赔偿限额

4.25【法律】《1992 海商法》第五十七条

承运人对货物因迟延交付造成经济损失的赔偿限额，为所迟延交付的货物的运费数额。货物的灭失或者损坏和迟延交付同时发生的，承运人的赔偿责任限额适用本法第五十六条第一款规定的限额。

十四、承运人享受赔偿限额诉因混同

4.26【法律】《1992 海商法》第五十八条

就海上货物运输合同所涉及的货物灭失、损坏或者迟延交付对承运人提起的任何诉讼，不论海事请求人是否合同的一方，也不论是根据合同或者是根据侵权行为提起的，均适用本章关于承运人的抗辩理由和限制赔偿责任的规定。

前款诉讼是对承运人的受雇人或者代理人提起的，经承运人的受雇人或者代理人证明，其行为是在受雇或者受委托的范围之内的，适用前款规定。

十五、港口经营人能否援用《海商法》第五十八条责任限制规定

4.27【指导意见】《2017 海事审判总结》

（十一）关于港口经营人能否援用《海商法》第五十八条的规定主张承运人的责任限制抗辩

港口经营人在港口作业中造成货物损失，托运人或者收货人直接以侵权起诉港口经营人，港口经营人援用《海商法》第五十八条的规定主张限制赔偿责任，以前不同海事法院裁判不一致，海商法理论认识分歧较大。

第一种观点认为，港口经营人不属于海商法规定的承运人的受雇人、代理人，不能依据《海商法》第五十八条的规定主张免责或者限制赔偿责任。

第二种观点认为，港口经营人是否有权依据海商法第五十八条的规定主张免责或者限制赔偿责任，应当根据不同的案情，判断其是否属于《海商法》第五十八条规定的承运人的受雇人或者代理人。

第三种观点认为，可以将港口经营人识别为实际承运人，准许其援用承运人的责任限制抗辩。

这类问题的产生源于英国上诉法院 1954 年对“喜马拉雅”轮的判决，由此产生提单上约定的“喜马拉雅条款”（以下简称约定“喜马拉雅条款”）和《海牙—维斯比规

则》第4条第2款以及之后采纳该规定的各国国内法规定的“喜马拉雅条款”（以下简称法定“喜马拉雅条款”）。我国《海商法》第五十八条系吸收借鉴《海牙—维斯比规则》第4条第2款的规定而来。约定“喜马拉雅条款”与法定“喜马拉雅条款”，相同之处是均明确涵盖保护承运人的受雇人、代理人；不同之处是：法定的条款明确排除或者不包括独立承包人（缔约人），约定条款往往明确保护独立承包人并载明承运人作为独立承包人的代理人代表其订立该条款（“喜马拉雅条款”）。

就法定“喜马拉雅条款”而言，在我国现行法律制度和港口经营状况下，适用该条款的空间几乎不存在。首先，我们应当看到，在我国法律下，代理概念、受雇人责任与英美国家不同。在我国法律下，代理仅适用于民事法律行为，而港口经营人受船方或者货方委托进行装卸等港口作业，属于事实行为，在该工作环节中其难以成为代理人。目前我国的港口经营人基本都是企业，受雇人一般是自然人，企业不可能成为受雇人，至多作为承运人的履约辅助人，很多情况下系作为独立承包人进行港口作业（不受承运人具体操控而独立进行作业，承运人仅协助配合）的，即使将参与港口作业的某些自然人识别为承运人的受雇人，但根据《侵权责任法》第三十四条的规定，受雇人在工作中造成的损害由雇主承担责任，无须所谓“受雇人”承担责任，更谈不上抗辩责任限制的问题。根据《海商法》第四十一条和第四十二条关于海上货物运输合同、承运人、实际承运人的定义，实际承运人应当是实际从事由一港到另一港之间运输或部分运输的人，港口经营人在一港之内作业，不能认定为实际承运人。

至于提单上约定的“喜马拉雅条款”，港口经营人是否可以援引，英美国家多是案例持支持态度，但也不完全一致；在我国《合同法》下涉及为第三人利益合同和格式合同的规定。我国《合同法》对于为第三人利益的合同中第三人的权利没有明确规定，需要进一步研究。提单条款系格式条款，约定港口经营人作为独立承包人享受承运人的责任限制，很可能构成《合同法》第四十条规定的“排除对方主要权利”（免除货方大部分货损损失数额时可构成该情形）等格式条款无效的情形。

总体上看，一般不倾向认定港口经营人可以享受承运人的责任限制抗辩，如果有特殊情形可以再进一步研究。《海商法》为承运人规定免责和责任限制等权利无非是基于海上风险的特殊性，而港口经营人一般不承担海上风险，不支持其享有海运承运人责任限制公平合理。

十六、承运人及其受雇人、代理人丧失限制赔偿责任权利的事由

4.28【法律】《1992海商法》第五十九条

经证明，货物的灭失、损坏或者迟延交付是由于承运人的故意或者明知可能造成损失而轻率地作为或者不作为造成的，承运人不得援用本法第五十六条或者第五十七条限

制赔偿责任的规定。

经证明，货物的灭失、损坏或者迟延交付是由于承运人的受雇人、代理人的故意或者明知可能造成损失而轻率地作为或者不作为造成的，承运人的受雇人或者代理人不得援用本法第五十六条或者第五十七条限制赔偿责任的规定。

4.29【指导意见】《2004 解答》第一百四十条

预借提单与倒签提单情况下，承运人可否享受海事赔偿责任限制权利?

答：承运人预借提单或者倒签提单的情况下，引起提单持有人或者收货人提起赔偿请求，承运人不得援引《海商法》关于海事赔偿责任限制的规定限制其赔偿责任。除非承运人能证明提单不是其本人签发。

十七、承运人对实际承运人及其受雇人、代理人行为负责及例外

4.30【法律】《1992 海商法》第六十条

承运人将货物运输或者部分运输委托给实际承运人履行的，承运人仍然应当依照本章规定对全部运输负责。对实际承运人承担的运输，承运人应当对实际承运人的行为或者实际承运人的受雇人、代理人在受雇或者受委托的范围内的行为负责。

虽有前款规定，在海上运输合同中明确约定合同所包括的特定的部分运输由承运人以外的指定的实际承运人履行的，合同可以同时约定，货物在指定的实际承运人掌管期间发生的灭失、损坏或者迟延交付，承运人不负赔偿责任。

十八、实际承运人及其受雇人、代理人法律地位

4.31【法律】《1992 海商法》第六十一条

本章对承运人责任的规定，适用于实际承运人。对实际承运人的受雇人、代理人提起诉讼的，适用本法第五十八条第二款和第五十九条第二款的规定。

十九、承运人承担非法定义务或者放弃法定权利特别协议对实际承运人之效力

4.32【法律】《1992 海商法》第六十二条

承运人承担本章未规定的义务或者放弃本章赋予的权利的任何特别协议，经实际承运人书面明确同意的，对实际承运人发生效力；实际承运人是否同意，不影响此项特别协议对承运人的效力。

二十、承运人与实际承运人承担连带责任事由

4.33【法律】《1992 海商法》第六十三条

承运人与实际承运人都负有赔偿责任的，应当在此项责任范围内负连带责任。

二十一、赔偿限额总额适用于承运人、实际承运人及其受雇人、代理人

4.34【法律】《1992 海商法》第六十四条

就货物的灭失或者损坏分别向承运人、实际承运人以及他们的受雇人、代理人提出赔偿请求的，赔偿总额不超过本法第五十六条规定的限额。

二十二、承运人与实际承运人之间相互追偿

4.35【法律】《1992 海商法》第六十五条

本法第六十条至第六十四条的规定，不影响承运人和实际承运人之间相互追偿。

第三节　托运人责任

一、托运人妥善包装货物及如实披露资料义务及责任

4.36【法律】《1992 海商法》第六十六条

托运人托运货物，应当妥善包装，并向承运人保证，货物装船时所提供的货物的品名、标志、包数或者件数、重量或者体积的正确性；由于包装不良或者上述资料不正确，对承运人造成损失的，托运人应当负赔偿责任。

承运人依照前款规定享有的受偿权利，不影响其根据货物运输合同对托运人以外的人所承担的责任。

二、托运人办理货物运输手续义务及责任

4.37【法律】《1992 海商法》第六十七条

托运人应当及时向港口、海关、检疫、检验和其他主管机关办理货物运输所需要的各项手续，并将已办理各项手续的单证送交承运人；因办理各项手续的有关单证送交不及时、不完备或者不正确，使承运人的利益受到损害的，托运人应当负赔偿责任。

三、托运人托运危险货物时义务和责任及承运人权利

4.38【法律】《1992 海商法》第六十八条

托运人托运危险货物，应当依照有关海上危险货物运输的规定，妥善包装，作出危险品标志和标签，并将其正式名称和性质以及应当采取的预防危害措施书面通知承运人；托运人未通知或者通知有误的，承运人可以在任何时间、任何地点根据情况需要将货物卸下、销毁或者使之不能为害，而不负赔偿责任。托运人对承运人因运输此类货物

所受到的损害，应当负赔偿责任。

承运人知道危险货物的性质并已同意装运的，仍然可以在该项货物对于船舶、人员或者其他货物构成实际危险时，将货物卸下、销毁或者使之不能为害，而不负赔偿责任。但是，本款规定不影响共同海损的分摊。

四、托运人支付运费义务及例外

4.39【法律】《1992 海商法》第六十九条

托运人应当按照约定向承运人支付运费。

托运人与承运人可以约定运费由收货人支付；但是，此项约定应当在运输单证中载明。

五、托运人及其受雇人、代理人对承运人、实际承运人损失或船舶损坏免责及例外

4.40【法律】《1992 海商法》第七十条

托运人对承运人、实际承运人所遭受的损失或者船舶所遭受的损坏，不负赔偿责任；但是，此种损失或者损坏是由于托运人或者托运人的受雇人、代理人的过失造成的除外。

托运人的受雇人、代理人对承运人、实际承运人所遭受的损失或者船舶所遭受的损坏，不负赔偿责任；但是，这种损失或者损坏是由于托运人的受雇人、代理人的过失造成的除外。

六、托运人变更海上货物运输合同权利及限制和责任

4.41【指导案例 108 号】浙江隆达不锈钢有限公司诉 A. P. 穆勒—马士基有限公司海上货物运输合同纠纷案

裁 判 要 点

在海上货物运输合同中，依据《合同法》第三百零八条的规定，承运人将货物交付收货人之前，托运人享有要求变更运输合同的权利，但双方当事人仍要遵循《合同法》第五条规定的公平原则确定各方的权利和义务。托运人行使此项权利时，承运人也可相应行使一定的抗辩权。如果变更海上货物运输合同难以实现或者将严重影响承运人正常营运，承运人可以拒绝托运人改港或者退运的请求，但应当及时通知托运人不能变更的原因。

相 关 法 条

《中华人民共和国合同法》第三百零八条

《中华人民共和国海商法》第八十六条

基本案情

2014年6月，浙江隆达不锈钢有限公司（以下简称隆达公司）由中国宁波港出口一批不锈钢无缝产品至斯里兰卡科伦坡港，货物报关价值为366,918.97美元。隆达公司通过货代向A.P.穆勒—马士基有限公司（以下简称马士基公司）订舱，涉案货物于同年6月28日装载于4个集装箱内装船出运，出运时隆达公司要求做电放处理。2014年7月9日，隆达公司通过货代向马士基公司发邮件称，发现货物运错目的地要求改港或者退运。马士基公司于同日回复，因货物距抵达目的港不足2天，无法安排改港，如需退运则需与目的港确认后回复。次日，隆达公司的货代询问货物退运是否可以原船带回，马士基公司于当日回复"原船退回不具有操作性，货物在目的港卸货后，需要由现在的收货人在目的港清关后，再向当地海关申请退运。海关批准后，才可以安排退运事宜"。2014年7月10日，隆达公司又提出"这个货要安排退运，就是因为清关清不了，所以才退回宁波的，有其他办法吗"。此后，马士基公司再未回复邮件。

涉案货物于2014年7月12日左右到达目的港。马士基公司应隆达公司的要求于2015年1月29日向其签发了编号603386880的全套正本提单。根据提单记载，托运人为隆达公司，收货人及通知方均为VENUS STEEL PVT LTD，起运港中国宁波，卸货港科伦坡。2015年5月19日，隆达公司向马士基公司发邮件表示已按马士基公司要求申请退运。马士基公司随后告知隆达公司涉案货物已被拍卖。

裁判结果

宁波海事法院于2016年3月4日作出（2015）甬海法商初字第534号民事判决，认为隆达公司因未采取自行提货等有效措施导致涉案货物被海关拍卖，相应货损风险应由该公司承担，故驳回隆达公司的诉讼请求。一审判决后，隆达公司提出上诉。浙江省高级人民法院于2016年9月29日作出（2016）浙民终222号民事判决：撤销一审判决；马士基公司于判决送达之日起十日内赔偿隆达公司货物损失183,459.49美元及利息。二审法院认为依据《合同法》第三百零八条，隆达公司在马士基公司交付货物前享有请求改港或退运的权利。在隆达公司提出退运要求后，马士基公司既未明确拒绝安排退运，也未通知隆达公司自行处理，对涉案货损应承担相应的赔偿责任，酌定责任比例为50%。马士基公司不服二审判决，向最高人民法院申请再审。最高人民法院于2017年12月29日作出（2017）最高法民再412号民事判决：撤销二审判决；维持一审判决。

裁判理由

最高人民法院认为，合同法与海商法有关调整海上运输关系、船舶关系的规定属于普通法与特别法的关系。根据《海商法》第八十九条的规定，船舶在装货港开航前，托运人可以要求解除合同。本案中，隆达公司在涉案货物海上运输途中请求承运人进行退运或者改港，因海商法未就航程中托运人要求变更运输合同的权利进行规定，故本案可适用《合同法》第三百零八条关于托运人要求变更运输合同权利的规定。基于特别法优先适用于普通法的法律适用基本原则，《合同法》第三百零八条规定的是一般运输合同，该条规定在适用于海上货物运输合同的情况下，应该受到海商法基本价值取向及强制性规定的限制。托运人依据《合同法》第三百零八条主张变更运输合同的权利不得致使海上货物运输合同中各方当事人利益显失公平，也不得使承运人违反对其他托运人承担的安排合理航线等义务，或剥夺承运人关于履行海上货物运输合同变更事项的相应抗辩权。

合同法总则规定的基本原则是合同法立法的准则，是适用于合同法全部领域的准则，也是合同法具体制度及规范的依据。依据《合同法》第三百零八条的规定，在承运人将货物交付收货人之前，托运人享有要求变更运输合同的权利，但双方当事人仍要遵循合同法第五条规定的公平原则确定各方的权利和义务。海上货物运输具有运输量大、航程预先拟定、航线相对固定等特殊性，托运人要求改港或者退运的请求有时不仅不易操作，还会妨碍承运人的正常营运或者给其他货物的托运人或收货人带来较大损害。在此情况下，如果要求承运人无条件服从托运人变更运输合同的请求，显失公平。因此，在海上货物运输合同下，托运人并非可以无限制地行使请求变更的权利，承运人也并非在任何情况下都应无条件服从托运人请求变更的指示。为合理平衡海上货物运输合同中各方当事人利益之平衡，在托运人行使要求变更权利的同时，承运人也相应地享有一定的抗辩权利。如果变更运输合同难以实现或者将严重影响承运人正常营运，承运人可以拒绝托运人改港或者退运的要求，但应当及时通知托运人不能执行的原因。如果承运人关于不能执行原因等抗辩成立，承运人未按照托运人退运或改港的指示执行则并无不当。

涉案货物采用的是国际班轮运输，载货船舶除运载隆达公司托运的 4 个集装箱外，还运载了其他货主托运的众多货物。涉案货物于 2014 年 6 月 28 日装船出运，于 2014 年 7 月 12 日左右到达目的港。隆达公司于 2014 年 7 月 9 日才要求马士基公司退运或者改港。马士基公司在航程已过大半，距离到达目的港只有两三天的时间，以航程等原因无法安排改港、原船退回不具有可操作性为抗辩事由，符合案件事实情况，该抗辩事由成立，马士基公司未安排退运或者改港并无不当。

马士基公司将涉案货物运至目的港后，因无人提货，将货物卸载至目的港码头符合《海商法》第八十六条的规定。马士基公司于 2014 年 7 月 9 日通过邮件回复隆达公司距抵达目的港不足 2 日。隆达公司已了解货物到港的大体时间并明知涉案货物在目的港无人提货，但在长达 8 个月的时间里未采取措施处理涉案货物致其被海关拍卖。隆达公司虽主张马士基公司未尽到谨慎管货义务，但并未举证证明马士基公司存在管货不当的事实。隆达公司的该项主张缺乏依据。依据《海商法》第八十六条的规定，马士基公司卸货后所产生的费用和风险应由收货人承担，马士基公司作为承运人无须承担相应的风险。

第四节　运输单证

一、提单定义和法律性质

4.42【法律】《1992 海商法》第七十一条

提单，是指用以证明海上货物运输合同和货物已经由承运人接收或者装船，以及承运人保证据以交付货物的单证。提单中载明的向记名人交付货物，或者按照指示人的指示交付货物，或者向提单持有人交付货物的条款，构成承运人据以交付货物的保证。

4.43【指导案例 111 号】中国建设银行股份有限公司广州荔湾支行诉广东蓝粤能源发展有限公司等信用证开证纠纷案

裁判要点

1. 提单持有人是否因受领提单的交付而取得物权以及取得何种类型的物权，取决于合同的约定。开证行根据其与开证申请人之间的合同约定持有提单时，人民法院应结合信用证交易的特点，对案涉合同进行合理解释，确定开证行持有提单的真实意思表示。

2. 开证行对信用证项下单据中的提单以及提单项下的货物享有质权的，开证行行使提单质权的方式与行使提单项下货物动产质权的方式相同，即对提单项下货物折价、变卖、拍卖后所得价款享有优先受偿权。

相关法条

《中华人民共和国海商法》第七十一条

《中华人民共和国物权法》第二百二十四条

《中华人民共和国合同法》第八十条第一款

基本案情

中国建设银行股份有限公司广州荔湾支行（以下简称建行广州荔湾支行）与广东蓝粤能源发展有限公司（以下简称蓝粤能源公司）于 2011 年 12 月签订了《贸易融资额度合同》及《关于开立信用证的特别约定》等相关附件，约定该行向蓝粤能源公司提供不超过 5.5 亿元的贸易融资额度，包括开立等值额度的远期信用证。惠来粤东电力燃料有限公司（以下简称粤东电力）等担保人签订了保证合同等。2012 年 11 月，蓝粤能源公司向建行广州荔湾支行申请开立 8592 万元的远期信用证。为开立信用证，蓝粤能源公司向建行广州荔湾支行出具了《信托收据》，并签订了《保证金质押合同》。《信托收据》确认自收据出具之日起，建行广州荔湾支行即取得上述信用证项下所涉单据和货物的所有权，建行广州荔湾支行为委托人和受益人，蓝粤能源公司为信托货物的受托人。信用证开立后，蓝粤能源公司进口了164,998吨煤炭。建行广州荔湾支行承兑了信用证，并向蓝粤能源公司放款84,867,952.27元，用于蓝粤能源公司偿还建行首尔分行的信用证垫款。建行广州荔湾支行履行开证和付款义务后，取得了包括本案所涉提单在内的全套单据。蓝粤能源公司因经营状况恶化而未能付款赎单，故建行广州荔湾支行在本案审理过程中仍持有提单及相关单据。提单项下的煤炭因其他纠纷被广西防城港市港口区人民法院查封。建行广州荔湾支行提起诉讼，请求判令蓝粤能源公司向建行广州荔湾支行清偿信用证垫款本金84,867,952.27元及利息；确认建行广州荔湾支行对信用证项下164,998吨煤炭享有所有权，并对处置该财产所得款项优先清偿上述信用证项下债务；粤东电力等担保人承担担保责任。

裁判结果

广东省广州市中级人民法院于2014年4月21日作出（2013）穗中法金民初字第158号民事判决，支持建行广州荔湾支行关于蓝粤能源公司还本付息以及担保人承担相应担保责任的诉请，但以信托收据及提单交付不能对抗第三人为由，驳回建行广州荔湾支行关于请求确认煤炭所有权以及优先受偿权的诉请。建行广州荔湾支行不服一审判决，提起上诉。广东省高级人民法院于2014年9月19日作出（2014）粤高法民二终字第45号民事判决，驳回上诉，维持原判。建行广州荔湾支行不服二审判决，向最高人民法院申请再审。最高人民法院于2015年10月19日作出（2015）民提字第126号民事判决，支持建行广州荔湾支行对案涉信用证项下提单对应货物处置所得价款享有优先受偿权，驳回其对案涉提单项下货物享有所有权的诉讼请求。

裁判理由

最高人民法院认为，提单具有债权凭证和所有权凭证的双重属性，但并不意味着谁持有提单谁就当然对提单项下货物享有所有权。对于提单持有人而言，其能否取得物权以及取得何种类型的物权，取决于当事人之间的合同约定。建行广州荔湾支行履行了开证及付款义务并取得信用证项下的提单，但是由于当事人之间没有移转货物所有权的意思表示，故不能认为建行广州荔湾支行取得提单即取得提单项下货物的所有权。虽然《信托收据》约定建行广州荔湾支行取得货物的所有权，并委托蓝粤能源公司处置提单项下的货物，但根据物权法定原则，该约定因构成让与担保而不能发生物权效力。然而，让与担保的约定虽不能发生物权效力，但该约定仍具有合同效力，且《关于开立信用证的特别约定》约定蓝粤能源公司违约时，建行广州荔湾支行有权处分信用证项下单据及货物，因此根据合同整体解释以及信用证交易的特点，表明当事人真实意思表示是通过提单的流转而设立提单质押。本案符合权利质押设立所须具备的书面质押合同和物权公示两项要件，建行广州荔湾支行作为提单持有人，享有提单权利质权。建行广州荔湾支行的提单权利质权如果与其他债权人对提单项下货物所可能享有的留置权、动产质权等权利产生冲突的，可在执行分配程序中依法予以解决。

4.44【法律】《1995 担保法》第七十五条

下列权利可以质押：

（一）汇票、支票、本票、债券、存款单、仓单、提单；

（二）依法可以转让的股份、股票；

（三）依法可以转让的商标专用权，专利权、著作权中的财产权；

（四）依法可以质押的其他权利。

4.45【法律】《1995 担保法》第七十六条

以汇票、支票、本票、债券、存款单、仓单、提单出质的，应当在合同约定的期限内将权利凭证交付质权人。质押合同自权利凭证交付之日起生效。

4.46【法律】《1995 担保法》第七十七条

以载明兑现或者提货日期的汇票、支票、本票、债券、存款单、仓单、提单出质的，汇票、支票、本票、债券、存款单、仓单、提单兑现或者提货日期先于债务履行期的，质权人可以在债务履行期届满前兑现或者提货，并与出质人协议将兑现的价款或者提取的货物用于提前清偿所担保的债权或者向与出质人约定的第三人提存。

4.47【司法解释】《2000 担保法解释》第一百零一条

以票据、债券、存款单、仓单、提单出质的，质权人再转让或者质押的无效。

4.48【司法解释】《2000 担保法解释》第一百零二条

以载明兑现或者提货日期的汇票、支票、本票、债券、存款单、仓单、提单出质的，其兑现或者提货日期后于债务履行期的，质权人只能在兑现或者提货日期届满时兑现款项或者提取货物。

4.49【司法解释】《2000 担保法解释》第一百零六条

质权人向出质人、出质债权的债务人行使质权时，出质人、出质债权的债务人拒绝的，质权人可以起诉出质人和出质债权的债务人，也可以单独起诉出质债权的债务人。

二、提单效力

4.50【复函】最高人民法院关于未取得无船承运业务经营资格的经营者与托运人订立的海上货物运输合同或签发的提单是否有效的请示的复函［（2007）民四他字第19号］

根据《中华人民共和国国际海运条例》（以下简称《海运条例》）的规定，经营无船承运业务，应当向国务院交通主管部门办理提单登记，并交纳保证金。本案中深圳龙峰国际货运代理公司在未取得无船承运业务经营资格的情况下签发了未在交通主管部门登记的提单，违反了《海运条例》的规定，受理案件的法院应当向有关交通主管部门发出司法建议，建议交通主管部门予以处罚。但深圳龙峰国际货运代理公司收到货物后应托运人的要求签发提单的行为，不属于《中华人民共和国合同法》第五十二条第（五）项规定的违反法律、行政法规的强制性规定的情形，该提单应认定为有效。

三、承运人签发提单义务及方式

4.51【法律】《1992 海商法》第七十二条

货物由承运人接收或者装船后，应托运人的要求，承运人应当签发提单。

提单可以由承运人授权的人签发。提单由载货船舶的船长签发的，视为代表承运人签发。

四、提单内容及并入条款

4.52【法律】《1992 海商法》第七十三条

提单内容，包括下列各项：

（一）货物的品名、标志、包数或者件数、重量或者体积，以及运输危险货物时对危险性质的说明；

（二）承运人的名称和主营业所；

（三）船舶名称；

（四）托运人的名称；

（五）收货人的名称；

（六）装货港和在装货港接收货物的日期；

（七）卸货港；

（八）多式联运提单增列接收货物地点和交付货物地点；

（九）提单的签发日期、地点和份数；

（十）运费的支付；

（十一）承运人或者其代表的签字。

提单缺少前款规定的一项或者几项的，不影响提单的性质；但是，提单应当符合本法第七十一条的规定。

4.53【指导意见】《2004 解答》第九十八条

提单中并入条款对提单持有人的效力如何?

答：租船合同条款有效并入提单后，承运人和提单持有人（非托运人）的关系属于提单运输法律关系，而非租船合同法律关系。除非在并入条款中明示，租船合同中的仲裁条款、管辖权条款及法律适用条款并入提单，否则这些条款不能约束非承租人的提单持有人。

五、已装船提单与收货待运提单或其他单证

4.54【法律】《1992 海商法》第七十四条

货物装船前，承运人已经应托运人的要求签发收货待运提单或者其他单证的，货物装船完毕，托运人可以将收货待运提单或者其他单证退还承运人，以换取已装船提单；承运人也可以在收货待运提单上加注承运船舶的船名和装船日期，加注后的收货待运提单视为已装船提单。

六、提单批注或者未批注之推定货物完好

4.55【法律】《1992 海商法》第七十五条

承运人或者代其签发提单的人，知道或者有合理的根据怀疑提单记载的货物的品名、标志、包数或者件数、重量或者体积与实际接收的货物不符，在签发已装船提单的情况下怀疑与已装船的货物不符，或者没有适当的方法核对提单记载的，可以在提单上批注，说明不符之处、怀疑的根据或者说明无法核对。

4.56【指导意见】《2004 解答》第一百四十一条

如何看待承运人对运输货物的批注范围？

答：承运人或者代其签发提单的人，知道或者有合理的根据怀疑提单记载的货物的品名、标志、包数或者件数、重量或者体积与实际接收的货物不符，在签发已装船提单的情况下怀疑与已装船的货物不符，或者没有适当的方法核对提单记载的，可以在提单上批注，说明不符之处、怀疑的根据或者说明无法核对。承运人或代其签发提单的人未在提单上批注货物表面状况的，视为货物的表面状况良好。

在散装货物运输中，货物表面状况是指船方在签发提单时根据通常的观察方法以及通常应具备的知识用肉眼或者其他通常的、合理的检验方法，仅从外表所能观察到和发现的货物状况。对于货物内在的品质问题，不在此列。

4.57【指导意见】《2004 解答》第一百四十二条

承运人在提单上的批注有什么法律后果？

答：承运人或代其签发提单的人在提单上对货物表面状况批注的，在目的港卸货时，如发现因批注的包装、污渍、渗漏等原因引起货损的，承运人可以免除其赔偿责任。

4.58【法律】《1992 海商法》第七十六条

承运人或者代其签发提单的人未在提单上批注货物表面状况的，视为货物的表面状况良好。

七、提单记载初步证据效力与最终证据效力

4.59【法律】《1992 海商法》第七十七条

除依照本法第七十五条的规定作出保留外，承运人或者代其签发提单的人签发的提单，是承运人已经按照提单所载状况收到货物或者货物已经装船的初步证据；承运人向善意受让提单的包括收货人在内的第三人提出的与提单所载状况不同的证据，不予承认。

八、提单对承运人、收货人、提单持有人之约束力及例外

4.60【法律】《1992 海商法》第七十八条

承运人同收货人、提单持有人之间的权利、义务关系，依据提单的规定确定。

收货人、提单持有人不承担在装货港发生的滞期费、亏舱费和其他与装货有关的费用，但是提单中明确载明上述费用由收货人、提单持有人承担的除外。

九、提单转让

4.61【法律】《1992 海商法》第七十九条

提单的转让，依照下列规定执行：

（一）记名提单：不得转让；

（二）指示提单：经过记名背书或者空白背书转让；

（三）不记名提单：无需背书，即可转让。

十、提单之外运输单证及其转让禁止

4.62【法律】《1992 海商法》第八十条

承运人签发提单以外的单证用以证明收到待运货物的，此项单证即为订立海上货物运输合同和承运人接收该单证中所列货物的初步证据。

承运人签发的此类单证不得转让。

第五节　货物交付

一、货物交付时灭失或损坏书面通知及后果

4.63【法律】《1992 海商法》第八十一条

承运人向收货人交付货物时，收货人未将货物灭失或者损坏的情况书面通知承运人

的，此项交付视为承运人已经按照运输单证的记载交付以及货物状况良好的初步证据。

货物灭失或者损坏的情况非显而易见的，在货物交付的次日起连续七日内，集装箱货物交付的次日起连续十五日内，收货人未提交书面通知的，适用前款规定。

货物交付时，收货人已经会同承运人对货物进行联合检查或者检验的，无需就所查明的灭失或者损坏的情况提交书面通知。

4.64【指导意见】《2004 解答》第一百四十七条

收货人未依照《海商法》第 81 条的规定将货物损坏或者灭失情况书面通知承运人的，将产生何种法律后果？

答：承运人向收货人交付货物时，收货人未将货物灭失或者损坏的情况书面通知承运人的，此项交付视为承运人已经按照运输单证的记载交付以及货物状况良好的初步证据。

货物灭失或者损坏的情况非显而易见的，在货物交付的次日起连续七日内，集装箱货物交付的次日起连续十五日内，收货人未提交书面通知的，适用前款规定。

货物交付时，收货人已经会同承运人对货物进行联合检查或者检验的，无需就所查明的灭失或者损坏的情况提交书面通知。

收货人未在前述期间内将货物灭失或者损坏情况书面通知承运人，但有证据证明货物在承运人责任期间内确实发生灭失或者损坏的，收货人的索赔权不受影响。

4.65【法律】《1992 海商法》第八十二条

承运人自向收货人交付货物的次日起连续六十日内，未收到收货人就货物因迟延交付造成经济损失而提交的书面通知的，不负赔偿责任。

二、交货时检验及检验费支付与追偿

4.66【法律】《1992 海商法》第八十三条

收货人在目的港提取货物前或者承运人在目的港交付货物前，可以要求检验机构对货物状况进行检验；要求检验的一方应当支付检验费用，但是有权向造成货物损失的责任方追偿。

4.67【法律】《1992 海商法》第八十四条

承运人和收货人对本法第八十一条和第八十三条规定的检验，应当相互提供合理的便利条件。

三、实际承运人交货时书面通知效力

4.68【法律】《1992 海商法》第八十五条

货物由实际承运人交付的，收货人依照本法第八十一条的规定向实际承运人提交的书面通知，与向承运人提交书面通知具有同等效力；向承运人提交的书面通知，与向实际承运人提交书面通知具有同等效力。

四、目的港无人提取货物或者收货人迟延、拒绝提货

4.69【法律】《1992 海商法》第八十六条

在卸货港无人提取货物或者收货人迟延、拒绝提取货物的，船长可以将货物卸在仓库或者其他适当场所，由此产生的费用和风险由收货人承担。

4.70【指导意见】《2017 海事审判总结》

（五）关于集装箱超期使用费的承担

海上货物运输合同的收货人在目的港提取货物后未归还集装箱，或者收货人逾期提货产生集装箱超期使用费的，承运人可以向收货人主张集装箱超期使用费；承运人选择依据海上货物运输合同向（订约）托运人主张集装箱超期使用费的，法院应向其释明法律风险。

目的港无人提货的，承运人可向（订约）托运人主张集装箱超期使用费。

关于集装箱超期使用费的标准，运输合同有约定的，按照其约定；在没有约定标准时，可采用集装箱提供者网站公布的标准或者同类集装箱经营者网站公布的同期同地的市场标准。

根据《合同法》第一百一十三条规定的可合理预见规则和第一百一十九条规定的减损规则，也应当为集装箱使用费赔偿额的计算确定一个合理的限度，该限度可根据具体案情合理酌定。目前有的海事法院以重置一个同类新集装箱的价格为限（如青岛、上海、广州），有的海事法院以该价格的 1.5 倍为限（如宁波），有的海事法院还以一定期限（如 60 天）为限计算，一致的认识是应当有合理上限，但标准不一。这些标准总体上均有合理性，但相关情况较复杂，一时尚难以完全统一，需要进一步探索并总结经验。既然全国海事审判系统都希望统一赔偿上限标准，根据海事法院中的多数意见，建议各院逐步向上述以同类新集装箱市价 1 倍为限的做法靠拢，集中探索一段时期，看是否能够以此统一标准。对此，希望各院注意两点：一是原则上暂时以同类新集装箱市价 1 倍为基准试行，还可以根据具体案情适当浮动或者调整；二是各院至少要保证对类似情况的酌定标准和幅度先做到本院各裁判基本一致。

关于承运人请求集装箱超期使用费的诉讼时效，根据《最高人民法院关于承运人就海上货物运输向托运人、收货人或提单持有人要求赔偿的请求权时效期间的批复》（法释〔1997〕3 号）等司法解释的规定，诉讼时效期间为一年，自承运人知道或应当知道权利被侵害之日起计算。

五、承运人货物留置权及不合理留置之后果

4.71【法律】《1992 海商法》第八十七条

应当向承运人支付的运费、共同海损分摊、滞期费和承运人为货物垫付的必要费用以及应当向承运人支付的其他费用没有付清，又没有提供适当担保的，承运人可以在合理的限度内留置其货物。

4.72【指导意见】《2004 解答》第一百三十八条

沿海内河运输和非我国港口之间的海上货物运输的承运人留置货物有何不同规定？

答：沿海内河运输中，托运人或者收货人不支付运费、保管费以及其他运输费用的，依照《合同法》的规定，承运人对相应的运输货物享有留置权，除非当事人之间另有约定；非我国港口之间的海上货物运输，依照《海商法》的有关规定，应当向承运人支付的运费、共同海损分摊、滞期费和承运人为货物垫付的必要费用以及应当向承运人支付的其他费用没有付清，又没有提供适当担保的，承运人可以在合理的限度内留置债务人所有的货物。审判实践中应当注意不同的法律规定就留置权的行使所作的不同规定。

4.73【指导意见】《2004 解答》第一百四十四条

承运人不合理行使留置权的，应当通过何种程序得到赔偿？

答：承运人依照《海商法》的规定留置货物超过合理限度的，收货人可以向海事法院提起诉讼要求承运人予以赔偿。

六、被留置货物拍卖

4.74【法律】《1992 海商法》第八十八条

承运人根据本法第八十七条规定留置的货物，自船舶抵达卸货港的次日起满六十日无人提取的，承运人可以申请法院裁定拍卖；货物易腐烂变质或者货物的保管费用可能超过其价值的，可以申请提前拍卖。

拍卖所得价款，用于清偿保管、拍卖货物的费用和运费以及应当向承运人支付的其他有关费用；不足的金额，承运人有权向托运人追偿；剩余的金额，退还托运人；无法退还、自拍卖之日起满一年又无人领取的，上缴国库。

4.75【指导意见】《2004 解答》第一百四十三条

留置的货物如何进行拍卖程序？

答：承运人根据《海商法》的规定对留置的货物进行拍卖的，可以向海事法院提出申请，由海事法院裁定并执行。

第六节　无正本提单交付货物

一、无单放货适用提单类型

4.76【司法解释】《2009 无单放货规定》第一条

本规定所称正本提单包括记名提单、指示提单和不记名提单。

二、承运人无单放货责任及正本提单持有人权利

4.77【司法解释】《2009 无单放货规定》第二条

承运人违反法律规定，无正本提单交付货物，损害正本提单持有人提单权利的，正本提单持有人可以要求承运人承担由此造成损失的民事责任。

4.78【司法解释】《2009 无单放货规定》第四条

承运人因无正本提单交付货物承担民事责任的，不适用海商法第五十六条关于限制赔偿责任的规定。

4.79【司法解释】《2009 无单放货规定》第三条

承运人因无正本提单交付货物造成正本提单持有人损失的，正本提单持有人可以要求承运人承担违约责任，或者承担侵权责任。

正本提单持有人要求承运人承担无正本提单交付货物民事责任的，适用海商法规定；海商法没有规定的，适用其他法律规定。

三、非提单载明托运人但持有指示提单者权利及限制

4.80【司法解释】《2009 无单放货规定》第十二条

向承运人实际交付货物并持有指示提单的托运人，虽然在正本提单上没有载明其托运人身份，因承运人无正本提单交付货物，要求承运人依据海上货物运输合同承担无正本提单交付货物民事责任的，人民法院应予支持。

四、承运人凭伪造提单放货应承担无单放货责任

4.81【司法解释】《2009 无单放货规定》第五条

提货人凭伪造的提单向承运人提取了货物，持有正本提单的收货人可以要求承运人承担无正本提单交付货物的民事责任。

五、无单放货赔偿范围

4.82【司法解释】《2009 无单放货规定》第六条

承运人因无正本提单交付货物造成正本提单持有人损失的赔偿额，按照货物装船时的价值加运费和保险费计算。

六、无单放货后，提单持有人与提货人达成协议但未获赔付时承运人责任

4.83【司法解释】《2009 无单放货规定》第十三条

在承运人未凭正本提单交付货物后，正本提单持有人与无正本提单提取货物的人就货款支付达成协议，在协议款项得不到赔付时，不影响正本提单持有人就其遭受的损失，要求承运人承担无正本提单交付货物的民事责任。

七、无单放货时承运人与提货人连带赔偿责任

4.84【司法解释】《2009 无单放货规定》第十一条

正本提单持有人可以要求无正本提单交付货物的承运人与无正本提单提取货物的人承担连带赔偿责任。

八、无单放货免责事由

4.85【司法解释】《2009 无单放货规定》第七条

承运人依照提单载明的卸货港所在地法律规定，必须将承运到港的货物交付给当地海关或者港口当局的，不承担无正本提单交付货物的民事责任。

4.86【指导意见】《2017 海事审判总结》

（九）关于无单放货纠纷中的“卸货港所在地法律”

承运人援引《最高人民法院关于审理无正本提单交付货物案件适用法律若干问题的规定》第七条规定的“卸货港所在地法律”，要求免除无单放货赔偿责任的，鉴于该“卸货港所在地法律”系承运人的抗辩事由，应由其负责提供，法院一般可不主动查明，除非卸货港所在地法律同时也是整个无单放货赔偿纠纷的准据法。

4.87【司法解释】《2009 无单放货规定》第八条

承运到港的货物超过法律规定期限无人向海关申报，被海关提取并依法变卖处理，或者法院依法裁定拍卖承运人留置的货物，承运人主张免除交付货物责任的，人民法院应予支持。

4.88【司法解释】《2009 无单放货规定》第九条

承运人按照记名提单托运人的要求中止运输、返还货物、变更到达地或者将货物交

给其他收货人，持有记名提单的收货人要求承运人承担无正本提单交付货物民事责任的，人民法院不予支持。

4.89【司法解释】《2009 无单放货规定》第十条

承运人签发一式数份正本提单，向最先提交正本提单的人交付货物后，其他持有相同正本提单的人要求承运人承担无正本提单交付货物民事责任的，人民法院不予支持。

第七节　合同解除

一、船舶在装货港开航前，托运人解除合同权利及责任

4.90【法律】《1992 海商法》第八十九条

船舶在装货港开航前，托运人可以要求解除合同。但是，除合同另有约定外，托运人应当向承运人支付约定运费的一半；货物已经装船的，并应当负担装货、卸货和其他与此有关的费用。

二、船舶在装货港开航前，因不可抗力或者其他非当事人原因导致合同解除

4.91【法律】《1992 海商法》第九十条

船舶在装货港开航前，因不可抗力或者其他不能归责于承运人和托运人的原因致使合同不能履行的，双方均可以解除合同，并互相不负赔偿责任。除合同另有约定外，运费已经支付的，承运人应当将运费退还给托运人；货物已经装船的，托运人应当承担装卸费用；已经签发提单的，托运人应当将提单退还承运人。

三、邻近安全港口或者地点卸货事由

4.92【法律】《1992 海商法》第九十一条

因不可抗力或者其他不能归责于承运人和托运人的原因致使船舶不能在合同约定的目的港卸货的，除合同另有约定外，船长有权将货物在目的港邻近的安全港口或者地点卸载，视为已经履行合同。

船长决定将货物卸载的，应当及时通知托运人或者收货人，并考虑托运人或者收货人的利益。

第八节　海上货运代理

一、海上货运代理事务范围及除外

4.93【司法解释】《2012 货代规定》第一条

本规定适用于货运代理企业接受委托人委托处理与海上货物运输有关的货运代理事务时发生的下列纠纷：

（一）因提供订舱、报关、报检、报验、保险服务所发生的纠纷；

（二）因提供货物的包装、监装、监卸、集装箱装拆箱、分拨、中转服务所发生的纠纷；

（三）因缮制、交付有关单证、费用结算所发生的纠纷；

（四）因提供仓储、陆路运输服务所发生的纠纷；

（五）因处理其他海上货运代理事务所发生的纠纷。

4.94【司法解释】《2012 货代规定》第十五条

本规定不适用于与沿海、内河货物运输有关的货运代理纠纷案件。

4.95【司法解释】《2012 货代规定》第十六条

本规定施行前本院作出的有关司法解释与本规定相抵触的，以本规定为准。

本规定施行后，案件尚在一审或者二审阶段的，适用本规定；本规定施行前已经终审的案件，本规定施行后当事人申请再审或者按照审判监督程序决定再审的案件，不适用本规定。

4.96【司法解释】《2012 货代规定》第十三条

因本规定第一条所列纠纷提起的诉讼，由海事法院管辖。

二、货代企业与其委托人之间不同法律关系认定

4.97【司法解释】《2012 货代规定》第二条

人民法院审理海上货运代理纠纷案件，认定货运代理企业因处理海上货运代理事务与委托人之间形成代理、运输、仓储等不同法律关系的，应分别适用相关的法律规定。

4.98【司法解释】《2012 货代规定》第三条

人民法院应根据书面合同约定的权利义务的性质，并综合考虑货运代理企业取得报酬的名义和方式、开具发票的种类和收费项目、当事人之间的交易习惯以及合同实际履行的其他情况，认定海上货运代理合同关系是否成立。

4.99【司法解释】《2012 货代规定》第四条

货运代理企业在处理海上货运代理事务过程中以自己的名义签发提单、海运单或

者其他运输单证，委托人据此主张货运代理企业承担承运人责任的，人民法院应予支持。

货运代理企业以承运人代理人名义签发提单、海运单或者其他运输单证，但不能证明取得承运人授权，委托人据此主张货运代理企业承担承运人责任的，人民法院应予支持。

三、货运代理合同表见代理

4.100【司法解释】《2012 货代规定》第六条

一方当事人根据双方的交易习惯，有理由相信行为人有权代表对方当事人订立海上货运代理合同，该方当事人依据合同法第四十九条的规定主张合同成立的，人民法院应予支持。

四、货运代理服务概括委托

4.101【司法解释】《2012 货代规定》第九条

货运代理企业按照概括委托权限完成海上货运代理事务，请求委托人支付相关合理费用的，人民法院应予支持。

五、货运代理服务转委托条件及后果

4.102【司法解释】《2012 货代规定》第五条

委托人与货运代理企业约定了转委托权限，当事人就权限范围内的海上货运代理事务主张委托人同意转委托的，人民法院应予支持。

没有约定转委托权限，货运代理企业或第三人以委托人知道货运代理企业将海上货运代理事务转委托或部分转委托第三人处理而未表示反对为由，主张委托人同意转委托的，人民法院不予支持，但委托人的行为明确表明其接受转委托的除外。

六、货代企业单证留置权及例外

4.103【司法解释】《2012 货代规定》第七条

海上货运代理合同约定货运代理企业交付处理海上货运代理事务取得的单证以委托人支付相关费用为条件，货运代理企业以委托人未支付相关费用为由拒绝交付单证的，人民法院应予支持。

合同未约定或约定不明确，货运代理企业以委托人未支付相关费用为由拒绝交付单证的，人民法院应予支持，但提单、海运单或者其他运输单证除外。

七、货代企业向实际托运人交付提单及其他运输单证义务

4.104【司法解释】《2012 货代规定》第八条

货运代理企业接受契约托运人的委托办理订舱事务，同时接受实际托运人的委托向承运人交付货物，实际托运人请求货运代理企业交付其取得的提单、海运单或者其他运输单证的，人民法院应予支持。

契约托运人是指本人或者委托他人以本人名义或者委托他人为本人与承运人订立海上货物运输合同的人。

实际托运人是指本人或者委托他人以本人名义或者委托他人为本人将货物交给与海上货物运输合同有关的承运人的人。

八、货代企业推定过错责任

4.105【司法解释】《2012 货代规定》第十条

委托人以货运代理企业处理海上货运代理事务给委托人造成损失为由，主张由货运代理企业承担相应赔偿责任的，人民法院应予支持，但货运代理企业证明其没有过错的除外。

九、货代企业与未经合法登记无船承运业务经营者合作之责任

4.106【司法解释】《2012 货代规定》第十一条

货运代理企业未尽谨慎义务，与未在我国交通主管部门办理提单登记的无船承运业务经营者订立海上货物运输合同，造成委托人损失的，应承担相应的赔偿责任。

4.107【司法解释】《2012 货代规定》第十二条

货运代理企业接受未在我国交通主管部门办理提单登记的无船承运业务经营者的委托签发提单，当事人主张由货运代理企业和无船承运业务经营者对提单项下的损失承担连带责任的，人民法院应予支持。

货运代理企业承担赔偿责任后，有权向无船承运业务经营者追偿。

4.108【司法解释】《2012 货代规定》第十四条

人民法院在案件审理过程中，发现不具有无船承运业务经营资格的货运代理企业违反《中华人民共和国国际海运条例》的规定，以自己的名义签发提单、海运单或者其他运输单证的，应当向有关交通主管部门发出司法建议，建议交通主管部门予以处罚。

第五章

多式联运合同

一、多式联运合同定义

5.1【法律】《1992 海商法》第一百零二条

本法所称多式联运合同，是指多式联运经营人以两种以上的不同运输方式，其中一种是海上运输方式，负责将货物从接收地运至目的地交付收货人，并收取全程运费的合同。

前款所称多式联运经营人，是指本人或者委托他人以本人名义与托运人订立多式联运合同的人。

二、多式联运经营人及各区段承运人责任期间

5.2【法律】《1992 海商法》第一百零三条

多式联运经营人对多式联运货物的责任期间，自接收货物时起至交付货物时止。

5.3【法律】《1992 海商法》第一百零四条

多式联运经营人负责履行或者组织履行多式联运合同，并对全程运输负责。

多式联运经营人与参加多式联运的各区段承运人，可以就多式联运合同的各区段运输，另以合同约定相互之间的责任。但是，此项合同不得影响多式联运经营人对全程运输所承担的责任。

三、多式联运经营人与各区段承运人责任承担及追偿

5.4【指导意见】《2004 解答》第一百四十五条

多式联运货物运输纠纷中如何承担责任？

答：多式联运的货物发生灭失或者损坏时，收货人可以向多式联运经营人提出索

赔，也可以向负有责任的区段承运人提出索赔。收货人向多式联运经营人索赔的，多式联运经营人赔付后，可以向负有责任的区段承运人追偿。

四、货物灭失或者损坏发生区段法律适用及例外

5.5【法律】《1992 海商法》第一百零五条

货物的灭失或者损坏发生于多式联运的某一运输区段的，多式联运经营人的赔偿责任和责任限额，适用调整该区段运输方式的有关法律规定。

5.6【指导意见】《2004 解答》第一百二十七条

国际多式联运合同纠纷应如何适用法律?

答：依照《海商法》的规定，国际多式联运的货物发生灭失或者损害的，多式联运经营人的赔偿责任和责任限额，适用调整该区段运输方式的有关国家或者地区的法律。该有关法律无法查明或者没有规定的，适用我国参加的国际公约和我国的相关法律。

5.7【法律】《1992 海商法》第一百零六条

货物的灭失或者损坏发生的运输区段不能确定的，多式联运经营人应当依照本章关于承运人赔偿责任和责任限额的规定负赔偿责任。

第六章

海上旅客运输合同

一、海上旅客运输合同定义

6.1【法律】《1992 海商法》第一百零七条

海上旅客运输合同，是指承运人以适合运送旅客的船舶经海路将旅客及其行李从一港运送至另一港，由旅客支付票款的合同。

6.2【法律】《1992 海商法》第一百零八条

本章下列用语的含义：

（一）“承运人”，是指本人或者委托他人以本人名义与旅客订立海上旅客运输合同的人。

（二）“实际承运人”，是指接受承运人委托，从事旅客运送或者部分运送的人，包括接受转委托从事此项运送的其他人。

（三）“旅客”，是指根据海上旅客运输合同运送的人；经承运人同意，根据海上货物运输合同，随船护送货物的人，视为旅客。

（四）“行李”，是指根据海上旅客运输合同由承运人载运的任何物品和车辆，但是活动物除外。

（五）“自带行李”，是指旅客自行携带、保管或者放置在客舱中的行李。

二、海上旅客运输承运人、实际承运人及各自受雇人、代理人法律地位

6.3【法律】《1992 海商法》第一百零九条

本章关于承运人责任的规定，适用于实际承运人。本章关于承运人的受雇人、代理人责任的规定，适用于实际承运人的受雇人、代理人。

三、海上旅客运输合同凭证

6.4【法律】《1992 海商法》第一百一十条

旅客客票是海上旅客运输合同成立的凭证。

四、海上旅客运输合同效力及强制性法律规定

6.5【法律】《1992 海商法》第一百二十六条

海上旅客运输合同中含有下列内容之一的条款无效：

（一）免除承运人对旅客应当承担的法定责任；

（二）降低本章规定的承运人责任限额；

（三）对本章规定的举证责任作出相反的约定；

（四）限制旅客提出赔偿请求的权利。

前款规定的合同条款的无效，不影响合同其他条款的效力。

五、海上旅客运输运送期间

6.6【法律】《1992 海商法》第一百一十一条

海上旅客运输的运送期间，自旅客登船时起至旅客离船时止。客票票价含接送费用的，运送期间并包括承运人经水路将旅客从岸上接到船上和从船上送到岸上的时间，但是不包括旅客在港站内、码头上或者在港口其他设施内的时间。

旅客的自带行李，运送期间同前款规定。旅客自带行李以外的其他行李，运送期间自旅客将行李交付承运人或者承运人的受雇人、代理人时起至承运人或者承运人的受雇人、代理人交还旅客时止。

六、旅客义务和责任及承运人权利

6.7【法律】《1992 海商法》第一百一十二条

旅客无票乘船、越级乘船或者超程乘船，应当按照规定补足票款，承运人可以按照规定加收票款；拒不交付的，船长有权在适当地点令其离船，承运人有权向其追偿。

6.8【法律】《1992 海商法》第一百一十三条

旅客不得随身携带或者在行李中夹带违禁品或者易燃、易爆、有毒、有腐蚀性、有放射性以及有可能危及船上人身和财产安全的其他危险品。

承运人可以在任何时间、任何地点将旅客违反前款规定随身携带或者在行李中夹带的违禁品、危险品卸下、销毁或者使之不能为害，或者送交有关部门，而不负赔偿责任。

旅客违反本条第一款规定，造成损害的，应当负赔偿责任。

七、海上旅客运输承运人及其受雇人、代理人过失责任及推定过失责任

6.9【法律】《1992 海商法》第一百一十四条

在本法第一百一十一条规定的旅客及其行李的运送期间，因承运人或者承运人的受雇人、代理人在受雇或者受委托的范围内的过失引起事故，造成旅客人身伤亡或者行李灭失、损坏的，承运人应当负赔偿责任。

请求人对承运人或者承运人的受雇人、代理人的过失，应当负举证责任；但是，本条第三款和第四款规定的情形除外。

旅客的人身伤亡或者自带行李的灭失、损坏，是由于船舶的沉没、碰撞、搁浅、爆炸、火灾所引起或者是由于船舶的缺陷所引起的，承运人或者承运人的受雇人、代理人除非提出反证，应当视为其有过失。

旅客自带行李以外的其他行李的灭失或者损坏，不论由于何种事故所引起，承运人或者承运人的受雇人、代理人除非提出反证，应当视为其有过失。

八、海上旅客运输承运人免除或者减轻责任事由

6.10【法律】《1992 海商法》第一百一十五条

经承运人证明，旅客的人身伤亡或者行李的灭失、损坏，是由于旅客本人的过失或者旅客和承运人的共同过失造成的，可以免除或者相应减轻承运人的赔偿责任。

经承运人证明，旅客的人身伤亡或者行李的灭失、损坏，是由于旅客本人的故意造成的，或者旅客的人身伤亡是由于旅客本人健康状况造成的，承运人不负赔偿责任。

九、海上旅客运输承运人对贵重物品损失免责及例外和限制

6.11【法律】《1992 海商法》第一百一十六条

承运人对旅客的货币、金银、珠宝、有价证券或者其他贵重物品所发生的灭失、损坏，不负赔偿责任。

旅客与承运人约定将前款规定的物品交由承运人保管的，承运人应当依照本法第一百一十七条的规定负赔偿责任；双方以书面约定的赔偿限额高于本法第一百一十七条的规定的，承运人应当按照约定的数额负赔偿责任。

十、海上旅客运输承运人赔偿责任限额

6.12【法律】《1992 海商法》第一百一十七条

除本条第四款规定的情形外，承运人在每次海上旅客运输中的赔偿责任限额，依照

下列规定执行：

（一）旅客人身伤亡的，每名旅客不超过46,666计算单位；

（二）旅客自带行李灭失或者损坏的，每名旅客不超过833计算单位；

（三）旅客车辆包括该车辆所载行李灭失或者损坏的，每一车辆不超过3333计算单位；

（四）本款第（二）、（三）项以外的旅客其他行李灭失或者损坏的，每名旅客不超过1200计算单位。

承运人和旅客可以约定，承运人对旅客车辆和旅客车辆以外的其他行李损失的免赔额。但是，对每一车辆损失的免赔额不得超过117计算单位，对每名旅客的车辆以外的其他行李损失的免赔额不得超过13计算单位。在计算每一车辆或者每名旅客的车辆以外的其他行李的损失赔偿数额时，应当扣除约定的承运人免赔额。

承运人和旅客可以书面约定高于本条第一款规定的赔偿责任限额。

中华人民共和国港口之间的海上旅客运输，承运人的赔偿责任限额，由国务院交通主管部门制定，报国务院批准后施行。

6.13【法律】《1992海商法》第一百二十四条

就旅客的人身伤亡或者行李的灭失、损坏，分别向承运人、实际承运人以及他们的受雇人、代理人提出赔偿请求的，赔偿总额不得超过本法第一百一十七条规定的限额。

十一、海上旅客运输承运人丧失责任限制事由

6.14【法律】《1992海商法》第一百一十八条

经证明，旅客的人身伤亡或者行李的灭失、损坏，是由于承运人的故意或者明知可能造成损害而轻率地作为或者不作为造成的，承运人不得援用本法第一百一十六条和第一百一十七条限制赔偿责任的规定。

经证明，旅客的人身伤亡或者行李的灭失、损坏，是由于承运人的受雇人、代理人的故意或者明知可能造成损害而轻率地作为或者不作为造成的，承运人的受雇人、代理人不得援用本法第一百一十六条和第一百一十七条限制赔偿责任的规定。

十二、旅客行李损坏书面通知

6.15【法律】《1992海商法》第一百一十九条

行李发生明显损坏的，旅客应当依照下列规定向承运人或者承运人的受雇人、代理人提交书面通知：

（一）自带行李，应当在旅客离船前或者离船时提交；

（二）其他行李，应当在行李交还前或者交还时提交。

行李的损坏不明显，旅客在离船时或者行李交还时难以发现的，以及行李发生灭失

的，旅客应当在离船或者行李交还或者应当交还之日起十五日内，向承运人或者承运人的受雇人、代理人提交书面通知。

旅客未依照本条第一、二款规定及时提交书面通知的，除非提出反证，视为已经完整无损地收到行李。

行李交还时，旅客已经会同承运人对行李进行联合检查或者检验的，无需提交书面通知。

十三、海上旅客运输承运人受雇人、代理人享有承运人抗辩权和责任限制权

6.16【法律】《1992 海商法》第一百二十条

向承运人的受雇人、代理人提出的赔偿请求，受雇人或者代理人证明其行为是在受雇或者受委托的范围内的，有权援用本法第一百一十五条、第一百一十六条和第一百一十七条的抗辩理由和赔偿责任限制的规定。

十四、海上旅客运输承运人与实际承运人及其受雇人、代理人之间关系

6.17【法律】《1992 海商法》第一百二十一条

承运人将旅客运送或者部分运送委托给实际承运人履行的，仍然应当依照本章规定，对全程运送负责。实际承运人履行运送的，承运人应当对实际承运人的行为或者实际承运人的受雇人、代理人在受雇或者受委托的范围内的行为负责。

6.18【法律】《1992 海商法》第一百二十二条

承运人承担本章未规定的义务或者放弃本章赋予的权利的任何特别协议，经实际承运人书面明确同意的，对实际承运人发生效力；实际承运人是否同意，不影响此项特别协议对承运人的效力。

6.19【法律】《1992 海商法》第一百二十三条

承运人与实际承运人均负有赔偿责任的，应当在此项责任限度内负连带责任。

6.20【法律】《1992 海商法》第一百二十五条

本法第一百二十一条至第一百二十四条的规定，不影响承运人和实际承运人之间相互追偿。

第七章

海上拖航合同

一、海上拖航合同定义及除外

7.1【法律】《1992 海商法》第一百五十五条

海上拖航合同，是指承拖方用拖轮将被拖物经海路从一地拖至另一地，而由被拖方支付拖航费的合同。

本章规定不适用于在港区内对船舶提供的拖轮服务。

7.2【法律】《1992 海商法》第一百六十四条

拖轮所有人拖带其所有的或者经营的驳船载运货物，经海路由一港运至另一港的，视为海上货物运输。

二、海上拖航合同形式及主要内容

7.3【法律】《1992 海商法》第一百五十六条

海上拖航合同应当书面订立。海上拖航合同的内容，主要包括承拖方和被拖方的名称和住所、拖轮和被拖物的名称和主要尺度、拖轮马力、起拖地和目的地、起拖日期、拖航费及其支付方式，以及其他有关事项。

三、起拖前和起拖时承拖方与被拖方义务

7.4【法律】《1992 海商法》第一百五十七条

承拖方在起拖前和起拖当时，应当谨慎处理，使拖轮处于适航、适拖状态，妥善配备船员，配置拖航索具和配备供应品以及该航次必备的其他装置、设备。

被拖方在起拖前和起拖当时，应当做好被拖物的拖航准备，谨慎处理，使被拖物处

于适拖状态，并向承拖方如实说明被拖物的情况，提供有关检验机构签发的被拖物适合拖航的证书和有关文件。

四、不可抗力或者非当事人原因致使合同不能履行或变更履行

7.5【法律】《1992 海商法》第一百五十八条

起拖前，因不可抗力或者其他不能归责于双方的原因致使合同不能履行的，双方均可以解除合同，并互相不负赔偿责任。除合同另有约定外，拖航费已经支付的，承拖方应当退还给被拖方。

7.6【法律】《1992 海商法》第一百五十九条

起拖后，因不可抗力或者其他不能归责于双方的原因致使合同不能继续履行的，双方均可以解除合同，并互相不负赔偿责任。

7.7【法律】《1992 海商法》第一百六十条

因不可抗力或者其他不能归责于双方的原因致使被拖物不能拖至目的地的，除合同另有约定外，承拖方可以在目的地的邻近地点或者拖轮船长选定的安全的港口或者锚泊地，将被拖物移交给被拖方或者其代理人，视为已经履行合同。

五、承拖方对被拖物留置权

7.8【法律】《1992 海商法》第一百六十一条

被拖方未按照约定支付拖航费和其他合理费用的，承拖方对被拖物有留置权。

六、承拖方、被拖方过失责任及例外

7.9【法律】《1992 海商法》第一百六十二条

在海上拖航过程中，承拖方或者被拖方遭受的损失，由一方的过失造成的，有过失的一方应当负赔偿责任；由双方过失造成的，各方按照过失程度的比例负赔偿责任。

虽有前款规定，经承拖方证明，被拖方的损失是由于下列原因之一造成的，承拖方不负赔偿责任：

（一）拖轮船长、船员、引航员或者承拖方的其他受雇人、代理人在驾驶拖轮或者管理拖轮中的过失；

（二）拖轮在海上救助或者企图救助人命或者财产时的过失。

本条规定仅在海上拖航合同没有约定或者没有不同约定时适用。

七、承拖方与被拖方因过失造成第三人人身伤亡或者财产损失时赔偿责任及追偿

7.10【法律】《1992 海商法》第一百六十三条

在海上拖航过程中，由于承拖方或者被拖方的过失，造成第三人人身伤亡或者财产损失的，承拖方和被拖方对第三人负连带赔偿责任。除合同另有约定外，一方连带支付的赔偿超过其应当承担的比例的，对另一方有追偿权。

第八章

航次租船合同

一、航次租船合同定义

8.1【法律】《1992 海商法》第九十二条

航次租船合同，是指船舶出租人向承租人提供船舶或者船舶的部分舱位，装运约定的货物，从一港运至另一港，由承租人支付约定运费的合同。

二、航次租船合同形式和主要内容

8.2【法律】《1992 海商法》第四十三条

承运人或者托运人可以要求书面确认海上货物运输合同的成立。但是，航次租船合同应当书面订立。电报、电传和传真具有书面效力。

8.3【法律】《1992 海商法》第九十三条

航次租船合同的内容，主要包括出租人和承租人的名称、船名、船籍、载货重量、容积、货名、装货港和目的港、受载期限、装卸期限、运费、滞期费、速遣费以及其他有关事项。

三、航次租船合同任意性规定和强制性法律规定

8.4【法律】《1992 海商法》第九十四条

本法第四十七条和第四十九条的规定，适用于航次租船合同的出租人。

本章其他有关合同当事人之间的权利、义务的规定，仅在航次租船合同没有约定或者没有不同约定时，适用于航次租船合同的出租人和承租人。

四、航次租船合同签发下提单之法律地位

8.5【法律】《1992 海商法》第九十五条

对按照航次租船合同运输的货物签发的提单，提单持有人不是承租人的，承运人与该提单持有人之间的权利、义务关系适用提单的约定。但是，提单中载明适用航次租船合同条款的，适用该航次租船合同的条款。

五、出租人提供约定船舶义务及更换船舶之条件与责任

8.6【法律】《1992 海商法》第九十六条

出租人应当提供约定的船舶；经承租人同意，可以更换船舶。但是，提供的船舶或者更换的船舶不符合合同约定的，承租人有权拒绝或者解除合同。

因出租人过失未提供约定的船舶致使承租人遭受损失的，出租人应当负赔偿责任。

六、出租人未在约定受载期内提供船舶时，承租人权利及限制与出租人责任

8.7【法律】《1992 海商法》第九十七条

出租人在约定的受载期限内未能提供船舶的，承租人有权解除合同。但是，出租人将船舶延误情况和船舶预期抵达装货港的日期通知承租人的，承租人应当自收到通知时起四十八小时内，将是否解除合同的决定通知出租人。

因出租人过失延误提供船舶致使承租人遭受损失的，出租人应当负赔偿责任。

七、滞期费与速遣费

8.8【法律】《1992 海商法》第九十八条

航次租船合同的装货、卸货期限及其计算办法，超过装货、卸货期限后的滞期费和提前完成装货、卸货的速遣费，由双方约定。

八、航次租船合同下船舶转租

8.9【法律】《1992 海商法》第九十九条

承租人可以将其租用的船舶转租；转租后，原合同约定的权利和义务不受影响。

九、承租人提供约定货物义务及更换货物之条件与责任

8.10【法律】《1992 海商法》第一百条

承租人应当提供约定的货物；经出租人同意，可以更换货物。但是，更换的货物对出租人不利的，出租人有权拒绝或者解除合同。

因未提供约定的货物致使出租人遭受损失的，承租人应当负赔偿责任。

十、卸货港约定及其选择权和责任

8.11【法律】《1992 海商法》第一百零一条

出租人应当在合同约定的卸货港卸货。合同订有承租人选择卸货港条款的，在承租人未按照合同约定及时通知确定的卸货港时，船长可以从约定的选卸港中自行选定一港卸货。承租人未按照合同约定及时通知确定的卸货港，致使出租人遭受损失的，应当负赔偿责任。出租人未按照合同约定，擅自选定港口卸货致使承租人遭受损失的，应当负赔偿责任。

第九章

定期租船合同

一、定期租船合同定义

9.1【法律】《1992 海商法》第一百二十九条

定期租船合同，是指船舶出租人向承租人提供约定的由出租人配备船员的船舶，由承租人在约定的期间内按照约定的用途使用，并支付租金的合同。

二、定期租船合同形式

9.2【法律】《1992 海商法》第一百二十八条

船舶租用合同，包括定期租船合同和光船租赁合同，均应当书面订立。

三、定期租船合同任意性规定与法律规定之关系

9.3【法律】《1992 海商法》第一百二十七条

本章关于出租人和承租人之间权利、义务的规定，仅在船舶租用合同没有约定或者没有不同约定时适用。

四、定期租船合同主要内容

9.4【法律】《1992 海商法》第一百三十条

定期租船合同的内容，主要包括出租人和承租人的名称、船名、船籍、船级、吨位、容积、船速、燃料消耗、航区、用途、租船期间、交船和还船的时间和地点以及条件、租金及其支付，以及其他有关事项。

五、出租人按约定交船义务和违约责任及承租人权利和限制

9.5【法律】《1992 海商法》第一百三十一条

出租人应当按照合同约定的时间交付船舶。

出租人违反前款规定的，承租人有权解除合同。出租人将船舶延误情况和船舶预期抵达交船港的日期通知承租人的，承租人应当自接到通知时起四十八小时内，将解除合同或者继续租用船舶的决定通知出租人。

因出租人过失延误提供船舶致使承租人遭受损失的，出租人应当负赔偿责任。

六、出租人交船时相对适航义务及违约责任

9.6【法律】《1992 海商法》第一百三十二条

出租人交付船舶时，应当做到谨慎处理，使船舶适航。交付的船舶应当适于约定的用途。

出租人违反前款规定的，承租人有权解除合同，并有权要求赔偿因此遭受的损失。

七、租期内船舶适航状态保持及违约责任和例外

9.7【法律】《1992 海商法》第一百三十三条

船舶在租期内不符合约定的适航状态或者其他状态，出租人应当采取可能采取的合理措施，使之尽快恢复。

船舶不符合约定的适航状态或者其他状态而不能正常营运连续满二十四小时的，对因此而损失的营运时间，承租人不付租金，但是上述状态是由承租人造成的除外。

八、约定航区内安全港口或者地点保证及违约责任

9.8【法律】《1992 海商法》第一百三十四条

承租人应当保证船舶在约定航区内的安全港口或者地点之间从事约定的海上运输。

承租人违反前款规定的，出租人有权解除合同，并有权要求赔偿因此遭受的损失。

九、定期租船合同下，合法货物、危险货物运输及违约责任

9.9【法律】《1992 海商法》第一百三十五条

承租人应当保证船舶用于运输约定的合法的货物。

承租人将船舶用于运输活动物或者危险货物的，应当事先征得出租人的同意。

承租人违反本条第一款或者第二款的规定致使出租人遭受损失的，应当负赔偿责任。

十、定期租船合同下，承租人对船长指示权及限制

9.10【法律】《1992海商法》第一百三十六条

承租人有权就船舶的营运向船长发出指示，但是不得违反定期租船合同的约定。

十一、定期租船合同下，船舶转租及其条件和后果

9.11【法律】《1992海商法》第一百三十七条

承租人可以将租用的船舶转租，但是应当将转租的情况及时通知出租人。租用的船舶转租后，原租船合同约定的权利和义务不受影响。

十二、租期内船舶所有权转让及其后果和条件

9.12【法律】《1992海商法》第一百三十八条

船舶所有人转让已经租出的船舶的所有权，定期租船合同约定的当事人的权利和义务不受影响，但是应当及时通知承租人。船舶所有权转让后，原租船合同由受让人和承租人继续履行。

十三、租期内船舶进行海难救助时救助款项分配

9.13【法律】《1992海商法》第一百三十九条

在合同期间，船舶进行海难救助的，承租人有权获得扣除救助费用、损失赔偿、船员应得部分以及其他费用后的救助款项的一半。

十四、定期租船承租人按约定支付租金义务及违约责任

9.14【法律】《1992海商法》第一百四十条

承租人应当按照合同约定支付租金。承租人未按照合同约定支付租金的，出租人有权解除合同，并有权要求赔偿因此遭受的损失。

十五、定期租船出租人留置权

9.15【法律】《1992海商法》第一百四十一条

承租人未向出租人支付租金或者合同约定的其他款项的，出租人对船上属于承租人的货物和财产以及转租船舶的收入有留置权。

十六、还船时船舶状态

9.16【法律】《1992海商法》第一百四十二条

承租人向出租人交还船舶时，该船舶应当具有与出租人交船时相同的良好状态，但

是船舶本身的自然磨损除外。

船舶未能保持与交船时相同的良好状态的，承租人应当负责修复或者给予赔偿。

十七、租期内最后航次及超期租金

9.17【法律】《1992 海商法》第一百四十三条

经合理计算，完成最后航次的日期约为合同约定的还船日期，但可能超过合同约定的还船日期的，承租人有权超期用船以完成该航次。超期期间，承租人应当按照合同约定的租金率支付租金；市场的租金率高于合同约定的租金率的，承租人应当按照市场租金率支付租金。

第十章

光船租赁合同

一、光船租赁合同定义

10.1【法律】《1992 海商法》第一百四十四条

光船租赁合同，是指船舶出租人向承租人提供不配备船员的船舶，在约定的期间内由承租人占有、使用和营运，并向出租人支付租金的合同。

二、光船租赁合同形式

10.2【法律】《1992 海商法》第一百二十八条

船舶租用合同，包括定期租船合同和光船租赁合同，均应当书面订立。

三、光船租赁合同任意性规定与法律规定之关系

10.3【法律】《1992 海商法》第一百二十七条

本章关于出租人和承租人之间权利、义务的规定，仅在船舶租用合同没有约定或者没有不同约定时适用。

四、光船租赁合同主要内容

10.4【法律】《1992 海商法》第一百四十五条

光船租赁合同的内容，主要包括出租人和承租人的名称、船名、船籍、船级、吨位、容积、航区、用途、租船期间、交船和还船的时间和地点以及条件、船舶检验、船舶的保养维修、租金及其支付、船舶保险、合同解除的时间和条件，以及其他有关事项。

五、光船出租人按约定交付船舶及船舶证书义务及违约责任

10.5【法律】《1992海商法》第一百四十六条

出租人应当在合同约定的港口或者地点，按照合同约定的时间，向承租人交付船舶以及船舶证书。交船时，出租人应当做到谨慎处理，使船舶适航。交付的船舶应当适于合同约定的用途。

出租人违反前款规定的，承租人有权解除合同，并有权要求赔偿因此遭受的损失。

六、光船租赁期间船舶保养和维修

10.6【法律】《1992海商法》第一百四十七条

在光船租赁期间，承租人负责船舶的保养、维修。

七、光船租赁期间船舶保险办理及保险费用负担

10.7【法律】《1992海商法》第一百四十八条

在光船租赁期间，承租人应当按照合同约定的船舶价值，以出租人同意的保险方式为船舶进行保险，并负担保险费用。

八、光租期间，出租人与承租人相互负责消除影响或者追偿损失事由

10.8【法律】《1992海商法》第一百四十九条

在光船租赁期间，因承租人对船舶占有、使用和营运的原因使出租人的利益受到影响或者遭受损失的，承租人应当负责消除影响或者赔偿损失。

因船舶所有权争议或者出租人所负的债务致使船舶被扣押的，出租人应当保证承租人的利益不受影响；致使承租人遭受损失的，出租人应当负赔偿责任。

10.9【指导意见】《2017海事审判总结》

（十六）关于光船承租人因经营光租船舶产生债务在光船承租人或船舶所有人破产时的受偿问题

对于光船承租人应经营光租船舶而产生的债务，债权人可以申请扣押光租船舶，也可以依法申请拍卖从拍卖款中受偿。但光船承租人或船舶所有人破产时，因破产案件原则上由受理破产案件的法院集中管辖，由此存在海事诉讼特别程序法与破产法的衔接问题，需要在海事案件的审理和执行过程中予以明确。

1. 在扣押、拍卖等强制措施针对光船承租人而非船舶所有人应负责任的海事请求时，如果光船承租人进入破产程序，虽然该海事请求属于破产债权，但该船舶并非破产企业（光船承租人）的财产，不属于破产财产，可以通过海事诉讼特别程序清偿债务。

2. 在扣押、拍卖等强制措施针对光船承租人应负责任的海事请求，且该请求具有船舶优先权、抵押权、留置权时，如果船舶所有人进入破产程序，请求人在破产程序开始后可以直接向破产管理人请求从船舶价款中行使优先受偿权，并在无担保的破产债权人按照破产财产方案受偿之前随时进行清偿。

九、光船租赁合同下，船舶转光租及合同权利义务转让之禁止及例外

10.10【法律】《1992 海商法》第一百五十条

在光船租赁期间，未经出租人书面同意，承租人不得转让合同的权利和义务或者以光船租赁的方式将船舶进行转租。

十、光租期间，船舶抵押权设定禁止及违约责任

10.11【法律】《1992 海商法》第一百五十一条

未经承租人事先书面同意，出租人不得在光船租赁期间对船舶设定抵押权。

出租人违反前款规定，致使承租人遭受损失的，应当负赔偿责任。

十一、船舶光租租金支付义务及违约责任

10.12【法律】《1992 海商法》第一百五十二条

承租人应当按照合同约定支付租金。承租人未按照合同约定的时间支付租金连续超过七日的，出租人有权解除合同，并有权要求赔偿因此遭受的损失。

船舶发生灭失或者失踪的，租金应当自船舶灭失或者得知其最后消息之日起停止支付，预付租金应当按照比例退还。

十二、光船租赁合同下，安全港口、合法货物、交船状态及最后航次

10.13【法律】《1992 海商法》第一百五十三条

本法第一百三十四条（约定航区内安全港口或者地点保证及违约责任）、第一百三十五条第一款（合法货物保证）、第一百四十二条（还船时船舶状态）和第一百四十三条（租期内最后航次及超期租金率）的规定，适用于光船租赁合同。

十三、光船租购合同及船舶所有权转让

10.14【法律】《1992 海商法》第一百五十四条

订有租购条款的光船租赁合同，承租人按照合同约定向出租人付清租购费时，船舶所有权即归于承租人。

第十一章

船舶碰撞和触碰

第一节 船舶碰撞定义及当事人权利和义务

一、船舶碰撞定义及所涉船舶

11.1【法律】《1992海商法》第一百六十五条

船舶碰撞，是指船舶在海上或者与海相通的可航水域发生接触造成损害的事故。

前款所称船舶，包括与本法第三条所指船舶碰撞的任何其他非用于军事的或者政府公务的船艇。

11.2【指导意见】《2004解答》第一百五十一条

《海商法》调整的船舶碰撞法律关系中船舶的范围如何?

答：根据《海商法》的规定，船舶碰撞法律关系中的船舶应当包括海船和内河船，但是碰撞的一方必须为海船。内河船舶之间发生碰撞的，不适用《海商法》的规定。

11.3【指导意见】《2005纪要》第一百二十八条

《中华人民共和国海商法》第八章的规定不适用于内河船舶之间发生的碰撞；军事船舶、政府公务船舶在从事商业活动时与《中华人民共和国海商法》第一百六十五条第二款所称的船舶发生碰撞产生纠纷的，适用《中华人民共和国海商法》的有关规定。

11.4【司法解释】《2008船舶碰撞规定》第一条

本规定所称船舶碰撞，是指海商法第一百六十五条所指的船舶碰撞，不包括内河船舶之间的碰撞。

海商法第一百七十条所指的损害事故，适用本规定。

二、船舶间接碰撞之定义及法律适用

11.5【法律】《1992 海商法》第一百七十条

船舶因操纵不当或者不遵守航行规章，虽然实际上没有同其他船舶发生碰撞，但是使其他船舶以及船上的人员、货物或者其他财产遭受损失的，适用本章的规定。

11.6【指导意见】《2004 解答》第一百四十八条

如何理解《海商法》关于船舶碰撞的定义？

答：《海商法》第165条规定的船舶碰撞应当理解为船舶在海上或者与海相通的可航水域发生接触造成损害的事故，即直接碰撞；《海商法》第170条规定的船舶因操纵不当或者不遵守航行规章，虽然实际上没有同其他船舶发生碰撞，但是使其他船舶以及船上的人员、货物或者其他财产遭受损失的，即间接碰撞，适用《海商法》有关船舶碰撞的规定。

三、船舶碰撞后施救及互相通告

11.7【法律】《1992 海商法》第一百六十六条

船舶发生碰撞，当事船舶的船长在不严重危及本船和船上人员安全的情况下，对于相碰的船舶和船上人员必须尽力施救。

碰撞船舶的船长应当尽可能将其船舶名称、船籍港、出发港和目的港通知对方。

四、船舶碰撞赔偿责任主体

11.8【司法解释】《2008 船舶碰撞规定》第四条

船舶碰撞产生的赔偿责任由船舶所有人承担，碰撞船舶在光船租赁期间并经依法登记的，由光船承租人承担。

11.9【指导意见】《2004 解答》第一百一十四条

如何确定船舶碰撞损害赔偿纠纷案件的诉讼主体？

答：船舶的经营是多样和多变的，但是船舶所有人保证船舶处于安全航行技术状态的责任是不变的，除非船舶是处于光船租船的情况下。因此，在船舶发生碰撞事故后，就碰撞事故提起的诉讼的主体包括船舶所有人或者光船承租人。

11.10【指导意见】《2005 纪要》第一百三十条

船舶所有人对船舶碰撞负有责任，船舶被光船租赁且依法登记的除外。船舶经营人或者管理人对船舶碰撞有过失的，与船舶所有人或者光船承租人承担连带责任，但不影响责任主体之间的追偿。

船舶所有人是指依法登记为船舶所有人的人；船舶没有依法登记的，指实际占有船舶的人。

五、互相不负赔偿责任船舶碰撞

11.11【法律】《1992 海商法》第一百六十七条

船舶发生碰撞，是由于不可抗力或者其他不能归责于任何一方的原因或者无法查明的原因造成的，碰撞各方互相不负赔偿责任。

六、一船过失碰撞责任

11.12【法律】《1992 海商法》第一百六十八条

船舶发生碰撞，是由于一船的过失造成的，由有过失的船舶负赔偿责任。

七、碰撞船舶互有过失按份责任或者连带责任

11.13【法律】《1992 海商法》第一百六十九条

船舶发生碰撞，碰撞的船舶互有过失的，各船按照过失程度的比例负赔偿责任；过失程度相当或者过失程度的比例无法判定的，平均负赔偿责任。

互有过失的船舶，对碰撞造成的船舶以及船上货物和其他财产的损失，依照前款规定的比例负赔偿责任。碰撞造成第三人财产损失的，各船的赔偿责任均不超过其应当承担的比例。

互有过失的船舶，对造成的第三人的人身伤亡，负连带赔偿责任。一船连带支付的赔偿超过本条第一款规定的比例的，有权向其他有过失的船舶追偿。

11.14【指导意见】《2005 纪要》第一百三十一条

《中华人民共和国海商法》第一百六十九条第二款规定的第三人财产损失，是指除互有过失的船舶上所载货物或船员、旅客或船上其他人员的物品外，由于船舶碰撞事故所直接造成的其他财产损失。

11.15【司法解释】《2008 船舶碰撞规定》第五条

因船舶碰撞发生的船上人员的人身伤亡属于海商法第一百六十九条第三款规定的第三人的人身伤亡。

11.16【指导意见】《2005 纪要》第一百三十二条

《中华人民共和国海商法》第一百六十九条第三款规定的第三人的人身伤亡，包括碰撞当事船舶上的船员、旅客和其他人员的人身伤亡。

八、船舶碰撞造成船载货物损失特别规定

11.17【司法解释】《2008 船舶碰撞规定》第六条

碰撞船舶互有过失造成船载货物损失，船载货物的权利人对承运货物的本船提起违

约赔偿之诉，或者对碰撞船舶一方或者双方提起侵权赔偿之诉的，人民法院应当依法予以受理。

11.18【司法解释】《2008 船舶碰撞规定》第七条

船载货物的权利人因船舶碰撞造成其货物损失向承运货物的本船提起诉讼的，承运船舶可以依照海商法第一百六十九条第二款的规定主张按照过失程度的比例承担赔偿责任。

前款规定不影响承运人和实际承运人援用海商法第四章关于承运人抗辩理由和限制赔偿责任的规定。

11.19【司法解释】《2008 船舶碰撞规定》第八条

碰撞船舶船载货物权利人或者第三人向碰撞船舶一方或者双方就货物或其他财产损失提出赔偿请求的，由碰撞船舶方提供证据证明过失程度的比例。无正当理由拒不提供证据的，由碰撞船舶一方承担全部赔偿责任或者由双方承担连带赔偿责任。

前款规定的证据指具有法律效力的判决书、裁定书、调解书和仲裁裁决书。对于碰撞船舶提交的国外的判决书、裁定书、调解书和仲裁裁决书，依照民事诉讼法第二百六十六条和第二百六十七条规定的程序审查。

九、船舶碰撞造成第三人财产损失时中止审理及过失程度举证责任

11.20【指导意见】《2005 纪要》第一百三十三条

船舶碰撞纠纷的当事人之间已经就船舶碰撞纠纷提起诉讼的，海事法院对船舶碰撞造成第三人财产损失赔偿纠纷案件应当中止审理，待船舶碰撞纠纷案件审理终结后恢复审理。

11.21【指导意见】《2005 纪要》第一百三十四条

第三人因船舶碰撞造成的财产损失提出赔偿请求的，船舶碰撞纠纷的当事人对有关船舶碰撞中的过失程度比例承担举证责任。无法举证的，应承担举证不能的后果。

十、船舶碰撞过失程度及相互赔偿额订约自由与限制

11.22【指导意见】《2005 纪要》第一百三十五条

船舶碰撞纠纷的当事人之间就过失程度比例达成协议的，可以按照约定的比例对第三人的财产损失承担相应的赔偿责任，但不得损害第三人的合法利益。

船舶碰撞纠纷的当事人之间仅就相互赔偿数额达成协议，而未明确相互过失程度比例的，按照赔偿数额确定的比例对第三人的财产损失承担相应的赔偿责任，但不得损害第三人的合法利益。

十一、船舶碰撞责任比例认定依据

11.23【司法解释】《2008 船舶碰撞规定》第二条

审理船舶碰撞纠纷案件，依照海商法第八章的规定确定碰撞船舶的赔偿责任。

11.24【指导案例 31 号】江苏炜伦航运股份有限公司诉米拉达玫瑰公司船舶碰撞损害赔偿纠纷案

裁判要点

航行过程中，当事船舶协商不以《1972 年国际海上避碰规则》确立的规则交会，发生碰撞事故后，双方约定的内容以及当事船舶在发生碰撞事故时违反约定的情形，不应作为人民法院判定双方责任的主要依据，仍应当以前述规则为准据，在综合分析紧迫局面形成原因、当事船舶双方过错程度及处置措施恰当与否的基础上，对事故责任作出认定。

相关法条

《中华人民共和国海商法》第一百六十九条

基本案情

2008 年 6 月 3 日晚，原告江苏炜伦航运股份有限公司所有的“炜伦 06”轮与被告米拉达玫瑰公司所有的“MIRANDA ROSE”轮（以下简称“玫瑰”轮）在各自航次的航程中，在上海港圆圆沙警戒区相遇。当日 23 时 27 分，由外高桥集装箱码头开出的另一艘外轮“里约热内卢快航”轮与“玫瑰”轮联系后开始实施追越。23 时 32 分，“里约热内卢快航”轮引航员呼叫“炜伦 06”轮和位于“炜伦 06”轮左前方约 0.2 海里的“正安 8”轮，要求两轮与其绿灯交会。“正安 8”轮予以拒绝并大角度向右调整航向，快速穿越到警戒区北侧驶离。“炜伦 06”轮则在“里约热内卢快航”轮引航员执意要求下，同意绿灯交会。“玫瑰”轮随即与“炜伦 06”轮联系，也要求绿灯交会，“炜伦 06”轮也回复同意。23 时 38 分，当“炜伦 06”轮行至“玫瑰”轮船艏偏左方向，发现“玫瑰”轮显示红灯，立即联系“玫瑰”轮，要求其尽快向左调整航行。“炜伦 06”轮随后开始减速，但“玫瑰”轮因“里约热内卢快航”轮追越尚未驶过让清，距离较近，无法向左调整航向。23 时 41 分，“炜伦 06”轮与“里约热内卢快航”轮近距离交会，位于“玫瑰”轮左前方、距离仅 0.2 海里。此时，“炜伦 06”轮、“玫瑰”轮均觉察危险，同时大角度向左转向。23 时 42 分“炜伦 06”轮右后部与“玫瑰”轮船艏右侧发生碰撞。事故造成原告遭受救助费、清污费、货物减损费、修理费等各项损失共计人民币 4,504,605.75 元。

原告遂以“玫瑰”轮违反双方关于“绿灯交会”的约定为由，诉请法院判令“玫瑰”轮承担 80% 的责任。被告则提出，原告应就涉案碰撞事故承担 90% 的责任，且原告主张的部分损失不合理。

裁判结果

上海海事法院于2011年9月20日作出（2010）沪海法海初字第24号民事判决：一、被告米拉达玫瑰公司应于本判决生效之日起十日内向原告江苏炜伦航运股份有限公司赔偿损失人民币2,252,302.79元；二、被告米拉达玫瑰公司应于本判决生效之日起十日内向原告江苏炜伦航运股份有限公司赔偿上述款项的利息损失，按照中国人民银行同期活期存款利率标准，从2008年6月3日起计算至判决生效之日止；三、对原告江苏炜伦航运股份有限公司的其他诉讼请求不予支持。宣判后，当事人双方均未上诉，判决已发生法律效力。

裁判理由

法院生效裁判认为：在两轮达成一致意见前，两轮交叉相遇时，本应“红灯交会”。“玫瑰”轮为了自己进北槽航道出口方便，首先提出“绿灯交会”的提议。该提议违背了《1972年国际海上避碰规则》（以下简称《72避碰规则》）规定的其应承担的让路义务。但是，“炜伦06”轮同意了该违背规则的提议。此时，双方绿灯交会的意向应是指在整个避让过程中，双方都应始终向对方显示本船的绿灯舷侧。在这种特殊情况下，没有了《72避碰规则》意义上的“让路船”和“直航船”。因此，当两轮发生碰撞危险时，两轮应具有同等的避免碰撞的责任，两轮均应按照《72避碰规则》的相关规定，特别谨慎驾驶。但事实上，在达成绿灯交会的一致意向后，双方都认为对方会给自己让路，未能对所处水域的情况进行有效观察并对当时的局面和碰撞危险作出充分估计，直至紧迫危险形成后才采取行动，最终无法避免碰撞。综上所述，两轮均有瞭望疏忽、未使用安全航速、未能尽到特别谨慎驾驶的义务并尽早采取避免碰撞的行为，都违反了《72避碰规则》中有关瞭望、安全航速和避免碰撞的行动等规定，对碰撞事故的发生责任相当，应各承担50%的责任。

被告系“玫瑰”轮的船舶所有人，根据《最高人民法院关于审理船舶碰撞纠纷案件若干问题的规定》的规定，应就“玫瑰”轮在涉案碰撞事故中对原告造成的损失承担赔偿责任。法院根据双方提供的证据，核定了原告具体损失金额，按照被告应负的责任份额，依法作出如上判决。

十二、海事主管机关认定船舶碰撞事故原因和责任之性质

11.25【指导意见】《2004解答》第一百五十三条

船舶碰撞事故，主管机关依海上交通安全法的规定查明原因和判明责任的性质是什么？

答：船舶碰撞事故发生后，主管机关依照海上交通安全法的规定查明事故原因和判

明责任后，作出的具体的处罚决定，属于行政行为；对于主管机关查明的碰撞事故的原因，若无相反的证据，可以作为法院审理相关纠纷案件的证据材料。

11.26【指导意见】《2005纪要》第一百三十七条

船舶碰撞事故发生后，主管机关进行事故调查过程中由海事事故当事人确认的海事调查材料，若无相反证据，可以作为海事法院认定案件事实的证据。

11.27【司法解释】《2008船舶碰撞规定》第十一条

船舶碰撞事故发生后，主管机关依法进行调查取得并经过事故当事人和有关人员确认的碰撞事实调查材料，可以作为人民法院认定案件事实的证据，但有相反证据足以推翻的除外。

11.28【指导意见】《2005纪要》第一百三十六条

海事法院根据当事人的申请向有关部门调查收集的证据，在当事人完成举证并出具完成举证说明书后出示。

11.29【司法解释】《2008船舶碰撞规定》第十条

审理船舶碰撞纠纷案件时，人民法院根据当事人的申请进行证据保全取得的或者向有关部门调查收集的证据，应当在当事人完成举证并出具完成举证说明书后出示。

十三、海事主管机关船舶碰撞调查职权及程序

11.30【指导意见】《2006海事调查指导意见》第一条"海事调查与海事诉讼"

（一）海事局作为国家海上安全监督管理主管机关，对海上交通事故依法行使行政管理权。人民法院作为国家审判机关，依法审理因海上交通事故提起的诉讼案件。海事局、海事法院依法独立行使职权。为查处海上交通事故，审理海事案件，应当相互配合、互相协商，提供工作方便，提高工作效率和执法、司法水平。

（二）中国海事局、最高人民法院民事审判第四庭对于突发的有重大社会影响的海上交通事故，应当建立海事调查与海事诉讼协调机制，协助海事局和海事法院妥善处理事故和纠纷。当地海事局和海事法院、有关高级人民法院应当及时沟通信息，对重大海上交通事故和重大海事案件，相互通报事故处理结果和案件裁决结果。

（三）海事局应协助海事法院查询案件审理中涉及的船舶国籍、船舶所有权、船舶抵押权、船舶租赁的登记和变更情况。

（四）海事法院因审理海事案件需要到海事局调查收集证据时，应派两名法官并应出示工作证件及协助调查通知书，海事局应提供事故当事人提交的证据材料以及其他与海上交通事故有关的证据材料。海事法院收集的证据原件不能提取的，可以复制，由海事局签章确认。海上交通事故当事人在海事局事故调查中签字确认的调查材料，除非有相反的证据和理由，海事法院可以作为证据采信。

（五）海事调查报告及其结论意见可以作为海事法院在案件审理中的诉讼证据，除非有充分事实证据和理由足以推翻海事调查报告及其结论意见。

（六）海事法院在案件审理中，诉讼当事人对海事局的海事调查报告及其结论意见有疑义的，海事法院可以要求海事局对当事人提出的相关问题作出解释和说明。

（七）海事法院在受理船舶碰撞案件中，为查明案件事实，经当事人申请，或者海事法院认为案件审理需要，在出具协助调查通知书后，可以向海事局调取船舶航行记录的信息资料。

（八）中国海事局及其所属机构与外国海事调查机关联合调查的证据材料，不属于海事局向海事法院提供的证据范畴。

（九）海上交通事故发生后，逃逸船舶拒绝接受海事调查或者诉讼中拒绝承认发生碰撞事故，受害船舶当事人有证据证明逃逸船舶当事人持有证据可以证明事故发生的相关事实，逃逸船舶无正当理由拒不提供的，海事法院在案件审理中根据《最高人民法院关于民事诉讼证据的若干规定》第七十五条的规定，结合证明案件事实的有关证据，可以作出逃逸船舶妨碍举证的不利推定。

十四、船舶碰撞相关海事赔偿责任限制特别规定（其余见海事赔偿责任限制一章）

11.31【司法解释】《2008船舶碰撞规定》第九条

因起浮清除、拆毁由船舶碰撞造成的沉没、遇难、搁浅或被弃船舶及船上货物或者使其无害的费用提出的赔偿请求，责任人不能依照海商法第十一章的规定享受海事赔偿责任限制。

第二节　船舶触碰责任认定及适用法

一、船舶触碰责任认定

11.32【司法解释】《2008船舶碰撞规定》第三条

因船舶碰撞导致船舶触碰引起的侵权纠纷，依照海商法第八章的规定确定碰撞船舶的赔偿责任。

非因船舶碰撞导致船舶触碰引起的侵权纠纷，依照民法通则的规定确定触碰船舶的赔偿责任，但不影响海商法第八章之外其他规定的适用。

二、船舶触碰适用法

11.33【指导意见】《2004解答》第一百五十条

船舶触碰造成损害应当如何适用法律？

答：船舶触碰造成损害的，不属于《海商法》调整的范围。有关船舶触碰造成损害引起的侵权纠纷案件，应当适用《民法通则》以及最高人民法院“关于审理船舶碰撞和触碰案件财产损害赔偿的规定”的规定确定各方当事人的权利义务以及损害赔偿责任范围等。

11.34【指导意见】《2005 纪要》第一百二十九条

船舶触碰造成损害引起的侵权纠纷案件，适用《中华人民共和国民法通则》确定各方当事人的权利义务，适用《最高人民法院关于审理船舶碰撞和触碰案件财产损害赔偿的规定》确定损害赔偿责任范围。

第三节　船舶碰撞和触碰案件财产损失、费用及预期利益

一、船舶碰撞和触碰案件中，可索赔损失、费用及预期利益及限制

11.35【司法解释】《1995 船舶碰撞和触碰规定》第一条

请求人可以请求赔偿对船舶碰撞或者触碰所造成的财产损失，船舶碰撞或者触碰后相继发生的有关费用和损失，为避免或者减少损害而产生的合理费用和损失，以及预期可得利益的损失。

因请求人的过错造成的损失或者使损失扩大的部分，不予赔偿。

二、恢复原状与折价赔偿

11.36【司法解释】《1995 船舶碰撞和触碰规定》第二条

赔偿应当尽量达到恢复原状，不能恢复原状的折价赔偿。

三、船舶全损及部分损失及其他损失项目

11.37【司法解释】《1995 船舶碰撞和触碰规定》第三条

船舶损害赔偿分为全损赔偿和部分损害赔偿。

（一）船舶全损的赔偿包括：

船舶价值损失；

未包括在船舶价值内的船舶上的燃料、物料、备件、供应品，渔船上的捕捞设备、网具、渔具等损失；

船员工资、遣返费及其他合理费用。

（二）船舶部分损害的赔偿包括：合理的船舶临时修理费、永久修理费及辅助费用、维持费用，但应满足下列条件：

船舶应就近修理，除非请求人能证明在其他地方修理更能减少损失和节省费用，或者有其他合理的理由。如果船舶经临时修理可继续营运，请求人有责任进行临时修理；

船舶碰撞部位的修理，同请求人为保证船舶适航，或者因另外事故所进行的修理，或者与船舶例行的检修一起进行时，赔偿仅限于修理本次船舶碰撞的受损部位所需的费用和损失。

（三）船舶损害赔偿还包括：

合理的救助费，沉船的勘查、打捞和清除费用，设置沉船标志费用；

拖航费用，本航次的租金或者运费损失，共同海损分摊；

合理的船期损失；

其他合理的费用。

11.38【司法解释】《1995 船舶碰撞和触碰规定》第八条

船舶价值损失的计算，以船舶碰撞发生地当时类似船舶的市价确定；碰撞发生地无类似船舶市价的，以船舶船籍港类似船舶的市价确定，或者以其他地区类似船舶市价的平均价确定；没有市价的，以原船舶的造价或者购置价，扣除折旧（折旧率按年 4%～10%）计算；折旧后没有价值的按残值计算。

船舶被打捞后尚有残值的，船舶价值应扣除残值。

11.39【司法解释】《1995 船舶碰撞和触碰规定》第十条

船期损失的计算：

期限：船舶全损的，以找到替代船所需的合理期间为限，但最长不得超过两个月；船舶部分损害的修船期限，以实际修复所需的合理期间为限，其中包括联系、住坞、验船等所需的合理时间；渔业船舶，按上述期限扣除休渔期为限，或者以一个渔汛期为限。

船期损失，一般以船舶碰撞前后各两个航次的平均净盈利计算；无前后各两个航次可参照的，以其他相应航次的平均净盈利计算。

渔船渔汛损失，以该渔船前三年的同期渔汛平均净收益计算，或者以本年内同期同类渔船的平均净收益计算。计算渔汛损失时，应当考虑到碰撞渔船在对船捕渔作业或者围网灯光捕渔作业中的作用等因素。

11.40【司法解释】《1995 船舶碰撞和触碰规定》第十一条

租金或者运费损失的计算：

碰撞导致期租合同承租人停租或者不付租金的，以停租或者不付租金额，扣除可节省的费用计算。

因货物灭失或者损坏导致到付运费损失的，以尚未收取的运费金额扣除可节省的费用计算。

四、船上财产损失

11.41【司法解释】《1995 船舶碰撞和触碰规定》第四条

船上财产的损害赔偿包括：

船上财产的灭失或者部分损坏引起的贬值损失；

合理的修复或者处理费用；

合理的财产救助、打捞和清除费用，共同海损分摊；

其他合理费用。

11.42【司法解释】《1995 船舶碰撞和触碰规定》第九条

船上财产损失的计算：

（一）货物灭失的，按照货物的实际价值，即以货物装船时的价值加运费加请求人已支付的货物保险费计算，扣除可节省的费用；

（二）货物损坏的，以修复所需的费用，或者以货物的实际价值扣除残值和可节省的费用计算；

（三）由于船舶碰撞在约定的时间内迟延交付所产生的损失，按迟延交付货物的实际价值加预期可得利润与到岸时的市价的差价计算，但预期可得利润不得超过货物实际价值的 10%；

（四）船上捕捞的鱼货，以实际的鱼货价值计算。鱼货价值参照海事发生时当地市价，扣除可节省的费用；

（五）船上渔具、网具的种类和数量，以本次出海捕捞作业所需量扣减现存量计算，但所需量超过渔政部门规定或者许可的种类和数量的，不予认定；渔具、网具的价值，按原购置价或者原造价扣除折旧费用和残值计算；

（六）旅客行李、物品（包括自带行李）的损失，属本船旅客的损失，依照海商法的规定处理；属他船旅客的损失，可参照旅客运输合同中有关旅客行李灭失或者损坏的赔偿规定处理；

（七）船员个人生活必需品的损失，按实际损失适当予以赔偿；

（八）承运人与旅客书面约定由承运人保管的货币、金银、珠宝、有价证券或者其他贵重物品的损失，依海商法的规定处理；船员、旅客、其他人员个人携带的货币、金银、珠宝、有价证券或者其他贵重物品的损失，不予认定；

（九）船上其他财产的损失，按其实际价值计算。

五、船舶触碰造成设施损失

11.43【司法解释】《1995 船舶碰撞和触碰规定》第五条

船舶触碰造成设施损害的赔偿包括：

设施的全损或者部分损坏修复费用；

设施修复前不能正常使用所产生的合理的收益损失。

11.44【司法解释】《1995 船舶碰撞和触碰规定》第十二条

设施损害赔偿的计算：

期限：以实际停止使用期间扣除常规检修的期间为限；

设施部分损坏或者全损，分别以合理的修复费用或者重新建造的费用，扣除已使用年限的折旧费计算；

设施使用的收益损失，以实际减少的净收益，即按停止使用前三个月的平均净盈利计算；部分使用并有收益的，应当扣减。

六、船舶触碰造成渔业养殖损失

11.45【指导意见】《2017 海事审判总结》

（十四）关于海上养殖的有关问题

海上养殖涉及的问题集中在养殖损失赔偿标准的确定上。

被侵权人经营的养殖场所及设施受到损害，可以请求侵权人赔偿其由此造成的养殖设施损失、养殖物损失、恢复生产期间产生的收入损失，以及为排除妨害、消除危险、确定损失支出的合理费用。

养殖设施损失赔偿额按照合理的修复费用计算，设施受损严重无法修复或者修复费用高于重置费用的，按重置费用计算。

计算养殖物损失赔偿额时，养殖物数量按照被侵权人举证证明的投苗数量计算，明显高出行业技术标准的，按照行业技术标准确定；养殖物规格按照残存养殖物确定，养殖物全部丧失的，参考投苗规格、养殖时间，当地同类水产品生长速度等因素确定；养殖物价格按照事故当时、当地的市场价格计算。

计算收入损失时，恢复生产期间应参考对养殖场所及设施进行清洗、修复或者更换所需的合理时间，以及养殖季节等因素进行计算，因被侵权人原因导致延误的时间，应予以扣除；收入损失计算标准参照《最高人民法院关于审理船舶油污损害赔偿纠纷案件若干问题的规定》第十六条的规定，应以其前三年同期平均净收入扣减受损期间的实际净收入计算，并适当考虑影响收入的其他相关因素予以合理确定，也可以参考政府部门的相关统计数据和信息，或者同区域同类生产经营者的同期平均收入合理认定。

被侵权人未依法取得养殖水域使用权和养殖行政许可，从事海上养殖，主张收入损失的，人民法院不予支持；但被侵权人举证证明其无需取得使用权及养殖许可的除外。

七、船舶碰撞或触碰造成第三人财产损失

11.46【司法解释】《1995 船舶碰撞和触碰规定》第六条

船舶碰撞或者触碰造成第三人财产损失的，应予赔偿。

八、利息损失

11.47【司法解释】《1995 船舶碰撞和触碰规定》第七条

除赔偿本金外，利息损失也应赔偿。

11.48【司法解释】《1995 船舶碰撞和触碰规定》第十三条

利息损失的计算：

船舶价值的损失利息，从船期损失停止计算之日起至判决或者调解指定的应付之日止；

其他各项损失的利息，从损失发生之日或者费用产生之日起计算至判决或调解指定的应付之日止；

利息按本金性质的同期利率计算。

九、损失计算币种

11.49【司法解释】《1995 船舶碰撞和触碰规定》第十四条

计算损害赔偿的货币，当事人有约定的，依约定；没有约定的，按以下相关的货币计算：

按船舶营运或者生产经营所使用的货币计算；

船载进、出口货物的价值，按买卖合同或者提单、运单记明的货币计算；

以特别提款权计算损失的，按法院判决或者调解之日的兑换率换算成相应的货币。

十、船舶碰撞和触碰相关术语定义

11.50【司法解释】《1995 船舶碰撞和触碰规定》第十六条

本规定中下列用语的含义：

“船舶”是指所有用作或者能够用作水上运输工具的各类水上船筏，包括非排水船舶和水上飞机。但是用于军事的和政府公务的船舶除外。

“设施”是指人为设置的固定或者可移动的构造物，包括固定平台、浮鼓、码头、堤坝、桥梁、敷设或者架设的电缆、管道等。

“船舶碰撞”是指在海上或者与海相通的可航水域，两艘或者两艘以上的船舶之间发生接触或者没有直接接触，造成财产损害的事故。

"船舶触碰"是指船舶与设施或者障碍物发生接触并造成财产损害的事故。

"船舶全损"是指船舶实际全部损失，或者损坏已达到相当严重的程度，以至于救助、打捞、修理费等费用之和达到或者超过碰撞或者触碰发生前的船舶价值。

"辅助费用"是指为进行修理而产生的合理费用，包括必要的进坞费、清舱除气费、排放油污水处理费、港口使费、引航费、检验费以及修船期间所产生的住坞费、码头费等费用，但不限于上述费用。

"维持费用"是指船舶修理期间，船舶和船员日常消耗的费用，包括燃料、物料、淡水及供应品的消耗和船员工资等。

十一、损失认定与责任、免责及责任限制认定分离

11.51【司法解释】《1995 船舶碰撞和触碰规定》第十五条

本规定不包括对船舶碰撞或者触碰责任的确定，不影响船舶所有人或者承运人依法享受免责和责任限制的权利。

第十二章

海上人身伤亡损害赔偿

第一节 《1992 海商法》衍生海上人身伤亡损害赔偿特别规定

一、海上人身伤亡适用法律

12.1【司法解释】《2013 海上人身伤亡决定》

《最高人民法院印发〈关于审理涉外海上人身伤亡案件损害赔偿的具体规定（试行）〉的通知》（法发〔1992〕16 号）已被海商法和《最高人民法院关于审理人身损害赔偿案件适用法律若干问题的解释》代替。

12.2【指导意见】《2004 解答》第一百八十九条

审理海上人身伤亡赔偿案件如何适用法律?

答：审理海上人身伤亡纠纷案件，在程序上应当适用《海事诉讼特别程序法》的规定。《海事诉讼特别程序法》没有规定的，适用《民事诉讼法》以及相关司法解释的规定。在实体上应当适用《海商法》、《民法通则》、最高人民法院《关于审理涉外海上人身伤亡案件损害赔偿的具体规定（试行）》以及其他相关司法解释。在审理涉外海上人身伤亡赔偿案件时，当事人双方国籍相同或者在同一国家有住所的，可以适用当事人本国法律或者住所地法律。

二、船舶碰撞引起船员人身伤亡赔偿索赔主体

12.3【指导意见】《2004 解答》第一百一十五条

谁有权就船舶碰撞引起的船员人身伤亡赔偿纠纷案提起诉讼?

答：船舶碰撞事故造成涉外人身伤亡的，伤残船员和死亡船员的遗产继承人可以作为对外索赔的主体。船员外派单位可以协助索赔，但其不能成为对外索赔的主体；

外方付给的伤亡赔偿金，应归伤残船员或死者遗产继承人所有。

12.4【指导意见】《2004 解答》第一百一十六条

水上交通事故致人死亡后，可否依照遗产继承的规定确定索赔的主体？

答：因水上交通事故致人死亡引起的赔偿纠纷，可以依照遗产继承的规定确定索赔的主体。

12.5【指导意见】《2004 解答》第一百八十六条

什么人可以提起海上人身伤亡赔偿诉讼？

答：伤残者本人和死亡者的遗产继承人可以向海事法院提起海上人身伤亡赔偿的诉讼。根据《民事诉讼法》第 15 条的规定，伤亡者所在单位可以支持伤残者及死亡者遗产继承人起诉。赔偿费应赔付给伤残者本人、死者遗产继承人。因侵权引起的海上人身伤亡赔偿不受船员劳务合同的约束，劳务派出单位不能以双方签订劳务合同为由截留对外获得的人身伤亡赔偿费。但是，伤亡者所在单位或者其他单位或个人为处理伤亡事故所垫付的费用，可从赔偿费中返还。

三、海上事故宣告死亡与宣告失踪

12.6【指导意见】《2004 解答》第一百二十三条

因海上事故宣告死亡案件应当如何适用程序？

答：海事法院受理在海上事故中人员失踪提起赔偿诉讼的，在作出有关赔偿请求的判决前，应依据《民事诉讼法》的规定，作出宣告死亡的判决。

因海上事故人员失踪的，应当属于《民事诉讼法》第 168 条规定的因意外事故下落不明的情况。宣告死亡的公告期间为三个月。

四、海上人身伤亡赔偿限额

12.7【指导意见】《2004 解答》第一百八十七条

计算海上人身伤亡赔偿责任限额的依据和方法是什么？

答：计算海上人身伤亡赔偿责任限额，适用我国《海商法》第 210 条第 1 款第 1、2、3 项的规定，按一次事故一个限额，船舶吨位分五档并以计算单位来计算。譬如，总吨位 300 吨至 500 吨的船舶，赔偿限额为 333,000 计算单位。若要计算成人民币，可先将计算单位（即特别提款权）折算成国际流通货币，然后再按我国外汇主管机关公布的外汇与人民币的汇率进行折算。人身伤亡赔偿数额特别巨大，依照该法第 1 款第 1 项规定限额不足以支付全部赔偿请求的，其差额应当与非人身伤亡的赔偿请求并列，从非人身伤亡的赔偿请求数额中按照比例受偿。

总吨位不满 300 吨的船舶，从事我国港口之间运输的船舶，以及从事沿海作业的船舶，其赔偿限额的计算适用国务院批准的《关于不满 300 吨船舶及沿海运输、沿海作业船舶海事赔偿限额的规定》第 3 条第 1 项和第 4 条的规定。

五、侵权人如何承担海上人身伤亡赔偿责任

12.8【指导意见】《2004 解答》第一百八十八条

侵权人如何承担海上人身伤亡赔偿责任？

答：海上人身伤亡侵权赔偿实行过错责任制。损害的发生完全是因一方的过错造成的，由该过错方承担全部责任；互有过错的，按照过错程度的比例承担责任；过错程度相当或者过错程度的比例无法判定的，由各自平均承担责任。

二人以上共同侵权造成他人损害的，侵权人承担连带责任，受害方可对侵权方提起连带之诉。其中一个侵权人连带支付的赔偿超过其应当承担的比例的，有权向其他有过错的侵权人追偿。

六、20 总吨以下船舶造成人身伤害适用法律及船舶优先权问题

12.9【指导意见】《2004 解答》第一百八十四条

20 总吨以下船舶发生海损事故造成人身伤害，如何适用法律？受害方能否依照《海商法》的规定主张船舶优先权？

答：《海商法》调整的船舶不包括 20 总吨以下的小型船艇。20 总吨以下的船舶发生海损事故造成人身伤害的，应当适用《民法通则》的有关规定。因此受害方不能依照《海商法》的规定主张船舶优先权。

20 总吨以下的船舶与海船发生碰撞造成人身伤亡的，受害人可以依据《海商法》的规定主张船舶优先权。

第二节　关于审理人身损害赔偿案件适用法律若干问题的解释

一、人身损害赔偿权利人与赔偿义务人

12.10【司法解释】《2003 人身损害赔偿解释》第一条

因生命、健康、身体遭受侵害，赔偿权利人起诉请求赔偿义务人赔偿财产损失和精神损害的，人民法院应予受理。

本条所称“赔偿权利人”，是指因侵权行为或者其他致害原因直接遭受人身损害的受害人、依法由受害人承担扶养义务的被扶养人以及死亡受害人的近亲属。

本条所称“赔偿义务人”，是指因自己或者他人的侵权行为以及其他致害原因依法

应当承担民事责任的自然人、法人或者其他组织。

二、住宿、餐饮、娱乐等经营或者活动从事者人身安全保障义务和责任及追偿权

12.11【司法解释】《2003 人身损害赔偿解释》第六条

从事住宿、餐饮、娱乐等经营活动或者其他社会活动的自然人、法人、其他组织，未尽合理限度范围内的安全保障义务致使他人遭受人身损害，赔偿权利人请求其承担相应赔偿责任的，人民法院应予支持。

因第三人侵权导致损害结果发生的，由实施侵权行为的第三人承担赔偿责任。安全保障义务人有过错的，应当在其能够防止或者制止损害的范围内承担相应的补充赔偿责任。安全保障义务人承担责任后，可以向第三人追偿。赔偿权利人起诉安全保障义务人的，应当将第三人作为共同被告，但第三人不能确定的除外。

三、职务行为或者与职务无关行为致人损害赔偿责任

12.12【司法解释】《2003 人身损害赔偿解释》第八条

法人或者其他组织的法定代表人、负责人以及工作人员，在执行职务中致人损害的，依照民法通则第一百二十一条的规定，由该法人或者其他组织承担民事责任。上述人员实施与职务无关的行为致人损害的，应当由行为人承担赔偿责任。

属于《国家赔偿法》赔偿事由的，依照《国家赔偿法》的规定处理。

四、雇员在从事雇佣活动中或者帮工人致人损害赔偿责任

12.13【司法解释】《2003 人身损害赔偿解释》第九条

雇员在从事雇佣活动中致人损害的，雇主应当承担赔偿责任；雇员因故意或者重大过失致人损害的，应当与雇主承担连带赔偿责任。雇主承担连带赔偿责任的，可以向雇员追偿。

前款所称“从事雇佣活动”，是指从事雇主授权或者指示范围内的生产经营活动或者其他劳务活动。雇员的行为超出授权范围，但其表现形式是履行职务或者与履行职务有内在联系的，应当认定为“从事雇佣活动”。

12.14【司法解释】《2003 人身损害赔偿解释》第十三条

为他人无偿提供劳务的帮工人，在从事帮工活动中致人损害的，被帮工人应当承担赔偿责任。被帮工人明确拒绝帮工的，不承担赔偿责任。帮工人存在故意或者重大过失，赔偿权利人请求帮工人和被帮工人承担连带责任的，人民法院应予支持。

五、雇员在从事雇佣活动中或者帮工人遭受人身损害

12.15【司法解释】《2003 人身损害赔偿解释》第十一条

雇员在从事雇佣活动中遭受人身损害，雇主应当承担赔偿责任。雇佣关系以外的第三人造成雇员人身损害的，赔偿权利人可以请求第三人承担赔偿责任，也可以请求雇主承担赔偿责任。雇主承担赔偿责任后，可以向第三人追偿。

雇员在从事雇佣活动中因安全生产事故遭受人身损害，发包人、分包人知道或者应当知道接受发包或者分包业务的雇主没有相应资质或者安全生产条件的，应当与雇主承担连带赔偿责任。

属于《工伤保险条例》调整的劳动关系和工伤保险范围的，不适用本条规定。

12.16【司法解释】《2003 人身损害赔偿解释》第十二条

依法应当参加工伤保险统筹的用人单位的劳动者，因工伤事故遭受人身损害，劳动者或者其近亲属向人民法院起诉请求用人单位承担民事赔偿责任的，告知其按《工伤保险条例》的规定处理。

因用人单位以外的第三人侵权造成劳动者人身损害，赔偿权利人请求第三人承担民事赔偿责任的，人民法院应予支持。

12.17【司法解释】《2003 人身损害赔偿解释》第十四条

帮工人因帮工活动遭受人身损害的，被帮工人应当承担赔偿责任。被帮工人明确拒绝帮工的，不承担赔偿责任；但可以在受益范围内予以适当补偿。

帮工人因第三人侵权遭受人身损害的，由第三人承担赔偿责任。第三人不能确定或者没有赔偿能力的，可以由被帮工人予以适当补偿。

六、承揽人在完成工作过程中致人损害赔偿责任

12.18【司法解释】《2003 人身损害赔偿解释》第十条

承揽人在完成工作过程中对第三人造成损害或者造成自身损害的，定作人不承担赔偿责任。但定作人对定作、指示或者选任有过失的，应当承担相应的赔偿责任。

七、所有人或者管理人承担人身损害赔偿责任事由及推定过错责任

12.19【司法解释】《2003 人身损害赔偿解释》第十六条

下列情形，适用民法通则第一百二十六条的规定，由所有人或者管理人承担赔偿责任，但能够证明自己没有过错的除外：

（一）道路、桥梁、隧道等人工建造的构筑物因维护、管理瑕疵致人损害的；

（二）堆放物品滚落、滑落或者堆放物倒塌致人损害的；

（三）树木倾倒、折断或者果实坠落致人损害的。

前款第（一）项情形，因设计、施工缺陷造成损害的，由所有人、管理人与设计、施工者承担连带责任。

八、受益人适当补偿人身损害情形

12.20【司法解释】《2003人身损害赔偿解释》第十五条

为维护国家、集体或者他人的合法权益而使自己受到人身损害，因没有侵权人、不能确定侵权人或者侵权人没有赔偿能力，赔偿权利人请求受益人在受益范围内予以适当补偿的，人民法院应予支持。

九、二人以上致人损害赔偿责任

12.21【司法解释】《2003人身损害赔偿解释》第三条

二人以上共同故意或者共同过失致人损害，或者虽无共同故意、共同过失，但其侵害行为直接结合发生同一损害后果的，构成共同侵权，应当依照民法通则第一百三十条规定承担连带责任。

二人以上没有共同故意或者共同过失，但其分别实施的数个行为间接结合发生同一损害后果的，应当根据过失大小或者原因力比例各自承担相应的赔偿责任。

12.22【司法解释】《2003人身损害赔偿解释》第四条

二人以上共同实施危及他人人身安全的行为并造成损害后果，不能确定实际侵害行为人的，应当依照民法通则第一百三十条规定承担连带责任。共同危险行为人能够证明损害后果不是由其行为造成的，不承担赔偿责任。

12.23【司法解释】《2003人身损害赔偿解释》第五条

赔偿权利人起诉部分共同侵权人的，人民法院应当追加其他共同侵权人作为共同被告。赔偿权利人在诉讼中放弃对部分共同侵权人的诉讼请求的，其他共同侵权人对被放弃诉讼请求的被告应当承担的赔偿份额不承担连带责任。责任范围难以确定的，推定各共同侵权人承担同等责任。

人民法院应当将放弃诉讼请求的法律后果告知赔偿权利人，并将放弃诉讼请求的情况在法律文书中叙明。

十、受害人对损害发生或者扩大有故意、重大过失、一般过失等情形

12.24【司法解释】《2003人身损害赔偿解释》第二条

受害人对同一损害的发生或者扩大有故意、过失的，依照民法通则第一百三十一条的规定，可以减轻或者免除赔偿义务人的赔偿责任。但侵权人因故意或者重大过失致人

损害，受害人只有一般过失的，不减轻赔偿义务人的赔偿责任。

适用民法通则第一百零六条第三款规定确定赔偿义务人的赔偿责任时，受害人有重大过失的，可以减轻赔偿义务人的赔偿责任。

十一、人身损害赔偿范围

12.25【司法解释】《2003 人身损害赔偿解释》第十七条

受害人遭受人身损害，因就医治疗支出的各项费用以及因误工减少的收入，包括医疗费、误工费、护理费、交通费、住宿费、住院伙食补助费、必要的营养费，赔偿义务人应当予以赔偿。

受害人因伤致残的，其因增加生活上需要所支出的必要费用以及因丧失劳动能力导致的收入损失，包括残疾赔偿金、残疾辅助器具费、被扶养人生活费，以及因康复护理、继续治疗实际发生的必要的康复费、护理费、后续治疗费，赔偿义务人也应当予以赔偿。

受害人死亡的，赔偿义务人除应当根据抢救治疗情况赔偿本条第一款规定的相关费用外，还应当赔偿丧葬费、被扶养人生活费、死亡补偿费以及受害人亲属办理丧葬事宜支出的交通费、住宿费和误工损失等其他合理费用。

12.26【司法解释】《2003 人身损害赔偿解释》第十九条

医疗费根据医疗机构出具的医药费、住院费等收款凭证，结合病历和诊断证明等相关证据确定。赔偿义务人对治疗的必要性和合理性有异议的，应当承担相应的举证责任。

医疗费的赔偿数额，按照一审法庭辩论终结前实际发生的数额确定。器官功能恢复训练所必要的康复费、适当的整容费以及其他后续治疗费，赔偿权利人可以待实际发生后另行起诉。但根据医疗证明或者鉴定结论确定必然发生的费用，可以与已经发生的医疗费一并予以赔偿。

12.27【司法解释】《2003 人身损害赔偿解释》第二十条

误工费根据受害人的误工时间和收入状况确定。

误工时间根据受害人接受治疗的医疗机构出具的证明确定。受害人因伤致残持续误工的，误工时间可以计算至定残日前一天。

受害人有固定收入的，误工费按照实际减少的收入计算。受害人无固定收入的，按照其最近三年的平均收入计算；受害人不能举证证明其最近三年的平均收入状况的，可以参照受诉法院所在地相同或者相近行业上一年度职工的平均工资计算。

12.28【司法解释】《2003 人身损害赔偿解释》第二十一条

护理费根据护理人员的收入状况和护理人数、护理期限确定。

护理人员有收入的，参照误工费的规定计算；护理人员没有收入或者雇用护工的，参照当地护工从事同等级别护理的劳务报酬标准计算。护理人员原则上为一人，但医疗机构或者鉴定机构有明确意见的，可以参照确定护理人员人数。

护理期限应计算至受害人恢复生活自理能力时止。受害人因残疾不能恢复生活自理能力的，可以根据其年龄、健康状况等因素确定合理的护理期限，但最长不超过二十年。

受害人定残后的护理，应当根据其护理依赖程度并结合配制残疾辅助器具的情况确定护理级别。

12.29【司法解释】《2003 人身损害赔偿解释》第二十二条

交通费根据受害人及其必要的陪护人员因就医或者转院治疗实际发生的费用计算。交通费应当以正式票据为凭；有关凭据应当与就医地点、时间、人数、次数相符合。

12.30【司法解释】《2003 人身损害赔偿解释》第二十三条

住院伙食补助费可以参照当地国家机关一般工作人员的出差伙食补助标准予以确定。

受害人确有必要到外地治疗，因客观原因不能住院，受害人本人及其陪护人员实际发生的住宿费和伙食费，其合理部分应予赔偿。

12.31【司法解释】《2003 人身损害赔偿解释》第二十四条

营养费根据受害人伤残情况参照医疗机构的意见确定。

12.32【司法解释】《2003 人身损害赔偿解释》第二十五条

残疾赔偿金根据受害人丧失劳动能力程度或者伤残等级，按照受诉法院所在地上一年度城镇居民人均可支配收入或者农村居民人均纯收入标准，自定残之日起按二十年计算。但六十周岁以上的，年龄每增加一岁减少一年；七十五周岁以上的，按五年计算。

受害人因伤致残但实际收入没有减少，或者伤残等级较轻但造成职业妨害严重影响其劳动就业的，可以对残疾赔偿金作相应调整。

12.33【司法解释】《2003 人身损害赔偿解释》第二十六条

残疾辅助器具费按照普通适用器具的合理费用标准计算。伤情有特殊需要的，可以参照辅助器具配制机构的意见确定相应的合理费用标准。

辅助器具的更换周期和赔偿期限参照配制机构的意见确定。

12.34【司法解释】《2003 人身损害赔偿解释》第二十七条

丧葬费按照受诉法院所在地上一年度职工月平均工资标准，以六个月总额计算。

12.35【司法解释】《2003 人身损害赔偿解释》第二十八条

被扶养人生活费根据扶养人丧失劳动能力程度，按照受诉法院所在地上一年度城镇居民人均消费性支出和农村居民人均年生活消费支出标准计算。被扶养人为未成年人的，计算至十八周岁；被扶养人无劳动能力又无其他生活来源的，计算二十年。但六十周岁以上的，年龄每增加一岁减少一年；七十五周岁以上的，按五年计算。

被扶养人是指受害人依法应当承担扶养义务的未成年人或者丧失劳动能力又无其他生活来源的成年近亲属。被扶养人还有其他扶养人的，赔偿义务人只赔偿受害人依法应当负担的部分。被扶养人有数人的，年赔偿总额累计不超过上一年度城镇居民人均消费性支出额或者农村居民人均年生活消费支出额。

12.36【司法解释】《2003 人身损害赔偿解释》第二十九条

死亡赔偿金按照受诉法院所在地上一年度城镇居民人均可支配收入或者农村居民人均纯收入标准，按二十年计算。但六十周岁以上的，年龄每增加一岁减少一年；七十五周岁以上的，按五年计算。

12.37【司法解释】《2003 人身损害赔偿解释》第三十条

赔偿权利人举证证明其住所地或者经常居住地城镇居民人均可支配收入或者农村居民人均纯收入高于受诉法院所在地标准的，残疾赔偿金或者死亡赔偿金可以按照其住所地或者经常居住地的相关标准计算。

被扶养人生活费的相关计算标准，依照前款原则确定。

12.38【司法解释】《2003 人身损害赔偿解释》第三十一条

人民法院应当按照民法通则第一百三十一条以及本解释第二条的规定，确定第十九条至第二十九条各项财产损失的实际赔偿金额。

前款确定的物质损害赔偿金与按照第十八条第一款规定确定的精神损害抚慰金，原则上应当一次性给付。

12.39【司法解释】《2003 人身损害赔偿解释》第三十二条

超过确定的护理期限、辅助器具费给付年限或者残疾赔偿金给付年限，赔偿权利人向人民法院起诉请求继续给付护理费、辅助器具费或者残疾赔偿金的，人民法院应予受理。赔偿权利人确需继续护理、配制辅助器具，或者没有劳动能力和生活来源的，人民法院应当判令赔偿义务人继续给付相关费用五至十年。

12.40【司法解释】《2003 人身损害赔偿解释》第三十三条

赔偿义务人请求以定期金方式给付残疾赔偿金、被扶养人生活费、残疾辅助器具费的，应当提供相应的担保。人民法院可以根据赔偿义务人的给付能力和提供担保的情况，确定以定期金方式给付相关费用。但一审法庭辩论终结前已经发生的费用、死亡赔偿金以及精神损害抚慰金，应当一次性给付。

12.41【司法解释】《2003 人身损害赔偿解释》第三十四条

人民法院应当在法律文书中明确定期金的给付时间、方式以及每期给付标准。执行期间有关统计数据发生变化的，给付金额应当适时进行相应调整。

定期金按照赔偿权利人的实际生存年限给付，不受本解释有关赔偿期限的限制。

12.42【司法解释】《2003 人身损害赔偿解释》第三十五条

本解释所称“城镇居民人均可支配收入”、“农村居民人均纯收入”、“城镇居民人均消费性支出”、“农村居民人均年生活消费支出”、“职工平均工资”，按照政府统计部门公布的各省、自治区、直辖市以及经济特区和计划单列市上一年度相关统计数据确定。

“上一年度”，是指一审法庭辩论终结时的上一统计年度。

十二、精神损害赔偿

12.43【司法解释】《2003 人身损害赔偿解释》第十八条

受害人或者死者近亲属遭受精神损害，赔偿权利人向人民法院请求赔偿精神损害抚慰金的，适用《最高人民法院关于确定民事侵权精神损害赔偿责任若干问题的解释》予以确定。

精神损害抚慰金的请求权，不得让与或者继承。但赔偿义务人已经以书面方式承诺给予金钱赔偿，或者赔偿权利人已经向人民法院起诉的除外。

12.44【司法解释】《2001 精神损害赔偿解释》第一条

自然人因下列人格权利遭受非法侵害，向人民法院起诉请求赔偿精神损害的，人民法院应当依法予以受理：

（一）生命权、健康权、身体权；

（二）姓名权、肖像权、名誉权、荣誉权；

（三）人格尊严权、人身自由权。

违反社会公共利益、社会公德侵害他人隐私或者其他人格利益，受害人以侵权为由向人民法院起诉请求赔偿精神损害的，人民法院应当依法予以受理。

12.45【司法解释】《2001 精神损害赔偿解释》第二条

非法使被监护人脱离监护，导致亲子关系或者近亲属间的亲属关系遭受严重损害，监护人向人民法院起诉请求赔偿精神损害的，人民法院应当依法予以受理。

12.46【司法解释】《2001 精神损害赔偿解释》第三条

自然人死亡后，其近亲属因下列侵权行为遭受精神痛苦，向人民法院起诉请求赔偿精神损害的，人民法院应当依法予以受理：

（一）以侮辱、诽谤、贬损、丑化或者违反社会公共利益、社会公德的其他方式，侵害死者姓名、肖像、名誉、荣誉；

（二）非法披露、利用死者隐私，或者以违反社会公共利益、社会公德的其他方式侵害死者隐私；

（三）非法利用、损害遗体、遗骨，或者以违反社会公共利益、社会公德的其他方式侵害遗体、遗骨。

12.47【司法解释】《2001 精神损害赔偿解释》第四条

具有人格象征意义的特定纪念物品，因侵权行为而永久性灭失或者毁损，物品所有人以侵权为由，向人民法院起诉请求赔偿精神损害的，人民法院应当依法予以受理。

12.48【司法解释】《2001 精神损害赔偿解释》第五条

法人或者其他组织以人格权利遭受侵害为由，向人民法院起诉请求赔偿精神损害的，人民法院不予受理。

12.49【司法解释】《2001 精神损害赔偿解释》第六条

当事人在侵权诉讼中没有提出赔偿精神损害的诉讼请求，诉讼终结后又基于同一侵权事实另行起诉请求赔偿精神损害的，人民法院不予受理。

12.50【司法解释】《2001 精神损害赔偿解释》第七条

自然人因侵权行为致死，或者自然人死亡后其人格或者遗体遭受侵害，死者的配偶、父母和子女向人民法院起诉请求赔偿精神损害的，列其配偶、父母和子女为原告；没有配偶、父母和子女的，可以由其他近亲属提起诉讼，列其他近亲属为原告。

12.51【司法解释】《2001 精神损害赔偿解释》第八条

因侵权致人精神损害，但未造成严重后果，受害人请求赔偿精神损害的，一般不予支持，人民法院可以根据情形判令侵权人停止侵害、恢复名誉、消除影响、赔礼道歉。

因侵权致人精神损害，造成严重后果的，人民法院除判令侵权人承担停止侵害、恢复名誉、消除影响、赔礼道歉等民事责任外，可以根据受害人一方的请求判令其赔偿相应的精神损害抚慰金。

12.52【司法解释】《2001 精神损害赔偿解释》第九条

精神损害抚慰金包括以下方式：

（一）致人残疾的，为残疾赔偿金；

（二）致人死亡的，为死亡赔偿金；

（三）其他损害情形的精神抚慰金。

12.53【司法解释】《2001 精神损害赔偿解释》第十条

精神损害的赔偿数额根据以下因素确定：

（一）侵权人的过错程度，法律另有规定的除外；

（二）侵害的手段、场合、行为方式等具体情节；

（三）侵权行为所造成的后果；

（四）侵权人的获利情况；

（五）侵权人承担责任的经济能力；

（六）受诉法院所在地平均生活水平。

法律、行政法规对残疾赔偿金、死亡赔偿金等有明确规定的，适用法律、行政法规的规定。

12.54【司法解释】《2001 精神损害赔偿解释》第十一条

受害人对损害事实和损害后果的发生有过错的，可以根据其过错程度减轻或者免除侵权人的精神损害赔偿责任。

第十三章

船舶污染及海洋环境损害赔偿

第一节　船舶污染案件管辖、适用法及术语

一、船舶油污案件管辖

13.1【司法解释】《2011 船舶油污规定》第二条

当事人就油轮装载持久性油类造成的油污损害提起诉讼、申请设立油污损害赔偿责任限制基金，由船舶油污事故发生地海事法院管辖。

油轮装载持久性油类引起的船舶油污事故，发生在中华人民共和国领域和管辖的其他海域外，对中华人民共和国领域和管辖的其他海域造成油污损害或者形成油污损害威胁，当事人就船舶油污事故造成的损害提起诉讼、申请设立油污损害赔偿责任限制基金，由油污损害结果地或者采取预防油污措施地海事法院管辖。

二、涉外船舶污染案件中，国际条约及国内法适用

13.2【指导意见】《2005 纪要》第一百四十一条

我国加入的《1992 年国际油污损害民事责任公约》（以下简称“1992 年油污公约”）适用于具有涉外因素的缔约国船舶油污损害赔偿纠纷，包括航行于国际航线的我国船舶在我国海域造成的油污损害赔偿纠纷。

非航行于国际航线的我国船舶在我国海域造成的油污损害赔偿纠纷不适用该公约的规定。

13.3【指导意见】《2005 纪要》第一百四十三条

对于受 1992 年油污公约调整的船舶油污损害赔偿纠纷，船舶所有人及其责任保险人或者提供财务保证的其他人为取得公约规定的责任限制的权利，向海事法院申请设立油

污损害赔偿责任限制基金的，适用《中华人民共和国海事诉讼特别程序法》第九章的规定。

13.4【指导意见】《2005 纪要》第一百四十二条

对于不受 1992 年油污公约调整的船舶油污损害赔偿纠纷，适用《中华人民共和国海商法》、《中华人民共和国海洋环境保护法》以及相关行政法规的规定确定当事人的责任；油污责任人亦可以依据《中华人民共和国海商法》第十一章的规定享有海事赔偿责任限制。

三、非涉外油污案件中，中国法适用

13.5【复函】最高人民法院关于非航行国际航线的我国船舶在我国海域造成油污损害的民事赔偿责任适用法律问题的请示的答复［（2008）民四他字第 20 号］

本案申请人锦州中信船务有限公司系中国法人，其所属的“恒冠 36”轮系在我国登记的非航行国际航线的船舶，其在威海海域与中国籍“辽长渔 6005”轮碰撞导致漏油发生污染，故本案不具有涉外因素，不适用我国加入的《1992 年国际油污损害民事责任公约》。

同意你院的倾向性意见，即本案应适用《中华人民共和国海商法》、《中华人民共和国海洋环境保护法》以及相关行政法规的规定确定当事人的责任，油污责任人可以依据《中华人民共和国海商法》第十一章的规定享有海事赔偿责任限制。

13.6【司法解释】《2011 船舶油污规定》第一条

船舶发生油污事故，对中华人民共和国领域和管辖的其他海域造成油污损害或者形成油污损害威胁，人民法院审理相关船舶油污损害赔偿纠纷案件，适用本规定。

四、船舶污染案件术语

13.7【司法解释】《2011 船舶油污规定》第三十一条

本规定中下列用语的含义是：

（一）船舶，是指非用于军事或者政府公务的海船和其他海上移动式装置，包括航行于国际航线和国内航线的油轮和非油轮。其中，油轮是指为运输散装持久性货油而建造或者改建的船舶，以及实际装载散装持久性货油的其他船舶。

（二）油类，是指烃类矿物油及其残余物，限于装载于船上作为货物运输的持久性货油、装载用于本船运行的持久性和非持久性燃油，不包括装载于船上作为货物运输的非持久性货油。

（三）船舶油污事故，是指船舶泄漏油类造成油污损害，或者虽未泄漏油类但形成严重和紧迫油污损害威胁的一个或者一系列事件。一系列事件因同一原因而发生的，视为同一事故。

（四）船舶油污损害责任保险人或者财务保证人，是指海事事故中泄漏油类或者直接形成油污损害威胁的船舶一方的油污责任保险人或者财务保证人。

（五）油污损害赔偿责任限制基金，是指船舶所有人、船舶油污损害责任保险人或者财务保证人，对油轮装载持久性油类造成的油污损害申请设立的赔偿责任限制基金。

第二节　船舶油污案件索赔主体

一、因船舶油污直接遭受财产损失者具有船舶油污索赔权

13.8【指导意见】《2005 纪要》第一百四十四条

因船舶油污直接遭受财产损失的公民、法人或其他组织，有权向油污责任人提起索赔诉讼。

二、防止或者减轻油污损害行政主管机关或其他企事业单位具有船舶油污索赔权

13.9【指导意见】《2005 纪要》第一百四十五条

国家海事行政主管部门或其他企事业单位为防止或减轻油污损害而支出的费用，包括清污费用，可直接向油污责任人提起诉讼。

三、法律授权海洋环境监督管理部门具有船舶污染索赔权

13.10【指导意见】《2005 纪要》第一百四十六条

《中华人民共和国海洋环境保护法》授权的海洋环境监督管理部门，有权在授权范围内代表国家，就船舶油污造成的海洋环境损失向油污责任人提起诉讼。

第三节　船舶油污责任承担及举证责任

一、两艘或者两艘以上船舶造成油污损害责任承担及例外和追偿

13.11【司法解释】《2011 船舶油污规定》第三条

两艘或者两艘以上船舶泄漏油类造成油污损害，受损害人请求各泄漏油船舶所有人承担赔偿责任，按照泄漏油数量及泄漏油类对环境的危害性等因素能够合理分开各自造成的损害，由各泄漏油船舶所有人分别承担责任；不能合理分开各自造成的损害，各泄漏油船舶所有人承担连带责任。但泄漏油船舶所有人依法免予承担责任的除外。

各泄漏油船舶所有人对受损害人承担连带责任的，相互之间根据各自责任大小确定相应的赔偿数额；难以确定责任大小的，平均承担赔偿责任。泄漏油船舶所有人支付超出自己应赔偿的数额，有权向其他泄漏油船舶所有人追偿。

二、船舶互有过失碰撞引起油类泄漏责任承担

13.12【司法解释】《2011 船舶油污规定》第四条

船舶互有过失碰撞引起油类泄漏造成油污损害的，受损害人可以请求泄漏油船舶所有人承担全部赔偿责任。

三、是否适用 1992 年油污公约确定责任承担方式

13.13【指导意见】《2005 纪要》第一百四十九条

对于受 1992 年油污公约调整的船舶油污损害赔偿纠纷，因船舶油污造成损害的，由漏油船舶所有人承担赔偿责任。

对于不受 1992 年油污公约调整的油污损害赔偿纠纷，因船舶碰撞造成油污损害的，由碰撞船舶所有人承担连带赔偿责任，但不影响油污损害赔偿责任人之间的追偿。

四、船舶油污案件举证责任分配

13.14【指导意见】《2005 纪要》第一百四十八条

因船舶油污引起的损害赔偿诉讼，受损害人应对油污损害承担举证责任，责任人应对法律规定的免责事由及船舶油污与损害之间不存在因果关系承担举证责任。

第四节　船舶油污损害责任保险人或者财务保证人法律地位

一、船舶所有人故意造成油污损害导致油污损害责任保险人或者财务保证人免责

13.15【司法解释】《2011 船舶油污规定》第七条

油污损害是由于船舶所有人故意造成的，受损害人请求船舶油污损害责任保险人或者财务保证人赔偿，人民法院不予支持。

二、油污损害责任保险人或者财务保证人对受损害人抗辩权及限制

13.16【司法解释】《2011 船舶油污规定》第八条

受损害人直接向船舶油污损害责任保险人或者财务保证人提起诉讼，船舶油污损害

责任保险人或者财务保证人可以对受损害人主张船舶所有人的抗辩。

除船舶所有人故意造成油污损害外，船舶油污损害责任保险人或者财务保证人向受损害人主张其对船舶所有人的抗辩，人民法院不予支持。

三、船舶油污损害民事责任保险或者财务保证阻却船舶优先权主张

13.17【司法解释】《2011 船舶油污规定》第十八条

船舶取得有效的油污损害民事责任保险或者具有相应财务保证的，油污受损害人主张船舶优先权的，人民法院不予支持。

第五节　船舶油污损害赔偿范围及项目

一、船舶油污损害赔偿范围

13.18【司法解释】《2011 船舶油污规定》第九条

船舶油污损害赔偿范围包括：

（一）为防止或者减轻船舶油污损害采取预防措施所发生的费用，以及预防措施造成的进一步灭失或者损害；

（二）船舶油污事故造成该船舶之外的财产损害以及由此引起的收入损失；

（三）因油污造成环境损害所引起的收入损失；

（四）对受污染的环境已采取或将要采取合理恢复措施的费用。

13.19【指导意见】《2005 纪要》第一百五十条

油污损害赔偿范围包括：

（1）船舶油污造成的公民、法人或其他组织的财产损失。

（2）为防止或减轻污染支出的清污费用损失。清污费用的计算，应当结合污染范围、污染程度、溢油数量、清污人员和设备的费用以及有关证据合理认定。

（3）因船舶油污造成的渔业资源和海洋资源损失，此种损失应限于已实际采取或将要采取的合理恢复措施的费用。

13.20【指导意见】《2004 解答》第一百五十六条

油污损害的赔偿范围如何确定？

答：根据我国加入的 1969 年《国际油污损害民事责任公约》的规定，污染损害是指由于船舶溢出或排放油类，在船舶本身以外因污染而产生的灭失或损害、污染事件发生后为防止或减轻污染损害而由任何人所采取的任何合理措施的费用以及由于采取预防措施而造成的进一步灭失或损害。

二、船舶油污预防措施费用及相关灭失或者损害

13.21【司法解释】《2011 船舶油污规定》第十条

对预防措施费用以及预防措施造成的进一步灭失或者损害，人民法院应当结合污染范围、污染程度、油类泄漏量、预防措施的合理性、参与清除油污人员及投入使用设备的费用等因素合理认定。

13.22【法律】《2011 船舶油污规定》第十一条

对遇险船舶实施防污措施，作业开始时的主要目的仅是为防止、减轻油污损害的，所发生的费用应认定为预防措施费用。

作业具有救助遇险船舶、其他财产和防止、减轻油污损害的双重目的，应根据目的的主次比例合理划分预防措施费用与救助措施费用；无合理依据区分主次目的的，相关费用应平均分摊。但污染危险消除后发生的费用不应列为预防措施费用。

三、船舶油污其他财产损失、费用及收入损失

13.23【司法解释】《2011 船舶油污规定》第十二条

船舶泄漏油类污染其他船舶、渔具、养殖设施等财产，受损害人请求油污责任人赔偿因清洗、修复受污染财产支付的合理费用，人民法院应予支持。

受污染财产无法清洗、修复，或者清洗、修复成本超过其价值的，受损害人请求油污责任人赔偿合理的更换费用，人民法院应予支持，但应参照受污染财产实际使用年限与预期使用年限的比例作合理扣除。

13.24【司法解释】《2011 船舶油污规定》第十三条

受损害人因其财产遭受船舶油污，不能正常生产经营的，其收入损失应以财产清洗、修复或者更换所需合理期间为限进行计算。

四、环境污染导致收入损失

13.25【司法解释】《2011 船舶油污规定》第十四条

海洋渔业、滨海旅游业及其他用海、临海经营单位或者个人请求因环境污染所遭受的收入损失，具备下列全部条件，由此证明收入损失与环境污染之间具有直接因果关系的，人民法院应予支持：

（一）请求人的生产经营活动位于或者接近污染区域；

（二）请求人的生产经营活动主要依赖受污染资源或者海岸线；

（三）请求人难以找到其他替代资源或者商业机会；

（四）请求人的生产经营业务属于当地相对稳定的产业。

13.26【司法解释】《2011 船舶油污规定》第十五条

未经相关行政主管部门许可，受损害人从事海上养殖、海洋捕捞，主张收入损失的，人民法院不予支持；但请求赔偿清洗、修复、更换养殖或者捕捞设施的合理费用，人民法院应予支持。

13.27【司法解释】《2011 船舶油污规定》第十六条

受损害人主张因其财产受污染或者因环境污染造成的收入损失，应以其前三年同期平均净收入扣减受损期间的实际净收入计算，并适当考虑影响收入的其他相关因素予以合理确定。

按照前款规定无法认定收入损失的，可以参考政府部门的相关统计数据和信息，或者同区域同类生产经营者的同期平均收入合理认定。

受损害人采取合理措施避免收入损失，请求赔偿合理措施的费用，人民法院应予支持，但以其避免发生的收入损失数额为限。

五、环境污染损害合理恢复费用

13.28【司法解释】《2011 船舶油污规定》第十七条

船舶油污事故造成环境损害的，对环境损害的赔偿应限于已实际采取或者将要采取的合理恢复措施的费用。恢复措施的费用包括合理的监测、评估、研究费用。

第六节　船舶油污损害责任限制

一、船舶油污案件两种责任限额

13.29【司法解释】《2011 船舶油污规定》第五条

油轮装载的持久性油类造成油污损害的，应依照《防治船舶污染海洋环境管理条例》、《1992 年国际油污损害民事责任公约》的规定确定赔偿限额。

油轮装载的非持久性燃油或者非油轮装载的燃油造成油污损害的，应依照海商法关于海事赔偿责任限制的规定确定赔偿限额。

二、油轮装载非持久性燃油、非油轮装载燃油造成油污损害海事赔偿责任限制

13.30【司法解释】《2011 船舶油污规定》第十九条

对油轮装载的非持久性燃油、非油轮装载的燃油造成油污损害的赔偿请求，适用海商法关于海事赔偿责任限制的规定。

同一海事事故造成前款规定的油污损害和海商法第二百零七条规定的可以限制赔偿

责任的其他损害，船舶所有人依照海商法第十一章的规定主张在同一赔偿限额内限制赔偿责任的，人民法院应予支持。

13.31【司法解释】《2011 船舶油污规定》第二十条

为避免油轮装载的非持久性燃油、非油轮装载的燃油造成油污损害，对沉没、搁浅、遇难船舶采取起浮、清除或者使之无害措施，船舶所有人对由此发生的费用主张依照海商法第十一章的规定限制赔偿责任的，人民法院不予支持。

13.32【指导意见】《2005 纪要》第一百五十一条

在船舶油污损害赔偿纠纷中，权利人就清污费用的请求与其他污染损害赔偿的请求按照法院所确定的债权数额比例受偿。

三、油轮装载持久性油类造成油污损害之油污损害赔偿责任限制

13.33【司法解释】《2011 船舶油污规定》第二十一条

对油轮装载持久性油类造成的油污损害，船舶所有人，或者船舶油污责任保险人、财务保证人主张责任限制的，应当设立油污损害赔偿责任限制基金。

油污损害赔偿责任限制基金以现金方式设立的，基金数额为《防治船舶污染海洋环境管理条例》、《1992 年国际油污损害民事责任公约》规定的赔偿限额。以担保方式设立基金的，担保数额为基金数额及其在基金设立期间的利息。

13.34【司法解释】《2011 船舶油污规定》第二十二条

船舶所有人、船舶油污损害责任保险人或者财务保证人申请设立油污损害赔偿责任限制基金，利害关系人对船舶所有人主张限制赔偿责任有异议的，应当在海事诉讼特别程序法第一百零六条第一款规定的异议期内以书面形式提出，但提出该异议不影响基金的设立。

13.35【司法解释】《2011 船舶油污规定》第二十三条

对油轮装载持久性油类造成的油污损害，利害关系人没有在异议期内对船舶所有人主张限制赔偿责任提出异议，油污损害赔偿责任限制基金设立后，海事法院应当解除对船舶所有人的财产采取的保全措施或者发还为解除保全措施而提供的担保。

13.36【司法解释】《2011 船舶油污规定》第二十四条

对油轮装载持久性油类造成的油污损害，利害关系人在异议期内对船舶所有人主张限制赔偿责任提出异议的，人民法院在认定船舶所有人有权限制赔偿责任的裁决生效后，应当解除对船舶所有人的财产采取的保全措施或者发还为解除保全措施而提供的担保。

13.37【司法解释】《2011 船舶油污规定》第二十五条

对油轮装载持久性油类造成的油污损害，受损害人提起诉讼时主张船舶所有人无权

限制赔偿责任的，海事法院对船舶所有人是否有权限制赔偿责任的争议，可以先行审理并作出判决。

13.38【司法解释】《2011 船舶油污规定》第二十六条

对油轮装载持久性油类造成的油污损害，受损害人没有在规定的债权登记期间申请债权登记的，视为放弃在油污损害赔偿责任限制基金中受偿的权利。

13.39【司法解释】《2011 船舶油污规定》第二十七条

油污损害赔偿责任限制基金不足以清偿有关油污损害的，应根据确认的赔偿数额依法按比例分配。

13.40【司法解释】《2011 船舶油污规定》第二十八条

对油轮装载持久性油类造成的油污损害，船舶所有人、船舶油污损害责任保险人或者财务保证人申请设立油污损害赔偿责任限制基金、受损害人申请债权登记与受偿，本规定没有规定的，适用海事诉讼特别程序法及相关司法解释的规定。

13.41【司法解释】《2011 船舶油污规定》第二十九条

在油污损害赔偿责任限制基金分配以前，船舶所有人、船舶油污损害责任保险人或者财务保证人，已先行赔付油污损害的，可以书面申请从基金中代位受偿。代位受偿应限于赔付的范围，并不超过接受赔付的人依法可获得的赔偿数额。

海事法院受理代位受偿申请后，应书面通知所有对油污损害赔偿责任限制基金提出主张的利害关系人。利害关系人对申请人主张代位受偿的权利有异议的，应在收到通知之日起十五日内书面提出。

海事法院经审查认定申请人代位受偿权利成立，应裁定予以确认；申请人主张代位受偿的权利缺乏事实或者法律依据的，裁定驳回其申请。当事人对裁定不服的，可以在收到裁定书之日起十日内提起上诉。

13.42【司法解释】《2011 船舶油污规定》第三十条

船舶所有人为主动防止、减轻油污损害而支出的合理费用或者所作的合理牺牲，请求参与油污损害赔偿责任限制基金分配的，人民法院应予支持，比照本规定第二十九条第二款、第三款的规定处理。

四、油污损害限制赔偿责任权利丧失

13.43【司法解释】《2011 船舶油污规定》第六条

经证明油污损害是由于船舶所有人的故意或者明知可能造成此种损害而轻率地作为或者不作为造成的，船舶所有人主张限制赔偿责任，人民法院不予支持。

第七节　海洋环境损害赔偿

一、《2017 海洋环境保护法》适用海域及术语

13.44【法律】《2017 海洋环境保护法》第二条

本法适用于中华人民共和国内水、领海、毗连区、专属经济区、大陆架以及中华人民共和国管辖的其他海域。

在中华人民共和国管辖海域内从事航行、勘探、开发、生产、旅游、科学研究及其他活动，或者在沿海陆域内从事影响海洋环境活动的任何单位和个人，都必须遵守本法。

在中华人民共和国管辖海域以外，造成中华人民共和国管辖海域污染的，也适用本法。

13.45【法律】《2017 海洋环境保护法》第九十四条

本法中下列用语的含义是：

（一）海洋环境污染损害，是指直接或者间接地把物质或者能量引入海洋环境，产生损害海洋生物资源、危害人体健康、妨害渔业和海上其他合法活动、损害海水使用素质和减损环境质量等有害影响。

（二）内水，是指我国领海基线向内陆一侧的所有海域。

（三）滨海湿地，是指低潮时水深浅于六米的水域及其沿岸浸湿地带，包括水深不超过六米的永久性水域、潮间带（或洪泛地带）和沿海低地等。

（四）海洋功能区划，是指依据海洋自然属性和社会属性，以及自然资源和环境特定条件，界定海洋利用的主导功能和使用范畴。

（五）渔业水域，是指鱼虾类的产卵场、索饵场、越冬场、洄游通道和鱼虾贝藻类的养殖场。

（六）油类，是指任何类型的油及其炼制品。

（七）油性混合物，是指任何含有油份的混合物。

（八）排放，是指把污染物排入海洋的行为，包括泵出、溢出、泄出、喷出和倒出。

（九）陆地污染源（简称陆源），是指从陆地向海域排放污染物，造成或者可能造成海洋环境污染的场所、设施等。

（十）陆源污染物，是指由陆地污染源排放的污染物。

（十一）倾倒，是指通过船舶、航空器、平台或者其他载运工具，向海洋处置废弃物和其他有害物质的行为，包括弃置船舶、航空器、平台及其辅助设施和其他浮动工具

的行为。

（十二）沿海陆域，是指与海岸相连，或者通过管道、沟渠、设施，直接或者间接向海洋排放污染物及其相关活动的一带区域。

（十三）海上焚烧，是指以热摧毁为目的，在海上焚烧设施上，故意焚烧废弃物或者其他物质的行为，但船舶、平台或者其他人工构造物正常操作中，所附带发生的行为除外。

二、海洋环境污染应急措施

13.46【法律】《2017 海洋环境保护法》第十七条

因发生事故或者其他突发性事件，造成或者可能造成海洋环境污染事故的单位和个人，必须立即采取有效措施，及时向可能受到危害者通报，并向依照本法规定行使海洋环境监督管理权的部门报告，接受调查处理。

沿海县级以上地方人民政府在本行政区域近岸海域的环境受到严重污染时，必须采取有效措施，解除或者减轻危害。

13.47【法律】《2017 海洋环境保护法》第十八条

国家根据防止海洋环境污染的需要，制定国家重大海上污染事故应急计划。

国家海洋行政主管部门负责制定全国海洋石油勘探开发重大海上溢油应急计划，报国务院环境保护行政主管部门备案。

国家海事行政主管部门负责制定全国船舶重大海上溢油污染事故应急计划，报国务院环境保护行政主管部门备案。

沿海可能发生重大海洋环境污染事故的单位，应当依照国家的规定，制定污染事故应急计划，并向当地环境保护行政主管部门、海洋行政主管部门备案。

沿海县级以上地方人民政府及其有关部门在发生重大海上污染事故时，必须按照应急计划解除或者减轻危害。

三、船舶防止造成海洋环境污染义务

13.48【法律】《2017 海洋环境保护法》第六十五条

船舶应当遵守海上交通安全法律、法规的规定，防止因碰撞、触礁、搁浅、火灾或者爆炸等引起的海难事故，造成海洋环境的污染。

13.49【法律】《2017 海洋环境保护法》第七十条

船舶及有关作业活动应当遵守有关法律法规和标准，采取有效措施，防止造成海洋环境污染。海事行政主管部门等有关部门应当加强对船舶及有关作业活动的监督管理。

船舶进行散装液体污染危害性货物的过驳作业，应当事先按照有关规定报经海事行政主管部门批准。

13.50【法律】《2017 海洋环境保护法》第七十一条

船舶发生海难事故，造成或者可能造成海洋环境重大污染损害的，国家海事行政主管部门有权强制采取避免或者减少污染损害的措施。

对在公海上因发生海难事故，造成中华人民共和国管辖海域重大污染损害后果或者具有污染威胁的船舶、海上设施，国家海事行政主管部门有权采取与实际的或者可能发生的损害相称的必要措施。

13.51【法律】《2017 海洋环境保护法》第七十二条

所有船舶均有监视海上污染的义务，在发现海上污染事故或者违反本法规定的行为时，必须立即向就近的依照本法规定行使海洋环境监督管理权的部门报告。

民用航空器发现海上排污或者污染事件，必须及时向就近的民用航空空中交通管制单位报告。接到报告的单位，应当立即向依照本法规定行使海洋环境监督管理权的部门通报。

四、海洋环境损害民事赔偿责任

13.52【法律】《2017 海洋环境保护法》第八十九条

造成海洋环境污染损害的责任者，应当排除危害，并赔偿损失；完全由于第三者的故意或者过失，造成海洋环境污染损害的，由第三者排除危害，并承担赔偿责任。

对破坏海洋生态、海洋水产资源、海洋保护区，给国家造成重大损失的，由依照本法规定行使海洋环境监督管理权的部门代表国家对责任者提出损害赔偿要求。

五、海洋环境损害免责事由

13.53【法律】《2017 海洋环境保护法》第九十一条

完全属于下列情形之一，经过及时采取合理措施，仍然不能避免对海洋环境造成污染损害的，造成污染损害的有关责任者免予承担责任：

（一）战争；

（二）不可抗拒的自然灾害；

（三）负责灯塔或者其他助航设备的主管部门，在执行职责时的疏忽，或者其他过失行为。

第十四章

海难救助与打捞

第一节　海难救助界定

一、海难救助法律制度适用水域及救助对象

14.1【法律】《1992 海商法》第一百七十一条

本章规定适用于在海上或者与海相通的可航水域，对遇险的船舶和其他财产进行的救助。

14.2【法律】《1992 海商法》第一百七十二条

本章下列用语的含义：

（一）“船舶”，是指本法第三条所称的船舶和与其发生救助关系的任何其他非用于军事的或者政府公务的船艇。

（二）“财产”，是指非永久地和非有意地依附于岸线的任何财产，包括有风险的运费。

（三）“救助款项”，是指依照本章规定，被救助方应当向救助方支付的任何救助报酬、酬金或者补偿。

二、遇险船舶船长及船上人员对本船施救义务及其性质

14.3【指导意见】《2004 解答》第一百二十八条

如何理解《海商法》规定的海难救助的适用范围？

答：《海商法》第九章“海难救助”的规定不适用于船长、船员对遇险的本船及船上人员、旅客、货物或者其他财产的救助。

14.4【法律】《2016 海上交通安全法》第三十五条

遇难船舶、设施或飞机及其所有人、经营人应当采取一切有效措施组织自救。

三、姐妹船之间进行救助

14.5【法律】《1992 海商法》第一百九十一条

同一船舶所有人的船舶之间进行的救助，救助方获得救助款项的权利适用本章规定。

四、主管机关从事或者控制救助作业

14.6【法律】《1992 海商法》第一百九十二条

国家有关主管机关从事或者控制的救助作业，救助方有权享受本章规定的关于救助作业的权利和补偿。

14.7【法律】《2016 海上交通安全法》第三十八条

主管机关接到求救报告后，应当立即组织救助。有关单位和在事故现场附近的船舶、设施，必须听从主管机关的统一指挥。

五、海上人命救助

14.8【法律】《1992 海商法》第一百七十四条

船长在不严重危及本船和船上人员安全的情况下，有义务尽力救助海上人命。

14.9【法律】《2016 海上交通安全法》第三十六条

事故现场附近的船舶，设施，收到求救信号或发现有人遭遇生命危险时，在不严重危及自身安全的情况下，应当尽力救助遇难人员，并迅速向主管机关报告现场情况和本船舶、设施的名称、呼号和位置。

六、海上浮动式平台和移动式近海钻井装置救助例外

14.10【法律】《1992 海商法》第一百七十三条

本章规定，不适用于海上已经就位的从事海底矿物资源的勘探、开发或者生产的固定式、浮动式平台和移动式近海钻井装置。

第二节　救助合同

一、救助合同订立

14.11【法律】《1992 海商法》第一百七十五条

救助方与被救助方就海难救助达成协议，救助合同成立。

遇险船舶的船长有权代表船舶所有人订立救助合同。遇险船舶的船长或者船舶所有人有权代表船上财产所有人订立救助合同。

二、救助合同变更

14.12【法律】《1992 海商法》第一百七十六条

有下列情形之一，经一方当事人起诉或者双方当事人协议仲裁的，受理争议的法院或者仲裁机构可以判决或者裁决变更救助合同：

（一）合同在不正当的或者危险情况的影响下订立，合同条款显失公平的；

（二）根据合同支付的救助款项明显过高或者过低于实际提供的救助服务的。

第三节　呼救及救助作业

一、呼救

14.13【法律】《2016 海上交通安全法》第三十四条

船舶、设施或飞机遇难时，除发出呼救信号外，还应当以最迅速的方式将出事时间、地点、受损情况、救助要求以及发生事故的原因，向主管机关报告。

二、救助方义务

14.14【法律】《1992 海商法》第一百七十七条

在救助作业过程中，救助方对被救助方负有下列义务：

（一）以应有的谨慎进行救助；

（二）以应有的谨慎防止或者减少环境污染损害；

（三）在合理需要的情况下，寻求其他救助方援助；

（四）当被救助方合理地要求其他救助方参与救助作业时，接受此种要求，但是要求不合理的，原救助方的救助报酬金额不受影响。

三、被救助方义务

14.15【法律】《1992 海商法》第一百七十八条

在救助作业过程中，被救助方对救助方负有下列义务：

（一）与救助方通力合作；

（二）以应有的谨慎防止或者减少环境污染损害；

（三）当获救的船舶或者其他财产已经被送至安全地点时，及时接受救助方提出的合理的移交要求。

四、外国派遣船舶从事救助作业

14.16【法律】《2016 海上交通安全法》第三十九条

外国派遣船舶或飞机进入中华人民共和国领海或领海上空搜寻救助遇难的船舶或人员，必须经主管机关批准。

第四节 “无效果、无报酬”原则下的救助报酬

一、“无效果、无报酬”原则

14.17【法律】《1992 海商法》第一百七十九条

救助方对遇险的船舶和其他财产的救助，取得效果的，有权获得救助报酬；救助未取得效果的，除本法第一百八十二条或者其他法律另有规定或者合同另有约定外，无权获得救助款项。

二、确定救助报酬因素

14.18【法律】《1992 海商法》第一百八十条

确定救助报酬，应当体现对救助作业的鼓励，并综合考虑下列各项因素：

（一）船舶和其他财产的获救的价值；

（二）救助方在防止或者减少环境污染损害方面的技能和努力；

（三）救助方的救助成效；

（四）危险的性质和程度；

（五）救助方在救助船舶、其他财产和人命方面的技能和努力；

（六）救助方所用的时间、支出的费用和遭受的损失；

（七）救助方或者救助设备所冒的责任风险和其他风险；

（八）救助方提供救助服务的及时性；

（九）用于救助作业的船舶和其他设备的可用性和使用情况；

（十）救助设备的备用状况、效能和设备的价值。

救助报酬不得超过船舶和其他财产的获救价值。

三、船舶和其他财产获救价值

14.19【法律】《1992 海商法》第一百八十一条

船舶和其他财产的获救价值，是指船舶和其他财产获救后的估计价值或者实际出卖

的收入，扣除有关税款和海关、检疫、检验费用以及进行卸载、保管、估价、出卖而产生的费用后的价值。

前款规定的价值不包括船员的获救的私人物品和旅客的获救的自带行李的价值。

四、救助报酬比例与承担

14.20【法律】《1992 海商法》第一百八十三条

救助报酬的金额，应当由获救的船舶和其他财产的各所有人，按照船舶和其他各项财产各自的获救价值占全部获救价值的比例承担。

五、参加同一救助作业各救助方救助报酬分配

14.21【法律】《1992 海商法》第一百八十四条

参加同一救助作业的各救助方的救助报酬，应当根据本法第一百八十条规定的标准，由各方协商确定；协商不成的，可以提请受理争议的法院判决或者经各方协议提请仲裁机构裁决。

六、存在环境污染损害危险时特别补偿与救助费用

14.22【法律】《1992 海商法》第一百八十二条

对构成环境污染损害危险的船舶或者船上货物进行的救助，救助方依照本法第一百八十条规定获得的救助报酬，少于依照本条规定可以得到的特别补偿的，救助方有权依照本条规定，从船舶所有人处获得相当于救助费用的特别补偿。

救助人进行前款规定的救助作业，取得防止或者减少环境污染损害效果的，船舶所有人依照前款规定应当向救助方支付的特别补偿可以另行增加，增加的数额可以达到救助费用的百分之三十。受理争议的法院或者仲裁机构认为适当，并且考虑到本法第一百八十条第一款的规定，可以判决或者裁决进一步增加特别补偿数额；但是，在任何情况下，增加部分不得超过救助费用的百分之一百。

本条所称救助费用，是指救助方在救助作业中直接支付的合理费用以及实际使用救助设备、投入救助人员的合理费用。确定救助费用应当考虑本法第一百八十条第一款第（八）、（九）、（十）项的规定。

在任何情况下，本条规定的全部特别补偿，只有在超过救助方依照本法第一百八十条规定能够获得的救助报酬时，方可支付，支付金额为特别补偿超过救助报酬的差额部分。

由于救助方的过失未能防止或者减少环境污染损害的，可以全部或者部分地剥夺救助方获得特别补偿的权利。

本条规定不影响船舶所有人对其他被救助方的追偿权。

七、救助作业中救助人命者救助款项合理份额

14.23【法律】《1992 海商法》第一百八十五条

在救助作业中救助人命的救助方，对获救人员不得请求酬金，但是有权从救助船舶或者其他财产、防止或者减少环境污染损害的救助方获得的救助款项中，获得合理的份额。

第五节 救助款项丧失或减少

一、无权获取救助款项之救助行为

14.24【法律】《1992 海商法》第一百八十六条

下列救助行为无权获得救助款项：

（一）正常履行拖航合同或者其他服务合同的义务进行救助的，但是提供不属于履行上述义务的特殊劳务除外；

（二）不顾遇险的船舶的船长、船舶所有人或者其他财产所有人明确的和合理的拒绝，仍然进行救助的。

二、取消或者减少救助款项事由

14.25【法律】《1992 海商法》第一百八十七条

由于救助方的过失致使救助作业成为必需或者更加困难的，或者救助方有欺诈或者其他不诚实行为的，应当取消或者减少向救助方支付的救助款项。

第六节 救助款项担保及支付

一、救助款项担保

14.26【法律】《1992 海商法》第一百八十八条

被救助方在救助作业结束后，应当根据救助方的要求，对救助款项提供满意的担保。

在不影响前款规定的情况下，获救船舶的船舶所有人应当在获救的货物交还前，尽力使货物的所有人对其应当承担的救助款项提供满意的担保。

在未根据救助人的要求对获救的船舶或者其他财产提供满意的担保以前，未经救助

方同意，不得将获救的船舶和其他财产从救助作业完成后最初到达的港口或者地点移走。

二、救助款项先行支付

14.27【法律】《1992 海商法》第一百八十九条

受理救助款项请求的法院或者仲裁机构，根据具体情况，在合理的条件下，可以裁定或者裁决被救助方向救助方先行支付适当的金额。

被救助方根据前款规定先行支付金额后，其根据本法第一百八十八条规定提供的担保金额应当相应扣减。

三、获救船舶或者财产拍卖及救助款项支付

14.28【法律】《1992 海商法》第一百九十条

对于获救满九十日的船舶和其他财产，如果被救助方不支付救助款项也不提供满意的担保，救助方可以申请法院裁定强制拍卖；对于无法保管、不易保管或者保管费用可能超过其价值的获救的船舶和其他财产，可以申请提前拍卖。

拍卖所得价款，在扣除保管和拍卖过程中的一切费用后，依照本法规定支付救助款项；剩余的金额，退还被救助方；无法退还、自拍卖之日起满一年又无人认领的，上缴国库；不足的金额，救助方有权向被救助方追偿。

第七节　雇佣救助合同和沉船沉物打捞

一、雇佣救助合同

14.29【指导案例 110 号】交通运输部南海救助局诉阿昌格罗斯投资公司、香港安达欧森有限公司上海代表处海难救助合同纠纷案

裁判要点

1. 《1989 年国际救助公约》和我国海商法规定救助合同“无效果无报酬”，但均允许当事人对救助报酬的确定可以另行约定。若当事人明确约定，无论救助是否成功，被救助方均应支付报酬，且以救助船舶每马力小时和人工投入等作为计算报酬的标准时，则该合同系雇佣救助合同，而非上述国际公约和我国海商法规定的救助合同。

2. 在《1989 年国际救助公约》和我国海商法对雇佣救助合同没有具体规定的情况下，可以适用我国合同法的相关规定确定当事人的权利义务。

相关法条

《中华人民共和国合同法》第八条、第一百零七条

《中华人民共和国海商法》第一百七十九条

基本案情

交通运输部南海救助局（以下简称南海救助局）诉称："加百利"轮在琼州海峡搁浅后，南海救助局受阿昌格罗斯投资公司（以下简称投资公司）委托提供救助、交通、守护等服务，但投资公司一直未付救助费用。请求法院判令投资公司和香港安达欧森有限公司上海代表处（以下简称上海代表处）连带支付救助费用7,240,998.24元及利息。

法院经审理查明：投资公司所属"加百利"轮系希腊籍油轮，载有卡宾达原油54,580吨。2011年8月12日5时左右在琼州海峡北水道附近搁浅，船舶及船载货物处于危险状态，严重威胁海域环境安全。事故发生后，投资公司立即授权上海代表处就"加百利"轮搁浅事宜向南海救助局发出紧急邮件，请南海救助局根据经验安排两艘拖轮进行救助，并表示同意南海救助局的报价。

8月12日20时40分，上海代表处通过电子邮件向南海救助局提交委托书，委托南海救助局派出"南海救116"轮和"南海救101"轮到现场协助"加百利"轮出浅，承诺无论能否成功协助出浅，均同意按每马力小时3.2元的费率付费，计费周期为拖轮自其各自的值班待命点备车开始起算至上海代表处通知任务结束、拖轮回到原值班待命点为止。"南海救116"轮和"南海救101"轮只负责拖带作业，"加百利"轮脱浅作业过程中如发生任何意外南海救助局无须负责。另外，请南海救助局派遣一组潜水队员前往"加百利"轮探摸，费用为：陆地调遣费10,000元；水上交通费55,000元；作业费每8小时40,000元，计费周期为潜水员登上交通船开始起算，到作业完毕离开交通船上岸为止。8月13日，投资公司还提出租用"南海救201"轮将其两名代表从海口运送至"加百利"轮。南海救助局向上海代表处发邮件称，"南海救201"轮费率为每马力小时1.5元，根据租用时间计算总费用。

与此同时，为预防危险局面进一步恶化造成海上污染，湛江海事局决定对"加百利"轮采取强制过驳减载脱浅措施。经湛江海事局组织安排，8月18日，"加百利"轮利用高潮乘潮成功脱浅，之后安全到达目的港广西钦州港。

南海救助局实际参与的救助情况如下：

南海救助局所属"南海救116"轮总吨为3681吨，总功率为9000千瓦（12,240马力）。"南海救116"轮到达事故现场后，根据投资公司的指示，一直在事故现场对"加百利"轮进行守护，共工作155.58小时。

南海救助局所属"南海救101"轮总吨为4091吨，总功率为13,860千瓦（18,850马力）。该轮未到达事故现场即返航。南海救助局主张该轮工作时间共计13.58小时。

南海救助局所属“南海救201”轮总吨为552吨，总功率为4480千瓦（6093马力）。8月13日，该轮运送2名船东代表登上搁浅船，工作时间为7.83小时。8月16日，该轮运送相关人员及设备至搁浅船，工作时间为7.75小时。8月18日，该轮将相关人员及行李运送上过驳船，工作时间为8.83小时。

潜水队员未实际下水作业，工作时间为8小时。

另查明涉案船舶的获救价值为30,531,856美元，货物的获救价值为48,053,870美元，船舶的获救价值占全部获救价值的比例为38.85%。

裁 判 结 果

广州海事法院于2014年3月28日作出（2012）广海法初字第898号民事判决：一、投资公司向南海救助局支付救助报酬6,592,913.58元及利息；二、驳回南海救助局的其他诉讼请求。投资公司不服一审判决，提起上诉。广东省高级人民法院于2015年6月16日作出（2014）粤高法民四终字第117号民事判决：一、撤销广州海事法院（2012）广海法初字第898号民事判决；二、投资公司向南海救助局支付救助报酬2,561,346.93元及利息；三、驳回南海救助局的其他诉讼请求。南海救助局不服二审判决，申请再审。最高人民法院于2016年7月7日作出（2016）最高法民再61号民事判决：一、撤销广东省高级人民法院（2014）粤高法民四终字第117号民事判决；二、维持广州海事法院（2012）广海法初字第898号民事判决。

裁 判 理 由

最高人民法院认为，本案系海难救助合同纠纷。中华人民共和国加入了《1989年国际救助公约》（以下简称救助公约），救助公约所确立的宗旨在本案中应予遵循。因投资公司是希腊公司，“加百利”轮为希腊籍油轮，本案具有涉外因素。各方当事人在诉讼中一致选择适用中华人民共和国法律，根据《中华人民共和国涉外民事关系法律适用法》第三条的规定，适用中华人民共和国法律对本案进行审理。我国海商法作为调整海上运输关系、船舶关系的特别法，应优先适用。海商法没有规定的，适用我国合同法等相关法律的规定。

海难救助是一项传统的国际海事法律制度，救助公约和我国海商法对此作了专门规定。救助公约第十二条、海商法第一百七十九条规定了“无效果无报酬”的救助报酬支付原则，救助公约第十三条、《海商法》第一百八十条及第一百八十三条在该原则基础上进一步规定了报酬的评定标准与具体承担。上述条款是对当事人基于“无效果无报酬”原则确定救助报酬的海难救助合同的具体规定。与此同时，救助公约和我国海商法均允许当事人对救助报酬的确定另行约定。因此，在救助公约和我国海商法规定的“无效果无报酬”救助合同之外，还可以依当事人的约定形成雇佣救助合同。

根据本案查明的事实，投资公司与南海救助局经过充分磋商，明确约定无论救助是否成功，投资公司均应支付报酬，且“加百利”轮脱浅作业过程中如发生任何意外，南海救助局无须负责。依据该约定，南海救助局救助报酬的获得与否和救助是否有实际效果并无直接联系，而救助报酬的计算，是以救助船舶每马力小时，以及人工投入等事先约定的固定费率和费用作为依据，与获救财产的价值并无关联。因此，本案所涉救助合同不属于救助公约和我国海商法所规定的“无效果无报酬”救助合同，而属雇佣救助合同。

关于雇佣救助合同下的报酬支付条件及标准，救助公约和我国海商法并未作具体规定。一审、二审法院依据海商法第一百八十条规定的相关因素对当事人在雇佣救助合同中约定的固定费率予以调整，属适用法律错误。本案应依据我国合同法的相关规定，对当事人的权利义务予以规范和确定。南海救助局以其与投资公司订立的合同为依据，要求投资公司全额支付约定的救助报酬并无不当。

综上所述，二审法院以一审判决确定的救助报酬数额为基数，依照海商法的规定，判令投资公司按照船舶获救价值占全部获救财产价值的比例支付救助报酬，适用法律和处理结果错误，应予纠正。一审判决适用法律错误，但鉴于一审判决对相关费率的调整是以当事人的合同约定为基础，南海救助局对此并未行使相关诉讼权利提出异议，一审判决结果可予维持。

二、沉船沉物打捞主体及其向第三方索赔权

14.30【法律】《2016 海上交通安全法》第四十条

对影响安全航行、航道整治以及有潜在爆炸危险的沉没物、漂浮物，其所有人、经营人应当在主管机关限定的时间内打捞清除。否则，主管机关有权采取措施强制打捞清除，其全部费用由沉没物、漂浮物的所有人、经营人承担。

本条规定不影响沉没物、漂浮物的所有人、经营人向第三方索赔的权利。

14.31【指导意见】《2005 纪要》第一百三十八条

强制打捞清除沉船沉物而产生的费用，由沉船沉物的所有人或者经营人承担。

三、沉船沉物打捞行政许可

14.32【法律】《2016 海上交通安全法》第四十一条

未经主管机关批准，不得擅自打捞或拆除沿海水域内的沉船沉物。

第十五章

共同海损

一、共同海损定义及除外

15.1【法律】《1992 海商法》第一百九十三条

共同海损，是指在同一海上航程中，船舶、货物和其他财产遭遇共同危险，为了共同安全，有意地合理地采取措施所直接造成的特殊牺牲、支付的特殊费用。

无论在航程中或者在航程结束后发生的船舶或者货物因迟延所造成的损失，包括船期损失和行市损失以及其他间接损失，均不得列入共同海损。

15.2【指导意见】《2004 解答》第一百三十七条

沿海内河货物运输纠纷案件中，是否应适用《海商法》规定的共同海损的规定？

答：《海商法》关于共同海损的规定，应当适用于沿海内河货物运输的法律关系。但发生共同海损纠纷的船舶仅限于《海商法》规定的船舶。

二、共同海损牺牲

15.3【法律】《1992 海商法》第一百九十八条

船舶、货物和运费的共同海损牺牲的金额，依照下列规定确定：

（一）船舶共同海损牺牲的金额，按照实际支付的修理费，减除合理的以新换旧的扣减额计算。船舶尚未修理的，按照牺牲造成的合理贬值计算，但是不得超过估计的修理费。

船舶发生实际全损或者修理费用超过修复后的船舶价值的，共同海损牺牲金额按照该船舶在完好状态下的估计价值，减除不属于共同海损损坏的估计的修理费和该船舶受损后的价值的余额计算。

（二）货物共同海损牺牲的金额，货物灭失的，按照货物在装船时的价值加保险费加运费，减除由于牺牲无需支付的运费计算。货物损坏，在就损坏程度达成协议前售出的，按照货物在装船时的价值加保险费加运费，与出售货物净得的差额计算。

（三）运费共同海损牺牲的金额，按照货物遭受牺牲造成的运费的损失金额，减除为取得这笔运费本应支付，但是由于牺牲无需支付的营运费用计算。

三、共同海损费用

15.4【法律】《1992 海商法》第一百九十四条

船舶因发生意外、牺牲或者其他特殊情况而损坏时，为了安全完成本航程，驶入避难港口、避难地点或者驶回装货港口、装货地点进行必要的修理，在该港口或者地点额外停留期间所支付的港口费，船员工资、给养，船舶所消耗的燃料、物料，为修理而卸载、储存、重装或者搬移船上货物、燃料、物料以及其他财产所造成的损失、支付的费用，应当列入共同海损。

15.5【法律】《1992 海商法》第一百九十五条

为代替可以列为共同海损的特殊费用而支付的额外费用，可以作为代替费用列入共同海损；但是，列入共同海损的代替费用的金额，不得超过被代替的共同海损的特殊费用。

四、共同海损分摊价值

15.6【法律】《1992 海商法》第一百九十九条

共同海损应当由受益方按照各自的分摊价值的比例分摊。

船舶、货物和运费的共同海损分摊价值，分别依照下列规定确定：

（一）船舶共同海损分摊价值，按照船舶在航程终止时的完好价值，减除不属于共同海损的损失金额计算，或者按照船舶在航程终止时的实际价值，加上共同海损牺牲的金额计算。

（二）货物共同海损分摊价值，按照货物在装船时的价值加保险费加运费，减除不属于共同海损的损失金额和承运人承担风险的运费计算。货物在抵达目的港以前售出的，按照出售净得金额，加上共同海损牺牲的金额计算。

旅客的行李和私人物品，不分摊共同海损。

（三）运费分摊价值，按照承运人承担风险并于航程终止时有权收取的运费，减除为取得该项运费而在共同海损事故发生后，为完成本航程所支付的营运费用，加上共同海损牺牲的金额计算。

五、共同海损牺牲和特殊费用利息和手续费

15.7【法律】《1992 海商法》第二百零一条

对共同海损特殊牺牲和垫付的共同海损特殊费用，应当计算利息。对垫付的共同海损特殊费用，除船员工资、给养和船舶消耗的燃料、物料外，应当计算手续费。

六、不得列入共同海损的货物及不当申报货物价值问题

15.8【法律】《1992 海商法》第二百条

未申报的货物或者谎报的货物，应当参加共同海损分摊；其遭受的特殊牺牲，不得列入共同海损。

不正当地以低于货物实际价值作为申报价值的，按照实际价值分摊共同海损；在发生共同海损牺牲时，按照申报价值计算牺牲金额。

七、共同海损分摊举证责任

15.9【法律】《1992 海商法》第一百九十六条

提出共同海损分摊请求的一方应当负举证责任，证明其损失应当列入共同海损。

八、航程一方过失导致共同海损分摊权和抗辩权

15.10【法律】《1992 海商法》第一百九十七条

引起共同海损特殊牺牲、特殊费用的事故，可能是由航程中一方的过失造成的，不影响该方要求分摊共同海损的权利；但是，非过失方或者过失方可以就此项过失提出赔偿请求或者进行抗辩。

九、共同海损担保

15.11【法律】《1992 海商法》第二百零二条

经利益关系人要求，各分摊方应当提供共同海损担保。

以提供保证金方式进行共同海损担保的，保证金应当交由海损理算师以保管人名义存入银行。

保证金的提供、使用或者退还，不影响各方最终的分摊责任。

十、共同海损理算及案件管辖

15.12【法律】《1992 海商法》第二百零三条

共同海损理算，适用合同约定的理算规则；合同未约定的，适用本章的规定。

15. 13【指导意见】《2017 海事审判总结》

（十）关于共同海损的有关问题

共同海损作为最古老的航海惯例为近代和现代各国的海上立法一致承认。近几年，在海事审判实践中，共同海损案件有所增多，出现共同海损理算、管辖和时效等方面的疑难问题需要研究明确。

1. 关于共同海损理算问题。依据《海事诉讼特别程序法》第八十八条之规定，当事人就共同海损纠纷可以直接向海事法院提起诉讼，法院受理案件后可以再委托理算机构理算。因此，共同海损诉讼不必以理算作为前提。共同海损理算人是具有专业资格从事海损理算业务的机构或个人。中国国际贸易促进委员会下设海损理算处，是我国唯一有资质的共同海损理算人。根据《海事诉讼特别程序法司法解释》第六十二条、第六十三条的规定，在当事人未约定或约定不明的情况下，任何当事人都有权委托理算。如果其他当事人对该理算报告无异议或者异议不成立的，人民法院可以自由裁量是否采信该报告。如果异议成立的，并非必然导致补充理算或者重新理算，还要看是否有需要，如有需要，可以补充理算或者重新理算。如果法院认为理算报告未能完全说明案件的具体情况，可要求当事人就未查清的情况补充提交证据，也可以要求原委托人通知理算人调整理算报告。当事人拒绝补充提交证据或者补充理算的，按照举证责任分配原则，由举证不能一方当事人承担相应法律后果。

2. 关于共同海损纠纷案件的管辖问题。《民事诉讼法》第三十二条规定了共同海损诉讼中确定管辖的连接点有船舶最先到达地、共同海损理算地或者航程终止地。其中，共同海损理算地，是处理共同海损损失、理算共同海损费用的工作机构所在地。

15. 14【指导意见】《2004 解答》第一百二十四条

哪些案件属于共同海损纠纷案件？

答：共同海损纠纷案件包括船方或者货主关于共同海损的确定以及共同海损分摊请求提起的诉讼。

船方或者货主向有责任的第三方提起的追偿诉讼，不属于共同海损纠纷案件。

第十六章

海事赔偿责任限制

第一节　海事赔偿责任限制适用主体、船舶、债权及其例外

一、海事赔偿责任限制适用主体及例外

16.1【法律】《1992 海商法》第二百零四条

船舶所有人、救助人，对本法第二百零七条所列海事赔偿请求，可以依照本章规定限制赔偿责任。

前款所称的船舶所有人，包括船舶承租人和船舶经营人。

16.2【法律】《1992 海商法》第二百零五条

本法第二百零七条所列海事赔偿请求，不是向船舶所有人、救助人本人提出，而是向他们对其行为、过失负有责任的人员提出的，这些人员可以依照本章规定限制赔偿责任。

16.3【法律】《1992 海商法》第二百零六条

被保险人依照本章规定可以限制赔偿责任的，对该海事赔偿请求承担责任的保险人，有权依照本章规定享受相同的赔偿责任限制。

16.4【指导意见】《2004 解答》第一百一十四条

如何确定船舶碰撞损害赔偿纠纷案件的诉讼主体?

答：船舶的经营是多样和多变的，但是船舶所有人保证船舶处于安全航行技术状态的责任是不变的，除非船舶是处于光船租船的情况下。因此，在船舶发生碰撞事故后，就碰撞事故提起的诉讼的主体包括船舶所有人或者光船承租人。

16.5【司法解释】《2010 责任限制规定》第十二条

海商法第二百零四条规定的船舶经营人是指登记的船舶经营人，或者接受船舶所有

人委托实际使用和控制船舶并应当承担船舶责任的人，但不包括无船承运业务经营者。

16.6【指导意见】《2017 海事审判总结》

（十二）关于航次承租人是否可以主张海事赔偿责任限制的问题

《海商法》赋予船舶所有人、经营人、承租人等享受海事赔偿责任限制的权利，主要是基于船舶经营面临海上风险而对其给予特殊保护。航次租船合同承租人并不拥有船舶，对船舶的营运没有控制权，也不承担船舶营运的风险，其系经营运输而并非经营船舶。将航次租船合同承租人作为享受海事赔偿责任限制的主体，与海事赔偿责任限制制度的设立目的以及发展趋势并不相符。因此，《海商法》第二百零四条规定的船舶承租人不包括航次租船合同承租人。

16.7【复函】最高人民法院关于招远市玲珑电池有限公司与烟台集洋集装箱货运有限责任公司海事赔偿责任限制申请一案请示的复函［（2002）民四他字第38号］

根据我国《海商法》和《海事诉讼特别程序法》规定，申请建立海事赔偿责任限制基金可以在诉讼中或诉讼前提出；海事赔偿责任限制属于当事人的抗辩权，申请限制海事赔偿责任，应当以海事请求人在诉讼中向责任人提出的海事请求为前提，不能构成独立的诉讼请求。

烟台集洋集装箱货运有限公司（以下简称集洋公司）虽是涉案运输合同承运人，但不是船舶经营人，不具有申请限制赔偿责任的主体资格。

二、海事赔偿责任限制适用船舶及限制和例外

16.8【指导意见】《2004 解答》第一百八十二条

哪些船舶可以适用海事赔偿责任限制的规定？

答：除军事船舶、政府公务船和未满 20 总吨的小型船艇外，海船和其他海上移动式装置属于可以享受海事赔偿责任限制的船舶；20 总吨以上不满 300 总吨从事我国港口之间货物运输或者沿海作业的船舶，属于责任限制船舶，但其责任限额根据国务院批准交通部发布的“关于不满300 总吨船舶及沿海运输、沿海作业船舶海事赔偿责任限额的规定”。

三、限制性债权

16.9【法律】《1992 海商法》第二百零七条

下列海事赔偿请求，除本法第二百零八条和第二百零九条另有规定外，无论赔偿责任的基础有何不同，责任人均可以依照本章规定限制赔偿责任：

（一）在船上发生的或者与船舶营运、救助作业直接相关的人身伤亡或者财产的灭失、损坏，包括对港口工程、港池、航道和助航设施造成的损坏，以及由此引起的相应损失的赔偿请求；

（二）海上货物运输因迟延交付或者旅客及其行李运输因迟延到达造成损失的赔偿请求；

（三）与船舶营运或者救助作业直接相关的，侵犯非合同权利的行为造成其他损失的赔偿请求；

（四）责任人以外的其他人，为避免或者减少责任人依照本章规定可以限制赔偿责任的损失而采取措施的赔偿请求，以及因此项措施造成进一步损失的赔偿请求。

前款所列赔偿请求，无论提出的方式有何不同，均可以限制赔偿责任。但是，第（四）项涉及责任人以合同约定支付的报酬，责任人的支付责任不得援用本条赔偿责任限制的规定。

16.10【司法解释】《2010 责任限制规定》第十七条

海商法第二百零七条规定的可以限制赔偿责任的海事赔偿请求不包括因沉没、遇难、搁浅或者被弃船舶的起浮、清除、拆毁或者使之无害提起的索赔，或者因船上货物的清除、拆毁或者使之无害提起的索赔。

由于船舶碰撞致使责任人遭受前款规定的索赔，责任人就因此产生的损失向对方船舶追偿时，被请求人主张依据海商法第二百零七条的规定限制赔偿责任的，人民法院应予支持。

四、非限制性债权

16.11【法律】《1992 海商法》第二百零八条

本章规定不适用于下列各项：

（一）对救助款项或者共同海损分摊的请求；

（二）中华人民共和国参加的国际油污损害民事责任公约规定的油污损害的赔偿请求；

（三）中华人民共和国参加的国际核能损害责任限制公约规定的核能损害的赔偿请求；

（四）核动力船舶造成的核能损害的赔偿请求；

（五）船舶所有人或者救助人的受雇人提出的赔偿请求，根据调整劳务合同的法律，船舶所有人或者救助人对该类赔偿请求无权限制赔偿责任，或者该项法律作了高于本章规定的赔偿限额的规定。

16.12【指导意见】《2005 纪要》第一百三十九条

就沉船沉物强制打捞清除费用提出的请求为海事赔偿请求，责任人不能依照《中华人民共和国海商法》第十一章的规定享受海事赔偿责任限制。

16.13【指导意见】《2004 解答》第一百五十二条

如何理解《海商法》规定的船舶碰撞纠纷中的限制性债权和非限制性债权？

答：《海商法》第207条规定了责任人可以依照《海商法》的规定限制赔偿责任的海事请求。其中未将沉船沉物清除的赔偿请求列为限制性债权，故此类债权应列为非限制性债权。因此，包括因船舶碰撞造成的沉没、遇难、搁浅或被弃船舶的打捞等产生的债权应当属于责任人不可以享受海事赔偿责任限制的债权。

五、海事赔偿责任限制权丧失

16.14【法律】《1992海商法》第二百零九条

经证明，引起赔偿请求的损失是由于责任人的故意或者明知可能造成损失而轻率地作为或者不作为造成的，责任人无权依照本章规定限制赔偿责任。

16.15【司法解释】《2010责任限制规定》第十八条

海商法第二百零九条规定的“责任人”是指海事事故的责任人本人。

16.16【司法解释】《2010责任限制规定》第十九条

海事请求人以发生海事事故的船舶不适航为由主张责任人无权限制赔偿责任，但不能证明引起赔偿请求的损失是由于责任人本人的故意或者明知可能造成损失而轻率地作为或者不作为造成的，人民法院不予支持。

16.17【司法解释】《2010责任限制规定》第十条

债权人提起确权诉讼时，依据海商法第二百零九条的规定主张责任人无权限制赔偿责任的，应当以书面形式提出。案件的审理不适用海事诉讼特别程序法规定的确权诉讼程序，当事人对海事法院作出的判决、裁定可以依法提起上诉。

两个以上债权人主张责任人无权限制赔偿责任的，海事法院可以将相关案件合并审理。

六、海事赔偿责任限制作为一种抗辩权不因未设立基金而丧失

16.18【复函】最高人民法院关于宁波市外海航运公司申请海事赔偿责任限制设立基金有关问题的复函（1995年12月7日）

责任人申请海事赔偿责任限制，未提供资金设立海事赔偿责任限制基金，可以采取提供充分担保的形式。宁波市外海航运公司是在诉讼过程中申请享受海事赔偿责任限制权利的，法院可以撤销令其设立海事赔偿责任限制基金的裁定。但在本案实体审理中，如果没有充分证据证明“引起赔偿请求的损失是由于责任人的故意或者明知可能造成损失而轻率地作为或者不作为造成的”，责任人有权享受海事赔偿责任限制，且这种权利不因责任人未设立责任限制基金或者提供相应的担保而丧失。

16.19【司法解释】《2010责任限制规定》第十三条

责任人未申请设立海事赔偿责任限制基金，不影响其在诉讼中对海商法第二百零七

条规定的海事请求提出海事赔偿责任限制抗辩。

16.20【司法解释】《2010 责任限制规定》第十四条

责任人未提出海事赔偿责任限制抗辩的，海事法院不应主动适用海商法关于海事赔偿责任限制的规定进行裁判。

16.21【司法解释】《2010 责任限制规定》第十五条

责任人在一审判决作出前未提出海事赔偿责任限制抗辩，在二审、再审期间提出的，人民法院不予支持。

16.22【司法解释】《2010 责任限制规定》第十六条

责任人对海商法第二百零七条规定的海事赔偿请求未提出海事赔偿责任限制抗辩，债权人依据有关生效裁判文书或者仲裁裁决书，申请执行责任人海事赔偿责任限制基金以外的财产的，人民法院应予支持，但债权人以上述文书作为债权证据申请登记债权并经海事法院裁定准予的除外。

第二节　海事赔偿责任限额

一、300 总吨以上船舶人身伤亡和非人身伤亡海事赔偿责任限额

16.23【法律】《1992 海商法》第二百一十条

除本法第二百一十一条另有规定外，海事赔偿责任限制，依照下列规定计算赔偿限额：

（一）关于人身伤亡的赔偿请求

1. 总吨位 300 吨至 500 吨的船舶，赔偿限额为 333000 计算单位；

2. 总吨位超过 500 吨的船舶，500 吨以下部分适用本项第 1 目的规定，500 吨以上的部分，应当增加下列数额：

501 吨至 3000 吨的部分，每吨增加 500 计算单位；

3001 吨至 30000 吨的部分，每吨增加 333 计算单位；

30001 吨至 70000 吨的部分，每吨增加 250 计算单位；

超过 70000 吨的部分，每吨增加 167 计算单位。

（二）关于非人身伤亡的赔偿请求

1. 总吨位 300 吨至 500 吨的船舶，赔偿限额为 167000 计算单位；

2. 总吨位超过 500 吨的船舶，500 吨以下部分适用本项第 1 目的规定，500 吨以上的部分，应当增加下列数额：

501 吨至 30000 吨的部分，每吨增加 167 计算单位；

30001 吨至 70000 吨的部分，每吨增加 125 计算单位；

超过 70000 吨的部分，每吨增加 83 计算单位。

（三）依照第（一）项规定的限额，不足以支付全部人身伤亡的赔偿请求的，其差额应当与非人身伤亡的赔偿请求并列，从第（二）项数额中按照比例受偿。

（四）在不影响第（三）项关于人身伤亡赔偿请求的情况下，就港口工程、港池、航道和助航设施的损害提出的赔偿请求，应当较第（二）项中的其他赔偿请求优先受偿。

（五）不以船舶进行救助作业或者在被救船舶上进行救助作业的救助人，其责任限额按照总吨位为 1500 吨的船舶计算。

总吨位不满 300 吨的船舶，从事中华人民共和国港口之间的运输的船舶，以及从事沿海作业的船舶，其赔偿限额由国务院交通主管部门制定，报国务院批准后施行。

二、海上旅客运输人身伤亡赔偿责任限额

16.24【法律】《1992 海商法》第二百一十一条

海上旅客运输的旅客人身伤亡赔偿责任限制，按照 46666 计算单位乘以船舶证书规定的载客定额计算赔偿限额，但是最高不超过 25000000 计算单位。

中华人民共和国港口之间海上旅客运输的旅客人身伤亡，赔偿限额由国务院交通主管部门制定，报国务院批准后施行。

三、20 总吨以上不满 300 总吨船舶及沿海运输、沿海作业船舶海事赔偿责任限额

16.25【行政法规】《1993 海事赔偿责任限额规定》第一条

交通部关于不满 300 总吨船舶及沿海运输、沿海作业船舶海事赔偿限额的规定（1993 年 11 月 15 日交通部发布）

根据《中华人民共和国海商法》第二百一十条规定，制定本规定。

16.26【行政法规】《1993 海事赔偿责任限额规定》第二条

本规定适用于超过 20 总吨、不满 300 总吨的船舶及 300 总吨以上从事中华人民共和国港口之间货物运输或者沿海作业的船舶。

16.27【行政法规】《1993 海事赔偿责任限额规定》第三条

除本规定第四条另有规定外，不满 300 总吨船舶的海事赔偿责任限制，依照下列规定计算赔偿限额：

（一）关于人身伤亡的赔偿请求：

1. 超过 20 总吨、21 总吨以下的船舶，赔偿限额为 54000 计算单位；

2. 超过 21 总吨的船舶，超过部分每吨增加 1000 计算单位。

（二）关于非人身伤亡的赔偿请求：

1. 超过 20 总吨、21 总吨以下的船舶，赔偿限额为 27500 计算单位；

2. 超过 21 总吨的船舶，超过部分每吨增加 500 计算单位。

16.28【行政法规】《1993 海事赔偿责任限额规定》第四条

从事中华人民共和国港口之间货物运输或者沿海作业的船舶，不满 300 总吨的，其海事赔偿限额依照本规定第三条规定的赔偿限额的 50% 计算；300 总吨以上的，其海事赔偿限额依照《中华人民共和国海商法》第二百一十条第一款规定的赔偿限额的 50% 计算。

16.29【行政法规】《1993 海事赔偿责任限额规定》第五条

同一事故中的当事船舶的海事赔偿限额，有适用《中华人民共和国海商法》第二百一十条或者本规定第三条规定的，其他当事船舶的海事赔偿限额应当同样适用。

四、如何理解“从事中华人民共和国港口之间的运输的船舶”

16.30【指导案例 16 号】中海发展股份有限公司货轮公司申请设立海事赔偿责任限制基金案

裁判要点

1. 对于申请设立海事赔偿责任限制基金的，法院仅就申请人主体资格、事故所涉及的债权性质和申请设立基金的数额进行程序性审查。有关申请人实体上应否享有海事赔偿责任限制，以及事故所涉债权除限制性债权外是否同时存在其他非限制性债权等问题，不影响法院依法作出准予设立海事赔偿责任限制基金的裁定。

2. 《中华人民共和国海商法》第二百一十条第二款规定的“从事中华人民共和国港口之间的运输的船舶”，应理解为发生海事事故航次正在从事中华人民共和国港口之间运输的船舶。

相关法条

1. 《中华人民共和国海事诉讼特别程序法》第一百零六条第二款

2. 《中华人民共和国海商法》第二百一十条第二款

基本案情

中海发展股份有限公司货轮公司（以下简称货轮公司）所属的“宁安 11”轮，于 2008 年 5 月 23 日从秦皇岛运载电煤前往上海外高桥码头，5 月 26 日在靠泊码头过程中触碰码头的 2 号卸船机，造成码头和机器受损。货轮公司遂于 2009 年 3 月 9 日向上海海事法院申请设立海事赔偿责任限制基金。货轮公司申请设立非人身伤亡海事赔偿责任限制基金，数额为 2,242,643 元计算单位（折合人民币 25,442,784.84 元）和自事故发生之日起至基金设立之日止的利息。

上海外高桥发电有限责任公司、上海外高桥第二发电有限责任公司作为第一异议人，中国人民财产保险股份有限公司上海市分公司、中国大地财产保险股份有限公司上海分公司、中国平安财产保险股份有限公司上海分公司、安诚财产保险股份有限公司上海分公司、中国太平洋财产保险股份有限公司上海分公司、中国大地财产保险股份有限公司营业部、永诚财产保险股份有限公司上海分公司等7位异议人作为第二异议人，分别针对货轮公司的上述申请，向上海海事法院提出了书面异议。上海海事法院于2009年5月27日就此项申请和异议召开了听证会。

第一异议人称："宁安11"轮系因船长的错误操作行为导致了事故发生，应对本次事故负全部责任，故申请人无权享受海事赔偿责任限制。"宁安11"轮是一艘可以从事国际远洋运输的船舶，不属于从事中国港口之间货物运输的船舶，不适用交通部《关于不满300总吨船舶及沿海运输、沿海作业船舶海事赔偿限额的规定》（以下简称《船舶赔偿限额规定》）第四条规定的限额，而应适用《中华人民共和国海商法》（以下简称《海商法》）第二百一十条第一款第（二）项规定的限额。

第二异议人称：事故所涉及的债权性质虽然大部分属于限制性债权，但其中清理残骸费用应当属于非限制性债权，申请人无权就此项费用申请限制赔偿责任。其他异议意见和理由同第一异议人。

上海海事法院经审理查明：申请人系"宁安11"轮登记的船舶所有人。涉案船舶触碰事故所造成的码头和机器损坏，属于与船舶营运直接相关的财产损失。另外，"宁安11"轮总吨位为26,358吨，营业运输证载明的核定经营范围为"国内沿海及长江中下游各港间普通货物运输"。

裁判结果

上海海事法院于2009年6月10日作出（2009）沪海法限字第1号民事裁定，驳回异议人的异议，准许申请人设立海事赔偿责任限制基金，基金数额为人民币25,442,784.84元和该款自2008年5月26日起至基金设立之日止的银行利息。宣判后，异议人中国人民财产保险股份有限公司上海市分公司提出上诉。上海市高级人民法院于2009年7月27日作出（2009）沪高民四（海）限字第1号民事裁定，驳回上诉，维持原裁定。

裁判理由

法院生效裁判认为：根据《最高人民法院关于适用〈中华人民共和国海事诉讼特别程序法〉若干问题的解释》第八十三条的规定，申请设立海事赔偿责任限制基金，应当对申请人的主体资格、事故所涉及的债权性质和申请设立基金的数额进行审查。

货轮公司是"宁安11"轮的船舶登记所有人，属于《海商法》第二百零四条和《海事诉讼特别程序法》第一百零一条第一款规定的可以申请设立海事赔偿责任限制基金的主体。异议人提出的申请人所属船舶应当对事故负全责，其无权享受责任限制的意见，因涉及对申请人是否享有赔偿责任限制实体权利的判定，而该问题应在案件的实体审理中解决，故对第一异议人的该异议不作处理。

鉴于涉案船舶触碰事故所造成的码头和机器损坏，属于与船舶营运直接相关的财产损失，依据《海商法》第二百零七条的规定，责任人可以限制赔偿责任。因此，第二异议人提出的清理残骸费用属于非限制性债权，申请人无权享有该项赔偿责任限制的意见，不影响法院准予申请人就所涉限制性债权事项提出的设立海事赔偿责任限制基金申请。

关于“宁安 11”轮是否属于《海商法》第二百一十条第二款规定的“从事中华人民共和国港口之间的运输的船舶”，进而应按照何种标准计算赔偿限额的问题。鉴于“宁安 11”轮营业运输证载明的核定经营范围为“国内沿海及长江中下游各港间普通货物运输”，涉案事故发生时其所从事的也正是从秦皇岛港至上海港航次的运营。因此，该船舶应认定为“从事中华人民共和国港口之间的运输的船舶”，而不宜以船舶适航证书上记载的船舶可航区域或者船舶有能力航行的区域来确定。为此，异议人提出的“宁安 11”轮所准予航行的区域为近海，是一艘可以从事国际远洋运输船舶的意见不予采纳。申请人据此申请适用《海商法》第二百一十条第二款和《船舶赔偿限额规定》第四条规定的标准计算涉案限制基金的数额并无不当。异议人有关适用《海商法》第二百一十条第一款第（二）项规定计算涉案基金数额的主张及理由，依据不足，不予采纳。

鉴于事故发生之日国际货币基金组织未公布特别提款权与人民币之间的换算比率，申请人根据次日公布的比率 1∶11.345 计算，异议人并无异议，涉案船舶的总吨位为 26,358 吨，因此，涉案海事赔偿责任限额为［（26358－500）×167＋167000］×50%＝2,242,643 特别提款权，折合人民币 25,442,784.84 元，基金数额应为人民币 25,442,784.84 元和该款自事故发生之日起至基金设立之日止按中国人民银行同期活期存款利率计算的利息。

五、相互请求海事赔偿责任限制“先抵消后限制”原则

16.31【法律】《1992 海商法》第二百一十五条

享受本章规定的责任限制的人，就同一事故向请求人提出反请求的，双方的请求金额应当相互抵消，本章规定的赔偿限额仅适用于两个请求金额之间的差额。

六、“一次事故，一个限额；多次事故，多个限额”原则

16.32【法律】《1992 海商法》第二百一十二条

本法第二百一十条和第二百一十一条规定的赔偿限额，适用于特定场合发生的事故引起的，向船舶所有人、救助人本人和他们对其行为、过失负有责任的人员提出的请求

的总额。

16.33【指导意见】《2004 解答》第一百八十一条

如何理解《海商法》第 212 条规定的"特定场合发生的事故"?

答:《海商法》第 212 条规定的"特定场合发生的事故"是指在特定的时间和特定的地点因同一原因而发生的事故。同一航次中,基于不同的原因而发生的或者相互之间没有因果关系的数个事故,即使时间上相隔很短,也属于两个特定场合发生的事故,责任人须承担相当于两个责任限额的赔偿责任。

16.34【指导案例 112 号】阿斯特克有限公司申请设立海事赔偿责任限制基金案

裁判要点

《海商法》第 212 条确立海事赔偿责任限制实行"一次事故,一个限额,多次事故,多个限额"的原则。判断一次事故还是多次事故的关键是分析事故之间是否因同一原因所致。如果因同一原因发生多个事故,且原因链没有中断的,应认定为一次事故。如果原因链中断并再次发生事故,则应认定为形成新的独立事故。

相关法条

《中华人民共和国海商法》第二百一十二条

基本案情

阿斯特克有限公司向天津海事法院提出申请称,其所属的"艾侬"轮收到养殖损害索赔请求。对于该次事故所造成的非人身伤亡损失,阿斯特克有限公司作为该轮的船舶所有人申请设立海事赔偿责任限制基金,责任限额为 422,510 特别提款权及该款项自 2014 年 6 月 5 日起至基金设立之日止的利息。

众多养殖户作为利害关系人提出异议,认为阿斯特克有限公司应当分别设立限制基金,而不能就整个航次设立一个限制基金。

法院查明:涉案船舶韩国籍"艾侬"轮的所有人为阿斯特克有限公司,船舶总吨位为 2030 吨。2014 年 6 月 5 日,"艾侬"轮自秦皇岛开往天津港装货途中,在河北省昌黎县、乐亭县海域驶入养殖区域,造成了相关养殖户的养殖损失。

另查明,"艾侬"轮在本案损害事故发生时使用英版 1249 号海图,该海图已标明本案损害事故发生的海域设置了养殖区,并划定了养殖区范围。涉案船舶为执行涉案航次所预先设定的航线穿越该养殖区。

再查明,郭金武与刘海忠的养殖区相距约 500 米左右,涉案船舶航行时间约 2 分钟;刘海忠与李卫国等人的养殖区相距约 9000 米左右,涉案船舶航行时间约 30 分钟。

裁判结果

天津海事法院于 2014 年 11 月 10 日作出(2014)津海法限字第 1 号民事裁定:

一、准许阿斯特克有限公司提出的设立海事赔偿责任限制基金的申请。二、海事赔偿责任限制基金数额为422,510特别提款权及利息（利息自2014年6月5日起至基金设立之日止，按中国人民银行确定的金融机构同期一年期贷款基准利率计算）。三、阿斯特克有限公司应在裁定生效之日起三日内以人民币或法院认可的担保设立海事赔偿责任限制基金（基金的人民币数额按本裁定生效之日的特别提款权对人民币的换算办法计算）。逾期不设立基金的，按自动撤回申请处理。郭金武、刘海忠不服一审裁定，向天津市高级人民法院提起上诉。天津市高级人民法院于2015年1月19日作出（2015）津高民四终字第10号民事裁定：驳回上诉，维持原裁定。郭金武、刘海忠、李卫国、赵来军、齐永平、李建永、齐秀奎不服二审裁定，申请再审。最高人民法院于2015年8月10日作出（2015）民申字第853号民事裁定，提审本案，并于2015年9月29日作出（2015）民提字第151号民事裁定：一、撤销天津市高级人民法院（2015）津高民四终字第10号民事裁定。二、撤销天津海事法院（2014）津海法限字第1号民事裁定。三、驳回阿斯特克有限公司提出的设立海事赔偿责任限制基金的申请。

裁判理由

最高人民法院认为，《海商法》第212条确立海事赔偿责任限制实行事故原则，即“一次事故，一个限额；多次事故，多个限额”。判断一次还是多次事故的关键是分析两次事故之间是否因同一原因所致。如果因同一原因发生多个事故，但原因链没有中断，则应认定为一个事故。如果原因链中断，有新的原因介入，则新的原因与新的事故构成新的因果关系，形成新的独立事故。就本案而言，涉案“艾依”轮所使用的英版海图明确标注了养殖区范围，但船员却将航线设定到养殖区，本身存在重大过错。涉案船舶在预知所经临的海域可能存在大面积养殖区的情形下，应加强瞭望义务，保证航行安全，避免冲撞养殖区造成损失。根据涉案船舶航行轨迹，涉案船舶实际驶入了郭金武经营的养殖区。鉴于损害事故发生于中午时分，并无夜间的视觉障碍，如船员谨慎履行瞭望和驾驶义务，应能注意到海面上悬挂养殖物浮球的存在。在昌黎县海洋局出具证据证明郭金武遭受实际损害的情形下，可以推定船员未履行谨慎瞭望义务，导致第一次侵权行为发生。依据航行轨迹，船舶随后进入刘海忠的养殖区，由于郭金武与刘海忠的养殖区毗邻，相距约500米，基于船舶运动的惯性及船舶驾驶规律，涉案船舶在当时情形下无法采取合理措施避让刘海忠的养殖区，致使第二次侵权行为发生。从原因上分析，两次损害行为均因船舶驶入郭金武养殖区之前，船员疏于瞭望的过失所致，属同一原因，且原因链并未中断，故应将两次侵权行为认定为一次事故。船舶驶离刘海忠的养殖区进入开阔海域，航行约9000米，时长约半小时后进入李卫国等人的养殖区再次造成损害事故。在进入李卫国等人的养殖区之前，船员应有较为充裕的时间调整驾驶疏忽的心理状态，且在预知航行前方还有养殖区存在的情形下，更应加强瞭望义务，避免再次造成损害。

涉案船舶显然未尽到谨慎驾驶的义务，致使第二次损害事故的发生。两次事故之间无论从时间关系还是从主观状态均无关联性，第二次事故的发生并非第一次事故自然延续所致，两次事故之间并无因果关系。阿斯特克有限公司主张在整个事故发生过程中船员错误驶入的心理状态没有变化，原因链没有中断的理由不能成立。虽然两次事故的发生均因“同一性质的原因”，即船员疏忽驾驶所致，但并非基于“同一原因”，引起两次事故。依据“一次事故，一次限额”的原则，涉案船舶应分别针对两次事故设立不同的责任限制基金。一审、二审法院未能全面考察养殖区的位置、两次事故之间的因果关系及当事人的主观状态，作出涉案船舶仅造成一次事故，允许涉案船舶设立一个基金的认定错误，依法应予纠正。

第三节　海事赔偿责任限制基金与其他财产保全

一、海事赔偿责任限制基金本息及币种

16.35【法律】《1992 海商法》第二百一十三条

责任人要求依照本法规定限制赔偿责任的，可以在有管辖权的法院设立责任限制基金。基金数额分别为本法第二百一十条、第二百一十一条规定的限额，加上自责任产生之日起至基金设立之日止的相应利息。

16.36【司法解释】《2010 责任限制规定》第二十条

海事赔偿责任限制基金应当以人民币设立，其数额按法院准予设立基金的裁定生效之日的特别提款权对人民币的换算办法计算。

16.37【司法解释】《2010 责任限制规定》第二十一条

海商法第二百一十三条规定的利息，自海事事故发生之日起至基金设立之日止，按中国人民银行确定的金融机构同期一年期贷款基准利率计算。

以担保方式设立海事赔偿责任限制基金的，基金设立期间的利息按中国人民银行确定的金融机构同期一年期贷款基准利率计算。

二、海事责任限制基金设立后，是否应解除其他船舶扣押或财产保全

16.38【法律】《1992 海商法》第二百一十四条

责任人设立责任限制基金后，向责任人提出请求的任何人，不得对责任人的任何财产行使任何权利；已设立责任限制基金的责任人的船舶或者其他财产已经被扣押，或者基金设立人已经提交抵押物的，法院应当及时下令释放或者责令退还。

16.39【司法解释】《2010 责任限制规定》第九条

海事赔偿责任限制基金设立后，海事请求人就同一海事事故产生的属于海商法第二

百零七条规定的可以限制赔偿责任的海事赔偿请求，以行使船舶优先权为由申请扣押船舶的，人民法院不予支持。

16.40【司法解释】《2010 责任限制规定》第八条

海事赔偿责任限制基金设立后，海事请求人基于责任人依法不能援引海事赔偿责任限制抗辩的海事赔偿请求，可以对责任人的财产申请保全。

第十七章

海上保险合同

第一节　海上保险合同定义和主要内容及其适用法

一、海上保险合同适用法

17.1【司法解释】《2007 海上保险规定》第一条

审理海上保险合同纠纷案件，适用海商法的规定；海商法没有规定的，适用保险法的有关规定；海商法、保险法均没有规定的，适用合同法等其他相关法律的规定。

17.2【司法解释】《2007 海上保险规定》第二条

审理非因海上事故引起的港口设施或者码头作为保险标的的保险合同纠纷案件，适用保险法等法律的规定。

17.3【司法解释】《2007 海上保险规定》第三条

审理保险人因发生船舶触碰港口设施或者码头等保险事故，行使代位请求赔偿权利向造成保险事故的第三人追偿的案件，适用海商法的规定。

二、海上保险合同定义

17.4【法律】《1992 海商法》第二百一十六条

海上保险合同，是指保险人按照约定，对被保险人遭受保险事故造成保险标的的损失和产生的责任负责赔偿，而由被保险人支付保险费的合同。

前款所称保险事故，是指保险人与被保险人约定的任何海上事故，包括与海上航行有关的发生于内河或者陆上的事故。

三、海上保险合同主要内容

17.5【法律】《1992 海商法》第二百一十七条

海上保险合同的内容，主要包括下列各项：

（一）保险人名称；

（二）被保险人名称；

（三）保险标的；

（四）保险价值；

（五）保险金额；

（六）保险责任和除外责任；

（七）保险期间；

（八）保险费。

四、保险标的

17.6【法律】《1992 海商法》第二百一十八条

下列各项可以作为保险标的：

（一）船舶；

（二）货物；

（三）船舶营运收入，包括运费、租金、旅客票款；

（四）货物预期利润；

（五）船员工资和其他报酬；

（六）对第三人的责任；

（七）由于发生保险事故可能受到损失的其他财产和产生的责任、费用。

保险人可以将对前款保险标的的保险进行再保险。除合同另有约定外，原被保险人不得享有再保险的利益。

五、保险利益

17.7【指导意见】《2004 解答》第一百五十七条

如何界定海上保险利益？

答：海上保险利益是指投保人对保险标的具有的法律上承认的利益，即被保险人对保险标的具有法律上的经济利害关系。船舶所有人、船舶抵押权人、船舶保险人，货物的买方、卖方、承运人、货物保险人和提单质权人等均可以作为具有保险利益的人。

17.8【指导意见】《2005 纪要》第一百二十三条

订立保险合同时被保险人对保险标的不具有保险利益但发生保险事故时被保险人对

保险标的具有保险利益的，保险人应当对被保险人承担保险赔偿责任；订立保险合同时被保险人对保险标的具有保险利益但保险事故发生时不具有保险利益的，保险人对被保险人不承担保险赔偿责任。

六、保险价值

17.9【法律】《1992 海商法》第二百一十九条

保险标的的保险价值由保险人与被保险人约定。

保险人与被保险人未约定保险价值的，保险价值依照下列规定计算：

（一）船舶的保险价值，是保险责任开始时船舶的价值，包括船壳、机器、设备的价值，以及船上燃料、物料、索具、给养、淡水的价值和保险费的总和；

（二）货物的保险价值，是保险责任开始时货物在起运地的发票价格或者非贸易商品在起运地的实际价值以及运费和保险费的总和；

（三）运费的保险价值，是保险责任开始时承运人应收运费总额和保险费的总和；

（四）其他保险标的的保险价值，是保险责任开始时保险标的的实际价值和保险费的总和。

七、保险金额

17.10【法律】《1992 海商法》第二百二十条

保险金额由保险人与被保险人约定。保险金额不得超过保险价值；超过保险价值的，超过部分无效。

八、预约保险合同

17.11【法律】《1992 海商法》第二百三十一条

被保险人在一定期间分批装运或者接受货物的，可以与保险人订立预约保险合同。预约保险合同应当由保险人签发预约保险单证加以确认。

17.12【法律】《1992 海商法》第二百三十二条

应被保险人要求，保险人应当对依据预约保险合同分批装运的货物分别签发保险单证。

保险人分别签发的保险单证的内容与预约保险单证的内容不一致的，以分别签发的保险单证为准。

17.13【法律】《1992 海商法》第二百三十三条

被保险人知道经预约保险合同保险的货物已经装运或者到达的情况时，应当立即通知保险人。通知的内容包括装运货物的船名、航线、货物价值和保险金额。

17.14【指导意见】《2004解答》第一百六十二条

如何认定预约保险合同中保险人和被保险人的权利义务?

答：根据《海商法》的规定，分别签发的保险单证的内容与预约保险单证的内容不一致的，以分别签发的保险单证为准。被保险人已经知道经预约保险合同保险的货物发生保险事故的，应当立即通知保险人。保险人未得到通知而签发了保险单证的，保险人可以免除保险赔偿责任。

17.15【指导意见】《2005纪要》第一百二十二条

被保险人已经知道依据预约保险合同分批装运的货物发生保险事故仍以正常情况通知保险人签发保险单证的，保险人可以免除保险赔偿责任。合同另有约定的除外。

17.16【复函】最高人民法院关于长春大成玉米开发公司与中国人民保险公司吉林省分公司海上保险合同纠纷一案的请示的复函［（2001）民四他字第25号］

本案中预约保险合同是当事人就长期货物运输保险达成的一种协议。投保人长春大成玉米开发有限公司（以下简称大成公司）依据该协议向中国人民保险公司吉林省分公司（以下简称保险公司）投保，保险公司在协议约定的期限内不得拒绝投保人大成公司的投保，投保人大成公司也要在协议约定的期限内将其出运的货物全部在保险公司投保，这应是预约保险合同的对等义务，但预约保险合同不具备我国《海商法》第二百一十七条规定的海上保险合同的全部内容，故其不能直接产生保险合同义务，大成公司不能据此向保险公司主张保险权益。

本案中，大成公司向保险公司投保时，已经知道四份保险单项下货物全部随船沉没，货损事故已经发生。同意你院审判委员会多数人意见，根据我国《海商法》第二百二十四条的规定，保险公司不应承担保险赔偿责任。

九、重复保险

17.17【法律】《1992海商法》第二百二十五条

被保险人对同一保险标的就同一保险事故向几个保险人重复订立合同，而使该保险标的的保险金额总和超过保险标的的价值的，除合同另有约定外，被保险人可以向任何保险人提出赔偿请求。被保险人获得的赔偿金额总和不得超过保险标的的受损价值。各保险人按照其承保的保险金额同保险金额总和的比例承担赔偿责任。任何一个保险人支付的赔偿金额超过其应当承担的赔偿责任的，有权向未按照其应当承担的赔偿责任支付赔偿金额的保险人追偿。

十、海上互助保险法律性质及其适用法

17.18【复函】最高人民法院关于中国船东互保协会与南京宏油船务有限公司海上保险合同纠纷上诉一案有关适用法律问题的请示的复函［（2003）民四他字第34号］

中国船东互保协会不属于我国《保险法》规定的商业保险公司。中国船东互保协会

与会员之间签订的保险合同不属于商业保险，不适用我国《保险法》规定，应当适用我国《合同法》等有关法律的规定。

中国船东互保协会2000保险条款第七条通则第一款第（六）项约定的保证义务，是承保范围的前提条件，不属于免责条款。上述约定符合我国《合同法》规定，属于协会会员必须遵守的我国法律规定的关于船舶和船员安全管理方面的强制性义务，应当认定其效力。

南京宏油船务有限公司违反了我国《海上交通安全法》、《船舶最低安全配员规则》、《油船安全生产管理规则》等有关规定，对“隆伯6”轮触礁沉没事故造成的损失应当承担责任。中国船东互保协会已经垫付了本应由南京宏油船务有限公司支付的清污打捞费用，南京宏油船务有限公司应当向中国船东互保协会返还该笔费用及相应利息。

第二节　海上保险合同订立、解除和转让

一、海上保险合同成立

17.19【法律】《1992海商法》第二百二十一条

被保险人提出保险要求，经保险人同意承保，并就海上保险合同的条款达成协议后，合同成立。保险人应当及时向被保险人签发保险单或者其他保险单证，并在保险单或者其他保险单证中载明当事人双方约定的合同内容。

二、海上保险合同订立前如实告知义务

17.20【法律】《1992海商法》第二百二十二条

合同订立前，被保险人应当将其知道的或者在通常业务中应当知道的有关影响保险人据以确定保险费率或者确定是否同意承保的重要情况，如实告知保险人。

保险人知道或者在通常业务中应当知道的情况，保险人没有询问的，被保险人无需告知。

17.21【司法解释】《2007海上保险规定》第四条

保险人知道被保险人未如实告知海商法第二百二十二条第一款规定的重要情况，仍收取保险费或者支付保险赔偿，保险人又以被保险人未如实告知重要情况为由请求解除合同的，人民法院不予支持。

17.22【法律】《1992海商法》第二百二十三条

由于被保险人的故意，未将本法第二百二十二条第一款规定的重要情况如实告知保险人的，保险人有权解除合同，并不退还保险费。合同解除前发生保险事故造成损失

的，保险人不负赔偿责任。

不是由于被保险人的故意，未将本法第二百二十二条第一款规定的重要情况如实告知保险人的，保险人有权解除合同或者要求相应增加保险费。保险人解除合同的，对于合同解除前发生保险事故造成的损失，保险人应当负赔偿责任；但是，未告知或者错误告知的重要情况对保险事故的发生有影响的除外。

17.23【指导意见】《2004 解答》第一百五十八条

保险合同中当事人具有何种告知义务？当事人未尽告知义务的法律后果是什么？

答：海上保险中被保险人应当将在保险合同订立前可能影响一个谨慎的保险人据以确定保险费率或者确定是否承保的重要情况告知保险人；

由于被保险人的故意，未将重要情况如实告知保险人的，保险人有权解除合同，并不退还保险费。合同解除前发生保险事故造成损失的，保险人不负赔偿责任；不是由于被保险人的故意，未履行告知义务的，保险人有权解除合同或者要求相应增加保险费。保险人解除合同的，对于合同解除前发生保险事故造成的损失，保险人应当负赔偿责任；但是，未告知或者错误告知的重要情况对保险事故的发生有影响的除外。

海上保险的保险人有义务将保险单中免除其责任的条款特别告知投保人。未尽此项义务的，保险单中的免责条款不具有法律效力；保险人在其向被保险人提供的保险单中声明的保险条款和免除责任条款，一经投保人签字确认，视为保险人履行特别告知义务。

17.24【指导意见】《2005 纪要》第一百一十七条

保险人知道或者应当知道被保险人故意不履行《中华人民共和国海商法》第二百二十二条第一款规定的如实告知义务，仍继续收取保险费或者支付保险赔款的，不得再以被保险人未如实告知重要情况为由行使《中华人民共和国海商法》第二百二十三条规定的解除合同的权利。

17.25【法律】《1992 海商法》第二百二十四条

订立合同时，被保险人已经知道或者应当知道保险标的已经因发生保险事故而遭受损失的，保险人不负赔偿责任，但是有权收取保险费；保险人已经知道或者应当知道保险标的已经不可能因发生保险事故而遭受损失的，被保险人有权收回已经支付的保险费。

17.26【指导意见】《2004 解答》第一百六十三条

在订立保险合同时，保险人和被保险人均不知道保险标的已经发生保险事故而遭受损失，或者已经不可能发生保险事故而遭受损失的，是否影响保险合同的效力？

答：在订立海上货物运输保险合同时，保险人和被保险人均不知道保险标的已经发生保险事故而遭受损失或者已经不可能发生保险事故而遭受损失的，不影响保险合同的效力。

17.27【司法解释】《2007海上保险规定》第十条

保险人与被保险人在订立保险合同时均不知道保险标的已经发生保险事故而遭受损失，或者保险标的已经不可能因发生保险事故而遭受损失的，不影响保险合同的效力。

三、海上保险合同解除

17.28【法律】《1992海商法》第二百二十六条

保险责任开始前，被保险人可以要求解除合同，但是应当向保险人支付手续费，保险人应当退还保险费。

17.29【法律】《1992海商法》第二百二十七条

除合同另有约定外，保险责任开始后，被保险人和保险人均不得解除合同。

根据合同约定在保险责任开始后可以解除合同的，被保险人要求解除合同，保险人有权收取自保险责任开始之日起至合同解除之日止的保险费，剩余部分予以退还；保险人要求解除合同，应当将自合同解除之日起至保险期间届满之日止的保险费退还被保险人。

17.30【法律】《1992海商法》第二百二十八条

虽有本法第二百二十七条规定，货物运输和船舶的航次保险，保险责任开始后，被保险人不得要求解除合同。

四、保险责任期间开始

17.31【指导意见】《2004解答》第一百六十一条

倒签保险凭证的情况下，保险责任期间自何时开始？

答：倒签保险凭证的情况下，保险人的责任自保单上显示的时间开始起算。保险人与被保险人之间对责任起止时间有特别约定的，从其约定。

五、海上保险合同转让

17.32【指导意见】《1992海商法》第二百二十九条

海上货物运输保险合同可以由被保险人背书或者以其他方式转让，合同的权利、义务随之转移。合同转让时尚未支付保险费的，被保险人和合同受让人负连带支付责任。

六、船舶转让对船舶保险合同影响

17.33【法律】《1992海商法》第二百三十条

因船舶转让而转让船舶保险合同的，应当取得保险人同意。未经保险人同意，船舶保险合同从船舶转让时起解除；船舶转让发生在航次之中的，船舶保险合同至航次终了时解除。

合同解除后，保险人应当将自合同解除之日起至保险期间届满之日止的保险费退还被保险人。

17.34【指导意见】《2004 解答》第一百六十四条

船舶转让对保险合同有哪些影响？

答：因船舶转让而转让船舶保险合同的，应当取得保险人同意。未经保险人同意，船舶保险合同从船舶转让时起解除；

船舶转让发生在航次之中的，船舶保险合同至航次终了时解除。自船舶转让时起至航次终了时止的船舶保险合同的权利、义务转让给船舶受让人。

17.35【指导意见】《2005 纪要》第一百二十一条

船舶转让发生在航次之中的，船舶保险合同至航次终了时解除。船舶转让时起至航次终了时止的船舶保险合同的权利、义务转让给船舶受让人。

船舶受让人根据前款规定向保险人请求保险赔偿时，应当提交有效的保险单证。

17.36【司法解释】《2007 海上保险规定》第九条

在航次之中发生船舶转让的，未经保险人同意转让的船舶保险合同至航次终了时解除。船舶转让时起至航次终了时止的船舶保险合同的权利、义务由船舶出让人享有、承担，也可以由船舶受让人继受。

船舶受让人根据前款规定向保险人请求赔偿时，应当提交有效的保险单证及船舶转让合同的证明。

第三节　被保险人义务

一、被保险人支付保险费义务

17.37【法律】《1992 海商法》第二百三十四条

除合同另有约定外，被保险人应当在合同订立后立即支付保险费；被保险人支付保险费前，保险人可以拒绝签发保险单证。

17.38【司法解释】《2007 海上保险规定》第五条

被保险人未按照海商法第二百三十四条的规定向保险人支付约定的保险费的，保险责任开始前，保险人有权解除保险合同，但保险人已经签发保险单证的除外；保险责任开始后，保险人以被保险人未支付保险费请求解除合同的，人民法院不予支持。

二、被保险人违反保证条款之后果

17.39【法律】《1992 海商法》第二百三十五条

被保险人违反合同约定的保证条款时，应当立即书面通知保险人。保险人收到通知后，可以解除合同，也可以要求修改承保条件、增加保险费。

17.40【指导意见】《2005 纪要》第一百一十八条

被保险人违反合同约定的保证条款但未立即书面通知保险人的，从违反保证条款之日起，保险人有权解除合同，但对于被保险人违反保证条款之前发生的保险事故造成的损失，保险人应负赔偿责任。合同解除前被保险人尚未支付保险费的，保险人有权按照比例收取合同解除前的保险费。保险人已经全部收取保险费的，不予退还。

17.41【指导意见】《2005 纪要》第一百一十九条

保险人收到被保险人违反合同约定的保证条款通知后，仍收取保险费或者支付保险赔偿的，不得再以被保险人违反合同约定的保证条款为由，行使《中华人民共和国海商法》第二百三十五条规定的解除合同的权利。

保险人根据《中华人民共和国海商法》第二百三十五条的规定要求修改承保条件、增加保险费，被保险人不同意的，保险人可以以书面形式解除合同。

17.42【司法解释】《2006 海上保险规定》第六条

保险人以被保险人违反合同约定的保证条款未立即书面通知保险人为由，要求从违反保证条款之日起解除保险合同的，人民法院应予支持。

17.43【司法解释】《2007 海上保险规定》第七条

保险人收到被保险人违反合同约定的保证条款书面通知后仍支付保险赔偿，又以被保险人违反合同约定的保证条款为由请求解除合同的，人民法院不予支持。

17.44【司法解释】《2007 海上保险规定》第八条

保险人收到被保险人违反合同约定的保证条款的书面通知后，就修改承保条件、增加保险费等事项与被保险人协商未能达成一致的，保险合同于违反保证条款之日解除。

三、被保险人船舶适航义务

17.45【指导意见】《2005 纪要》第一百二十条

船舶航次保险中，保险船舶应保证开航时适航。被保险人违反此项规定的，从违反之日起，保险人不负赔偿责任。

在船舶定期保险中，被保险人明知船舶不适航而同意开航的，保险人对此种不适航造成的损失，不负赔偿责任。

四、发生保险事故后，被保险人通知义务及防止或者减少损失义务

17.46【法律】《1992 海商法》第二百三十六条

一旦保险事故发生，被保险人应当立即通知保险人，并采取必要的合理措施，防止或者减少损失。被保险人收到保险人发出的有关采取防止或者减少损失的合理措施的特别通知的，应当按照保险人通知的要求处理。

对于被保险人违反前款规定所造成的扩大的损失，保险人不负赔偿责任。

第四节　保险人责任

一、保险人及时支付保险赔偿

17.47【法律】《1992 海商法》第二百三十七条

发生保险事故造成损失后，保险人应当及时向被保险人支付保险赔偿。

二、保险赔偿计算

17.48【法律】《1992 海商法》第二百三十八条

保险人赔偿保险事故造成的损失，以保险金额为限。保险金额低于保险价值的，在保险标的发生部分损失时，保险人按照保险金额与保险价值的比例负赔偿责任。

17.49【法律】《1992 海商法》第二百四十一条

保险金额低于共同海损分摊价值的，保险人按照保险金额同分摊价值的比例赔偿共同海损分摊。

17.50【法律】《1992 海商法》第二百三十九条

保险标的在保险期间发生几次保险事故所造成的损失，即使损失金额的总和超过保险金额，保险人也应当赔偿。但是，对发生部分损失后未经修复又发生全部损失的，保险人按照全部损失赔偿。

三、防止或者减少损失必要合理费用承担

17.51【法律】《1992 海商法》第二百四十条

被保险人为防止或者减少根据合同可以得到赔偿的损失而支出的必要的合理费用，为确定保险事故的性质、程度而支出的检验、估价的合理费用，以及为执行保险人的特别通知而支出的费用，应当由保险人在保险标的损失赔偿之外另行支付。

保险人对前款规定的费用的支付，以相当于保险金额的数额为限。

保险金额低于保险价值的，除合同另有约定外，保险人应当按照保险金额与保险价值的比例，支付本条规定的费用。

17.52【司法解释】《2007 海上保险规定》第十二条

发生保险事故后，被保险人为防止或者减少损失而采取的合理措施没有效果，要求保险人支付由此产生的合理费用的，人民法院应予支持。

四、保险人免责事由

17.53【法律】《1992 海商法》第二百四十二条

对于被保险人故意造成的损失，保险人不负赔偿责任。

17.54【法律】《1992 海商法》第二百四十三条

除合同另有约定外，因下列原因之一造成货物损失的，保险人不负赔偿责任：

（一）航行迟延、交货迟延或者行市变化；

（二）货物的自然损耗、本身的缺陷和自然特性；

（三）包装不当。

17.55【法律】《1992 海商法》第二百四十四条

除合同另有约定外，因下列原因之一造成保险船舶损失的，保险人不负赔偿责任：

（一）船舶开航时不适航，但是在船舶定期保险中被保险人不知道的除外；

（二）船舶自然磨损或者锈蚀。

运费保险比照适用本条的规定。

17.56【司法解释】《2007 海上保险规定》第十一条

海上货物运输中因承运人无正本提单交付货物造成的损失不属于保险人的保险责任范围。保险合同当事人另有约定的，依约定。

17.57【复函】最高人民法院关于中国上海抽纱进出口公司与中国太平洋保险公司上海分公司海上货物运输保险合同纠纷请示的复函［（2000）交他字第 8 号］

1. 关于无单放货是否属于保险理赔的责任范围问题。我们认为根据保险条款，保险条款一切险中的“提货不着”险并不是指所有的提货不着。无单放货是承运人违反凭单交货义务的行为，是其自愿承担的一种商业风险，而非货物在海运途中因外来原因所致的风险，不是保险合同约定由保险人应承保的风险；故无单放货不属于保险理赔的责任范围。

2. 关于在承运人和保险人均有赔偿责任的情况下，保险人取得代位求偿权后，向承运人代位求偿的诉讼时效如何计算的问题。我们认为，保险人取得的代位求偿权是被保险人移转的债权，保险人取代被保险人的法律地位后，对承运人享有的权利范围不得超过被保险人；凡承运人得以对抗被保险人而享有的抗辩权同样可以对抗保险人，该抗辩权包括因诉讼时效超过而拒绝赔付的抗辩权。保险人只能在被保险人有权享有的时效期间提起诉讼，即保险人取代被保险人向承运人代位求偿的诉讼亦为一年，应自承运人交付或应当交付货物之日起计算。

五、保险责任认定

17.58【指导案例52号】海南丰海粮油工业有限公司诉中国人民财产保险股份有限公司海南省分公司海上货物运输保险合同纠纷案

裁判要点

海上货物运输保险合同中的“一切险”，除包括平安险和水渍险的各项责任外，还包括被保险货物在运输途中由于外来原因所致的全部或部分损失。在被保险人不存在故意或者过失的情况下，由于相关保险合同中除外责任条款所列明情形之外的其他原因，造成被保险货物损失的，可以认定属于导致被保险货物损失的“外来原因”，保险人应当承担运输途中由该外来原因所致的一切损失。

相关法条

《中华人民共和国保险法》第三十条

17.59【复函】最高人民法院关于中国人民保险公司青岛市分公司与巴拿马浮山航运有限公司船舶保险合同纠纷一案的复函［（2002）民四他字第12号］

关于巴拿马浮山航运有限公司所属的“浮山”轮与“继承者”轮在青岛主航道发生的无接触碰撞是否属于船舶碰撞的问题，根据最高人民法院《关于审理船舶碰撞和触碰案件财产损害赔偿的规定》（法发〔1995〕17号）第十六条的规定，船舶碰撞包括两艘或者两艘以上船舶之间发生接触或者无接触的碰撞。“浮山轮”投保了“一切险”，船舶保险条款属于格式条款，该条款第一条订明的碰撞责任包括因被保险船舶与其他船舶碰撞而引起被保险人应负的法律赔偿责任，订立船舶保险合同时保险人并未向被保险人明示船舶碰撞排除无接触碰撞。根据诚信原则和《中华人民共和国合同法》第四十一条的规定，对格式条款有两种以上解释的，应当作出不利于提供格式条款一方的解释。因此，本案船舶保险条款所指碰撞应当包括无接触碰撞。

第五节　保险标的损失和委付

一、保险标的实际全损、推定全损与部分损失

17.60【法律】《1992海商法》第二百四十五条

保险标的发生保险事故后灭失，或者受到严重损坏完全失去原有形体、效用，或者

不能再归被保险人所拥有的，为实际全损。

17.61【法律】《1992 海商法》第二百四十六条

船舶发生保险事故后，认为实际全损已经不可避免，或者为避免发生实际全损所需支付的费用超过保险价值的，为推定全损。

货物发生保险事故后，认为实际全损已经不可避免，或者为避免发生实际全损所需支付的费用与继续将货物运抵目的地的费用之和超过保险价值的，为推定全损。

17.62【法律】《1992 海商法》第二百四十七条

不属于实际全损和推定全损的损失，为部分损失。

二、船舶失踪视为实际全损

17.63【法律】《1992 海商法》第二百四十八条

船舶在合理时间内未从被获知最后消息的地点抵达目的地，除合同另有约定外，满两个月后仍没有获知其消息的，为船舶失踪。船舶失踪视为实际全损。

三、保险标的推定全损与委付

17.64【法律】《1992 海商法》第二百四十九条

保险标的发生推定全损，被保险人要求保险人按照全部损失赔偿的，应当向保险人委付保险标的。保险人可以接受委付，也可以不接受委付，但是应当在合理的时间内将接受委付或者不接受委付的决定通知被保险人。

委付不得附带任何条件。委付一经保险人接受，不得撤回。

17.65【法律】《1992 海商法》第二百五十条

保险人接受委付的，被保险人对委付财产的全部权利和义务转移给保险人。

17.66【指导意见】《2005 纪要》第一百二十四条

保险人根据《中华人民共和国海商法》第二百四十九条的规定不接受委付的，不影响被保险人要求保险人按照全部损失赔偿的权利。

第六节　保险赔偿支付

一、保险事故性质和损失程度相关证明和资料之提供

17.67【法律】《1992 海商法》第二百五十一条

保险事故发生后，保险人向被保险人支付保险赔偿前，可以要求被保险人提供与确认保险事故性质和损失程度有关的证明和资料。

二、保险人全额支付保险赔偿情形

17.68【法律】《1992 海商法》第二百五十五条

发生保险事故后，保险人有权放弃对保险标的的权利，全额支付合同约定的保险赔偿，以解除对保险标的的义务。

保险人行使前款规定的权利，应当自收到被保险人有关赔偿损失的通知之日起的七日内通知被保险人；被保险人在收到通知前，为避免或者减少损失而支付的必要的合理费用，仍然应当由保险人偿还。

17.69【法律】《1992 海商法》第二百五十六条

除本法第二百五十五条的规定外，保险标的发生全损，保险人支付全部保险金额的，取得对保险标的的全部权利；但是，在不足额保险的情况下，保险人按照保险金额与保险价值的比例取得对保险标的的部分权利。

第七节　代位求偿权

一、代位求偿权发生

17.70【法律】《1992 海商法》第二百五十二条

保险标的发生保险责任范围内的损失是由第三人造成的，被保险人向第三人要求赔偿的权利，自保险人支付赔偿之日起，相应转移给保险人。

被保险人应当向保险人提供必要的文件和其所需要知道的情况，并尽力协助保险人向第三人追偿。

二、代位求偿权行使条件

17.71【指导意见】《2004 解答》第一百五十九条

保险人行使代位请求赔偿权利应当具备哪些条件?

答：保险人在行使代位请求赔偿权利时，应当依照《海事诉讼特别程序法》的有关规定，向受理案件的海事法院提交其已经按照保险合同的约定支付给被保险人赔偿金的证明，而无需提交被保险人签署的权益转让书。保险人仅提交了被保险人签署的权益转让书但未提交该证明的，其代位行使请求赔偿的权利不予支持。

17.72【司法解释】《2007 海上保险规定》第十三条

保险人在行使代位请求赔偿权利时，未依照海事诉讼特别程序法的规定，向人民法院提交其已经向被保险人实际支付保险赔偿凭证的，人民法院不予受理；已经受理的，裁定驳回起诉。

三、代位求偿权行使范围

17.73【指导意见】《2004 解答》第一百六十条

保险人行使代位请求赔偿权利应当限定在什么范围?

答：保险人超出保险责任范围给付保险赔偿的，在第三人提出明确而有效抗辩时，对超出保险责任范围的赔付，保险人不能行使代位请求赔偿的权利。

四、代位求偿权相关基础法律关系

17.74【司法解释】《2007 海上保险规定》第十四条

受理保险人行使代位请求赔偿权利纠纷案件的人民法院应当仅就造成保险事故的第三人与被保险人之间的法律关系进行审理。

五、被保险人损害代位求偿权

17.75【法律】《1992 海商法》第二百五十三条

被保险人未经保险人同意放弃向第三人要求赔偿的权利，或者由于过失致使保险人不能行使追偿权利的，保险人可以相应扣减保险赔偿。

六、向第三方责任人索赔或追偿多退少补

17.76【法律】《1992 海商法》第二百五十四条

保险人支付保险赔偿时，可以从应支付的赔偿额中相应扣减被保险人已经从第三人取得的赔偿。

保险人从第三人取得的赔偿，超过其支付的保险赔偿的，超过部分应当退还给被保险人。

七、代位求偿权相关时效中断

17.77【司法解释】《2007 海上保险规定》第十五条

保险人取得代位请求赔偿权利后，以被保险人向第三人提起诉讼、提交仲裁、申请扣押船舶或者第三人同意履行义务为由主张诉讼时效中断的，人民法院应予支持。

八、被保险人担保权利及于保险人情形

17.78【司法解释】《2007 海上保险规定》第十六条

保险人取得代位请求赔偿权利后，主张享有被保险人因申请扣押船舶取得的担保权

利的，人民法院应予支持。

九、责任保险追加第三人及诉的分离

17.79【指导意见】《2017 海事审判总结》

（十三）关于海上保险的有关问题

《海商法》第十二章对海上保险合同做了专门规定，《保险法》也有适用于海上保险合同的规定。实践中，部分法院对责任保险中保险人的赔偿责任、对被保险人行使不同诉权的处理方式等问题在程序和实体处理上存在一些困惑。经研究，可将相关审理思路统一如下：

2. 关于责任保险中保险人如何赔偿保险金的问题，涉及《保险法》第六十五条关于责任保险规定的理解和适用。在被保险人对第三者应负的赔偿责任尚未确定时，第三者起诉被保险人并将保险人列为第三人的，法院依据《民事诉讼法》司法解释第二百二十二条的规定进行审查，法院在立案阶段应对原告在起诉状中列明的第三人是否符合追加条件予以审查决定，并向当事人释明。对于符合无独立请求权的第三人条件的，法院立案时应将其列为第三人，并通知其参加诉讼。对于不符合无独立请求权第三人条件的，向原告释明。法院可对列明的第三人询问，以确定第三人和原被告之间的实体法律关系与原被告之间的法律关系是否有直接的牵连性，根据询问情况决定是否通知第三人参加诉讼。在被保险人对第三者应负的赔偿责任尚未确定时，第三者直接起诉保险人和被保险人的，对于普通案件，法院可以判决认定被保险人的责任，驳回第三者对保险人的诉讼请求。对于人身伤害和船舶油污等需保险公司积极配合船东完成理赔手续的案件，为了有利于纠纷的解决，法院可以认定被保险人的责任。在认定保险人与被保险人均承担责任的情况下，可以判决保险人与被保险人承担不真正连带责任。

3. 关于保险合同之诉与运输合同之诉的处理问题，被保险人（货主）在货损后，有权在保险合同或者运输合同中择一而诉。其选择运输合同之诉取得赔偿后，依然有权就不足部分请求保险人赔偿。被保险人（货主）在货损后，同时起诉承运人和保险人的，法院应当向当事人予以释明，进行诉的分离，先行中止其中一个案件的审理。

第十八章

时　效

第一节　海商法律关系时效

一、就海上货物运输向承运人要求赔偿的时效及诉因混同

18.1【法律】《1992 海商法》第二百五十七条第一款

就海上货物运输向承运人要求赔偿的请求权，时效期间为一年，自承运人交付或者应当交付货物之日起计算；在时效期间内或者时效期间届满后，被认定为负有责任的人向第三人提起追偿请求的，时效期间为九十日，自追偿请求人解决原赔偿请求之日起或者收到受理对其本人提起诉讼的法院的起诉状副本之日起计算。

18.2【指导意见】《2004 解答》第一百六十八条

《海商法》第 257 条规定的诉讼时效是否仅限于运输合同法律关系?

答:《海商法》规定的就海上货物运输向承运人要求赔偿的请求权，无论当事人以合同还是侵权何种诉因提出，时效期间均为一年。

二、承运人就海上货物运输向托运人、收货人或提单持有人要求赔偿的时效

18.3【司法解释】最高人民法院关于承运人就海上货物运输向托运人、收货人或提单持有人要求赔偿的请求权时效期间的批复（1997 年 7 月 11 日）

承运人就海上货物运输向托运人、收货人或提单持有人要求赔偿的请求权，在有关法律未予以规定前，比照适用《中华人民共和国海商法》第二百五十七条第一款的规定，时效期间为一年，自权利人知道或者应当知道权利被侵害之日起计算。

18.4【指导意见】《2004 解答》第一百六十九条

承运人就海上货物运输向托运人、收货人或者提单持有人要求赔偿（包括索取运

费）权利的时效期间如何确定？

答：依照最高人民法院法释〔1997〕3 号文的规定，承运人就海上货物运输向托运人、收货人或者提单持有人要求赔偿的请求权，比照《海商法》的规定，时效期间为一年。在该司法解释生效（1997 年 8 月 7 日）之前，承运人向托运人、收货人或者提单持有人要求赔偿（包括索取运费）的时效期间应当适用民法通则的有关规定。

三、正本提单持有人以承运人无单放货为由提起诉讼的时效及诉因混同

18.5【司法解释】《2009 无单放货规定》第十四条

正本提单持有人以承运人无正本提单交付货物为由提起的诉讼，适用海商法第二百五十七条的规定，时效期间为一年，自承运人应当交付货物之日起计算。

正本提单持有人以承运人与无正本提单提取货物的人共同实施无正本提单交付货物行为为由提起的侵权诉讼，诉讼时效适用本条前款规定。

18.6【司法解释】《2009 无单放货规定》第十五条

正本提单持有人以承运人无正本提单交付货物为由提起的诉讼，时效中断适用海商法第二百六十七条的规定。

正本提单持有人以承运人与无正本提单提取货物的人共同实施无正本提单交付货物行为为由提起的侵权诉讼，时效中断适用本条前款规定。

四、沿海货物运输时效

18.7【复函】最高人民法院于青岛口岸船务公司与青岛运通船务公司水路货物运输合同纠纷一案中赔偿请求权诉讼时效期间如何计算的请示的复函（2002 年 6 月 25 日）

沿海货物运输合同不适用于《中华人民共和国海商法》（以下简称《海商法》）第四章关于海上货物运输合同的规定，但可适用该法其他章节的规定。因此，你院请示的青岛口岸船务公司与青岛运通船务公司水路货物运输合同纠纷一案应当适用《海商法》关于货物运输诉讼时效为 1 年的规定。

五、海上货物运输中被认定负有责任的人向第三人追偿时效

18.8【复函】最高人民法院关于大连港务局与大连中远国际货运有限公司海上货物运输货损赔偿追偿纠纷一案的请示的复函［（2002）民四他字第 21 号］

《中华人民共和国海商法》第二百五十七条第一款规定："就海上货物运输向承运人要求赔偿的请求权，时效期间为一年，自承运人交付或者应当交付货物之日起计算；在时效期间内或者时效期间届满后，被认定为负有责任的人向第三人提起追偿请求的，时效期间为九十日，自追偿请求人解决原赔偿请求之日起或者收到受理对其本人提起诉讼的法院的起诉状副本之日起计算。"根据《海商法》和我国《民事诉讼法》的有关规

定，原赔偿请求若是通过法院诉讼解决的，则追偿请求人向第三人追偿时效的起算点应当自追偿请求人收到法院认定其承担赔偿责任的生效判决之日起计算。

18.9【指导意见】《2004 解答》第一百七十条

《海商法》第257条规定的追偿时效的起算点如何确定？

答：《海商法》第257条第1款规定：就海上货物运输向承运人要求赔偿的请求权，时效期间为一年，自承运人交付或者应当交付货物之日起计算；在时效期间内或者时效期间届满后，被认定为负有责任的人向第三人提起追偿请求的，时效期间为九十日，自追偿请求人解决原赔偿请求之日起或者收到受理对其本人提起诉讼的法院的起诉状副本之日起计算。根据《海商法》和我国民事诉讼的有关规定，原赔偿请求若是通过法院诉讼解决的，追偿请求人向第三人追偿时效的起算点自追偿请求人收到法院认定其承担赔偿责任的生效判决之日起计算。

六、海上旅客运输时效

18.10【法律】《1992 海商法》第二百五十八条

就海上旅客运输向承运人要求赔偿的请求权，时效期间为二年，分别依照下列规定计算：

（一）有关旅客人身伤害的请求权，自旅客离船或者应当离船之日起计算；

（二）有关旅客死亡的请求权，发生在运送期间的，自旅客应当离船之日起计算；因运送期间内的伤害而导致旅客离船后死亡的，自旅客死亡之日起计算，但是此期限自离船之日起不得超过三年；

（三）有关行李灭失或者损坏的请求权，自旅客离船或者应当离船之日起计算。

七、海上拖航合同时效

18.11【法律】《1992 海商法》第二百六十条

有关海上拖航合同的请求权，时效期间为一年，自知道或者应当知道权利被侵害之日起计算。

八、航次租船合同时效

18.12【法律】《1992 海商法》第二百五十七条第二款

有关航次租船合同的请求权，时效期间为二年，自知道或者应当知道权利被侵害之日起计算。

18.13【指导意见】《2004 解答》第一百七十一条

沿海航次租船合同的时效期间如何确定？

答：《海商法》关于航次租船合同的请求权时效期间为二年的规定，适用于沿海航次租船合同。

九、船舶租用合同时效

18.14【法律】《1992 海商法》第二百五十九条

有关船舶租用合同的请求权，时效期间为二年，自知道或者应当知道权利被侵害之日起计算。

十、船舶碰撞请求权及其造成第三人人身伤亡请求权时效

18.15【法律】《1992 海商法》第二百六十一条

有关船舶碰撞的请求权，时效期间为二年，自碰撞事故发生之日起计算；本法第一百六十九条第三款规定的追偿请求权，时效期间为一年，自当事人连带支付损害赔偿之日起计算。

18.16【指导意见】《2004 解答》第一百七十七条

因船舶碰撞造成第三人人身伤亡请求权的诉讼时效期间的起算点如何确定？

答：因船舶碰撞事故造成第三人人身伤亡的请求权，适用《海商法》第 261 条规定的诉讼时效。但是伤害当时未曾发现，后经检查确诊并能证明其所受伤害是由船舶碰撞侵害引起的，时效期间从伤害确诊之日起算。

十一、海难救助时效

18.17【法律】《1992 海商法》第二百六十二条

有关海难救助的请求权，时效期间为二年，自救助作业终止之日起计算。

十二、共同海损时效

18.18【法律】《1992 海商法》第二百六十三条

有关共同海损分摊的请求权，时效期间为一年，自理算结束之日起计算。

18.19【指导意见】《2017 海事审判总结》

（十）关于共同海损的有关问题

共同海损作为最古老的航海惯例为近代和现代各国的海上立法一致承认。近几年，在海事审判实践中，共同海损案件有所增多，出现共同海损理算、管辖和时效等方面的疑难问题需要研究明确。

3. 关于共同海损分摊请求权的诉讼时效问题。《海商法》第二百六十三条规定的理算结束之日，应为可通过同一类法律事实确定的一个明确的日期，宜以签署理算报告之

日作为理算结束之日。至于共同海损理算机构签署理算报告后迟延向当事人送达报告，或者事后出具补充报告修改完善之前的理算报告，原则上不影响理算结束之日的认定，如果耽误索赔时效利益符合法律关于诉讼时效中止规定的，可以适用法律关于诉讼时效中止的相关规定予以保护。

4. 与共同海损分摊相关的海上保险赔偿请求权的诉讼时效的问题。因分摊共同海损而遭受损失的被保险人（船方或货方）向保险公司索赔，在性质上属于海上保险合同下的请求，诉讼时效应适用《海商法》第二百六十四条的规定，诉讼时效的起算点应为保险事故（共同海损事故）发生之日。实践中，由于共同海损理算的时间过长，有可能会耽误当事人索赔的时效利益。在共同海损进入理算或者诉讼程序后，被保险人（船方或货方）向保险公司索赔的诉讼可以适用《海商法》第二百六十六条有关诉讼时效中止的规定。

十三、海上保险合同及代位求偿权时效

18.20【法律】《1992 海商法》第二百六十四条

根据海上保险合同向保险人要求保险赔偿的请求权，时效期间为二年，自保险事故发生之日起计算。

18.21【司法解释】最高人民法院关于海上保险合同的保险人行使代位请求赔偿权利的诉讼时效期间起算日的批复（2014 年 10 月 27 日）

依照《中华人民共和国海商法》及《最高人民法院关于审理海上保险纠纷案件若干问题的规定》关于保险人行使代位请求赔偿权利的相关规定，结合海事审判实践，海上保险合同的保险人行使代位请求赔偿权利的诉讼时效期间起算日，应按照《中华人民共和国海商法》第十三章规定的相关请求权之诉讼时效起算时间确定。

18.22【指导意见】《2004 解答》第一百七十六条

保险人行使代位请求权的时效如何计算?

答：海上货物运输保险合同的保险人依法取得代位请求权后，其与责任人之间仍为海上货物运输的法律关系，其行使代位请求赔偿权利的诉讼时效也依海上货物运输法律关系所适用的法律所确定。

18.23【指导意见】《2017 海事审判总结》

（十三）关于海上保险的有关问题

《海商法》第十二章对海上保险合同做了专门规定，《保险法》也有适用于海上保险合同的规定。实践中，部分法院对责任保险中保险人的赔偿责任、对被保险人行使不同诉权的处理方式等问题在程序和实体处理上存在一些困惑。经研究，可将相关审理思路统一如下：

1. 关于沿海、内河保险合同保险人代位求偿权诉讼时效起算点的问题，依据《最高

人民法院关于海上保险合同的保险人行使代位请求赔偿权利的诉讼时效期间起算日的批复》，海上保险合同的保险人行使代位请求赔偿权利的诉讼时效起算日，应按照《海商法》第十三章的规定。但是，该条批复以及《海商法》第十三章均是针对国际海上运输、海上保险合同。于是，有人认为沿海、内河保险合同中保险人代位求偿权时效的起算点应该依据《保险法司法解释二》第十六条之规定，自保险人取得代位求偿权之日起算。我们认为，无论是国际海上货物运输，还是沿海、内河货物运输都是采用的一年短时效，是基于保护水运交易稳定的考量。且保险人的代位求偿权以货主向承运人的赔偿权利为基础，不宜超越原始权利的范畴，故沿海、内河保险合同保险人代位求偿权的时效起算日应该按照《最高人民法院关于如何确定沿海、内河货物运输赔偿请求权时效期间问题的批复》（法释〔2001〕18 号）规定的诉讼时效起算时间确定。

十四、船舶油污时效

18.24【法律】《1992 海商法》第二百六十五条

有关船舶发生油污损害的请求权，时效期间为三年，自损害发生之日起计算；但是，在任何情况下时效期间不得超过从造成损害的事故发生之日起六年。

第二节　时效中止、中断、重新保护及延长

一、诉讼时效中止

18.25【法律】《1992 海商法》第二百六十六条

在时效期间的最后六个月内，因不可抗力或者其他障碍不能行使请求权的，时效中止。自中止时效的原因消除之日起，时效期间继续计算。

18.26【指导意见】《2004 解答》第一百七十五条

托运人向商检局申请验残是否作为诉讼时效中止的事由？

答：托运人以向商检局申请验残检验作为时效中止的理由不符合《海商法》规定的时效中止的法定事由，不能作为时效中止的理由。

二、诉讼时效中断

18.27【法律】《1992 海商法》第二百六十七条

时效因请求人提起诉讼、提交仲裁或者被请求人同意履行义务而中断。但是，请求人撤回起诉、撤回仲裁或者起诉被裁定驳回的，时效不中断。

请求人申请扣船的，时效自申请扣船之日起中断。

自中断时起，时效期间重新计算。

18.28【指导意见】《2004 解答》第一百七十三条

依据《海商法》的规定，义务人仅同意协商赔偿事宜但未就具体赔偿达成协议的，是否构成时效中断？

答：义务人同意与权利人协商赔偿事宜，但未能就具体赔偿额达成协议，不能视为义务人同意履行义务，故不构成诉讼时效中断的理由。

18.29【指导意见】《2001 年全国海事法院院长座谈会纪要》

五、关于诉讼时效

《海商法》关于诉讼时效的规定是一套完整的制度。《海商法》与《民法通则》规定的时效中断的事由是不同的，在审理海事案件中要注意准确理解《海商法》的规定。在适用《海商法》审理海事纠纷时，如果债务人仅同意与债权人协商赔偿事宜但未就具体赔偿达成协议的，或者海事请求人撤回诉前海事请求保全申请、海事强制令、海事证据保全申请或者上述申请被海事法院裁定驳回的，不构成时效中断。

《海商法》中对承运人的时效规定同样适用于实际承运人。

三、诉讼时效重新保护

18.30【指导意见】《2004 解答》第一百七十四条

海事诉讼时效期间届满，义务人向权利人作出“同意承担根据法律应负责任和义务”的承诺是否应受法律保护？

答：海事诉讼时效期间届满，义务人向权利人作出“同意承担根据法律应负责任和义务”的承诺，应予保护。

四、当事人延长诉讼时效协议是否有效

18.31【指导意见】《2004 解答》第一百七十二条

当事人延长诉讼时效的协议是否有效？

答：依据《海商法》的规定，诉讼时效是在法定期间内不行使权利的权利人丧失胜诉权的法律制度。诉讼时效的设立，属于强制性规定，当事人协议延长诉讼时效的，不受法律的保护；当事人之间有效约定适用某一国际公约或者某一国法律，该国际公约或者该外国法律规定当事人可以通过协议延长诉讼时效的，从其规定。

第十九章

国内水路运输特别规定

一、内河船舶物权

19.1《1992 海商法》第二章“船舶”相关规定适用于沿海海船，但不适用于内河船舶。

因此，内河船舶物权应适用我国《物权法》《民法总则》等相关法律规定。

但在船舶物权领域，海船与内河船之区分应以船舶检验证书为准，还是应以其实际航行水域或海域为准，尚有进一步探讨必要。

19.2【指导意见】《2012 水路运输指导意见》

12. 挂靠船舶因侵权行为造成他人财产、人身损害，依据民法通则、侵权责任法、海商法和有关司法解释的规定，挂靠船舶的实际所有人和被挂靠企业应当承担连带赔偿责任。

19.3【指导意见】《2017 海事审判总结》

1. 关于挂靠船舶扣押的问题，根据《物权法》第二十四条的立法本意，该条规定的“善意第三人”仅为与标的物有物权关系的第三人，而不包括没有物权关系的一般债权人。挂靠船舶登记所有人的一般债权人（即与船舶没有物权关系的债权人），不属于《物权法》第二十四条规定的“善意第三人”，其债权请求权不能对抗挂靠船舶实际所有人的物权。一般债权人申请扣押船舶后，挂靠船舶实际所有人主张解除扣押的，应予支持。

对挂靠船舶享有抵押权、留置权和船舶优先权的债权人，属于上述“善意第三人”的范畴。对挂靠船舶善意取得担保物权的债权人申请扣船，挂靠船舶实际所有人以《物权法》司法解释（一）第六条的规定主张解除扣押的，不予支持。

在认定船舶权属时，应当对挂靠关系的存在、船舶价款的支付、船舶的占有和经营、挂靠经营期间经营收入归属等相关证据进行严格审查，避免当事人恶意串通，以虚构船舶挂靠的方式转移财产逃避债务。

二、内河船员

19.4《1992 海商法》不适用于内河船舶，故其第三章“船员”不适用于内河船舶上之船员。故内河船员应适用其他相关法律、行政法规等。

三、水路货物运输合同

（一）水路货物运输合同范围

19.5【指导意见】《2012 水路运输指导意见》

一、尊重当事人意思自治，准确适用法律法规，统一国内水路货物运输纠纷案件裁判尺度

本指导意见中的国内水路货物运输纠纷是指由海事法院专门管辖的沿海和内河水路货物运输纠纷。

（二）水路货物运输合同适用法

19.6【指导意见】《2012 水路运输指导意见》

一、尊重当事人意思自治，准确适用法律法规，统一国内水路货物运输纠纷案件裁判尺度

1. 人民法院审理国内水路货物运输合同纠纷案件，应当适用民法通则、合同法等法律的有关规定……

海商法第四章海上货物运输合同的规定，不适用于国内水路货物运输。

……

2. 当事人在国内水路货物运单或者其他运输合同文件中明确约定其权利义务适用《国内水路货物运输规则》规定的，人民法院可以按照《国内水路货物运输规则》的有关规定确定合同当事人的权利义务。

19.7【指导意见】《2004 解答》第一百二十五条第一款

如何理解《海商法》关于海上运输规定的适用范围?

答:《海商法》第四章关于海上货物运输合同的规定，不适用于我国港口之间的海上货物运输。我国港口之间的海上货物运输应当适用《合同法》和《民法通则》等有关法律的规定。

（三）水路货物运输合同效力

19.8【指导意见】《2012 水路运输指导意见》

二、依法认定国内水路货物运输合同效力，维护国内水路货物运输市场秩序

3. 根据《国内水路运输管理条例》和《国内水路运输经营资质管理规定》的有关

规定，从事国内水路运输的企业和个人，应当达到并保持相应的经营资质条件，并在核定的经营范围内从事水路运输经营活动。

没有取得国内水路运输经营资质的承运人签订的国内水路货物运输合同，人民法院应当根据合同法第五十二条第（五）项的规定认定合同无效。

4. 国内水路货物运输合同无效，但是承运人已经按照运输合同的约定将货物安全运输到约定地点，承运人请求托运人或者收货人参照合同的约定支付运费，人民法院可以适当予以保护。

国内水路货物运输合同无效，而且运输过程中货物发生了毁损、灭失，托运人或者收货人向承运人主张损失赔偿的，人民法院可以综合考虑托运人或者收货人和承运人对合同无效和货物损失的过错程度，依法判定相应的民事责任。

5. 人民法院审理国内水路货物运输纠纷案件过程中发现从事国内水路货物运输的承运人没有取得相应的运输经营资质，应及时向相关行政主管机关发出司法建议。

19.9【指导意见】《2004 解答》第一百三十条

未取得水路运输许可证签订的合同是否具有法律效力？

答：根据国务院发布的《中华人民共和国水路运输管理条例》的规定，交通主管部门对批准设立的水路运输企业和其他从事营业性运输的单位、个人，发给运输许可证；对批准设立的水路运输服务企业，发给运输服务许可证。根据《合同法》第 52 条规定的原则，不具有运输许可证的单位和个人签订的运输合同为无效合同。

（四）水路货物运输合同承运人与实际承运人

19.10【指导意见】《2012 水路运输指导意见》

三、依法审理国内水路货物运输合同纠纷案件，准确认定合同承运人和实际承运人的责任，保障当事人的合法权益

6. 国内水路货物运输的合同承运人将全部或者部分运输委托给实际承运人履行，托运人或者收货人就全部或部分运输向合同承运人、实际承运人主张权利的，人民法院应当准确认定合同承运人和实际承运人的法律地位和法律责任……

19.11【指导意见】《2012 水路运输指导意见》

五、妥善审理与船舶挂靠有关的纠纷，切实保障当事人的合法权益，维护国内水路运输市场的有序发展

8. 没有运营资质的个体运输船舶的实际所有人，为了进入国内水路货物运输市场，规避国家有关水路运输经营资质的管理规定，将船舶所有权登记在具有水路运输经营资质的船舶运输企业名下，向该运输企业交纳管理费，并以该运输企业的名义从事国内水路货物运输活动，是国内水路货物运输中普遍存在的一种挂靠经营方式。这种挂靠经营方式导致挂靠船舶的所有权登记形同虚设，船舶管理混乱，被挂靠企业对挂靠船舶疏于

安全管理，严重冲击了航运市场的安全秩序，导致大量国内水路货物运输纠纷的产生。人民法院在审理与船舶挂靠有关的合同纠纷时，应当严格依照现行船舶管理的法律规范确定法律关系，坚持合同相对性的基本原则，根据合同的签订主体和合同的履行等基本事实，准确认定合同当事人。

9. 挂靠船舶的实际所有人以自己的名义签订运输合同，应当认定其为运输合同承运人，承担相应的合同责任。

10. 挂靠船舶的实际所有人以被挂靠企业的名义签订运输合同，被挂靠企业亦签章予以确认，应当认定被挂靠企业为运输合同承运人，承担相应的合同责任。

11. 在没有签订水路货物运输合同的情形下，可以依照运单上承运人的记载判断运输合同的承运人。如果运单上仅仅加盖了承运船舶的船名章，应当认定该承运船舶的登记所有人为运输合同的承运人，承担相应的合同责任。

（五）水路货物运输合同中实际托运人、运单托运人及收货人法律地位

19.12【复函】最高人民法院关于“吕洪斌与浙江象山县荣宁船务公司水路货物运输合同纠纷一案有关适用法律问题的请示”的复函［（2005）民四他字第48号］

本案是水路货物运输合同纠纷，应当适用《中华人民共和国合同法》（以下简称《合同法》）等有关法律以及合同的约定确定各方当事人的权利义务。

根据你院认定的事实，吕洪斌为本案的实际托运人，运单上记载的托运人南海市西樵祥安货运贸易部仅为接受吕洪斌委托与承运人中国扬子江轮船股份有限公司（以下简称扬子江公司）签订合同的人。根据合同约定适用的《国内水路货物运输规则》（以下简称《货规》）的规定，收货人有权就水路货物运单上所载货物损坏、灭失或者迟延交付所造成的损害向承运人索赔。虽然吕洪斌向武汉海事法院提供了黄永明出具的证明其代理吕洪斌收货的“证明”，法院并未予以认定，你院请示报告以及武汉海事法院民事判决中并未认定吕洪斌为涉案货物收货人的地位，亦未说明有证据证明吕洪斌因货损而产生损失，故尽管吕洪斌与承运人之间存在运输合同关系，但尚无证据证明吕洪斌对承运人具有货损请求权。你院应当在二审程序中对此事实予以查明。

在认定吕洪斌具有货损请求权的前提下，扬子江公司作为承运人签发了涉案运单，吕洪斌与扬子江公司之间存在以运单为证明的水路货物运输合同关系。作为实际完成运输任务的浙江象山县荣宁船务公司（以下简称荣宁公司）应当作为该航次水路货物运输的实际承运人。根据《合同法》以及《货规》的规定，承运人应当对运输货物发生的货损承担赔偿责任。承运人将货物运输或者部分运输委托给实际承运人履行的，承运人仍然应当对全程运输负责。故扬子江公司作为本次运输的承运人，应当对吕洪斌的货物损失承担赔偿责任。《货规》还规定：承运人与实际承运人都负有赔偿责任的，应当在该项责任范围内承担连带责任。但根据你院请示报告中认定的事实，本案货损的发生是“希望”轮全部责任所致，荣宁公司对货物发生损失无过错，不应承担赔偿责任，故要

求实际承运人荣宁公司对吕洪斌的损失承担连带赔偿责任缺乏事实依据和法律依据。

（六）内河船员无权签署水路货物运输合同

19.13【复函】最高人民法院关于船员私自承揽运输擅自开航的民事责任应否由轮船公司承担问题的答复（法函〔1995〕43号）

我国船舶航运主管部门对内河船舶船员的职责已有明确规定。在有关规定和运输企业的实务操作中，都没有给予船员（包括船长）对外承揽运输业务签订合同的职权。航行于我国境内各港口之间的船舶，除需服从所属航运企业内部职能部门的调度外，依据我国有关安全航行的法规的规定，还需经港务监督（或港航监督）部门的批准，办理进出港口签订手续。违反上述规定，船员私自承揽运输、擅自开航是超越职权范围的个人行为。“川陵四号”拖轮大副郑世荣图谋私利，私自承揽运输并对公司隐瞒事实，在公司调度室明确表示不同意出航的情况下，擅自开航，应对其超越职权范围的个人行为承担民事责任。轮船公司不应对船员的个人行为承担民事责任。

（七）托运人支付运费的法定义务及货损货差本息索赔

19.14【复函】最高人民法院关于托运人主张货损货差而拒付运费应否支付滞纳金的答复［法函（1992）16号］

一、在水路货物运输合同中，支付运费是托运人的法定义务，该义务不因发生货损货差而消灭。托运人主张的货损货差赔偿可通过索赔解决，若擅自拒付运费则应按法律规定支付滞纳金。

二、托运人主张的货损货差赔偿一经认定，赔偿数额应包括货损货差本额及其利息。

（八）水路货物运输合同下留置权

19.15【指导意见】《2012水路运输指导意见》

四、准确理解有关留置的法律规定，妥善审理留置权纠纷

7. 国内水路货物运输合同履行完毕，托运人或者收货人没有按照约定支付运费、保管费或者其他运输费用，依照合同法第三百一十五条的规定，承运人对相应的运输货物享有留置权。

人民法院在审查承运人的留置权时，应当重点审查承运人留置货物的数量是否是在合理的限度之内，以及承运人留置的货物是否是其合法占有的货物。债务人对留置货物是否具有所有权并不必然影响承运人留置权的行使，除非运输合同当事人对承运人的留置权另有特殊约定。

19.16【指导意见】《2004解答》第一百三十八条

沿海内河运输和非我国港口之间的海上货物运输的承运人留置货物有何不同规定？

答：沿海内河运输中，托运人或者收货人不支付运费、保管费以及其他运输费用

的，依照《合同法》的规定，承运人对相应的运输货物享有留置权，除非当事人之间另有约定；非我国港口之间的海上货物运输，依照《海商法》的有关规定，应当向承运人支付的运费、共同海损分摊、滞期费和承运人为货物垫付的必要费用以及应当向承运人支付的其他费用没有付清，又没有提供适当担保的，承运人可以在合理的限度内留置债务人所有的货物。审判实践中应当注意不同的法律规定就留置权的行使所作的不同规定。

19.17【指导意见】《2001年全国海事法院院长座谈会纪要》

四、关于留置权

沿海内河货物运输中，托运人或者收货人不支付运费、保管费以及其他运输费用的，依照《中华人民共和国合同法》的规定，承运人对相应的运输货物享有留置权，除非当事人之间另有约定；但非中华人民共和国港口之间的海上货物运输，依照《海商法》的有关规定，应当向承运人支付的运费、共同海损分摊、滞期费和承运人为货物垫付的必要费用以及应当向承运人支付的其他费用没有付清，又没有提供适当担保的，承运人可以在合理的限度内留置债务人所有的货物。审判实践中应当注意不同的法律就留置权的行使所作的不同规定。

留置权的行使要以合法占有为前提。留置标的物在债权人行使留置权前已被法院应其他债权人的申请予以扣押，或者债权人行使留置权后法院应其他债权人的申请对留置标的物进行扣押的，留置权人的权利仍应当依法予以保护。

四、内河旅客运输合同

19.18【指导意见】《2004解答》第一百二十五条第二款

如何理解《海商法》关于海上运输规定的适用范围？

答：《海商法》第五章关于海上旅客运输合同的规定不仅适用于国际海上旅客运输的法律关系，也适用于国内沿海港口之间的海上旅客运输，包括位于江河、湖泊内的一港经海路至另一海港的直达旅客运输。

备注：基于上述规定，《1992海商法》不适用于内河旅客运输合同，故其应适用我国《合同法》《民法总则》等相关法律规定。

五、内河船舶租用合同

19.19《1992海商法》第六章“船舶租用合同”适用于沿海船舶租用合同，但不适用于内河船舶租用合同，其应适用我国《合同法》、《民法总则》等相关法律规定。

19.20【指导意见】《2004解答》第一百三十一条

期租船的承租人不具有交通部门发给的运输许可证，其签订的合同是否具有法律效力？

答：期租船人不具有水路运输许可证的情况下，以期租的船舶承运自己的货物，不违反法律法规以及交通部颁布的水路货物运输规则的规定，该期租船合同是有效的；期租船人将期租的船舶转租，并以承运人（或者出租人）的身份与其他货主或者（转租）承租人签订的运输合同或者航次租船合同，应认定为无效合同。

六、内河拖航合同

19.21《1992 海商法》第七章“海上拖航合同”适用于沿海拖航合同，但不适用于内河拖航合同，其应适用我国《合同法》、《民法总则》等相关法律规定。

七、内河船舶碰撞

19.22【指导意见】《2005 纪要》第一百二十八条

《中华人民共和国海商法》第八章的规定不适用于内河船舶之间发生的碰撞；军事船舶、政府公务船舶在从事商业活动时与《中华人民共和国海商法》第一百六十五条第二款所称的船舶发生碰撞产生纠纷的，适用《中华人民共和国海商法》的有关规定。

19.23【指导意见】《2004 解答》第一百五十一条

《海商法》调整的船舶碰撞法律关系中船舶的范围如何？

答：根据《海商法》的规定，船舶碰撞法律关系中的船舶应当包括海船和内河船，但是碰撞的一方必须为海船。内河船舶之间发生碰撞的，不适用《海商法》的规定。

八、内河救助

19.24《1992 海商法》第九章“海难救助”适用于沿海海难救助，但不适用于内河船舶，其救助应适用我国《民法总则》等相关法律规定。

九、内河共同海损

19.25【指导意见】《2004 解答》第一百三十七条

沿海内河货物运输纠纷案件中，是否应适用《海商法》规定的共同海损的规定？

答：《海商法》关于共同海损的规定，应当适用于沿海内河货物运输的法律关系。但发生共同海损纠纷的船舶仅限于《海商法》规定的船舶。

十、内河船舶海事赔偿责任限制

19.26《1992 海商法》第十一章“海事赔偿责任限制”及《1993 海事赔偿责任限额规定》适用于沿海船舶，但不适用于内河船舶。按现行法律规定，内河船舶不享有海事赔偿责任限制。

十一、内河保险合同

19.27《1992 海商法》第十二章“海上保险合同”适用于沿海保险合同，但不适用于内河保险合同，其应适用我国《保险法》《合同法》《民法总则》等相关法律规定。

十二、内河船舶污染

19.28《1992 海商法》不适用于内河船舶污染，故其应适用我国《侵权责任法》《民法总则》等相关法律规定。

十三、国内水路运输法律关系时效

（一）沿海、内河货物运输赔偿请求权时效

19.29【司法解释】最高人民法院关于如何确定沿海、内河货物运输赔偿请求权时效期间问题的批复（法释〔2001〕18 号）

根据《中华人民共和国海商法》第二百五十七条第一款规定的精神，结合审判实践，托运人、收货人就沿海、内河货物运输合同向承运人要求赔偿的请求权，或者承运人就沿海、内河货物运输向托运人、收货人要求赔偿的请求权，时效期间为一年，自承运人交付或者应当交付货物之日起计算。

19.30【指导意见】《2004 解答》第一百六十七条

水路货物运输合同纠纷案件的诉讼时效如何确定？

答：水路货物运输合同不适用《海商法》第四章关于海上货物运输合同的规定，但可适用该法其他章节的规定。当事人因水路货物运输合同纠纷提起的诉讼应当适用该法关于货物运输诉讼时效为一年的规定。

19.31【复函】最高人民法院于青岛口岸船务公司与青岛运通船务公司水路货物运输合同纠纷一案中赔偿请求权诉讼时效期间如何计算的请示的复函（2002 年 6 月 25 日）

沿海货物运输合同不适用于《中华人民共和国海商法》（以下简称《海商法》）第四章关于海上货物运输合同的规定，但可适用该法其他章节的规定。因此，你院请示的青岛口岸船务公司与青岛运通船务公司水路货物运输合同纠纷一案应当适用《海商法》关于货物运输诉讼时效为 1 年的规定。

19.32【指导意见】《2012 水路运输指导意见》

六、正确适用关于诉讼时效制度的法律规定，保护当事人的合法权益

13. 最高人民法院《关于如何确定沿海、内河货物运输赔偿请求权时效期间问题的批复》（法释〔2001〕18 号）对国内水路货物运输赔偿请求权诉讼时效期间的中止、中断并没有作出特别规定，人民法院应当适用民法通则有关诉讼时效中止、中断的规定。

19. 33【复函】最高人民法院关于津龙翔（天津）国际贸易公司与南京扬洋化工运贸公司、天津天龙液体化工储运公司沿海货物运输合同货损赔偿纠纷一案请示的复函（〔2001〕民四他字第 7 号）

一、根据最高人民法院法释〔2001〕18 号《最高人民法院关于如何确定沿海、内河货物运输赔偿请求权时效期间问题的批复》，托运人、收货人就沿海、内河货物运输向承运人要求赔偿的请求权，时效期间为 1 年，自承运人交付或者应当交付货物之日起计算。因此，该案的诉讼时效期间应为 1 年。

二、在请求权竞合的情况下，诉讼当事人有权在一审开庭前请求对方当事人承担违约责任或者侵权责任，此后不得进行变更。该案当事人在一审时以违约提起诉讼，二审时不应以侵权确认时效。

（二）沿海航次租船合同的时效

19. 34【指导意见】《2004 解答》第一百七十一条

沿海航次租船合同的时效期间如何确定?

答:《海商法》关于航次租船合同的请求权时效期间为二年的规定，适用于沿海航次租船合同。

（三）沿海、内河保险合同保险人代位求偿权诉讼时效

19. 35【指导意见】《2017 海事审判总结》

（十三）关于海上保险的有关问题

1. 关于沿海、内河保险合同保险人代位求偿权时效起算点的问题，依据《最高人民法院关于海上保险合同的保险人行使代位请求赔偿权利的诉讼时效期间起算日的批复》，海上保险合同的保险人行使代位请求赔偿权利的诉讼时效起算日，应按照《海商法》第十三章的规定。但是该条批复以及《海商法》第十三章均是针对国际海上运输、海上保险合同。于是，有人认为沿海、内河保险合同中保险人代位求偿权时效的起算点应该依据《保险法司法解释二》第十六条之规定，自保险人取得代位求偿权之日起算。我们认为，无论是国际海上货物运输，还是沿海、内河货物运输都是采用的一年短时效，是保护水运交易稳定的考量。且保险人的代位求偿权以货主向承运人的赔偿权利为基础，不宜超越原始权利的范畴，故沿海、内河保险合同保险人代位求偿权的时效起算点应该按照《最高人民法院关于如何确定沿海、内河货物运输赔偿请求权时效期间问题的批复》（法释〔2001〕18 号）规定的诉讼时效起算时间确定。

（四）内河船舶其他相关法律关系时效

19. 36 内河船舶相关其他法律关系之时效，适用《民法总则》等法律相关规定。

第二十章

《1992 海商法》之外涉海商事法律规则简述

一、《1992 海商法》之外涉海商事合同

《1992 海商法》中涉海商事合同包括：（1）海上货物运输合同；（2）多式联运合同；（3）海上旅客运输合同；（4）海上拖航合同；（5）航次租船合同；（6）定期租船合同；（7）光船租赁合同；以及（8）海上保险合同。

除此之外，《1992 海商法》未纳入的涉海商事合同大致有：（1）船舶建造合同；（2）船舶买卖合同；（3）船舶经营管理合同；（4）船舶修理合同；（5）船舶燃油供应合同等。

司法实践中，《1992 海商法》之外涉海商事合同适用我国《合同法》《民法总则》等相关法律规定，目前尚缺乏专门司法解释、指导意见及复函等，乃至于指导案例、《最高人民法院公报》案例等也少见。

虽然缺乏具有普遍性的法律规则或参考规则，但是《1992 海商法》之外涉海商事合同案例已然大量存在，且在快速增长中，包括最高人民法院普通案例以及海事法院及二审法院生效案例。

就此，可按合同性质不同而整理和归纳出各自司法裁判规则，从中进一步条分缕析，结合相关实务操作，提炼出相对稳定的法律规则。其分别为：（1）船舶建造合同裁判规则；（2）船舶买卖合同裁判规则；（3）船舶经营管理合同裁判规则；（4）船舶修理合同裁判规则；（5）船舶燃油供应合同裁判规则，等等。

二、《1992 海商法》之外涉海商事活动

《1992 海商法》中规范的涉海商事活动包括：（1）船舶碰撞；（2）海难救助；（3）共同海损；（4）船舶污染等。

此外，《1992 海商法》未纳入涉海商事活动大致有：（1）港口作业；（2）涉海资源保护和利用；（3）涉海科学研究及技术开发与转让等。这些涉海商事活动在法律关系方面具有一定复杂性，需要结合实际情况具体分析，由此造成其适用法律存在不确定性。

从案例检索结果看，现阶段其案件数量仍然较少，其中只有港口作业案例较多。因此，从中提炼裁判规则处于起步阶段。

但这并不意味着其不重要，从长远来看，涉海资源保护和利用和涉海科学研究及技术开发与转让法律规则具有无穷潜力，前者涉及海洋生存空间建设，而后者则是必不可缺之工具。

第二十一章

航运金融法律规则

航运金融法律规则大致可分为三类：

1 合同类：船舶融资租赁合同等；

2. 担保类：独立保函、保证、信用证、保理、抵押、质押等；

3. 商事主体类：公司上市、公司发债、合伙企业等。

本书简要梳理上列（1）船舶融资租赁合同；（2）独立保函；（3）保证；（4）信用证；（5）保理如下。

上述抵押参本书第二章“船舶物权”，质押参本书第四章“海上货物运输合同”中之提单质押法律规则。

至于上述商事主体类航运融资法律规则，本书不予列入。

第一节　船舶融资租赁

一、船舶融资租赁定义

21.1【部门规章】《2008 规范国内船舶融资租赁通知》第一条

本通知所称的国内船舶融资租赁活动，是指船舶承租人以融资租赁方式租用船舶从事国内水路运输的行为。

二、船舶融资租赁出租人与承租人资质要求

21.2【部门规章】《2008 规范国内船舶融资租赁通知》第二条

从事国内船舶融资租赁活动的出租人应依法取得国家有关主管机关批准的融资租赁

经营资格；承租人应取得交通主管部门批准的国内水路运输经营资格；出租人和承租人之间应按照国家有关规定签订船舶融资租赁合同。

21.3【部门规章】《2008 规范国内船舶融资租赁通知》第三条

按照国家相关法律、法规和我部有关规定，国内船舶融资租赁出租人的企业经济性质属“三资企业”的，其外资比例不得高于 50%。承租人以融资租赁方式租用“三资企业”的船舶从事国内水路运输，应事先取得交通运输部的批准。

三、以融资租赁方式新建或购置船舶登记方式

21.4【部门规章】《2008 规范国内船舶融资租赁通知》第四条

以融资租赁方式新建或购置的船舶，其船舶所有人应为该融资租赁船舶的出租人，船舶经营人应为该融资租赁船舶的承租人，出租人与承租人之间按光船租赁关系办理登记手续。

四、以融资租赁方式新建或进口船舶投入国内水路运输审批要求

21.5【部门规章】《2008 规范国内船舶融资租赁通知》第五条

以融资租赁方式在国内新建船舶或进口船舶投入国内水路运输，应由承租人在建造或进口船舶前按有关规定向相应交通主管部门申请办理新增运力手续（客船、液货危险品船应取得新增运力批准文件，普通货船应取得新增运力登记证书），并在申请时注明拟采用融资租赁方式，提供与融资租赁公司的相关协议。有关交通主管部门在同意其新增运力的批准文件或登记证书上应注明采用融资租赁方式及其融资租赁出租人。

船舶建造或进口完毕，船舶出租人和承租人凭新增运力批准文件或登记证书、船舶融资租赁合同及其他材料到海事管理机构办理船舶有关登记手续。取得相关证书后，由船舶承租人办理船舶营运手续。

21.6【部门规章】《2008 规范国内船舶融资租赁通知》第六条

以融资租赁方式（承租人、出租人属“三资企业”的除外）购置具有国内水路运输经营资格的现有船舶投入国内水路运输的，按照我部有关规定不必事先办理新增运力手续。船舶购置完成后，由出租人和承租人凭所购船舶的《船舶营业运输证注销登记证明书》原件、船舶融资租赁合同及其他材料到海事管理机构办理有关登记手续。取得相关证书后，由船舶承租人办理船舶营运手续。

五、国内非运输船舶融资租赁管理

21.7【部门规章】《2008 规范国内船舶融资租赁通知》第七条

对于国内非运输船舶的融资租赁管理，参照本通知精神办理。

六、融资租赁合同认定及效力

21.8【司法解释】《2014 融资租赁合同解释》第一条

人民法院应当根据合同法第二百三十七条的规定，结合标的物的性质、价值、租金的构成以及当事人的合同权利和义务，对是否构成融资租赁法律关系作出认定。

对名为融资租赁合同，但实际不构成融资租赁法律关系的，人民法院应按照其实际构成的法律关系处理。

21.9【司法解释】《2014 融资租赁合同解释》第二条

承租人将其自有物出卖给出租人，再通过融资租赁合同将租赁物从出租人处租回的，人民法院不应仅以承租人和出卖人系同一人为由认定不构成融资租赁法律关系。

21.10【司法解释】《2014 融资租赁合同解释》第三条

根据法律、行政法规规定，承租人对于租赁物的经营使用应当取得行政许可的，人民法院不应仅以出租人未取得行政许可为由认定融资租赁合同无效。

21.11【司法解释】《2014 融资租赁合同解释》第四条

融资租赁合同被认定无效，当事人就合同无效情形下租赁物归属有约定的，从其约定；未约定或者约定不明，且当事人协商不成的，租赁物应当返还出租人。但因承租人原因导致合同无效，出租人不要求返还租赁物，或者租赁物正在使用，返还出租人后会显著降低租赁物价值和效用的，人民法院可以判决租赁物所有权归承租人，并根据合同履行情况和租金支付情况，由承租人就租赁物进行折价补偿。

七、融资租赁合同履行和租赁物公示

21.12【司法解释】《2014 融资租赁合同解释》第五条

出卖人违反合同约定的向承租人交付标的物的义务，承租人因下列情形之一拒绝受领租赁物的，人民法院应予支持：

（一）租赁物严重不符合约定的；

（二）出卖人未在约定的交付期间或者合理期间内交付租赁物，经承租人或者出租人催告，在催告期满后仍未交付的。

承租人拒绝受领租赁物，未及时通知出租人，或者无正当理由拒绝受领租赁物，造成出租人损失，出租人向承租人主张损害赔偿的，人民法院应予支持。

21.13【司法解释】《2014 融资租赁合同解释》第六条

承租人对出卖人行使索赔权，不影响其履行融资租赁合同项下支付租金的义务，但承租人以依赖出租人的技能确定租赁物或者出租人干预选择租赁物为由，主张减轻或者免除相应租金支付义务的除外。

21.14【司法解释】《2014 融资租赁合同解释》第七条

承租人占有租赁物期间，租赁物毁损、灭失的风险由承租人承担，出租人要求承租人继续支付租金的，人民法院应予支持。但当事人另有约定或者法律另有规定的除外。

21.15【司法解释】《2014 融资租赁合同解释》第八条

出租人转让其在融资租赁合同项下的部分或者全部权利，受让方以此为由请求解除或者变更融资租赁合同的，人民法院不予支持。

21.16【司法解释】《2014 融资租赁合同解释》第九条

承租人或者租赁物的实际使用人，未经出租人同意转让租赁物或者在租赁物上设立其他物权，第三人依据物权法第一百零六条的规定取得租赁物的所有权或者其他物权，出租人主张第三人物权权利不成立的，人民法院不予支持，但有下列情形之一的除外：

（一）出租人已在租赁物的显著位置作出标识，第三人在与承租人交易时知道或者应当知道该物为租赁物的；

（二）出租人授权承租人将租赁物抵押给出租人并在登记机关依法办理抵押权登记的；

（三）第三人与承租人交易时，未按照法律、行政法规、行业或者地区主管部门的规定在相应机构进行融资租赁交易查询的；

（四）出租人有证据证明第三人知道或者应当知道交易标的物为租赁物的其他情形。

21.17【司法解释】《2014 融资租赁合同解释》第十条

当事人约定租赁期间届满后租赁物归出租人的，因租赁物毁损、灭失或者附合、混同于他物导致承租人不能返还，出租人要求其给予合理补偿的，人民法院应予支持。

八、融资租赁合同解除

21.18【司法解释】《2014 融资租赁合同解释》第十一条

有下列情形之一，出租人或者承租人请求解除融资租赁合同的，人民法院应予支持：

（一）出租人与出卖人订立的买卖合同解除、被确认无效或者被撤销，且双方未能重新订立买卖合同的；

（二）租赁物因不可归责于双方的原因意外毁损、灭失，且不能修复或者确定替代物的；

（三）因出卖人的原因致使融资租赁合同的目的不能实现的。

21.19【司法解释】《2014 融资租赁合同解释》第十二条

有下列情形之一，出租人请求解除融资租赁合同的，人民法院应予支持：

（一）承租人未经出租人同意，将租赁物转让、转租、抵押、质押、投资入股或者以其他方式处分租赁物的；

（二）承租人未按照合同约定的期限和数额支付租金，符合合同约定的解除条件，经出租人催告后在合理期限内仍不支付的；

（三）合同对于欠付租金解除合同的情形没有明确约定，但承租人欠付租金达到两期以上，或者数额达到全部租金百分之十五以上，经出租人催告后在合理期限内仍不支付的；

（四）承租人违反合同约定，致使合同目的不能实现的其他情形。

21.20【司法解释】《2014 融资租赁合同解释》第十三条

因出租人的原因致使承租人无法占有、使用租赁物，承租人请求解除融资租赁合同的，人民法院应予支持。

21.21【司法解释】《2014 融资租赁合同解释》第十四条

当事人在一审诉讼中仅请求解除融资租赁合同，未对租赁物的归属及损失赔偿提出主张的，人民法院可以向当事人进行释明。

21.22【司法解释】《2014 融资租赁合同解释》第十五条

融资租赁合同因租赁物交付承租人后意外毁损、灭失等不可归责于当事人的原因而解除，出租人要求承租人按照租赁物折旧情况给予补偿的，人民法院应予支持。

21.23【司法解释】《2014 融资租赁合同解释》第十六条

融资租赁合同因买卖合同被解除、被确认无效或者被撤销而解除，出租人根据融资租赁合同约定，或者以融资租赁合同虽未约定或约定不明，但出卖人及租赁物系由承租人选择为由，主张承租人赔偿相应损失的，人民法院应予支持。

出租人的损失已经在买卖合同被解除、被确认无效或者被撤销时获得赔偿的，应当免除承租人相应的赔偿责任。

九、融资租赁合同违约责任

21.24【司法解释】《2014 融资租赁合同解释》第十七条

出租人有下列情形之一，影响承租人对租赁物的占有和使用，承租人依照合同法第二百四十五条的规定，要求出租人赔偿相应损失的，人民法院应予支持：

（一）无正当理由收回租赁物；

（二）无正当理由妨碍、干扰承租人对租赁物的占有和使用；

（三）因出租人的原因导致第三人对租赁物主张权利；

（四）不当影响承租人对租赁物占有、使用的其他情形。

21.25【司法解释】《2014 融资租赁合同解释》第十八条

出租人有下列情形之一，导致承租人对出卖人索赔逾期或者索赔失败，承租人要求出租人承担相应责任的，人民法院应予支持：

（一）明知租赁物有质量瑕疵而不告知承租人的；

（二）承租人行使索赔权时，未及时提供必要协助的；

（三）怠于行使融资租赁合同中约定的只能由出租人行使对出卖人的索赔权的；

（四）怠于行使买卖合同中约定的只能由出租人行使对出卖人的索赔权的。

21.26【司法解释】《2014 融资租赁合同解释》第十九条

租赁物不符合融资租赁合同的约定且出租人实施了下列行为之一，承租人依照合同法第二百四十一条、第二百四十四条的规定，要求出租人承担相应责任的，人民法院应予支持：

（一）出租人在承租人选择出卖人、租赁物时，对租赁物的选定起决定作用的；

（二）出租人干预或者要求承租人按照出租人意愿选择出卖人或者租赁物的；

（三）出租人擅自变更承租人已经选定的出卖人或者租赁物的。

承租人主张其系依赖出租人的技能确定租赁物或者出租人干预选择租赁物的，对上述事实承担举证责任。

21.27【司法解释】《2014 融资租赁合同解释》第二十条

承租人逾期履行支付租金义务或者迟延履行其他付款义务，出租人按照融资租赁合同的约定要求承租人支付逾期利息、相应违约金的，人民法院应予支持。

21.28【司法解释】《2014 融资租赁合同解释》第二十一条

出租人既请求承租人支付合同约定的全部未付租金又请求解除融资租赁合同的，人民法院应告知其依照合同法第二百四十八条的规定作出选择。

出租人请求承租人支付合同约定的全部未付租金，人民法院判决后承租人未予履行，出租人再行起诉请求解除融资租赁合同、收回租赁物的，人民法院应予受理。

21.29【司法解释】《2014 融资租赁合同解释》第二十二条

出租人依照本解释第十二条的规定请求解除融资租赁合同，同时请求收回租赁物并赔偿损失的，人民法院应予支持。

前款规定的损失赔偿范围为承租人全部未付租金及其他费用与收回租赁物价值的差额。合同约定租赁期间届满后租赁物归出租人所有的，损失赔偿范围还应包括融资租赁合同到期后租赁物的残值。

21.30【司法解释】《2014 融资租赁合同解释》第二十三条

诉讼期间承租人与出租人对租赁物的价值有争议的，人民法院可以按照融资租赁合同的约定确定租赁物价值；融资租赁合同未约定或者约定不明的，可以参照融资租赁合同约定的租赁物折旧以及合同到期后租赁物的残值确定租赁物价值。

承租人或者出租人认为依前款确定的价值严重偏离租赁物实际价值的，可以请求人民法院委托有资质的机构评估或者拍卖确定。

十、融资租赁合同相关多重法律关系诉因选择及诉讼当事人追加

21.31【司法解释】《2014 融资租赁合同解释》第二十四条

出卖人与买受人因买卖合同发生纠纷，或者出租人与承租人因融资租赁合同发生纠纷，当事人仅对其中一个合同关系提起诉讼，人民法院经审查后认为另一合同关系的当事人与案件处理结果有法律上的利害关系的，可以通知其作为第三人参加诉讼。

承租人与租赁物的实际使用人不一致，融资租赁合同当事人未对租赁物的实际使用人提起诉讼，人民法院经审查后认为租赁物的实际使用人与案件处理结果有法律上的利害关系的，可以通知其作为第三人参加诉讼。

承租人基于买卖合同和融资租赁合同直接向出卖人主张受领租赁物、索赔等买卖合同权利的，人民法院应通知出租人作为第三人参加诉讼。

十一、融资租赁合同时效

21.32【司法解释】《2014 融资租赁合同解释》第二十五条

当事人因融资租赁合同租金欠付争议向人民法院请求保护其权利的诉讼时效期间为两年，自租赁期限届满之日起计算。

第二节　涉海商事独立保函

一、独立保函定义及特征

21.33【司法解释】《2016 独立保函规定》第一条

本规定所称的独立保函，是指银行或非银行金融机构作为开立人，以书面形式向受益人出具的，同意在受益人请求付款并提交符合保函要求的单据时，向其支付特定款项或在保函最高金额内付款的承诺。

前款所称的单据，是指独立保函载明的受益人应提交的付款请求书、违约声明、第三方签发的文件、法院判决、仲裁裁决、汇票、发票等表明发生付款到期事件的书面文件。

独立保函可以依保函申请人的申请而开立，也可以依另一金融机构的指示而开立。开立人依指示开立独立保函的，可以要求指示人向其开立用以保障追偿权的独立保函。

21.34【司法解释】《2016 独立保函规定》第二十三条

当事人约定在国内交易中适用独立保函，一方当事人以独立保函不具有涉外因素为由，主张保函独立性的约定无效的，人民法院不予支持。

21.35【司法解释】《2016 独立保函规定》第二条

本规定所称的独立保函纠纷，是指在独立保函的开立、撤销、修改、转让、付款、追偿等环节产生的纠纷。

二、独立保函认定

21.36【司法解释】《2016 独立保函规定》第三条

保函具有下列情形之一，当事人主张保函性质为独立保函的，人民法院应予支持，但保函未载明据以付款的单据和最高金额的除外：

（一）保函载明见索即付；

（二）保函载明适用国际商会《见索即付保函统一规则》等独立保函交易示范规则；

（三）根据保函文本内容，开立人的付款义务独立于基础交易关系及保函申请法律关系，其仅承担相符交单的付款责任。

当事人以独立保函记载了对应的基础交易为由，主张该保函性质为一般保证或连带保证的，人民法院不予支持。

当事人主张独立保函适用担保法关于一般保证或连带保证规定的，人民法院不予支持。

三、独立保函开立时间、生效时间及可否撤销

21.37【司法解释】《2016 独立保函规定》第四条

独立保函的开立时间为开立人发出独立保函的时间。

独立保函一经开立即生效，但独立保函载明生效日期或事件的除外。

独立保函未载明可撤销，当事人主张独立保函开立后不可撤销的，人民法院应予支持。

四、独立保函适用示范规则之条件

21.38【司法解释】《2016 独立保函规定》第五条

独立保函载明适用《见索即付保函统一规则》等独立保函交易示范规则，或开立人和受益人在一审法庭辩论终结前一致援引的，人民法院应当认定交易示范规则的内容构成独立保函条款的组成部分。

不具有前款情形，当事人主张独立保函适用相关交易示范规则的，人民法院不予支持。

五、独立保函开立人承担付款责任之条件

21.39【司法解释】《2016 独立保函规定》第六条

受益人提交的单据与独立保函条款之间、单据与单据之间表面相符，受益人请求开立人依据独立保函承担付款责任的，人民法院应予支持。

开立人以基础交易关系或独立保函申请关系对付款义务提出抗辩的，人民法院不予支持，但有本规定第十二条情形的除外。

21.40【司法解释】《2016 独立保函规定》第七条

人民法院在认定是否构成表面相符时，应当根据独立保函载明的审单标准进行审查；独立保函未载明的，可以参照适用国际商会确定的相关审单标准。

单据与独立保函条款之间、单据与单据之间表面上不完全一致，但并不导致相互之间产生歧义的，人民法院应当认定构成表面相符。

21.41【司法解释】《2016 独立保函规定》第八条

开立人有独立审查单据的权利与义务，有权自行决定单据与独立保函条款之间、单据与单据之间是否表面相符，并自行决定接受或拒绝接受不符点。

开立人已向受益人明确表示接受不符点，受益人请求开立人承担付款责任的，人民法院应予支持。

开立人拒绝接受不符点，受益人以保函申请人已接受不符点为由请求开立人承担付款责任的，人民法院不予支持。

六、独立保函开立人向申请人追偿权及例外

21.42【司法解释】《2016 独立保函规定》第九条

开立人依据独立保函付款后向保函申请人追偿的，人民法院应予支持，但受益人提交的单据存在不符点的除外。

七、独立保函下受益人付款请求权转让条件

21.43【司法解释】《2016 独立保函规定》第十条

独立保函未同时载明可转让和据以确定新受益人的单据，开立人主张受益人付款请求权的转让对其不发生效力的，人民法院应予支持。独立保函对受益人付款请求权的转让有特别约定的，从其约定。

八、独立保函权利义务终止

21.44【司法解释】《2016 独立保函规定》第十一条

独立保函具有下列情形之一，当事人主张独立保函权利义务终止的，人民法院应予

支持：

（一）独立保函载明的到期日或到期事件届至，受益人未提交符合独立保函要求的单据；

（二）独立保函项下的应付款项已经全部支付；

（三）独立保函的金额已减额至零；

（四）开立人收到受益人出具的免除独立保函项下付款义务的文件；

（五）法律规定或者当事人约定终止的其他情形。

独立保函具有前款权利义务终止的情形，受益人以其持有独立保函文本为由主张享有付款请求权的，人民法院不予支持。

九、独立保函欺诈

21.45【司法解释】《2016 独立保函规定》第十二条

具有下列情形之一的，人民法院应当认定构成独立保函欺诈：

（一）受益人与保函申请人或其他人串通，虚构基础交易的；

（二）受益人提交的第三方单据系伪造或内容虚假的；

（三）法院判决或仲裁裁决认定基础交易债务人没有付款或赔偿责任的；

（四）受益人确认基础交易债务已得到完全履行或者确认独立保函载明的付款到期事件并未发生的；

（五）受益人明知其没有付款请求权仍滥用该权利的其他情形。

十、独立保函欺诈时止付申请

21.46【司法解释】《2016 独立保函规定》第十三条

独立保函的申请人、开立人或指示人发现有本规定第十二条情形的，可以在提起诉讼或申请仲裁前，向开立人住所地或其他对独立保函欺诈纠纷案件具有管辖权的人民法院申请中止支付独立保函项下的款项，也可以在诉讼或仲裁过程中提出申请。

21.47【司法解释】《2016 独立保函规定》第十四条

人民法院裁定中止支付独立保函项下的款项，必须同时具备下列条件：

（一）止付申请人提交的证据材料证明本规定第十二条情形的存在具有高度可能性；

（二）情况紧急，不立即采取止付措施，将给止付申请人的合法权益造成难以弥补的损害；

（三）止付申请人提供了足以弥补被申请人因止付可能遭受损失的担保。

止付申请人以受益人在基础交易中违约为由请求止付的，人民法院不予支持。

开立人在依指示开立的独立保函项下已经善意付款的，对保障该开立人追偿权的独立保函，人民法院不得裁定止付。

21.48【司法解释】《2016 独立保函规定》第十五条

因止付申请错误造成损失，当事人请求止付申请人赔偿的，人民法院应予支持。

21.49【司法解释】《2016 独立保函规定》第十六条

人民法院受理止付申请后，应当在四十八小时内作出书面裁定。裁定应当列明申请人、被申请人和第三人，并包括初步查明的事实和是否准许止付申请的理由。

裁定中止支付的，应当立即执行。

止付申请人在止付裁定作出后三十日内未依法提起独立保函欺诈纠纷诉讼或申请仲裁的，人民法院应当解除止付裁定。

21.50【司法解释】《2016 独立保函规定》第十七条

当事人对人民法院就止付申请作出的裁定有异议的，可以在裁定书送达之日起十日内向作出裁定的人民法院申请复议。复议期间不停止裁定的执行。

人民法院应当在收到复议申请后十日内审查，并询问当事人。

21.51【司法解释】《2016 独立保函规定》第十八条

人民法院审理独立保函欺诈纠纷案件或处理止付申请，可以就当事人主张的本规定第十二条的具体情形，审查认定基础交易的相关事实。

十一、独立保函欺诈相关诉讼

21.52【司法解释】《2016 独立保函规定》第十九条

保函申请人在独立保函欺诈诉讼中仅起诉受益人的，独立保函的开立人、指示人可以作为第三人申请参加，或由人民法院通知其参加。

21.53【司法解释】《2016 独立保函规定》第二十条

人民法院经审理独立保函欺诈纠纷案件，能够排除合理怀疑地认定构成独立保函欺诈，并且不存在本规定第十四条第三款情形的，应当判决开立人终止支付独立保函项下被请求的款项。

十二、独立保函案件管辖

21.54【司法解释】《2016 独立保函规定》第二十一条

受益人和开立人之间因独立保函而产生的纠纷案件，由开立人住所地或被告住所地人民法院管辖，独立保函载明由其他法院管辖或提交仲裁的除外。当事人主张根据基础交易合同争议解决条款确定管辖法院或提交仲裁的，人民法院不予支持。

独立保函欺诈纠纷案件由被请求止付的独立保函的开立人住所地或被告住所地人民法院管辖，当事人书面协议由其他法院管辖或提交仲裁的除外。当事人主张根据基础交易合同或独立保函的争议解决条款确定管辖法院或提交仲裁的，人民法院不予支持。

十三、独立保函适用法律

21.55【司法解释】《2016 独立保函规定》第二十二条

涉外独立保函未载明适用法律，开立人和受益人在一审法庭辩论终结前亦未就适用法律达成一致的，开立人和受益人之间因涉外独立保函而产生的纠纷适用开立人经常居所地法律；独立保函由金融机构依法登记设立的分支机构开立的，适用分支机构登记地法律。

涉外独立保函欺诈纠纷，当事人就适用法律不能达成一致的，适用被请求止付的独立保函的开立人经常居所地法律；独立保函由金融机构依法登记设立的分支机构开立的，适用分支机构登记地法律；当事人有共同经常居所地的，适用共同经常居所地法律。

涉外独立保函止付保全程序，适用中华人民共和国法律。

十四、独立保函保证金冻结与划扣

21.56【司法解释】《2016 独立保函规定》第二十四条

对于按照特户管理并移交开立人占有的独立保函开立保证金，人民法院可以采取冻结措施，但不得扣划。保证金账户内的款项丧失开立保证金的功能时，人民法院可以依法采取扣划措施。

开立人已履行对外支付义务的，根据该开立人的申请，人民法院应当解除对开立保证金相应部分的冻结措施。

第三节　涉海商事保证

一、保证之定义

21.57【法律】《1995 担保法》第六条

本法所称保证，是指保证人和债权人约定，当债务人不履行债务时，保证人按照约定履行债务或者承担责任的行为。

二、保证合同形式

21.58【法律】《1995 担保法》第十三条

保证人与债权人应当以书面形式订立保证合同。

21.59【司法解释】《2000 担保法解释》第二十二条

第三人单方以书面形式向债权人出具担保书，债权人接受且未提出异议的，保证合同成立。主合同中虽然没有保证条款，但是，保证人在主合同上以保证人的身份签字或者盖章的，保证合同成立。

三、反担保

21.60【法律】《1995 担保法》第四条

第三人为债务人向债权人提供担保时，可以要求债务人提供反担保。

反担保适用本法担保的规定。

21.61【法律】《2000 担保法解释》第二条

反担保人可以是债务人，也可以是债务人之外的其他人。反担保方式可以是债务人提供的抵押或者质押，也可以是其他人提供的保证、抵押或者质押。

四、设定担保范围

21.62【法律】《1995 担保法》第二条

在借贷、买卖、货物运输、加工承揽等经济活动中，债权人需要以担保方式保障其债权实现的，可以依照本法规定设定担保。

本法规定的担保方式为保证、抵押、质押、留置和定金。

21.63【司法解释】《2000 担保法解释》第一条

当事人对由民事关系产生的债权，在不违反法律、法规强制性规定的情况下，以担保法规定的方式设定担保的，可以认定为有效。

五、保证人资质审查及排除

21.64【法律】《1995 担保法》第七条

具有代为清偿债务能力的法人、其他组织或者公民，可以作保证人。

21.65【司法解释】《2000 担保法解释》第十五条

担保法第七条规定的其他组织主要包括：

（一）依法登记领取营业执照的独资企业、合伙企业；

（二）依法登记领取营业执照的联营企业；

（三）依法登记领取营业执照的中外合作经营企业；

（四）经民政部门核准登记的社会团体；

（五）经核准登记领取营业执照的乡镇、街道、村办企业。

21.66【司法解释】《2000 担保法解释》第十六条

从事经营活动的事业单位、社会团体为保证人的，如无其他导致保证合同无效的情况，其所签订的保证合同应当认定为有效。

21.67【司法解释】《2000 担保法解释》第十四条

不具有完全代偿能力的法人、其他组织或者自然人，以保证人身份订立保证合同后，又以自己没有代偿能力要求免除保证责任的，人民法院不予支持。

21.68【法律】《1995 担保法》第八条

国家机关不得为保证人，但经国务院批准为使用外国政府或者国际经济组织贷款进行转贷的除外。

21.69【法律】《1995 担保法》第九条

学校、幼儿园、医院等以公益为目的的事业单位、社会团体不得为保证人。

21.70【司法解释】《2000 担保法解释》第三条

国家机关和以公益为目的的事业单位、社会团体违反法律规定提供担保的，担保合同无效。因此给债权人造成损失的，应当根据担保法第五条第二款的规定处理。

21.71【法律】《1995 担保法》第十条

企业法人的分支机构、职能部门不得为保证人。

企业法人的分支机构有法人书面授权的，可以在授权范围内提供保证。

21.72【司法解释】《2000 担保法解释》第十七条

企业法人的分支机构未经法人书面授权提供保证的，保证合同无效。因此给债权人造成损失的，应当根据担保法第五条第二款的规定处理。

企业法人的分支机构经法人书面授权提供保证的，如果法人的书面授权范围不明，法人的分支机构应当对保证合同约定的全部债务承担保证责任。

企业法人的分支机构经营管理的财产不足以承担保证责任的，由企业法人承担民事责任。企业法人的分支机构提供的保证无效后应当承担赔偿责任的，由分支机构经营管理的财产承担。企业法人有过错的，按照担保法第二十九条的规定处理。

21.73【法律】《1995 担保法》第二十九条

企业法人的分支机构未经法人书面授权或者超出授权范围与债权人订立保证合同的，该合同无效或者超出授权范围的部分无效，债权人和企业法人有过错的，应当根据其过错各自承担相应的民事责任；债权人无过错的，由企业法人承担民事责任。

21.74【司法解释】《2000 担保法解释》第十一条

法人或者其他组织的法定代表人、负责人超越权限订立的担保合同，除相对人知道或者应当知道其超越权限的以外，该代表行为有效。

21.75【司法解释】《2000 担保法解释》第十八条

企业法人的职能部门提供保证的，保证合同无效。债权人知道或者应当知道保证人为企业法人的职能部门的，因此造成的损失由债权人自行承担。

债权人不知保证人为企业法人的职能部门，因此造成的损失，可以参照担保法第五条第二款的规定和第二十九条的规定处理。

21.76【司法解释】《2000 担保法解释》第四条

董事、经理违反《中华人民共和国公司法》第六十条的规定，以公司资产为本公司的股东或者其他个人债务提供担保的，担保合同无效。除债权人知道或者应当知道的外，债务人、担保人应当对债权人的损失承担连带赔偿责任。

六、担保合同从属性及例外

21.77【法律】《1995 担保法》第五条

担保合同是主合同的从合同，主合同无效，担保合同无效。担保合同另有约定的，按照约定。

担保合同被确认无效后，债务人、担保人、债权人有过错的，应当根据其过错各自承担相应的民事责任。

21.78【司法解释】《2000 担保法解释》第七条

主合同有效而担保合同无效，债权人无过错的，担保人与债务人对主合同债权人的经济损失，承担连带赔偿责任；债权人、担保人有过错的，担保人承担民事责任的部分，不应超过债务人不能清偿部分的二分之一。

21.79【司法解释】《2000 担保法解释》第八条

主合同无效而导致担保合同无效，担保人无过错的，担保人不承担民事责任；担保人有过错的，担保人承担民事责任的部分，不应超过债务人不能清偿部分的三分之一。

21.80【司法解释】《2000 担保法解释》第九条

担保人因无效担保合同向债权人承担赔偿责任后，可以向债务人追偿，或者在承担赔偿责任的范围内，要求有过错的反担保人承担赔偿责任。担保人可以根据承担赔偿责任的事实对债务人或者反担保人另行提起诉讼。

21.81【司法解释】《2000 担保法解释》第十条

主合同解除后，担保人对债务人应当承担的民事责任仍应承担担保责任。但是，担保合同另有约定的除外。

七、保证合同效力

21.82【司法解释】《2000 担保法解释》第六条

有下列情形之一的，对外担保合同无效：

（一）未经国家有关主管部门批准或者登记对外担保的；

（二）未经国家有关主管部门批准或者登记，为境外机构向境内债权人提供担保的；

（三）为外商投资企业注册资本、外商投资企业中的外方投资部分的对外债务提供担保的；

（四）无权经营外汇担保业务的金融机构、无外汇收入的非金融性质的企业法人提供外汇担保的；

（五）主合同变更或者债权人将对外担保合同项下的权利转让，未经担保人同意和国家有关主管部门批准的，担保人不再承担担保责任。但法律、法规另有规定的除外。

21.83【司法解释】《2000 担保法解释》第三十九条

主合同当事人双方协议以新贷偿还旧贷，除保证人知道或者应当知道的外，保证人不承担民事责任。新贷与旧贷系同一保证人的，不适用前款的规定。

21.84【法律】《1995 担保法》第三十条

有下列情形之一的，保证人不承担民事责任：

（一）主合同当事人双方串通，骗取保证人提供保证的；

（二）主合同债权人采取欺诈、胁迫等手段，使保证人在违背真实意思的情况下提供保证的。

21.85【司法解释】《2000 担保法解释》第四十条

主合同债务人采取欺诈、胁迫等手段，使保证人在违背真实意思的情况下提供保证的，债权人知道或者应当知道欺诈、胁迫事实的，按照担保法第三十条的规定处理。

21.86【司法解释】《2000 担保法解释》第四十一条

债务人与保证人共同欺骗债权人，订立主合同和保证合同的，债权人可以请求人民法院予以撤销。因此给债权人造成损失的，由保证人与债务人承担连带赔偿责任。

八、保证合同必备内容及补正

21.87【法律】《1995 担保法》第十五条

保证合同应当包括以下内容：

（一）被保证的主债权种类、数额；

（二）债务人履行债务的期限；

（三）保证的方式；

（四）保证担保的范围；

（五）保证的期间；

（六）双方认为需要约定的其他事项。

保证合同不完全具备前款规定内容的，可以补正。

九、保证担保范围

21.88【法律】《1995 担保法》第二十一条

保证担保的范围包括主债权及利息、违约金、损害赔偿金和实现债权的费用。保证合同另有约定的，按照约定。

当事人对保证担保的范围没有约定或者约定不明确的，保证人应当对全部债务承担责任。

十、保证的方式

21.89【法律】《1995 担保法》第十六条

保证的方式有：

（一）一般保证；

（二）连带责任保证。

十一、一般保证

21.90【法律】《1995 担保法》第十七条

当事人在保证合同中约定，债务人不能履行债务时，由保证人承担保证责任的，为一般保证。

一般保证的保证人在主合同纠纷未经审判或者仲裁，并就债务人财产依法强制执行仍不能履行债务前，对债权人可以拒绝承担保证责任。

有下列情形之一的，保证人不得行使前款规定的权利：

（一）债务人住所变更，致使债权人要求其履行债务发生重大困难的；

（二）人民法院受理债务人破产案件，中止执行程序的；

（三）保证人以书面形式放弃前款规定的权利的。

21.91【司法解释】《2000 担保法解释》第二十五条

担保法第十七条第三款第（一）项规定的债权人要求债务人履行债务发生的重大困难情形，包括债务人下落不明、移居境外，且无财产可供执行。

21.92【司法解释】《2000 担保法解释》第二十四条

一般保证的保证人在主债权履行期间届满后，向债权人提供了债务人可供执行财产的真实情况的，债权人放弃或者怠于行使权利致使该财产不能被执行，保证人可以请求人民法院在其提供可供执行财产的实际价值范围内免除保证责任。

十二、连带责任保证

21.93【法律】《1995 担保法》第十八条

当事人在保证合同中约定保证人与债务人对债务承担连带责任的，为连带责任保证。

连带责任保证的债务人在主合同规定的债务履行期届满没有履行债务的，债权人可以要求债务人履行债务，也可以要求保证人在其保证范围内承担保证责任。

21.94【法律】《1995 担保法》第十九条

当事人对保证方式没有约定或者约定不明确的，按照连带责任保证承担保证责任。

十三、共同保证

21.95【法律】《1995 担保法》第十二条

同一债务有两个以上保证人的，保证人应当按照保证合同约定的保证份额，承担保证责任。没有约定保证份额的，保证人承担连带责任，债权人可以要求任何一个保证人承担全部保证责任，保证人都负有担保全部债权实现的义务。已经承担保证责任的保证人，有权向债务人追偿，或者要求承担连带责任的其他保证人清偿其应当承担的份额。

21.96【司法解释】《2000 担保法解释》第十九条

两个以上保证人对同一债务同时或者分别提供保证时，各保证人与债权人没有约定保证份额的，应当认定为连带共同保证。连带共同保证的保证人以其相互之间约定各自承担的份额对抗债权人的，人民法院不予支持。

21.97【司法解释】《2000 担保法解释》第二十条

连带共同保证的债务人在主合同规定的债务履行期届满没有履行债务的，债权人可以要求债务人履行债务，也可以要求任何一个保证人承担全部保证责任。连带共同保证的保证人承担保证责任后，向债务人不能追偿的部分，由各连带保证人按其内部约定的比例分担。没有约定的，平均分担。

21.98【司法解释】《2000 担保法解释》第二十一条

按份共同保证的保证人按照保证合同约定的保证份额承担保证责任后，在其履行保证责任的范围内对债务人行使追偿权。

十四、最高额保证合同

21.99【法律】《1995 担保法》第十四条

保证人与债权人可以就单个主合同分别订立保证合同，也可以协议在最高债权额限度内就一定期间连续发生的借款合同或者某项商品交易合同订立一个保证合同。

21.100【司法解释】《2000 担保法解释》第二十三条

最高额保证合同的不特定债权确定后，保证人应当对在最高债权额限度内就一定期间连续发生的债权余额承担保证责任。

21.101【司法解释】《2000 担保法解释》第三十七条

最高额保证合同对保证期间没有约定或者约定不明的，如最高额保证合同约定有保证人清偿债务期限的，保证期间为清偿期限届满之日起六个月。没有约定债务清偿期限的，保证期间自最高额保证终止之日或自债权人收到保证人终止保证合同的书面通知到达之日起六个月。

十五、保证期间

21.102【司法解释】《2000 担保法解释》第三十一条

保证期间不因任何事由发生中断、中止、延长的法律后果。

21.103【法律】《1995 担保法》第二十五条

一般保证的保证人与债权人未约定保证期间的，保证期间为主债务履行期届满之日起六个月。

在合同约定的保证期间和前款规定的保证期间，债权人未对债务人提起诉讼或者申请仲裁的，保证人免除保证责任；债权人已提起诉讼或者申请仲裁的，保证期间适用诉讼时效中断的规定。

21.104【法律】《1995 担保法》第二十六条

连带责任保证的保证人与债权人未约定保证期间的，债权人有权自主债务履行期届满之日起六个月内要求保证人承担保证责任。

在合同约定的保证期间和前款规定的保证期间，债权人未要求保证人承担保证责任的，保证人免除保证责任。

21.105【法律】《1995 担保法》第二十七条

保证人依照本法第十四条规定就连续发生的债权作保证，未约定保证期间的，保证人可以随时书面通知债权人终止保证合同，但保证人对于通知到债权人前所发生的债权，承担保证责任。

21.106【司法解释】《2000 担保法解释》第三十二条

保证合同约定的保证期间早于或者等于主债务履行期限的，视为没有约定，保证期间为主债务履行期届满之日起六个月。保证合同约定保证人承担保证责任直至主债务本息还清时为止等类似内容的，视为约定不明，保证期间为主债务履行期届满之日起二年。

21.107【司法解释】《2000 担保法解释》第三十三条

主合同对主债务履行期限没有约定或者约定不明的，保证期间自债权人要求债务人履行义务的宽限期届满之日起计算。

十六、主债权转让与保证责任继续承担

21.108【法律】《1995 担保法》第二十二条

保证期间，债权人依法将主债权转让给第三人的，保证人在原保证担保的范围内继

续承担保证责任。保证合同另有约定的，按照约定。

21.109【司法解释】《2000 担保法解释》第二十八条

保证期间，债权人依法将主债权转让给第三人的，保证债权同时转让，保证人在原保证担保的范围内对受让人承担保证责任。但是保证人与债权人事先约定仅对特定的债权人承担保证责任或者禁止债权转让的，保证人不再承担保证责任。

十七、债务转让与承担保证责任的条件

21.110【法律】《1995 担保法》第二十三条

保证期间，债权人许可债务人转让债务的，应当取得保证人书面同意，保证人对未经其同意转让的债务，不再承担保证责任。

21.111【司法解释】《2000 担保法》第二十九条

保证期间，债权人许可债务人转让部分债务未经保证人书面同意的，保证人对未经其同意转让部分的债务，不再承担保证责任。但是，保证人仍应当对未转让部分的债务承担保证责任。

十八、主合同变更与承担保证责任的条件

21.112【法律】《1995 担保法》第二十四条

债权人与债务人协议变更主合同的，应当取得保证人书面同意，未经保证人书面同意的，保证人不再承担保证责任。保证合同另有约定的，按照约定。

21.113【司法解释】《2000 担保法解释》第三十条

保证期间，债权人与债务人对主合同数量、价款、币种、利率等内容作了变动，未经保证人同意的，如果减轻债务人的债务的，保证人仍应当对变更后的合同承担保证责任；如果加重债务人的债务的，保证人对加重的部分不承担保证责任。债权人与债务人对主合同履行期限作了变动，未经保证人书面同意的，保证期间为原合同约定的或者法律规定的期间。债权人与债务人协议变动主合同内容，但并未实际履行的，保证人仍应当承担保证责任。

十九、保证与物的担保并存

21.114【法律】《1995 担保法》第二十八条

同一债权既有保证又有物的担保的，保证人对物的担保以外的债权承担保证责任。

债权人放弃物的担保的，保证人在债权人放弃权利的范围内免除保证责任。

21.115【司法解释】《2000 担保法》第三十八条

同一债权既有保证又有第三人提供物的担保的，债权人可以请求保证人或者物的担

保人承担担保责任。当事人对保证担保的范围或者物的担保的范围没有约定或者约定不明的，承担了担保责任的担保人，可以向债务人追偿，也可以要求其他担保人清偿其应当分担的份额。

同一债权既有保证又有物的担保的，物的担保合同被确认无效或者被撤销，或者担保物因不可抗力的原因灭失而没有代位物的，保证人仍应当按合同的约定或者法律的规定承担保证责任。

债权人在主合同履行期届满后怠于行使担保物权，致使担保物的价值减少或者毁损、灭失的，视为债权人放弃部分或者全部物的担保。保证人在债权人放弃权利的范围内减轻或者免除保证责任。

二十、保证合同履行

21.116【司法解释】《2000 担保法解释》第十三条

保证合同中约定保证人代为履行非金钱债务的，如果保证人不能实际代为履行，对债权人因此造成的损失，保证人应当承担赔偿责任。

21.117【司法解释】《2000 担保法解释》第二十六条

第三人向债权人保证监督支付专款专用的，在履行了监督支付专款专用的义务后，不再承担责任。未尽监督义务造成资金流失的，应当对流失的资金承担补充赔偿责任。

21.118【司法解释】《2000 担保法解释》第二十七条

保证人对债务人的注册资金提供保证的，债务人的实际投资与注册资金不符，或者抽逃转移注册资金的，保证人在注册资金不足或者抽逃转移注册资金的范围内承担连带保证责任。

二十一、保证人抗辩权

21.119【法律】《1995 担保法》第二十条

一般保证和连带责任保证的保证人享有债务人的抗辩权。债务人放弃对债务的抗辩权的，保证人仍有权抗辩。

抗辩权是指债权人行使债权时，债务人根据法定事由，对抗债权人行使请求权的权利。

二十二、保证人向债务人追偿权

21.120【法律】《1995 担保法》第三十一条

保证人承担保证责任后，有权向债务人追偿。

21.121【司法解释】《2000 担保法解释》第四十二条

人民法院判决保证人承担保证责任或者赔偿责任的，应当在判决书主文中明确保证人享有担保法第三十一条规定的权利。判决书中未予明确追偿权的，保证人只能按照承担责任的事实，另行提起诉讼。

保证人对债务人行使追偿权的诉讼时效，自保证人向债权人承担责任之日起开始计算。

21.122【司法解释】《2000 担保法解释》第四十三条

保证人自行履行保证责任时，其实际清偿额大于主债权范围的，保证人只能在主债权范围内对债务人行使追偿权。

二十三、债务人破产情形下保证人追偿权

21.123【法律】《1995 担保法》第三十二条

人民法院受理债务人破产案件后，债权人未申报债权的，保证人可以参加破产财产分配，预先行使追偿权。

21.124【司法解释】《2000 担保法解释》第四十四条

保证期间，人民法院受理债务人破产案件的，债权人既可以向人民法院申报债权，也可以向保证人主张权利。债权人申报债权后在破产程序中未受清偿的部分，保证人仍应当承担保证责任。债权人要求保证人承担保证责任的，应当在破产程序终结后六个月内提出。

21.125【司法解释】《2000 担保法解释》第四十五条

债权人知道或者应当知道债务人破产，既未申报债权也未通知保证人，致使保证人不能预先行使追偿权的，保证人在该债权在破产程序中可能受偿的范围内免除保证责任。

21.126【司法解释】《2000 担保法解释》第四十六条

人民法院受理债务人破产案件后，债权人未申报债权的，各连带共同保证的保证人应当作为一个主体申报债权，预先行使追偿权。

二十四、保证合同时效

21.127【司法解释】《2000 担保法解释》第三十四条

一般保证的债权人在保证期间届满前对债务人提起诉讼或者申请仲裁的，从判决或者仲裁裁决生效之日起，开始计算保证合同的诉讼时效。

连带责任保证的债权人在保证期间届满前要求保证人承担保证责任的，从债权人要求保证人承担保证责任之日起，开始计算保证合同的诉讼时效。

21.128【司法解释】《2000 担保法解释》第三十五条

保证人对已经超过诉讼时效期间的债务承担保证责任或者提供保证的，又以超过诉

讼时效为由抗辩的，人民法院不予支持。

21.129【司法解释】《2000 担保法解释》第三十六条

一般保证中，主债务诉讼时效中断，保证债务诉讼时效中断；连带责任保证中，主债务诉讼时效中断，保证债务诉讼时效不中断。

一般保证和连带责任保证中，主债务诉讼时效中止的，保证债务的诉讼时效同时中止。

第四节　涉海商事信用证

一、信用证纠纷范围

21.130【司法解释】《2005 信用证规定》第一条

本规定所指的信用证纠纷案件，是指在信用证开立、通知、修改、撤销、保兑、议付、偿付等环节产生的纠纷。

二、信用证适用法及其关联法律关系适用法

21.131【司法解释】《2005 信用证规定》第二条

人民法院审理信用证纠纷案件时，当事人约定适用相关国际惯例或者其他规定的，从其约定；当事人没有约定的，适用国际商会《跟单信用证统一惯例》或者其他相关国际惯例。

21.132【司法解释】《2005 信用证规定》第三条

开证申请人与开证行之间因申请开立信用证而产生的欠款纠纷、委托人和受托人之间因委托开立信用证产生的纠纷、担保人为申请开立信用证或者委托开立信用证提供担保而产生的纠纷以及信用证项下融资产生的纠纷，适用本规定。

21.133【司法解释】《2005 信用证规定》第四条

因申请开立信用证而产生的欠款纠纷、委托开立信用证纠纷和因此产生的担保纠纷以及信用证项下融资产生的纠纷应当适用中华人民共和国相关法律。涉外合同当事人对法律适用另有约定的除外。

三、开证行履行付款义务的条件

21.134【司法解释】《2005 信用证规定》第五条

开证行在作出付款、承兑或者履行信用证项下其他义务的承诺后，只要单据与信用证条款、单据与单据之间在表面上相符，开证行应当履行在信用证规定的期限内付款的

义务。当事人以开证申请人与受益人之间的基础交易提出抗辩的，人民法院不予支持。具有本规定第八条的情形除外。

四、信用证单证审查的依据和标准

21.135【司法解释】《2005 信用证规定》第六条

人民法院在审理信用证纠纷案件中涉及单证审查的，应当根据当事人约定适用的相关国际惯例或者其他规定进行；当事人没有约定的，应当按照国际商会《跟单信用证统一惯例》以及国际商会确定的相关标准，认定单据与信用证条款、单据与单据之间是否在表面上相符。

信用证项下单据与信用证条款之间、单据与单据之间在表面上不完全一致，但并不导致相互之间产生歧义的，不应认定为不符点。

五、开证行审查单据权利、义务和责任

21.136【司法解释】《2005 信用证规定》第七条

开证行有独立审查单据的权利和义务，有权自行作出单据与信用证条款、单据与单据之间是否在表面上相符的决定，并自行决定接受或者拒绝接受单据与信用证条款、单据与单据之间的不符点。

开证行发现信用证项下存在不符点后，可以自行决定是否联系开证申请人接受不符点。开证申请人决定是否接受不符点，并不影响开证行最终决定是否接受不符点。开证行和开证申请人另有约定的除外。

开证行向受益人明确表示接受不符点的，应当承担付款责任。

开证行拒绝接受不符点时，受益人以开证申请人已接受不符点为由要求开证行承担信用证项下付款责任的，人民法院不予支持。

六、信用证欺诈

21.137【司法解释】《2005 信用证规定》第八条

凡有下列情形之一的，应当认定存在信用证欺诈：

（一）受益人伪造单据或者提交记载内容虚假的单据；

（二）受益人恶意不交付货物或者交付的货物无价值；

（三）受益人和开证申请人或者其他第三方串通提交假单据，而没有真实的基础交易；

（四）其他进行信用证欺诈的情形。

七、信用证欺诈时止付申请

21.138【司法解释】《2005 信用证规定》第九条

开证申请人、开证行或者其他利害关系人发现有本规定第八条的情形，并认为将会给其造成难以弥补的损害时，可以向有管辖权的人民法院申请中止支付信用证项下的款项。

21.139【司法解释】《2005 信用证规定》第十条

人民法院认定存在信用证欺诈的，应当裁定中止支付或者判决终止支付信用证项下款项，但有下列情形之一的除外：

（一）开证行的指定人、授权人已按照开证行的指令善意地进行了付款；

（二）开证行或者其指定人、授权人已对信用证项下票据善意地作出了承兑；

（三）保兑行善意地履行了付款义务；

（四）议付行善意地进行了议付。

21.140【司法解释】《2005 信用证规定》第十一条

当事人在起诉前申请中止支付信用证项下款项符合下列条件的，人民法院应予受理：

（一）受理申请的人民法院对该信用证纠纷案件享有管辖权；

（二）申请人提供的证据材料证明存在本规定第八条的情形；

（三）如不采取中止支付信用证项下款项的措施，将会使申请人的合法权益受到难以弥补的损害；

（四）申请人提供了可靠、充分的担保；

（五）不存在本规定第十条的情形。

当事人在诉讼中申请中止支付信用证项下款项的，应当符合前款第（二）、（三）、（四）、（五）项规定的条件。

21.141【司法解释】《2005 信用证规定》第十二条

人民法院接受中止支付信用证项下款项申请后，必须在四十八小时内作出裁定；裁定中止支付的，应当立即开始执行。

人民法院作出中止支付信用证项下款项的裁定，应当列明申请人、被申请人和第三人。

21.142【司法解释】《2005 信用证规定》第十三条

当事人对人民法院作出中止支付信用证项下款项的裁定有异议的，可以在裁定书送达之日起十日内向上一级人民法院申请复议。上一级人民法院应当自收到复议申请之日起十日内作出裁定。

复议期间，不停止原裁定的执行。

八、信用证诉讼及诉因区分

21.143【司法解释】《2005 信用证规定》第十四条

人民法院在审理信用证欺诈案件过程中，必要时可以将信用证纠纷与基础交易纠纷一并审理。

当事人以基础交易欺诈为由起诉的，可以将与案件有关的开证行、议付行或者其他信用证法律关系的利害关系人列为第三人；第三人可以申请参加诉讼，人民法院也可以通知第三人参加诉讼。

九、信用证项下款项终止支付

21.144【司法解释】《2005 信用证规定》第十五条

人民法院通过实体审理，认定构成信用证欺诈并且不存在本规定第十条的情形的，应当判决终止支付信用证项下的款项。

十、信用证下保证责任免除禁止及例外

21.145【司法解释】《2005 信用证规定》第十六条

保证人以开证行或者开证申请人接受不符点未征得其同意为由请求免除保证责任的，人民法院不予支持。保证合同另有约定的除外。

21.146【司法解释】《2005 信用证规定》第十七条

开证申请人与开证行对信用证进行修改未征得保证人同意的，保证人只在原保证合同约定的或者法律规定的期间和范围内承担保证责任。保证合同另有约定的除外。

第五节　涉海商事保理

一、保理法律关系认定

21.147【地方法院规范文件】《2014 天津高院保理合同纪要一》第二条

保理合同是指债权人与保理商之间签订的，约定将现在或将来的、基于债权人与债务人订立的销售商品、提供服务、出租资产等基础合同所产生的应收账款债权转让给保理商，由保理商向债权人提供融资、销售分户账管理、应收账款催收、资信调查与评估、信用风险控制及坏账担保等至少一项服务的合同。构成保理法律关系，应当同时具备以下几个基本条件：

（1）保理商必须是依照国家规定、经过有关主管部门批准可以开展保理业务的金融机构和商业保理公司；

（2）保理法律关系应当以债权转让为前提；

（3）保理商与债权人应当签订书面的保理合同；

（4）保理商应当提供下列服务中的至少一项：融资、销售分户账管理、应收账款催收、资信调查与评估、信用风险控制及坏账担保。

保理商与债权人签订的合同名为保理合同，经审查不符合保理合同的构成要件，实为其他法律关系的，应按照实际法律关系处理。

保理法律关系不同于一般借款关系。保理融资的第一还款来源是债务人支付应收账款，而非债权人直接归还保理融资款。保理法律关系也不同于债权转让关系，保理商接受债务人依基础合同支付的应收账款，在扣除保理融资本息及相关费用后，应将余额返还债权人。

二、保理合同效力

21.148【地方法院规范文件】《2014 天津高院保理合同纪要一》第三条

保理合同是真实意思表示，内容合法，不违反我国法律、行政法规强制性规定的，应认定为有效。

保理合同属于反向保理且符合前款规定的，应认定为有效。

三、保理合同为无名合同

21.149【地方法院规范文件】《2014 天津高院保理合同纪要一》第四条

保理合同为无名合同，案由可暂定为保理合同纠纷。在司法统计时，将其归入“其他合同纠纷”项下。

四、债权人向保理商转让债权通知形式与效力

21.150【地方法院规范文件】《2015 天津高院保理合同纪要二》第二条

除另有约定外，债权人向保理商转让应收账款的，应当通知债务人。未经通知，该应收账款转让对债务人不发生效力。债务人是否收到通知，不影响保理合同的效力。

债权人与保理商在保理合同中约定由保理商通知债务人的，保理商向债务人发送债权转让通知的同时，应当证明应收账款债权转让的事实并表明其保理商身份。

保理商或者债权人与债务人对于债权转让通知的形式有约定的，按照约定的形式通知债务人。约定使用电子签名、数据电文形式，或者约定通过各类电子交易平台在线上采用电子签名、数据电文等形式发送债权转让通知的，以及债务人对债权转让的事实使用电子签名、数据电文形式，或者通过各类电子交易平台在线上采用电子签名、数据电

文等形式做出承诺或者确认的，在符合《中华人民共和国电子签名法》相关规定的情况下，可以认定债权转让对债务人发生效力。

保理商或者债权人与债务人未对债权转让通知的形式做出约定的，下列情形可以视为履行了债权转让通知义务：1. 债权人在债权转让通知文件上签章并实际送达债务人；2. 债权人在所转让应收账款的对应发票上明确记载了债权转让主体和内容并实际送达债务人；3. 保理商与债权人、债务人共同签订债权转让协议；4. 经公证证明债权转让通知已经送达债务人，但有相反证据足以推翻公证的除外。

五、债务人确认应收账款的效力

21.151【地方法院规范文件】《2015 天津高院保理合同纪要二》第三条

债权人向保理商转让现有的已确定的应收账款债权时，债务人仅对应收账款债权数额、还款期限进行确认的，债务人可以就基础合同项下的应收账款行使抗辩权。债务人对应收账款债权数额、还款期限以及基础合同、交付凭证、发票等内容一并进行确认的，或者保理合同中对应收账款性质、状态等内容的具体表述已作为债权转让通知或者应收账款确认书附件的，根据诚实信用原则，可以作为债务人对基础合同项下的应收账款不持异议的有效证据，但债务人能够提供其他证据足以推翻的除外。债务人仅以应收账款不存在或者基础合同未履行为由提出抗辩的，不予支持。

债权人向保理商转让未来的应收账款债权时，债务人对应收账款债权进行确认的，不影响其行使基础合同项下的抗辩权。

六、基础合同中债权禁止转让约定对保理商影响

21.152【地方法院规范文件】《2015 天津高院保理合同纪要二》第四条

债权人与债务人约定债权不得转让的，债权人不得将应收账款全部或者部分转让给保理商，但保理商善意取得应收账款债权的除外。债权人违反基础合同约定转让不得转让的应收账款，如果因此给保理商造成损失，保理商向其主张承担赔偿责任的，应予支持，但保理商在签订保理合同时知道或者应当知道基础合同禁止转让约定的除外。

七、基础合同变更对保理商影响

21.153【地方法院规范文件】《2015 天津高院保理合同纪要二》第五条

保理合同对于基础合同的变更有约定的从约定，无约定的，可以按照以下情形处理：1. 保理商可以对保理合同内容做出相应的变更。2. 债权人变更基础合同的行为导致应收账款的有效性、履行期限、付款方式等发生重大变化，致使保理商不能实现合同目的，保理商可以向债权人主张解除保理合同并要求赔偿损失，或者要求债权人依照保理合同约定承担违约责任。

债权转让通知送达债务人，债务人未向保理商作出不变更基础合同承诺的，不承担因基础合同变更给保理商造成损失的赔偿责任。债务人已向保理商作出不变更基础合同承诺的，对于因基础合同变更给保理商造成的损失，如果没有明确责任承担方式，保理商可以主张债务人在债权人承担责任的范围内承担补充赔偿责任。

债权人与债务人恶意串通变更基础合同，损害保理商利益的，保理商依法主张债权人与债务人对造成的损失承担连带责任的，应予支持。

八、保理合同下，债务人抗辩权和抵销权

21.154【地方法院规范文件】《2015 天津高院保理合同纪要二》第六条

债务人收到债权转让通知后，其因基础合同而享有的抗辩权、抵销权可以向保理商主张，债务人明确表示放弃抗辩权、抵销权的除外。

债务人收到债权转让通知后新产生的抗辩事由，如果该抗辩事由的发生基础是在债权转让通知前已经存在的，可以向保理商主张。

九、保理专户中保理回款性质

21.155【地方法院规范文件】《2015 天津高院保理合同纪要二》第七条

保理专户又称保理回款专用户，是保理商为债权人提供融资后，双方以债权人名义开立的，或者保理银行开立的、具有银行内部户性质的，用于接收债务人支付的应收账款的专用账户。

对于保理商与债权人约定将保理专户中的保理回款进行质押的，如果该保理专户同时具备以下几个特征，保理专户中的回款可以认定为是债权人“将其金钱以特户、封金、保证金等形式特定化后”，移交保理商占有作为保理融资的担保，在应收账款到期后，保理商可以就保理专户中的回款优先受偿：1. 保理商将应收账款的债权人和债务人、应收账款数额和履行期限、保理专户的账户名称、保理回款数额及预计进账时间等，在“中国人民银行征信中心动产融资统一登记平台”的“应收账款转让登记”项下“保理专户”进行登记公示。2. 每笔保理业务应当开立一个保理专户，如果多笔保理业务开立一个保理专户的，应当证明每笔保理业务与保理专户的相互对应关系。3. 保理商、债权人与保理专户的开户银行签订保理专户监管协议，确保保理专户未存入应收账款回款之外的其他资金，未与债权人的其他账户混用，未作为日常结算使用。

十、保理商权利救济

21.156【地方法院规范文件】《2015 天津高院保理合同纪要二》第八条

债务人应当按照应收账款债权转让通知向保理商或者债权人支付应收账款。债务人知道或者应当知道其向保理商支付应收账款的，如果仍向债权人支付，保理商向债务人

主张支付应收账款的，应予支持。

保理合同签订后，债权转让通知送达债务人之前，债务人已经向债权人支付的应收账款，保理合同对此有约定的从约定。保理合同无约定的，保理商向债权人主张给付其所收取的应收账款的，应予支持。

债务人未依约支付全部应收账款时，保理商提出下列主张的，应予支持：1. 应收账款债权转让通知已经送达债务人的，保理商要求债务人支付全部应收账款。2. 债权转让通知没有送达债务人的，保理商要求债权人积极向债务人主张支付全部应收账款，并按保理合同约定将相应款项给付保理商。3. 债权人负有回购义务的，保理商要求债权人返还保理融资本息并支付相关费用。4. 债权人的回购义务履行完毕前，保理商依据保理合同及债权转让通知要求债务人付款或者收取债务人支付的应收账款。

债权人履行回购义务后，保理商应将应收账款及其项下的权利返还债权人，债权人取得基础合同项下对债务人的相应债权，保理商不得再向债务人主张还款。前述所称回购义务是指债权人向保理商转让应收账款后，当发生保理合同约定的情形时，债权人应依约从保理商处购回所转让的应收账款债权。

债务人依约支付全部应收账款的，保理商在扣除保理融资本息及相关费用后，应将保理回款的余款返还债权人。

十一、保理合同下，破产抵销权行使

21.157【地方法院规范文件】《2015 天津高院保理合同纪要二》第九条

保理商按保理合同约定享有向债权人主张回购应收账款权利的，如果债权人进入破产程序，保理商可以就其尚未向债权人支付或者足额支付的保理融资款，与其享有的要求债权人回购应收账款的债权，向破产管埋人主张抵销。

十二、保理合同相关案件管辖

21.158【地方法院规范文件】《2014 天津高院保理合同纪要一》第五条

保理合同以基础合同的债权转让为前提。保理业务由应收账款转让和保理两部分组成，主要呈现两种诉讼类型：一是保理商以收回保理融资款为主要目的，起诉债权人和债务人或者仅起诉债务人。此时，保理商的法律地位是应收账款债权受让人，基于基础合同的债权转让而主张债务人偿还应收账款，以及因债务人不能偿还时债权人依约所应承担的回购义务，案件审理的重点是基础合同应收帐款的偿还。二是保理商仅因保理合同的签订、履行等起诉债权人，例如要求支付保理费用等，案件审理的重点是保理合同的履行。

保理商向债权人和债务人或者仅向债务人主张权利时，应当依据民事诉讼法的有关规定，结合基础合同中有关管辖的约定确定管辖。

保理商和债权人仅因保理合同的签订、履行等发生纠纷，按照保理合同的约定确定管辖。保理合同中无管辖约定或者约定不明确的，应当由被告住所地或者保理合同履行地法院管辖，保理融资款的发放地为保理合同的履行地。

保理商向债权人、债务人及担保人一并主张权利的，应当根据债权人与债务人之间的基础合同确定管辖。

保理商、债权人与债务人另有管辖约定的，按照其约定确定管辖。

十三、保理合同当事人诉讼地位

21.159【地方法院规范文件】《2014天津高院保理合同纪要一》第六条

保理商仅以债权人为被告提起诉讼的，如果案件审理需要查明债权人与债务人之间是否存在基础合同关系、基础合同履行情况，以及债权转让是否通知债务人等事实的，应当根据当事人的举证情况进行审查，必要时可以追加债务人作为第三人参加诉讼。如果保理商与债权人仅就保理合同的权利义务产生纠纷，与基础合同的签订和履行情况无关的，可不追加债务人参加诉讼。

保理商仅以债务人为被告提起诉讼的，如果债务人就基础合同的签订、履行以及享有抗辩权、抵销权等提出抗辩的，应当追加债权人作为第三人参加诉讼。如果债务人仅就是否收到债权转让通知提出异议的，可以不追加债权人参加诉讼，仅需通知债权人以证人身份就相关事实予以说明。

十四、保理合同法律适用

21.160【地方法院规范文件】《2014天津高院保理合同纪要一》第七条

审理保理合同纠纷案件，应以保理合同的约定作为确定各方当事人权利义务的主要依据。

除合同约定的内容之外，应依据合同法第一百二十四条无名合同的相关规定，适用合同法总则的规定，并可以参照合同法分则或者其他法律最相类似的规定。

十五、保理合同下，应收账款出质与转让

21.161【地方法院规范文件】《2014天津高院保理合同纪要一》第八条

应收账款出质后，不得转让。未经质权人同意转让应收账款，该转让行为属于无权处分行为。

出质人经质权人同意转让应收账款的，应当以其所得的保理融资款和保理回款的余款向质权人提前清偿或者提存。

保理融资款是指债权人将应收账款转让给保理商后，保理商为债权人提供的资金融通款，包括贷款和应收账款转让预付款。保理回款的余款是指债务人依基础合同约定支

付的全部应收账款，在保理商扣除融资本息及相关费用后剩余的款项。

十六、保理相关业务登记公示和查询

21.162【地方法院规范文件】《2014 天津高院保理合同纪要一》第九条

天津市金融工作局、中国人民银行天津分行、天津市商务委员会联合发布的《关于做好应收账款质押及转让业务登记查询工作的通知》（以下简称《通知》）中所列主体受让应收账款时，应当登陆中国人民银行征信中心动产融资统一登记平台，对应收账款的权属状况进行查询，未经查询的，不构成善意。

《通知》中所列主体办理应收账款质押、转让业务时，应当对应收账款的权属状况在中国人民银行征信中心动产融资统一登记平台予以登记公示，未经登记的，不能对抗善意保理商。

十七、保理相关术语

21.163【地方法院规范文件】《2014 天津高院保理合同纪要一》第十一条

1. 保理：又称保付代理，是以应收账款转让为前提的综合性金融服务。保理合同主要涉及几方当事人：A 保理商：开展保理业务的金融机构及商业保理公司；B 债权人：基础合同中的债权人，其在保理合同中将基础合同中的应收账款转让给保理商，因此又是保理合同中的应收账款出让人；C 债务人：基础合同项下的付款义务人。

反向保理：指保理商与规模较大、资信较好的买方达成协议，对于为其供货、位于其供应链上的中小企业提供保理业务。实务操作中，保理商首先与资信较好的买方协商，确定由保理商为向买方供货的中小企业提供保理融资，然后保理商与供货的中小企业，或者与供货的中小企业和买方共同签订保理合同。供货的中小企业履行基础合同中的供货义务后，向保理商提示买方承兑的票据，保理商立即提供融资，并进行应收账款管理及账款收取等综合性金融服务。票据到期时，买方直接向保理商支付款项。反向保理不是一种具体产品或者合同名称，而是一种保理营销策略和思路。近年来，反向保理在大幅度减少保理商风险的同时，有效缓解了中小企业的融资困难，提高了中小企业的市场开拓能力。

2. 保理融资：保理商应债权人的申请，在债权人将应收账款转让给保理商后，为债权人提供的资金融通，包括贷款和应收账款转让预付款。

3. 销售分户帐管理：保理商根据债权人的要求，定期或不定期向其提供关于应收账款的回收情况、逾期账款情况、信用额度变化情况、对账单等各种财务和统计报表，协助债权人进行应收账款管理。

4. 应收账款催收：保理商根据应收账款账期，主动或应债权人要求，采取电话、函件、上门催收直至运用法律手段对债务人进行催收。

5. 资信调查与评估：保理商以受让应收账款为前提，提供的机构或个人的信用信息记录、信用状况调查与分析、信用评价等服务。

6. 信用风险控制与坏账担保：保理商为债务人核定信用额度，并在核准额度内，对债权人无商业纠纷的应收账款提供约定的付款担保。

7. 基础合同：应收账款债权人与债务人签订的有关销售货物、提供服务或出租资产等的交易合同。

8. 应收账款债权：保理商受让的、债权人（卖方）基于履行基础合同项下销售货物、提供服务或出租资产等义务而对债务人（买方）享有的债权。应收账款的权利范围一般包括：销售商品产生的债权，提供服务产生的债权，出租资产产生的债权，公路、桥梁、隧道、渡口等不动产收费权让渡产生的债权，以及保理商认可的其他债权。

9. 信用风险：债务人因破产、重整、解散、停止营业、拒绝往来、无支付能力或恶意拖欠等，未能在保理期限到期日足额支付应收账款。

10. 有追索权保理：指保理商不承担为债务人核定信用额度和提供坏账担保的义务，仅提供包括融资在内的其他金融服务。无论应收账款因何种原因不能收回，保理商都有权向债权人追索已付融资款项并拒付尚未收回的差额款项，或者要求债权人回购应收账款。

11. 无追索权保理：指保理商根据债权人提供的债务人核准信用额度，在信用额度内承购债权人对债务人的应收账款并提供坏账担保责任。债务人因发生信用风险未按基础合同约定按时足额支付应收账款时，保理商不能向债权人追索。发生下列情况之一的，无追索权保理的保理商有权追索已付融资款并不承担坏账担保义务：债权人有明显欺诈行为；不可抗力；债务人对基础合同项下的商品、服务等提出异议。

12. 公开型保理：又称明保理，是指在签订保理合同或在保理合同项下每单发票项下的应收账款转让时立即将债权转让事实通知债务人，该事实即对债务人产生约束力。

13. 隐蔽型保理：又称暗保理，是指保理合同签订后的一定时期内，保理商或债权人都未将应收账款转让事实通知债务人，仅在约定期限届满或约定事由出现后，保理商可将应收账款转让事实通知债务人。隐蔽型保理中，即使保理商已预付融资款，正常情况下债务人仍直接向债权人付款，再由债权人将相关付款转付保理商，融资款项仅在债权人与保理商之间清算。

第二编

涉海商事法律适用法及准据法查明和解释

第一章

《1992 海商法》中涉外关系法律适用法

第一节　国际条约、国际惯例之适用、除外与限制

一、国际条约适用及除外

1.1【法律】《1992 海商法》第二百六十八条第一款

中华人民共和国缔结或者参加的国际条约同本法有不同规定的，适用国际条约的规定；但是，中华人民共和国声明保留的条款除外。

二、国际惯例适用条件及限制

1.2【法律】《1992 海商法》第二百六十八条第二款

中华人民共和国法律和中华人民共和国缔结或者参加的国际条约没有规定的，可以适用国际惯例。

1.3【法律】《1992 海商法》第二百七十六条

依照本章规定适用外国法律或者国际惯例，不得违背中华人民共和国的社会公共利益。

第二节　涉外海商关系法律适用法

一、海商合同当事人选择适用法及未选择时法律适用法

1.4【法律】《1992 海商法》第二百六十九条

合同当事人可以选择合同适用的法律，法律另有规定的除外。合同当事人没有选择

的，适用与合同有最密切联系的国家的法律。

二、船舶物权法律适用法

1.5【法律】《1992 海商法》第二百七十条

船舶所有权的取得、转让和消灭，适用船旗国法律。

1.6【法律】《1992 海商法》第二百七十二条

船舶优先权，适用受理案件的法院所在地法律。

1.7【法律】《1992 海商法》第二百七十一条

船舶抵押权适用船旗国法律。

船舶在光船租赁以前或者光船租赁期间，设立船舶抵押权的，适用原船舶登记国的法律。

1.8【典型案例】《2014 年十大典型海事案例》之案例 3：JP 摩根大通银行与海流航运公司船舶抵押权纠纷案

案情摘要

1997 年 6 月 19 日，JP 摩根大通银行（以下简称摩根大通）与包括海流航运公司（以下简称海流公司）在内的五借款人订立贷款合同，约定由摩根大通向五借款人提供贷款 3500 万美元。同年 6 月 27 日，摩根大通与海流公司签订担保契据，约定以海流公司所有的“航海者”轮向摩根大通抵押，为 3500 万美元贷款设立第一优先抵押权，并在伦敦巴哈马籍船舶注册官处办理了抵押登记手续。1999 年 7 月 7 日，摩根大通与海运国际公司签订了一份 200 万美元透支贷款协议，海流公司同意对该透支贷款承担连带清偿责任。2000 年 7 月 18 日，双方又签订第二份担保契据，以“航海者”轮再次为 200 万美元透支贷款设立抵押并进行了登记。2002 年 3 月 14 日，摩根大通以海流公司拖欠其抵押贷款本息 7,323,377.26 美元为由，向广州海事法院申请扣押“航海者”轮，随后该院裁定扣押了该轮。3 月 22 日摩根大通在广州海事法院提起诉讼。后经摩根大通申请，“航海者”轮被依法拍卖，由摩根大通以 594 万美元买得。

裁判结果

广州海事法院审理认为，涉案贷款合同合法有效。本案抵押船舶的船旗国为巴哈马，依据《中华人民共和国海商法》第二百七十一条的规定，本案船舶抵押权纠纷应适用船旗国法律即《巴哈马商船法》。涉案“航海者”轮项下两项船舶抵押登记不违反《巴哈马商船法》中船舶抵押权的规定，为有效抵押登记，遂于 2002 年 7 月 25 日判决海流公司偿付摩根大通贷款、透支款及其利息与相关费用，摩根大通对“航海者”轮享有船舶抵押权，有权从该轮拍卖款项中优先受偿。

典型意义

本案是一起典型的涉外船舶抵押权纠纷案，涉案“航海者”轮是大型油轮，原告、被告均为外国当事人，且案件事实发生在境外，但原告摩根大通主动选择在我国扣押船舶、进行诉讼。海事法院积极依法查明《巴哈马商船法》的规定并予准确适用，判决结果公正，受到国际航运界广泛好评。本案判决在外国法查明与适用、涉外民事关系的法律适用等方面具有指导意义。本案审理所遵循的“涉外因素—管辖权—法律适用”三步走的裁判思路，已成为我国涉外民商事审判的基本裁判方法，对规范涉外民商事案件的审判实践亦具有重要意义。

1.9【典型案例】大宇造船海洋株式会社诉西达克凌公司船舶抵押合同纠纷案——最高人民法院2017年度十件海事审判典型案例之十

基本案情

大宇造船与利比里亚JE公司签订《船舶建造合同》，JE公司为买方，大宇造船为建造方。履约过程中，买方变更为马绍尔群岛的西象公司，巴拿马的西达克凌公司作为船舶所有人，加入履行买方义务。大宇造船与西象公司、西达克凌公司签订《补充协议》，约定西象公司承担第一笔3000万美元的付款义务，西达克凌公司承担第二笔1800万美元的付款义务。三方随后在英国伦敦签订抵押合同，约定西达克凌公司以其所有的“金鹅”轮（M/V Glory Comfort）分别为付款义务及产生的相关费用提供第一、第二优先受偿抵押担保，并在巴拿马办理了船舶抵押登记。因西象公司、西达克凌公司未能如约付款，大宇造船在英国伦敦提起仲裁，仲裁庭裁决西象公司、西达克凌公司继续履行付款义务，该仲裁裁决已被青岛海事法院裁定予以承认。因“金鹅”轮另案被青岛海事法院扣押并拍卖，大宇造船进行了债权登记并提起确权诉讼，请求确认其对“金鹅”轮享有580万美元的第一优先受偿抵押权。

裁判结果

青岛海事法院经确权诉讼程序审理后认为，依照《海商法》第二百六十九条、第二百七十一条的规定，涉案船舶抵押合同以及船舶抵押权均应适用巴拿马法律。根据巴拿马法律的相关规定，双方当事人签订了抵押合同并办理了抵押登记，大宇造船享有船舶抵押权。相关主债权已被伦敦仲裁裁决予以确认，且该仲裁裁决已由青岛海事法院裁定予以承认。青岛海事法院终审判决大宇造船对西达克凌公司所有的“金鹅”轮享有580万美元的第一优先船舶抵押权，可自“金鹅”轮的拍卖价款中依法受偿。

典型意义

本案是《海事诉讼特别程序法》第一百一十六条规定的确权诉讼案件，由海事法院一审终审，当事人不得提起上诉。案件涉及来自韩国、利比里亚、巴拿马、马绍尔群岛等多个国家的当事人，抵押合同签订于英国伦敦，主债权涉及伦敦仲裁裁决的承认与执行。青岛海事法院根据我国海商法第十四章有关涉外关系法律适用的相关规定，依照船旗国法律认定船舶抵押权的效力，确认了在国外设立的船舶抵押权的优先受偿效力。本案的成功处理，显示出中国法院依法查明适用外国法律的能力和水平，树立了我国海事司法公平公正的国际形象。

三、船舶碰撞损害赔偿法律适用法

1.10【法律】《1992 海商法》第二百七十三条

船舶碰撞的损害赔偿，适用侵权行为地法律。

船舶在公海上发生碰撞的损害赔偿，适用受理案件的法院所在地法律。

同一国籍的船舶，不论碰撞发生于何地，碰撞船舶之间的损害赔偿适用船旗国法律。

四、共同海损理算法律适用法

1.11【法律】《1992 海商法》第二百七十四条

共同海损理算，适用理算地法律。

五、海事赔偿责任限制法律适用法

1.12【法律】《1992 海商法》第二百七十五条

海事赔偿责任限制，适用受理案件的法院所在地法律。

六、涉外海商关系适用外国法律或者国际惯例之限制

1.13【法律】《1992 海商法》第二百七十六条

依照本章规定适用外国法律或者国际惯例，不得违背中华人民共和国的社会公共利益。

第二章

涉外民事法律关系界定

一、涉外民事关系定性法律适用法

2.1【法律】《2010 法律适用法》第八条

涉外民事关系的定性，适用法院地法律。

二、涉外民事法律关系认定标准

2.2【司法解释】《2012 法律适用法解释一》第一条

民事关系具有下列情形之一的，人民法院可以认定为涉外民事关系：

（一）当事人一方或双方是外国公民、外国法人或者其他组织、无国籍人；

（二）当事人一方或双方的经常居所地在中华人民共和国领域外；

（三）标的物在中华人民共和国领域外；

（四）产生、变更或者消灭民事关系的法律事实发生在中华人民共和国领域外；

（五）可以认定为涉外民事关系的其他情形。

2.3【司法解释】《1987 民法通则意见试行》第一百七十八条

凡民事关系的一方或者双方当事人是外国人、无国籍人、外国法人的；民事关系的标的物在外国领域内的；产生、变更或者消灭民事权利义务关系的法律事实发生在外国的，均为涉外民事关系。

人民法院在审理涉外民事关系的案件时，应当按照民法通则第八章的规定来确定应适用的实体法。

2.4【典型案例】《第二批涉“一带一路”建设典型案例》之案例四：恪守《纽约公约》裁决执行义务，营造自贸试验区优质法治环境——西门子国际贸易（上海）有限公司与上海黄金置地有限公司申请承认和执行外国仲裁裁决案

基本案情

2005年9月23日，黄金置地公司与西门子公司通过招标方式签订了一份货物供应合同，约定西门子公司应于2006年2月15日之前将设备运至工地，如发生争议须提交新加坡国际仲裁中心进行仲裁解决。双方在合同履行中发生争议。黄金置地公司在新加坡国际仲裁中心提起仲裁，要求解除合同、停止支付货款。西门子公司在仲裁程序中提出反请求，要求支付全部货款、利息并赔偿其他损失。2011年11月，新加坡国际仲裁中心作出裁决，驳回黄金置地公司的仲裁请求，支持西门子公司的仲裁反请求。黄金置地公司支付了部分款项，尚欠仲裁裁决项下未付款及利息合计人民币5,133,872.3元。西门子公司依据《承认与执行外国仲裁裁决公约》即《纽约公约》，向上海市第一中级人民法院请求承认和执行新加坡国际仲裁中心作出的仲裁裁决。黄金置地公司抗辩认为，应不予承认和执行该仲裁裁决，理由为：双方当事人均为中国法人，合同履行地也在国内，故案涉民事关系不具有涉外因素，双方约定将争议提交外国仲裁机构仲裁的协议无效，若承认和执行案涉裁决将有违中国的公共政策。

裁判结果

上海市第一中级人民法院经逐级报告至最高人民法院并获答复后，认为根据《纽约公约》的规定，裁定承认和执行涉案仲裁裁决。关于仲裁条款约定本案争议提交外国仲裁机构仲裁是否有效的问题，关键在于认定系争合同关系是否具有涉外因素，如有涉外因素则仲裁条款有效，反之则无效。综观本案合同所涉的主体、履行特征等方面的实际情况，根据《最高人民法院关于适用〈中华人民共和国涉外民事关系法律适用法〉若干问题的解释（一）》第一条第（五）项的规定，可以认定系争合同关系为涉外民事法律关系，具体理由为：一是西门子公司与黄金置地公司虽然都是中国法人，但注册地均在上海自贸试验区区域内，且其性质均为外商独资企业，与其境外投资者关联密切。二是本案合同的履行特征具有涉外因素，案涉设备系先从中国境外运至自贸试验区内进行保税监管，再根据合同履行需要适时办理清关完税手续、从区内流转到区外，至此货物进口手续方才完成，故合同标的物的流转过程也具有一定的国际货物买卖特征。故案涉仲裁条款有效。且仲裁裁决内容亦没有与中国公共政策抵触之处，因此承认与执行该仲裁裁决不违反中国的公共政策。同时，该裁定还指出黄金置地公司实际参与全部仲裁程序，主张仲裁条款有效，并在仲裁裁决做出后部分履行了裁决确定的义务。在此情况下，其又以仲裁条款无效为由，主张拒绝承认与执行涉案仲裁裁决的申请，不符合禁止反言、诚实信用和公平合理等公认的法律原则，故对其主张不予支持。

典型意义

自贸试验区是中国推进"一带一路"建设的基础平台、重要节点和战略支撑。接轨国际通行做法，支持自贸试验区发展、健全国际仲裁以及其他非诉讼纠纷解决机制，有助于增强中国法治的国际公信力和影响力。本案裁定在自贸试验区推进投资贸易便利的改革背景下，对自贸试验区内外商独资企业之间的合同纠纷，在涉外因素的认定方面给予必要重视，确认仲裁条款有效，并明确"禁止反言"，践行了《纽约公约》"有利于裁决执行"的理念，体现了中国恪守国际条约义务的基本立场。同时，该案由点及面推动了自贸试验区内企业选择境外仲裁的突破性改革，是自贸试验区可复制可推广司法经验的一宗成功范例。2017 年 1 月，最高人民法院发布《关于为自由贸易试验区建设提供司法保障的意见》，规定自贸试验区内注册的外商独资企业相互之间约定将商事争议提交域外仲裁的，不应仅以其争议不具有涉外因素为由认定相关仲裁协议无效；并规定一方或者双方均为在自贸试验区内注册的外商投资企业，约定将商事争议提交域外仲裁，一方当事人将争议提交域外仲裁，在相关裁决做出后又主张仲裁协议无效，或者另一方当事人在仲裁程序中未对仲裁协议效力提出异议，在相关裁决做出后又以不具有涉外因素为由主张仲裁协议无效的，人民法院不予支持。这有助于构建更加稳定和可预期的"一带一路"法治化营商环境。

三、先决问题法律适用法

2.5【司法解释】《2012 法律适用法解释一》第十二条

涉外民事争议的解决须以另一涉外民事关系的确认为前提时，人民法院应当根据该先决问题自身的性质确定其应当适用的法律。

四、案涉两个或两个以上涉外民事关系时法律适用法

2.6【司法解释】《2012 法律适用法解释一》第十三条

案件涉及两个或者两个以上的涉外民事关系时，人民法院应当分别确定应当适用的法律。

五、不同法律适用法之间协调

2.7【法律】《2010 法律适用法》第二条

涉外民事关系适用的法律，依照本法确定。其他法律对涉外民事关系法律适用另有特别规定的，依照其规定。

本法和其他法律对涉外民事关系法律适用没有规定的，适用与该涉外民事关系有最密切联系的法律。

2.8【司法解释】《2012 法律适用法解释一》第三条

涉外民事关系法律适用法与其他法律对同一涉外民事关系法律适用规定不一致的，适用涉外民事关系法律适用法的规定，但《中华人民共和国票据法》《中华人民共和国海商法》《中华人民共和国民用航空法》等商事领域法律的特别规定以及知识产权领域法律的特别规定除外。

涉外民事关系法律适用法对涉外民事关系的法律适用没有规定而其他法律有规定的，适用其他法律的规定。

第三章

涉及香港特别行政区、澳门特别行政区及我国台湾地区民事关系法律适用

一、涉及香港特别行政区、澳门特别行政区民事关系法律适用

3.1【司法解释】《2012 法律适用法解释一》第十九条

涉及香港特别行政区、澳门特别行政区的民事关系的法律适用问题，参照适用本规定。

二、涉及我国台湾地区民事关系法律适用法

3.2【司法解释】《2010 涉台法律适用规定》第一条

人民法院审理涉台民商事案件，应当适用法律和司法解释的有关规定。

根据法律和司法解释中选择适用法律的规则，确定适用台湾地区民事法律的，人民法院予以适用。

3.3【司法解释】《2010 涉台法律适用规定》第二条

台湾地区当事人在人民法院参与民事诉讼，与大陆当事人有同等的诉讼权利和义务，其合法权益受法律平等保护。

3.4【司法解释】《2010 涉台法律适用规定》第三条

根据本规定确定适用有关法律违反国家法律的基本原则或者社会公共利益的，不予适用。

第四章

国际条约、国际惯例、外国法及当事人选择法之适用原则

一、涉外民事关系国际条约适用原则

4.1【法律】《1992 海商法》第二百六十八条第一款

中华人民共和国缔结或者参加的国际条约同本法有不同规定的，适用国际条约的规定；但是，中华人民共和国声明保留的条款除外。

4.2【法律】《1986 民法通则》第一百四十二条第二款

中华人民共和国缔结或者参加的国际条约同中华人民共和国的民事法律有不同规定的，适用国际条约的规定，但中华人民共和国声明保留的条款除外。

4.3【司法解释】《2012 法律适用法解释一》第四条

涉外民事关系的法律适用涉及适用国际条约的，人民法院应当根据《中华人民共和国民法通则》第一百四十二条第二款以及《中华人民共和国票据法》第九十五条第一款、《中华人民共和国海商法》第二百六十八条第一款、《中华人民共和国民用航空法》第一百八十四条第一款等法律规定予以适用，但知识产权领域的国际条约已经转化或者需要转化为国内法律的除外。

4.4【司法解释】《2012 法律适用法解释一》第九条

当事人在合同中援引尚未对中华人民共和国生效的国际条约的，人民法院可以根据该国际条约的内容确定当事人之间的权利义务，但违反中华人民共和国社会公共利益或中华人民共和国法律、行政法规强制性规定的除外。

4.5【典型案例】《人民法院为“一带一路”建设提供司法服务和保障的典型案例》之案例2：准确适用国际条约，依法支持当事人选择准据法——德国蒂森克虏伯冶金产品有限责任公司与中化国际（新加坡）有限公司国际货物买卖合同纠纷案

基本案情

2008年4月11日，中化新加坡公司与德国克虏伯公司签订了购买石油焦的《采购合同》，中化新加坡公司按约支付了全部货款，但德国克虏伯公司交付的石油焦HGI指数仅为32。中化新加坡公司认为德国克虏伯公司构成根本违约，请求判令解除合同，德国克虏伯公司返还货款并赔偿损失。

江苏省高级人民法院一审认为，根据《联合国国际货物销售合同公约》的有关规定，德国克虏伯公司提供的石油焦HGI指数远低于合同约定标准，导致石油焦难以在国内市场销售，签订买卖合同时的预期目的无法实现，故德国克虏伯公司的行为构成根本违约。判决支持中化新加坡公司的诉讼请求。德国克虏伯公司向最高人民法院提出上诉。

裁判结果

最高人民法院审理认为，案涉国际货物买卖合同纠纷的双方当事人营业地分别位于新加坡和德国，而该两国均为《联合国国际货物销售合同公约》的缔约国，且当事人未排除该公约的适用，因此本案审理首先适用该公约。对于审理案件中涉及的问题公约没有规定的，例如合同效力问题、所有权转移问题，应当适用当事人选择的美国法律。根据《联合国国际货物销售合同公约》的规定，德国克虏伯公司交付的货物与合同约定不符，构成违约，但新加坡石化公司能够以合理价格予以转售货物，不构成公约规定的根本违约情形。据此，于2014年6月30日作出终审判决，撤销原判，改判德国克虏伯公司承担部分货款及堆存费损失。

典型意义

该案准确适用国际条约，并对于国际条约没有调整的事项，依法支持当事人选择的准据法。该案明确了适用《联合国国际货物销售合同公约》认定根本违约的标准，增强了我国司法实践中公约适用的统一性、稳定性和可预见性，有力保障了国际贸易的有序进行。

二、涉外民事关系国际惯例适用条件

4.6【法律】《1992海商法》第二百六十八条第二款

中华人民共和国法律和中华人民共和国缔结或者参加的国际条约没有规定的，可以适用国际惯例。

4.7【法律】《1986 民法通则》第一百四十二条第三款

中华人民共和国法律和中华人民共和国缔结或者参加的国际条约没有规定的，可以适用国际惯例。

4.8【司法解释】《2012 法律适用法解释一》第五条

涉外民事关系的法律适用涉及适用国际惯例的，人民法院应当根据《中华人民共和国民法通则》第一百四十二条第三款以及《中华人民共和国票据法》第九十五条第二款、《中华人民共和国海商法》第二百六十八条第二款、《中华人民共和国民用航空法》第一百八十四条第二款等法律规定予以适用。

三、外国法适用范围

4.9【法律】《2010 法律适用法》第九条

涉外民事关系适用的外国法律，不包括该国的法律适用法。

4.10【法律】《2010 法律适用法》第六条

涉外民事关系适用外国法律，该国不同区域实施不同法律的，适用与该涉外民事关系有最密切联系区域的法律。

4.11【司法解释】《1987 民法通则意见试行》第一百九十二条

依法应当适用的外国法律，如果该外国不同地区实施不同的法律的，依据该国法律关于调整国内法律冲突的规定，确定应适用的法律。该国法律未作规定的，直接适用与该民事关系有最密切联系的地区的法律。

四、涉外民事关系当事人选择适用法

4.12【法律】《2010 法律适用法》第三条

当事人依照法律规定可以明示选择涉外民事关系适用的法律。

4.13【司法解释】《2012 法律适用法解释一》第六条

中华人民共和国法律没有明确规定当事人可以选择涉外民事关系适用的法律，当事人选择适用法律的，人民法院应认定该选择无效。

4.14【司法解释】《2012 法律适用法解释一》第七条

一方当事人以双方协议选择的法律与系争的涉外民事关系没有实际联系为由主张选择无效的，人民法院不予支持。

4.15【司法解释】《2012 法律适用法解释一》第八条

当事人在一审法庭辩论终结前协议选择或者变更选择适用的法律的，人民法院应予准许。

各方当事人援引相同国家的法律且未提出法律适用异议的，人民法院可以认定当事人已经就涉外民事关系适用的法律做出了选择。

五、适用国际惯例、外国法之限制

（一）社会公共利益

4.16【法律】《1992 海商法》第二百七十六条

依照本章规定适用外国法律或者国际惯例，不得违背中华人民共和国的社会公共利益。

4.17【法律】《1986 民法通则》第一百五十条

依照本章规定适用外国法律或者国际惯例的，不得违背中华人民共和国的社会公共利益。

（二）我国法律基本原则、国家主权和安全、善良风俗、基本道德准则

4.18【指导意见】《2004 解答》第四十三条

在审理涉外商事案件中，如果应适用外国或者有关地区的法律，人民法院应当审查该外国或者地区的法律是否违反我国的社会公共利益。如果该外国或地区的法律违反了我国的社会公共利益，则应当排除该外国或者地区的法律的适用。一般在违反了我国法律的基本原则或者国家主权、安全，违反了我国的善良风俗和基本道德准则的情况下，可以适用公共秩序保留。

六、适用中国法之情形

（一）中国法有强制性规定

4.19【法律】《2010 法律适用法》第四条

中华人民共和国法律对涉外民事关系有强制性规定的，直接适用该强制性规定。

4.20【司法解释】《2012 法律适用法解释一》第十条

有下列情形之一，涉及中华人民共和国社会公共利益、当事人不能通过约定排除适用、无需通过冲突规范指引而直接适用于涉外民事关系的法律、行政法规的规定，人民法院应当认定为涉外民事关系法律适用法第四条规定的强制性规定：

（一）涉及劳动者权益保护的；

（二）涉及食品或公共卫生安全的；

（三）涉及环境安全的；

（四）涉及外汇管制等金融安全的；

（五）涉及反垄断、反倾销的；

（六）应当认定为强制性规定的其他情形。

（二）社会公共利益保留

4.21【法律】《2010 法律适用法》第五条

外国法律的适用将损害中华人民共和国社会公共利益的，适用中华人民共和国法律。

（三）法律基本原则保留

4.22【指导意见】《2005 纪要》第五十四条

适用外国法律违反中华人民共和国法律的基本原则和社会公共利益的，该外国法律不予适用，而应适用中华人民共和国的法律。

（四）规避法律、行政法规强制性规定或禁止性规定

4.23【指导意见】《2005 纪要》第五十条

当事人规避中华人民共和国法律、行政法规的强制性或禁止性规定的行为，不发生适用外国法律的效力，人民法院应适用中华人民共和国法律。

4.24【司法解释】《2012 法律适用法解释一》第十一条

一方当事人故意制造涉外民事关系的连结点，规避中华人民共和国法律、行政法规的强制性规定的，人民法院应认定为不发生适用外国法律的效力。

4.25【司法解释】《1987 民法通则意见试行》第一百九十四条

当事人规避我国强制或者禁止性法律规范的行为，不发生适用外国法律的效力。

（五）外国法无法查明

4.26【法律】《2010 法律适用法》第十条第二款

不能查明外国法律或者该国法律没有规定的，适用中华人民共和国法律。

4.27【指导意见】《2005 纪要》第五十二条

外国法律的内容无法查明时，人民法院可以适用中华人民共和国法律。

第五章

民事主体法律适用法

第一节　自然人法律适用法

一、自然人民事权利能力法律适用法

5.1【法律】《2010 法律适用法》第十一条

自然人的民事权利能力，适用经常居所地法律。

二、自然人民事行为能力法律适用法

5.2【法律】《2010 法律适用法》第十二条

自然人的民事行为能力，适用经常居所地法律。

自然人从事民事活动，依照经常居所地法律为无民事行为能力，依照行为地法律为有民事行为能力的，适用行为地法律，但涉及婚姻家庭、继承的除外。

5.3【法律】《1986 民法通则》第一百四十三条

中华人民共和国公民定居国外的，他的民事行为能力可以适用定居国法律。

5.4【司法解释】《1987 民法通则意见试行》第一百七十九条

定居国外的我国公民的民事行为能力，如其行为是在我国境内所为，适用我国法律；在定居国所为，可以适用其定居国法律。

5.5【司法解释】《1987 民法通则意见试行》第一百八十条

外国人在我国领域内进行民事活动，如依其本国法律为无民事行为能力，而依我国法律为有民事行为能力，应当认定为有民事行为能力。

5.6【司法解释】《1987 民法通则意见试行》第一百八十一条

无国籍人的民事行为能力，一般适用其定居国法律；如未定居的，适用其住所地国法律。

三、宣告失踪或者宣告死亡法律适用法

5.7【法律】《2010 法律适用法》第十三条

宣告失踪或者宣告死亡，适用自然人经常居所地法律。

四、自然人经常居住地法律适用法

5.8【司法解释】《2012 法律适用法解释一》第十五条

自然人在涉外民事关系产生或者变更、终止时已经连续居住一年以上且作为其生活中心的地方，人民法院可以认定为涉外民事关系法律适用法规定的自然人的经常居所地，但就医、劳务派遣、公务等情形除外。

五、自然人具有两个以上国籍法律适用法

5.9【法律】《2010 法律适用法》第十九条

依照本法适用国籍国法律，自然人具有两个以上国籍的，适用有经常居所的国籍国法律；在所有国籍国均无经常居所的，适用与其有最密切联系的国籍国法律。自然人无国籍或者国籍不明的，适用其经常居所地法律。

5.10【司法解释】《1987 民法通则意见试行》第一百八十二条

有双重或者多重国籍的外国人，以其有住所或者与其有最密切联系的国家的法律为其本国法。

六、自然人经常居住地不明法律适用法

5.11【法律】《2010 法律适用法》第二十条

依照本法适用经常居所地法律，自然人经常居所地不明的，适用其现在居所地法律。

5.12【司法解释】《1987 民法通则意见试行》第一百八十三条

当事人的住所不明或者不能确定的，以其经常居住地为住所。当事人有几个住所的，以与产生纠纷的民事关系有最密切联系的住所为住所。

第二节　法人主体法律适用法

一、法人民事权利能力、民事行为能力等事项法律适用法

5.13【法律】《2010 法律适用法》第十四条

法人及其分支机构的民事权利能力、民事行为能力、组织机构、股东权利义务等事

项，适用登记地法律。

法人的主营业地与登记地不一致的，可以适用主营业地法律。法人的经常居所地，为其主营业地。

5.14【司法解释】《1987 民法通则意见试行》第一百八十四条

外国法人以其注册登记地国家的法律为其本国法，法人的民事行为能力依其本国法确定。

外国法人在我国领域内进行的民事活动，必须符合我国的法律规定。

二、法人登记地、经常居住地、主营业地、最密切联系营业所法律适用法

5.15【司法解释】《2012 法律适用法解释一》第十六条

人民法院应当将法人的设立登记地认定为涉外民事关系法律适用法规定的法人的登记地。

5.16【司法解释】《1987 民法通则意见试行》第一百八十五条

当事人有二个以上营业所的，应以与产生纠纷的民事关系有最密切联系的营业所为准；当事人没有营业所的，以其住所或者经常居住地为准。

第三节　代理与信托法律适用法

一、代理法律适用法

5.17【法律】《2010 法律适用法》第十六条

代理适用代理行为地法律，但被代理人与代理人的民事关系，适用代理关系发生地法律。

当事人可以协议选择委托代理适用的法律。

二、信托法律适用法

5.18【法律】《2010 法律适用法》第十七条

当事人可以协议选择信托适用的法律。当事人没有选择的，适用信托财产所在地法律或者信托关系发生地法律。

第六章

民事行为法律适用法

第一节　合同法律适用法

一、合同当事人选择适用法与最密切联系国法律

6.1【法律】《1992 海商法》第二百六十九条

合同当事人可以选择合同适用的法律，法律另有规定的除外。合同当事人没有选择的，适用与合同有最密切联系的国家的法律。合同当事人没有选择的，适用与合同有最密切联系的国家的法律。

6.2【法律】《2010 法律适用法》第四十一条

当事人可以协议选择合同适用的法律。当事人没有选择的，适用履行义务最能体现该合同特征的一方当事人经常居所地法律或者其他与该合同有最密切联系的法律。

6.3【法律】《1986 民法通则》第一百四十五条

涉外合同的当事人可以选择处理合同争议所适用的法律，法律另有规定的除外。

涉外合同的当事人没有选择的，适用与合同有最密切联系的国家的法律。

二、合同当事人选择适用法方式和涵盖范围

6.4【指导意见】《2005 纪要》第四十六条

涉外商事合同的当事人可以在订立合同时或者订立合同后，经过协商一致，以明示方式选择合同争议所适用的法律。合同争议包括合同是否成立、成立的时间、效力、内容的解释、履行、违约责任，以及合同的解除、变更、中止、转让、终止等争议。

三、合同当事人选择适用法期限

6.5【指导意见】《2005 纪要》第四十七条

涉外商事合同的当事人可以在订立合同后至一审法庭辩论终结前通过协商一致改变订立合同时选择的法律，但不得损害第三人的合法利益。

6.6【指导意见】《2005 纪要》第五十五条第一款

涉外商事合同的当事人没有选择合同所适用的法律的，人民法院受理案件后，当事人可以在一审法庭辩论终结前作出选择。

四、合同当事人选择适用法类别限制

6.7【指导意见】《2005 纪要》第四十八条

当事人协议选择的法律，是指有关国家及地区的实体法规范，不包括冲突规范和程序法规范。

五、合同最密切联系地法律适用条件

6.8【指导意见】《2005 纪要》第五十五条第二款

如果当事人不能协商一致作出选择，适用与合同有最密切联系地的法律。

六、合同最密切联系地认定因素

6.9【指导意见】《2005 纪要》第五十六条

人民法院根据最密切联系原则确定合同应适用的法律时，应根据合同的特殊性质，以及当事人履行的义务最能体现合同的本质特性等因素，确定与合同有最密切联系国家的法律作为合同的准据法。

6.10【指导意见】《2004 解答》第四十条

人民法院在确定最密切联系地法时，应当综合考虑当事人住所地、合同签订地、合同履行地、标的物所在地等与交易有关的因素。如果当事人选择的国家存在多个法域，人民法院应当适用当事人选择的该国家某个法域的法律；当事人没有选定的，则适用与争议有最密切联系的法域的法律。

七、按最密切联系原则确定适用法类别限制

6.11【指导意见】《2005 纪要》第四十九条

人民法院按照最密切联系原则确定的涉外商事合同应适用的法律，是指有关国家及地区的实体法规范，不包括冲突规范和程序法规范。

八、仲裁协议法律适用法

6.12【法律】《2010 法律适用法》第十八条

当事人可以协议选择仲裁协议适用的法律。当事人没有选择的，适用仲裁机构所在地法律或者仲裁地法律。

6.13【司法解释】《2012 法律适用法解释一》第十四条

当事人没有选择涉外仲裁协议适用的法律，也没有约定仲裁机构或者仲裁地，或者约定不明的，人民法院可以适用中华人民共和国法律认定该仲裁协议的效力。

九、劳动合同法律适用法

6.14【法律】《2010 法律适用法》第四十三条

劳动合同，适用劳动者工作地法律；难以确定劳动者工作地的，适用用人单位主营业地法律。劳务派遣，可以适用劳务派出地法律。

第二节　物权法律适用法

一、不动产物权法律适用法

6.15【法律】《2010 法律适用法》第三十六条

不动产物权，适用不动产所在地法律。

6.16【法律】《1986 民法通则》第一百四十四条

不动产的所有权，适用不动产所在地法律。

6.17【司法解释】《1987 民法通则意见试行》第一百八十六条

土地、附着于土地的建筑物及其他定着物、建筑物的固定附属设备为不动产。不动产的所有权、买卖、租赁、抵押、使用等民事关系，均应适用不动产所在地法律。

二、动产物权法律适用法

6.18【法律】《2010 法律适用法》第三十七条

当事人可以协议选择动产物权适用的法律。当事人没有选择的，适用法律事实发生时动产所在地法律。

三、运输中动产物权法律适用法

6.19【法律】《2010 法律适用法》第三十八条

当事人可以协议选择运输中动产物权发生变更适用的法律。当事人没有选择的，适用运输目的地法律。

四、有价证券权利法律适用法

6.20【法律】《2010 法律适用法》第三十九条

有价证券，适用有价证券权利实现地法律或者其他与该有价证券有最密切联系的法律。

五、权利质权法律适用法

6.21【法律】《2010 法律适用法》第四十条

权利质权，适用质权设立地法律。

第三节　侵权法律适用法

一、侵权法律适用法确定方式

6.22【法律】《2010 法律适用法》第四十四条

侵权责任，适用侵权行为地法律，但当事人有共同经常居所地的，适用共同经常居所地法律。侵权行为发生后，当事人协议选择适用法律的，按照其协议。

6.23【法律】《1986 民法通则》第一百四十六条

侵权行为的损害赔偿，适用侵权行为地法律。当事人双方国籍相同或者在同一国家有住所的，也可以适用当事人本国法律或者住所地法律。

中华人民共和国法律不认为在中华人民共和国领域外发生的行为是侵权行为的，不作为侵权行为处理。

二、侵权行为地与侵权结果发生地不一致时法律适用法选择

6.24【司法解释】《1987 民法通则意见试行》第一百八十七条

侵权行为地的法律包括侵权行为实施地法律和侵权结果发生地法律。如果两者不一致时，人民法院可以选择适用。

6.25【法律】《2010 法律适用法》第五十一条

《中华人民共和国民法通则》第一百四十六条（注：侵权行为法律适用）、第一百四

十七条（注：涉外婚姻关系法律适用）、《中华人民共和国继承法》第三十六条（注：涉外继承法律适用），与本法的规定不一致的，适用本法。

三、产品责任法律适用法

6.26【法律】《2010 法律适用法》第四十五条

产品责任，适用被侵权人经常居所地法律；被侵权人选择适用侵权人主营业地法律、损害发生地法律的，或者侵权人在被侵权人经常居所地没有从事相关经营活动的，适用侵权人主营业地法律或者损害发生地法律。

第四节　不当得利、无因管理及时效法律适用法

一、不当得利、无因管理法律适用法

6.27【法律】《2010 法律适用法》第四十七条

不当得利、无因管理，适用当事人协议选择适用的法律。当事人没有选择的，适用当事人共同经常居所地法律；没有共同经常居所地的，适用不当得利、无因管理发生地法律。

二、诉讼时效法律适用法

6.28【法律】《2010 法律适用法》第七条

诉讼时效，适用相关涉外民事关系应当适用的法律。

6.29【司法解释】《1987 民法通则意见试行》第一百九十五条

涉外民事法律关系的诉讼时效，依冲突规范确定的民事法律关系的准据法确定。

第七章

外国法与国际惯例、国际规则查明及国际条约解释

第一节　外国法查明

一、查明外国法之主体

7.1【法律】《2010 法律适用法》第十条

涉外民事关系适用的外国法律，由人民法院、仲裁机构或者行政机关查明。当事人选择适用外国法律的，应当提供该国法律。

不能查明外国法律或者该国法律没有规定的，适用中华人民共和国法律。

7.2【指导意见】《2005 纪要》第五十一条第一款和第三款

涉外商事纠纷案件应当适用的法律为外国法律时，由当事人提供或者证明该外国法律的相关内容。

当事人对提供外国法律确有困难的，可以申请人民法院依职权查明相关外国法律。

二、查明外国法之途径

7.3【司法解释】《1987 民法通则意见试行》第一百九十三条

对于应当适用的外国法律，可通过下列途径查明：（1）由当事人提供；（2）由与我国订立司法协助协定的缔约对方的中央机关提供；（3）由我国驻该国使领馆提供；（4）由该国驻我国使馆提供；（5）由中外法律专家提供。通过以上途径仍不能查明的，适用中华人民共和国法律。

7.4【指导意见】《2005 纪要》第五十一条第二款

当事人可以通过法律专家、法律服务机构、行业自律性组织、国际组织、互联网等途径提供相关外国法律的成文法或者判例，亦可同时提供相关的法律著述、法律介绍资料、专家意见书等。

7.5【指导意见】《2004 解答》第四十一条

案件审理过程中需要适用外国法的，人民法院应当依照最高人民法院《关于贯彻执行〈中华人民共和国民法通则〉若干问题的意见（试行）》第 193 条规定的几种途径查明该外国法，即：（1）由当事人提供；（2）由与我国订立司法协助协定的缔约对方的中央机关提供；（3）由我国驻该国使领馆提供；（4）由该国驻我国使领馆提供；（5）由中外法律专家提供。通过以上途径仍不能查明的，适用我国法律的相关规定。

三、外国法质证和审查

7.6【司法解释】《2012 法律适用法解释一》第十八条

人民法院应当听取各方当事人对应当适用的外国法律的内容及其理解与适用的意见，当事人对该外国法律的内容及其理解与适用均无异议的，人民法院可以予以确认；当事人有异议的，由人民法院审查认定。

7.7【指导意见】《2005 纪要》第五十二条

当事人提供的外国法律经质证后无异议的，人民法院应予确认。对当事人有异议的部分或者当事人提供的专家意见不一致的，由人民法院审查认定。

7.8【指导意见】《2004 解答》第四十二条

查明外国法时，通过法律专家提供是一种途径。对中外法律专家应做广义理解，并应注重中外法律专家提供的外国法是否准确。对中外法律专家提供的外国法，人民法院在审理有关涉外商事案件中仍需要进行质证。

四、外国法无法查明

7.9【司法解释】《2012 法律适用法解释一》第十七条

人民法院通过由当事人提供、已对中华人民共和国生效的国际条约规定的途径、中外法律专家提供等合理途径仍不能获得外国法律的，可以认定为不能查明外国法律。

根据涉外民事关系法律适用法第十条第一款的规定，当事人应当提供外国法律，其在人民法院指定的合理期限内无正当理由未提供该外国法律的，可以认定为不能查明外国法律。

五、当事人无异议时外国法查明

7.10【公报案例】《最高人民法院公报》（2005 年第 11 期）：江苏外企公司诉上海丰泰保险公司海上货物运输保险合同纠纷案

裁 判 摘 要

被保险人在投保时至保险合同成立前，未向保险人告知其所知或者在通常业务过程中应知的、足以影响保险人作出是否承保以及如何确定保险费决定的一切重要情况，违反了最大诚信原则，保险人可以因此宣告保险合同无效。

《中华人民共和国民法通则》第一百四十五条第一款规定："涉外合同的当事人可以选择处理合同争议所适用的法律，法律另有规定的除外。"本案双方当事人均同意依保险单背面条款的约定，适用《英国 1906 年海上保险法》解决本案纠纷。此约定是双方当事人的真实意思表示，不违反我国法律的一般原则和社会公共利益，且为国际私法一般冲突规范所允许，故应确认《英国 1906 年海上保险法》为解决本案保险合同纠纷的准据法。保险公司提交的《英国 1906 年海上保险法》英文复印件及中文译本，江苏外企公司没有提出异议，且经法庭审查核实。对其内容予以确认。

关于保险公司能否宣布保险合同无效。《英国 1906 年海上保险法》第十七条规定："保险依赖于最大诚信。海上保险合同建立在最大诚信基础之上，如果合同任何一方不遵守最大诚信，另一方即可宣告合同无效。"第十八条第一款、第二款规定："……在签订合同前，被保险人必须向保险人告知其所知的一切重要情况。被保险人视为知道在通常业务过程中所应知晓的每一情况。如果被保险人未履行该项告知义务，保险人即可宣布合同无效。影响谨慎的保险人确定保险费或影响其决定是否接受承保的每一情况，被认为是重要情况。"第二十条规定："……合同磋商期间以及合同签订前，被保险人或其代理人向保险人的每一重要陈述，必须真实。如不真实，保险人即可宣告合同无效。影响谨慎的保险人确定保险费或影响其决定是否接受承保的每一陈述，被认为是重要陈述。陈述可以是事实，也可是一种期望或信念。……陈述在合同签订前可以撤销或更正。……"根据上述规定，保险合同的订立应遵循最大诚信原则。被保险人在发出要约、接受新的要约、作出承诺的整个过程中，都应依据最大诚信原则，向保险人如实告知其知道或者在通常业务中应当知道的、可能影响保险人作出是否承保与是否增加保险费决定的任何重要情况。"被保险人知道"，是指其实际知情；"被保险人在通常业务中应当知道"，既包括保险人已经询问到的情况，更包括在通常业务中应当由被保险人查询掌握的其他情况。"如实告知"，是指全部告知和正确告知；凡对某一重要情况的全部或部分内容未告知或错误告知，均属未尽到如实告知义务。被保险人履行如实告知义务的期限，应当自提出投保请求时开始，在双方协商过程中持续，直到保险合同成立时为止。在双方协商期间被保险人才了解到的重要情况，以及从不重要变为重要的情况。被保险人都有义务告知保险人。涉案货运船舶于1999年9月12日开航，同年10月11日据说因大量进水而被船员放弃，10月14日在距南非德班港750海里处遇强烈暴风雨沉没。作为货物买方。原告江苏外企公司在船舶开航一个月后，没有通过各种有效途径对货物现状进行必要了解，以致将已面临海损的货物投保，未尽到一个善意被保险人应当承担的恪尽职责合理查询并如实告知的义务。现有证据证明，1999年10月14日20时38分，江苏外企公司收到S公司发来的货损传真。此时，江苏外企公司虽然已向被告保险公司投保，但保险合同尚未成立。作为被保险人，江苏外企公司并未遵守最大诚信原则。在保险合同成立前将自己知道的这一足以影响保险合同成立的重要情况告知保险人。江苏外企公司以其投保时不知道发生货损为由，否认自己有如实告知这一情况的义务，理由不能成立。参照英国判例“如果投保人隐瞒了在订约前其船舶已经搁浅并出现漏缝的事实，所订保险合同无效。被保险人未主动提示此种情况，构成对实质性问题的隐瞒”，本案情况与该判例十分相似。江苏外企公司违反《英国1906年海上保险法》第十七条规定，保险公司有权宣布保险合同无效。

第二节　国际惯例和国际规则查明

一、国际惯例查明

7.11【典型案例】《第二批涉“一带一路”建设典型案例》之案例三：明确中介行过错赔偿责任，维护信用证交易安全——栖霞市绿源果蔬有限公司与中国银行股份有限公司北京市分行信用证转让纠纷再审审查案

基本案情

2007年6月7日，中国银行北京分行收到经由乌克兰第聂伯信贷银行以SWIFT格式转递的可转让信用证，显示开证行是位于斯洛伐克的劳埃德贸易储蓄委员会，开证申请人是塞浦路斯塔塔卢卡有限公司，受益人为倍恩公司，转让行和通知行为中国银行北京分行。同日，中国银行北京分行向受益人倍恩公司通知了该信用证，倍恩公司向中国银行北京分行申请以绿源公司为第二受益人转让该信用证，并指定中国银行山东省栖霞支行为通知行。2007年6月14日，中国银行北京分行按照倍恩公司的指示转让了该信用证，并以SWIFT格式发送转让信用证电文。绿源公司从中国银行山东省栖霞支行接收的转让信用证通知书所标明的开证行为乌克兰第聂伯银行。绿源公司交单后未收到信用证项下款项，经联系与查询，发现开证行是位于斯洛伐克境内的劳埃德贸易储蓄委员会，

并非一家银行，遂以信用证通知信息错误使绿源公司信赖涉案信用证为银行开立并导致损失为由，向北京市第二中级人民法院提起本案诉讼，请求判令中国银行北京分行赔偿绿源公司损失人民币 6,790,344 元及利息损失、退税损失人民币 246,606.06 元。

裁判结果

北京市第二中级人民法院一审认为，中国银行北京分行对开证行名称通知错误，存在过失，这是导致绿源公司产生损失的原因之一，但并非造成绿源公司损失的唯一原因，据此判决中国银行北京分行对绿源公司人民币 340 万元损失及按银行同期存款利率计算的利息损失承担赔偿责任，驳回绿源公司其他诉讼请求。绿源公司和中国银行北京分行均不服一审判决，向北京市高级人民法院提出上诉。北京市高级人民法院二审认为，中国银行北京分行对开证行名称出现的通知错误存在重大过失，本案没有依据证明绿源公司在接到转让信用证通知前已明确知晓开证行名称，绿源公司的损失与中国银行北京分行在转递信用证中的通知错误存在因果关系，中国银行北京分行应依法承担赔偿责任，改判中国银行北京分行给付绿源公司人民币 6,749,265.85 元及按银行同期存款利率计算的利息损失，并驳回绿源公司的其他诉讼请求。绿源公司不服二审判决，向最高人民法院申请再审，主张因其未收到货款，只好向银行贷款，故产生贷款利息损失，同时还有出口退税款损失，二审判决未支持上述两项损失赔偿请求属认定事实缺乏证据证明及适用法律确有错误。

最高人民法院经审查认为，本案所涉信用证约定适用的国际商会第 500 号出版物《跟单信用证统一惯例》对中介银行就其错误通知行为应当承担何种责任没有作出具体规定。原判决适用《民法通则》第一百零六条第二款过错侵权的规定，并无不当。中国银行北京分行的过错行为，导致绿源公司错误信赖开证人是一家信用良好的银行而接受信用证并遭受损失，中国银行北京分行应当根据过错程度承担相应的赔偿责任。信用证是独立于基础合同的单据交易，因此信用证当事人违反义务所应承担的责任范围应当仅限于信用证项下的直接损失。绿源公司主张的贷款利息损失和出口退税损失，是基础合同如能履行可以避免的支出以及可以获得的利益，不属于信用证项下的直接损失，不是信用证当事人应当预见的损失范围，与信用证当事人违反义务的过错行为之间不具有相当因果关系，故不应在信用证关系中得到赔偿。据此，最高人民法院裁定驳回绿源公司的再审申请。

典型意义

该案系涉“一带一路”沿线国的信用证转让纠纷，在中国法律以及国际惯例对中介行错误通知的责任范围均没有明确规定，中介行与受益人之间又没有合同关系的情况下，依据侵权损害赔偿原则，确定中介行负有准确通知信息的义务以及违反义务需承担相应损害赔偿责任，对于保障信用证交易秩序安全无疑具有重要意义。首先，该案裁定指出信用证关系中的各有关当事人处理的仅是单据，不是与单据有关的货物、服务或其他行为，因此判断中介行过错行为所致损失的唯一法律依据必须是信用证本身，而不能根据基础合同计算损失，清晰地揭示了信用证独立性原则的内涵。其次，该案裁定在明确银行义务的同时，运用可预见性原则，确定赔偿损失范围不超过信用证项下未付款金额及利息，保证了赔偿责任范围的可预期性，具有统一裁判规则、填补法律空白的重要作用，对今后“一带一路”建设中发生的类似信用证纠纷案件有很强的借鉴意义。

7.12【典型案例】《人民法院为“一带一路”建设提供司法服务和保障的典型案例》之案例7：严格把握保函欺诈标准，维护国际金融秩序——江苏太湖锅炉股份有限公司与卡拉卡托工程有限公司、中国银行股份有限公司无锡分行保函欺诈纠纷案

基本案情

太湖公司与卡拉卡托公司协议完成一项发电机组建设工程，双方合同明确约定如修改合同必须采用合同修正案形式，会议纪要、传真等不能产生合同变更的效力。如果太湖公司违约，卡拉卡托公司可以索付见索即付保函。后卡拉卡托公司以太湖公司违约要求保函出具方中国银行股份有限公司无锡分行兑付保函。太湖公司提起诉讼，称双方已经通过会议纪要修改了合同，卡拉卡托公司索付保函行为不符合合同约定，构成欺诈，请求止付保函。江苏省无锡市中级人民法院一审判决驳回太湖公司诉讼请求，太湖公司提起上诉。

裁判结果

江苏省高级人民法院审理认为，法院审查基础合同仅限于受益人是否存在明知基础交易债务人不存在违约事实或其他付款到期事实，仍然滥用索赔权恶意索赔的情形。未按合同约定的形式和程序作出修改合同的会议纪要不产生变更合同的效力。在基础合同中保函条款约定的性质、支付条件等存在争议的情形下，受益人按银行出具保函时的条件提出索付，不构成保函欺诈，应按“先赔付、后争议”规则兑付保函。江苏省高级人民法院于2014年5月27日作出终审判决，维持一审判决。

典型意义

人民法院在该案判决中，充分尊重当事人约定适用的国际交易惯例，按照国际商会关于见索即付保函“先赔付、后争议”的处理规则予以裁判，严格把握保函欺诈标准，保障受益人依据保函迅速得到偿付的合法权利，维护了国际金融秩序。该案为美国2014年9月《跟单信用证杂志》重点介绍。同时，该案也反映出中国企业在“走出去”过程中，必须充分了解国际金融结算及担保工具的特点，不严格按照合同履行将产生巨大的法律风险。

二、国际规则查明

7.13【典型案例】《第二批涉“一带一路”建设典型案例》之案例六：依约适用国际商会见索即付保函统一规则，保障独立保函交易秩序——现代重工有限公司与中国工商银行股份有限公司浙江省分行独立保函索赔纠纷上诉案

基本案情

现代公司系在韩国注册成立的公司，其与浙江中高公司签订柴油发电机组供货合同，约定浙江中高公司向中国工商银行浙江分行申请开立不可撤销见索即付保函即独立保函，作为基础交易的付款方式。工商银行浙江分行向现代公司开立的独立保函载明，现代公司索赔时需提交“凭指示的标注运费到付通知人为申请人的清洁海运提单副本”。后浙江中高公司未能按期付款，现代公司向工商银行浙江分行索赔并提交记名提单副本被拒。现代公司向浙江省杭州市中级人民法院提起诉讼，请求工商银行浙江分行偿付独立保函项下款项 6, 648, 010 美元和滞纳金。工商银行浙江分行答辩称，现代公司依据独立保函作出的索赔系无效索赔，工商银行浙江分行已依约发出拒付电文，并指出三个不符点，请求驳回现代公司的诉讼请求。

裁判结果

浙江省杭州市中级人民法院一审认为，案涉保函约定适用国际商会第 758 号出版物《见索即付保函统一规则》，该约定有效。根据该规则的规定，在保函条款和条件明确清晰的情况下，担保人仅需考虑单据与保函条款条件是否表面相符即可，基础合同的履行情况不是审单时应考虑的因素。因案涉单据与保函条款之间有不符点，工商银行浙江分行多次拒付均合规有效，据此判决驳回现代公司诉讼请求。现代公司不服一审判决，提起上诉。

浙江省高级人民法院二审认为，独立保函作为开立银行与受益人之间具有法律约束力的合同，一旦受益人接受保函条款或根据保函条款向开立银行提出索赔，即表明受益人自愿接受保函的全部条款并受其约束。工商银行浙江分行开立的保函明确列明了单据条件，受益人现代公司接受保函时并未提出异议，其索赔时即应提供与该保函条款和条件相符的全部单据。根据独立保函载明的审单标准即国际商会第 758 号出版物《见索即付保函统一规则》第 2 条的规定，开立人在审单时应当适用表面相符、严格相符的原则。现代公司提交的记名提单副本与案涉保函所要求的指示提单副本在提单类型上显著不同，两者在国际贸易和海上运输中存在差异，工商银行浙江分行以存在不符点为由拒付款项符合保函约定。现代公司以基础合同的履行主张其提交单据和保函要求的单据并无区别，违背了独立保函的单据交易原则和表面相符原则，故该院判决驳回上诉，维持原判。

典型意义

独立保函具有交易担保、资信确认、融资支持等重要功能，已经成为中国企业“走出去”和“一带一路”建设过程中必不可少的常见金融担保工具。人民法院在审理独立保函索赔案件中，充分尊重并且适用当事人约定的国际交易规则，对于准确界定当事人权利义务，保障独立保函交易秩序至关重要。本案独立保函载明适用国际商会《见索即付保函统一规则》，一审、二审法院均以该规则为依据调整当事人之间的权利义务关系，适用严格相符、表面相符原则，基于交单本身，审查单据是否严格遵循保函的条款和条件，从而认定了不符点的存在，展示了中国法院准确适用国际规则的能力。本案判决明确指出不能依据基础合同的履行情况得出表面相符的结论，体现了对独立保函的单据交易原则和独立性原则的充分尊重，平等保护了中外当事人的合法权益，有力保障了独立保函的交易秩序。该案也反映出中国银行业了解并运用国际金融交易规则保护自身权益以及切实防范金融风险的重要性。

第三节　国际条约解释

一、国际条约解释通则

7.14【国际条约】《1969 年维也纳条约法公约》第三十一条

解释之通则

一、条约应依其用语按其上下文并参照条约之目的及宗旨所具有之通常意义，善意解释之。

二、就解释条约而言，上下文除指连同弁言及附件在内之约文外，并应包括：

（甲）全体当事国间因缔结条约所订与条约有关之任何协定；

（乙）一个以上当事国因缔结条约所订并经其他当事国接受为条约有关文书之任何文书。

三、应与上下文一并考虑者尚有：

（甲）当事国嗣后所订关于条约之解释或其规定之适用之任何协定；

（乙）嗣后在条约适用方面确定各当事国对条约解释之协定之任何惯例；

（丙）适用于当事国间关系之任何有关国际法规则。

四、倘经确定当事国有此原意，条约用语应使其具有特殊意义。

二、国际条约解释补充资料

7.15【国际条约】《1969 年维也纳条约法公约》第三十二条

解释之补充资料

为证实由适用第三十一条所得之意义起见，或遇依第三十一条作解释而：

（甲）意义仍属不明或难解；或

（乙）所获结果显属荒谬或不合理时，为确定其意义起见，得使用解释之补充资料，包括条约之准备工作及缔约之情况在内。

三、国际条约两种以上文字解释

7.16【国际条约】《1969年维也纳条约法公约》第三十三条

以两种以上文字认证之条约之解释

一、条约约文经以两种以上文字认证作准者，除依条约之规定或当事国之协议遇意义分歧时应以某种约文为根据外，每种文字之约文应同一作准。

二、以认证作准文字以外之他种文字作成之条约译本，仅于条约有此规定或当事国有此协议时，始得视为作准约文。

三、条约用语推定在各作准约文内意义相同。

四、除依第一项应以某种约文为根据之情形外，倘比较作准约文后发现意义有差别而非适用第三十一条及第三十二条所能消除时，应采用顾及条约目的及宗旨之最能调和各约文之意义。

四、国际条约解释案例

7.17【典型案例】《第二批涉“一带一路”建设典型案例》之案例八：准确解释《1992年国际油污损害民事责任公约》，明确排除公约规定赔偿范围之外的索赔——大连市海洋与渔业局与昂迪玛海运有限公司、博利塔尼亚汽船保险协会海域污染损害赔偿纠纷再审审查案

基本案情

葡萄牙籍油轮“阿提哥”轮（77,399总吨）于2005年4月3日在大连险礁岩（38°57.34′N，121°54.53′E）搁浅，船体破损泄漏原油，造成海洋污染。昂迪玛海运有限公司、博利塔尼亚汽船保险协会分别为该轮所有人、油污责任保险人。大连市海洋与渔业局于2005年5月23日向大连海事法院起诉，请求判令昂迪玛公司与保险协会连带赔偿损失人民币5907.6万元（含海洋环境容量损失和海洋生态服务功能损失人民币5647.6万元、调查估损鉴定费人民币260万元）。

裁判结果

大连海事法院一审认为，海洋与渔业局属于依法行使海洋环境监督管理权的部门，是请求本案油污损害赔偿的适格主体；但海洋渔业局未能证明其于污染事故发生后实际采取恢复措施，相反，根据国家海洋环境监测中心司法鉴定所的报告，溢油影响海域在未采取任何措施的情况下已实际恢复，遂判决驳回海洋与渔业局的诉讼请求。海洋渔业局不服，提起上诉。

辽宁省高级人民法院二审认为，海洋渔业局诉请的海洋生态环境损失包括海洋生态服务功能损失和海洋环境容量损失，属于对海洋环境损害提出的赔偿请求；海洋渔业局在二审庭审中提供其已经支付了人民币50万元的评估监测费用的凭证，该费用属于合理费用，应由昂迪玛公司承担。辽宁省高级人民法院遂作出二审判决，撤销一审判决；判令昂迪玛公司赔偿海洋渔业局评估监测损失人民币50万元；驳回海洋渔业局的其他诉讼请求。海洋渔业局不服二审判决，向最高人民法院申请再审。

最高人民法院经审查认为，中华人民共和国系《1992年国际油污损害民事责任公约》的缔约国，一审、二审判决适用该公约解决本案纠纷正确。根据该公约第1条第6项的规定，对环境损害的赔偿应当限于已经实际采取或者将要采取的合理恢复措施的费用。该公约第3条第4项规定，除非符合该公约，否则不得向船舶所有人提出污染损害赔偿请求。海洋渔业局提出的海洋生态环境损失能否得到赔偿取决于该损失是否属于公约规定的赔偿范围。海洋渔业局并无证据证明其已经对受污染海域采取了实际恢复措施并产生费用，其虽根据损失评估报告主张污水处理费用人民币5520万元属于“将要采取的合理恢复措施”，但是根据国家海洋局北海环境监测中心及国家海洋环境监测中心司法鉴定所的检测结论，本案溢油事故发生25天后的2005年4月28日，溢油海域的水质未超过海水水质二类标准；到2005年10月，海洋环境已经恢复，海洋渔业局亦无证据证明对该海域进行污水处理的必要性，因此一审、二审判决认定上述费用不属于公约规定的实际采取或将要采取的合理恢复措施的费用，并无不当。最高人民法院于2015年12月29日裁定驳回海洋渔业局的再审申请。

典型意义

本案属于“一带一路”沿线地区发生的海上环境污染损害赔偿纠纷，当事船舶的所有人和油污责任险保险人分别为西班牙和英国公司，本案也是“一带一路”沿线国家当事人之间发生的纠纷。最高人民法院切实贯彻《关于人民法院为“一带一路”建设提供司法服务和保障的若干意见》（法发〔2015〕9号）的规定，发挥了良好的示范指引作用。中国作为一个负责任的海事大国，严格依照《维也纳条约法公约》的规定，根据条约用语通常所具有的含义按其上下文并参照条约的目的及宗旨进行善意解释，具体明确《1992年国际油污损害民事责任公约》下的环境损害赔偿限于合理恢复措施的费用（含监测评估费用），确保国际条约适用的统一性、稳定性和可预见性。在现行公约体系下，船舶油污损害赔偿有其特殊性，但部分当事人因不能准确领会公约精神，索赔有关船舶油污造成的海洋生态环境损害时不以恢复措施费用索赔，而以海洋生态服务功能损失和海洋环境容量损失索赔，该索赔损失项目与公约不匹配，属于公约明确排除于赔偿范围之外的请求，该案裁定对于指导依法行使海洋环境监督管理权的部门准确索赔类似海洋生态损害有重要意义。尽管原告系中国国家机关，本案三级法院坚持以法律为准绳，以事实为依据，坚决驳回原告没有事实和法律依据的诉讼请求，充分体现了中国法院严格贯彻对中外当事人平等保护原则。

7.18【典型案例】《2014 年十大典型海事案例》之案例 10：马绍尔群岛第一投资公司申请承认和执行英国伦敦临时仲裁庭仲裁裁决案

案情摘要

2003 年 9 月 15 日，被申请人福建省马尾造船股份有限公司（以下简称马尾公司）和被申请人福建省船舶工业集团公司（以下简称福船集团）作为联合卖方，与希腊雷斯缔斯集团在马绍尔群岛共和国注册的第一投资公司（以下简称 FIC）签订了关于船舶建造的《选择权协议》，约定：两被申请人不可撤销地同意与 FIC 或其指定人签订最多 8 艘船的《选择船建造合同》。因协议产生的或与之有关的任何争议应在伦敦提交仲裁；仲裁程序、包括仲裁裁决的执行应依据《1996 年英国仲裁法》或其任何当前生效的修订或重订规定以及伦敦海事仲裁员协会当时的生效规则（以下简称 LMAA 规则）；双方各指定一名仲裁员，并由指定的该两名仲裁员挑选第三名仲裁员。此后，FIC 在《选择权协议》约定的声明期限内宣布 8 艘选择船生效，要求被申请人与其指定的 8 家单船公司签订 8 艘船的《选择船建造合同》，并寄送其提供的合同文本要求签署，但两被申请人未在期限内签署。FIC 及 8 家被指定公司于 2004 年 6 月 4 日在英国伦敦提起仲裁，要求两被申请人连带赔偿其 4540 万美元的商业损失及利息，并指定哈利斯为仲裁员。被申请人指定王生长为仲裁员。哈利斯和王生长共同指定马丁·亨特为第三名仲裁员。经过两次听证，2006 年 1 月 21 日，首席仲裁员马丁·亨特作出该案仲裁裁决的第一稿，并分发给王生长和哈利斯审阅。2006 年 2 月 16 日，王生长提交了其保留意见的草稿。2006 年 3 月 20 日因涉嫌犯罪王生长被天津市人民检察院第一分院刑事拘留，并于 2006 年 3 月 31 日被该院批准逮捕。王生长自其被刑事拘留后，即与马丁·亨特和哈利斯未再发生任何联系，其未能看到马丁·亨特 2006 年 3 月 25 日发给他的裁决第二稿和 3 月 31 日的定稿，其对该案的参与截止于上述对裁决第一稿发出的“意见草稿”。马丁·亨特及哈利斯根据 LMAA 规则第八条第（e）项规定“在任命了第三名仲裁员之后，决定、裁定和仲裁裁决应由全体或多数仲裁员作出”，于 2006 年 6 月 19 日在裁决上签署日期并以仲裁庭多数仲裁员意见的方式公布了仲裁裁决，裁决被申请人应向 FIC 支付赔偿金 2640 万美元及此款利息和复息。FIC 于 2006 年 12 月 5 日向厦门海事法院提出申请，请求依据《承认与执行外国仲裁裁决公约》（以下简称《纽约公约》）承认该仲裁裁决在中华人民共和国境内具有法律效力并予以执行。

裁判结果

厦门海事法院认为，LMAA 规则第八条第（e）项适用于仲裁案件的前提是仲裁庭的每一名仲裁员都全程参与了仲裁程序，否则多数仲裁员就无权作出仲裁裁决。本案仲裁庭的仲裁程序与当事人约定的仲裁协议不符，也与仲裁地英国的法律相违背。厦门海事法院于2008年5月11日裁定对本案仲裁裁决不予承认和执行。

典型意义

本案是我国法院对缺员仲裁不予承认与执行的案件，在国际仲裁界有一定影响。本案仲裁协议中明确约定仲裁庭由三人组成，《英国仲裁法》及LMAA规则均没有缺员仲裁庭审理的规定，而仲裁庭却在一名仲裁员没有全程参与仲裁程序的情况下，适用LMAA规则第八条第（e）项关于多数裁决的规定作出裁决，法院认为本案属于《纽约公约》规定的仲裁庭的仲裁程序与当事人约定的仲裁协议不符的情形，裁定不予承认与执行该仲裁裁决。《纽约公约》系国际商事仲裁的基石，得到大多数国家的认同。作为公约的缔约国，我国法院准确把握公约的宗旨与精神，正确解释与适用公约的条文，平等保护了中外当事人的合法权利。

7.19【典型案例】《第二批涉“一带一路”建设典型案例》之案例九：合理填补《国际海运固体散装货物规则》空白，完善国际海事裁判规则——徐州天业金属资源有限公司与圣克莱蒙特航运股份公司、东京产业株式会社海上货物运输合同纠纷再审审查案

基本案情

2010年12月29日，徐州天业与CJ公司签订买卖合同，向其购买5万吨（加减10%）散装印度尼西亚红土镍矿。2011年1月28日，承运人圣克莱蒙特航运和东京产业共同所有的“海运漓江”（Maritime Lijiang）轮驶抵印度尼西亚北克纳韦港受载货物，因质疑货物水分过高而决定该轮自2011年2月12日起停留北克纳韦港锚地开舱晒货并取样检验。之后，该轮于2011年3月27日航行两天后于3月29日抵达菲律宾达沃港继续开舱晒货并检验，5月16日驶离达沃港，于5月23日抵达目的港连云港。CJ公司作为托运人取得承运人为涉案货物签发的全套正本清洁指示提单，徐州天业通过信用证付款方式取得了该套正本提单。徐州天业于2011年6月28日以承运人违反了不得绕航和速遣义务为由向上海海事法院起诉，请求判令承运人赔偿其货物市价下跌损失人民币1414万元及其利息。

裁判结果

上海海事法院一审认为承运人在装货港及达沃港采取停航、晒货、检验等行为不属于不合理绕航，不违反合理速遣义务，据此判决驳回徐州天业的诉讼请求。徐州天业不服，提起上诉。

上海市高级人民法院二审认为，“海运漓江”轮绕道达沃港停留属于不合理绕航，但徐州天业不能证明其货物转卖损失的客观性与合理性，遂判决驳回上诉，维持原判。

双方当事人均不服二审判决，申请再审。

最高人民法院经审查认为：根据双方当事人的一致选择，本案纠纷应当适用中华人民共和国法律审理；中华人民共和国作为经修正的《1974 年国际海上人命安全公约》的缔约国，《国际海运固体散装货物规则》（以下简称《散货规则》）依据该公约成为强制性规则，于 2011 年 1 月 1 日对中国生效；根据《散货规则》的规定，托运人在装载前须向船长或其代表提供易流态化货物的水分含量、适运水分极限等适当信息的声明与测试证书，以便能够采取必要的措施对货物进行妥善积载和安全运输；易流态化货物除装载于专门建造或装有专用设备的船舶上外，只有在实际含水量少于适运水分极限时方可装载运输。托运人和承运人提供的检验报告等证据均没有载明涉案货物中尺寸大于 7 毫米或者 6.7 毫米货物的适运水分极限和整批货物的适运水分极限，承运人在装货港判断货物不适合安全运输的理据相对充分，船舶航行至达沃港，属于合理绕航。据此，裁定驳回双方当事人的再审申请。

典 型 意 义

本案是发生在“一带一路”沿线国的海上货物运输合同纠纷案件。最高人民法院进行再审审查并作出裁定，具有以下典型意义：第一，填补国际海事规则空白，提出合理裁判标准。《散货规则》对单一细小颗粒的含水量与其适运水分极限（TML）对比有明确规定，但对于类似该案中细小颗粒与较大块货物混合的散装固体货物如何对比（是以整体含水量与细小颗粒的 TML 对比，还是以同类细小颗粒的含水量与同类细小颗粒的 TML 对比），没有专门规定。尽管托运人和承运人提供的检验报告没有载明规格大于 7 毫米或者 6.7 毫米货物的 TML 和整批货物的 TML，主要原因很可能是受到流盘测试方法的限制，但最高人民法院合理解读《散货规则》的体系和相关条款的文意，从维护海运安全的价值取向出发，认定《散货规则》规定的 TML 系指整批货物的 TML（而不仅仅是其中细小颗粒的 TML），认定货物是否适运应当对比整批货物的含水量与整批货物的 TML；在托运人没有提供检验报告载明整批货物的含水量与整批货物的 TML 情况下，承运人有合理依据判断货物不适合安全运输。第二，为维护“一带一路”海上运输安全，发挥规范指导作用。印度尼西亚和菲律宾等东南亚地区是世界上镍矿石的主产区，近十年国际需求不断增长。而镍矿石是易流态化散装固态货物，一旦其实际水分含量超过 TML 则很可能出现液态化，使船舶失去稳性导致船舶倾覆。就在涉案货物装运的同期，自 2010 年 10 月 27 日至 12 月 3 日，三艘装载镍矿的船舶［“建富星（Jian Fu Star）”轮、“南远钻石（Nasco Diamond）”轮、“宏伟（Hong Wei）”轮］在自印度尼西亚驶往中国途中沉没，44 名中国船员死亡或失踪；自 2011 年 12 月 25 日至 2013 年 8 月 14 日，又有三艘装运印尼红土镍矿的船舶［越南籍“皇后（Vinalines Queen）”轮、巴拿马籍“Harita Bauxite”轮、香港籍“夏长（Trans Summer）”轮］沉没，导致 37 名船员遇难。

运输此类货物存在一系列潜在的危险性和复杂性，包括托运人申报水分含量不实、检测取样不具代表性、检测后露天堆放和装运时下雨等因素，承运人有必要适当加强观察、检测和把关，一旦有合理依据怀疑货物运输安全性，应及时向托运人提出质疑并可拒绝装运。本案是近年来运载易流态化散装固体货物船舶及时预防倾覆事故的一个成功范例，最高人民法院在认定承运人有合理依据怀疑货物水分含量过高的基础上，支持其采取停航晒货等合理措施，体现了保障航运安全的价值取向。

第三编

涉海商事管辖和程序法

第一章

涉海商事仲裁

第一节　海事仲裁特别规定

一、海事仲裁适用法

1.1【法律】《2017 仲裁法》第六十五条

涉外经济贸易、运输和海事中发生的纠纷的仲裁，适用本章（注：《2017 仲裁法》第十章）规定。本章没有规定的，适用本法其他有关规定。

二、涉外仲裁委员会设立、组成及人员聘任

1.2【法律】《2017 仲裁法》第六十六条

涉外仲裁委员会可以由中国国际商会组织设立。

涉外仲裁委员会由主任一人、副主任若干人和委员若干人组成。

涉外仲裁委员会的主任、副主任和委员可以由中国国际商会聘任。

三、涉外仲裁规则制定

1.3【法律】《2017 仲裁法》第七十三条

涉外仲裁规则可以由中国国际商会依照本法和民事诉讼法的有关规定制定。

四、涉外仲裁委员会仲裁员聘任

1.4【法律】《2017 仲裁法》第六十七条

涉外仲裁委员会可以从具有法律、经济贸易、科学技术等专门知识的外籍人士中聘任仲裁员。

五、涉外仲裁开庭笔录

1.5【法律】《2017 仲裁法》第六十九条

涉外仲裁的仲裁庭可以将开庭情况记入笔录，或者作出笔录要点，笔录要点可以由当事人和其他仲裁参与人签字或者盖章。

六、涉外仲裁证据保全管辖法院

1.6【法律】《2017 仲裁法》第六十八条

涉外仲裁的当事人申请证据保全的，涉外仲裁委员会应当将当事人的申请提交证据所在地的中级人民法院。

七、涉外仲裁裁决承认和执行

1.7【法律】《2017 仲裁法》第七十二条

涉外仲裁委员会作出的发生法律效力的仲裁裁决，当事人请求执行的，如果被执行人或者其财产不在中华人民共和国领域内，应当由当事人直接向有管辖权的外国法院申请承认和执行。

八、涉外仲裁裁决撤销之法定事由与裁定

1.8【法律】《2017 仲裁法》第七十条

当事人提出证据证明涉外仲裁裁决有民事诉讼法第二百五十八条第一款规定的情形之一的，经人民法院组成合议庭审查核实，裁定撤销。

九、涉外仲裁裁决不予执行之法定事由与裁定

1.9【法律】《2017 仲裁法》第七十一条

被申请人提出证据证明涉外仲裁裁决有民事诉讼法第二百五十八条第一款规定的情形之一的，经人民法院组成合议庭审查核实，裁定不予执行。

第二节　仲裁范围及其优先于法院之管辖

一、可仲裁之纠纷

1.10【法律】《2017 仲裁法》第二条

平等主体的公民、法人和其他组织之间发生的合同纠纷和其他财产权益纠纷，可以仲裁。

二、不能仲裁之纠纷

1.11【法律】《2017 仲裁法》第三条

下列纠纷不能仲裁：

（一）婚姻、收养、监护、扶养、继承纠纷；

（二）依法应当由行政机关处理的行政争议。

三、仲裁协议及其优先于法院之管辖

1.12【法律】《2017 仲裁法》第五条

当事人达成仲裁协议，一方向人民法院起诉的，人民法院不予受理，但仲裁协议无效的除外。

四、仲裁协议作为仲裁管辖之前提条件

1.13【法律】《2017 仲裁法》第四条

当事人采用仲裁方式解决纠纷，应当双方自愿，达成仲裁协议。没有仲裁协议，一方申请仲裁的，仲裁委员会不予受理。

1.14【司法解释】《2006 仲裁法解释》第十一条

合同约定解决争议适用其他合同、文件中的有效仲裁条款的，发生合同争议时，当事人应当按照该仲裁条款提请仲裁。

涉外合同应当适用的有关国际条约中有仲裁规定的，发生合同争议时，当事人应当按照国际条约中的仲裁规定提请仲裁。

五、仲裁委员会及仲裁管辖非级别性与非地域性

1.15【法律】《2017 仲裁法》第六条

仲裁委员会应当由当事人协议选定。

仲裁不实行级别管辖和地域管辖。

六、仲裁原则

（一）公正及时

1.16【法律】《2017 仲裁法》第一条

为保证公正、及时地仲裁经济纠纷，保护当事人的合法权益，保障社会主义市场经济健康发展，制定本法。

（二）根据事实、符合法律、公平合理

1.17【法律】《2017 仲裁法》第七条

仲裁应当根据事实，符合法律规定，公平合理地解决纠纷。

（三）独立进行

1.18【法律】《2017 仲裁法》第八条

仲裁依法独立进行，不受行政机关、社会团体和个人的干涉。

（四）一裁终局

1.19【法律】《2017 仲裁法》第九条

仲裁实行一裁终局的制度。裁决作出后，当事人就同一纠纷再申请仲裁或者向人民法院起诉的，仲裁委员会或者人民法院不予受理。

裁决被人民法院依法裁定撤销或者不予执行的，当事人就该纠纷可以根据双方重新达成的仲裁协议申请仲裁，也可以向人民法院起诉。

第三节　仲裁委员会、仲裁协会、仲裁规则及仲裁时效

一、仲裁委员会组建

1.20【法律】《2017 仲裁法》第十条

仲裁委员会可以在直辖市和省、自治区人民政府所在地的市设立，也可以根据需要在其他设区的市设立，不按行政区划层层设立。

仲裁委员会由前款规定的市的人民政府组织有关部门和商会统一组建。

设立仲裁委员会，应当经省、自治区、直辖市的司法行政部门登记。

二、仲裁委员会设立条件

1.21【法律】《2017 仲裁法》第十一条

仲裁委员会应当具备下列条件：

（一）有自己的名称、住所和章程；

（二）有必要的财产；

（三）有该委员会的组成人员；

（四）有聘任的仲裁员。

仲裁委员会的章程应当依照本法制定。

三、仲裁委员会组成

1.22【法律】《2017 仲裁法》第十二条

仲裁委员会由主任一人、副主任二至四人和委员七至十一人组成。

仲裁委员会的主任、副主任和委员由法律、经济贸易专家和有实际工作经验的人员担任。仲裁委员会的组成人员中，法律、经济贸易专家不得少于三分之二。

四、仲裁员聘任

1.23【法律】《2017 仲裁法》第十三条

仲裁委员会应当从公道正派的人员中聘任仲裁员。

仲裁员应当符合下列条件之一：

（一）通过国家统一法律职业资格考试取得法律职业资格，从事仲裁工作满八年的；

（二）从事律师工作满八年的；

（三）曾任法官满八年的；

（四）从事法律研究、教学工作并具有高级职称的；

（五）具有法律知识、从事经济贸易等专业工作并具有高级职称或者具有同等专业水平的。

仲裁委员会按照不同专业设仲裁员名册。

五、仲裁委员会独立于行政机关

1.24【法律】《2017 仲裁法》第十四条

仲裁委员会独立于行政机关，与行政机关没有隶属关系。仲裁委员会之间也没有隶属关系。

六、仲裁协会法律地位及职责

1.25【法律】《2017 仲裁法》第十五条第一款和第二款

中国仲裁协会是社会团体法人。仲裁委员会是中国仲裁协会的会员。中国仲裁协会的章程由全国会员大会制定。

中国仲裁协会是仲裁委员会的自律性组织，根据章程对仲裁委员会及其组成人员、仲裁员的违纪行为进行监督。

七、仲裁规则制定

1.26【法律】《2017 仲裁法》第十五条第三款

中国仲裁协会依照本法和民事诉讼法的有关规定制定仲裁规则。

1.27【法律】《2017 仲裁法》第七十五条

中国仲裁协会制定仲裁规则前，仲裁委员会依照本法和民事诉讼法的有关规定可以制定仲裁暂行规则。

八、仲裁费用

1.28【法律】《2017 仲裁法》第七十六条

当事人应当按照规定交纳仲裁费用。

收取仲裁费用的办法，应当报物价管理部门核准。

九、仲裁时效

1.29【法律】《2017 仲裁法》第七十四条

法律对仲裁时效有规定的，适用该规定。法律对仲裁时效没有规定的，适用诉讼时效的规定。

第四节 仲裁协议

一、仲裁协议形式及必备内容

1.30【法律】《2017 仲裁法》第十六条

仲裁协议包括合同中订立的仲裁条款和以其他书面方式在纠纷发生前或者纠纷发生后达成的请求仲裁的协议。

仲裁协议应当具有下列内容：

（一）请求仲裁的意思表示；

（二）仲裁事项；

（三）选定的仲裁委员会。

1.31【司法解释】《2006 仲裁法解释》第一条

仲裁法第十六条规定的“其他书面形式”的仲裁协议，包括以合同书、信件和数据电文（包括电报、电传、传真、电子数据交换和电子邮件）等形式达成的请求仲裁的协议。

1.32【复函】最高人民法院关于巴柏赛斯船舶科技有限公司诉蓬莱市渤海造船有限公司船舶建造合同纠纷一案仲裁条款效力问题的请示的复函（〔2011〕民四他字第61号）

根据你院提供的案情，上海海事法院审理的原告巴柏赛斯船舶科技有限公司诉被告蓬莱市渤海造船有限公司船舶建造合同纠纷一案，被告蓬莱市渤海造船有限公司以双方当事人签订的《6800 吨多用途散货船详细和生产设计合同》中存在仲裁条款为由，在答辩期内以争议应提交仲裁为由向上海海事法院提出管辖权异议。

本院认为，涉案《6800 吨多用途散货船详细和生产设计合同》第八章争议解决条款约定，“在合同履行过程中发生争议，首先由甲、乙双方友好协商解决，如果达不成共识，将进行仲裁，仲裁的结果对双方都有约束力，是终局的。仲裁将在甲乙双方认可的中国第三方城市进行。”由于巴柏赛斯船舶科技有限公司注册地为新加坡，故本案系具有涉外因素的合同，对于该合同中仲裁条款效力的审查，应当根据《中华人民共和国涉外民事关系法律适用法》、《中华人民共和国仲裁法》以及《最高人民法院关于适用〈中华人民共和国仲裁法〉若干问题的解释》的规定进行审查。涉案合同中，双方当事人未约定仲裁协议效力适用的准据法，但约定了仲裁地为我国，故应适用仲裁地即我国的法律。根据《中华人民共和国仲裁法》第十八条规定，仲裁协议对仲裁事项或者仲裁委员会没有约定或者约定不明确的，当事人可以补充协议；达不成补充协议的，仲裁协议无效。涉案合同中的仲裁条款，并未明确具体的仲裁机构，双方亦未就仲裁机构问题达成补充协议，故根据《中华人民共和国仲裁法》第十六条、第十八条的规定，涉案合同中的仲裁条款应当认定为无效，人民法院对该案享有管辖权。同意你院关于涉案仲裁条款无效的意见。

另，本案原告为新加坡注册的公司，被告公司注册地在山东省蓬莱。在仲裁条款无效的前提下，上海海事法院对该合同纠纷行使管辖权亦应当明确法律依据。

二、仲裁协议独立性

1.33【法律】《2017 仲裁法》第十九条

仲裁协议独立存在，合同的变更、解除、终止或者无效，不影响仲裁协议的效力。

仲裁庭有权确认合同的效力。

1.34【司法解释】《2006 仲裁法解释》第十条

合同成立后未生效或者被撤销的，仲裁协议效力的认定适用仲裁法第十九条第一款的规定。

当事人在订立合同时就争议达成仲裁协议的，合同未成立不影响仲裁协议的效力。

三、仲裁事项概括约定

1.35【司法解释】《2006 仲裁法解释》第二条

当事人概括约定仲裁事项为合同争议的，基于合同成立、效力、变更、转让、履行、违约责任、解释、解除等产生的纠纷都可以认定为仲裁事项。

四、仲裁机构名称约定不准确

1.36【司法解释】《2006 仲裁法解释》第三条

仲裁协议约定的仲裁机构名称不准确，但能够确定具体的仲裁机构的，应当认定选定了仲裁机构。

五、仅约定仲裁规则未约定仲裁机构

1.37【司法解释】《2006 仲裁法解释》第四条

仲裁协议仅约定纠纷适用的仲裁规则的，视为未约定仲裁机构，但当事人达成补充协议或者按照约定的仲裁规则能够确定仲裁机构的除外。

六、约定两个以上仲裁机构

1.38【司法解释】《2006 仲裁法解释》第五条

仲裁协议约定两个以上仲裁机构的，当事人可以协议选择其中的一个仲裁机构申请仲裁；当事人不能就仲裁机构选择达成一致的，仲裁协议无效。

七、约定仲裁地但未明确仲裁机构

1.39【司法解释】《2006 仲裁法解释》第六条

仲裁协议约定由某地的仲裁机构仲裁且该地仅有一个仲裁机构的，该仲裁机构视为约定的仲裁机构。该地有两个以上仲裁机构的，当事人可以协议选择其中的一个仲裁机构申请仲裁；当事人不能就仲裁机构选择达成一致的，仲裁协议无效。

八、既约定仲裁又约定法院起诉

1.40【司法解释】《2006 仲裁法解释》第七条

当事人约定争议可以向仲裁机构申请仲裁也可以向人民法院起诉的，仲裁协议无效。但一方向仲裁机构申请仲裁，另一方未在仲裁法第二十条第二款规定期间内提出异议的除外。

九、仲裁协议继受或继承及例外

1.41【司法解释】《2006 仲裁法解释》第八条

当事人订立仲裁协议后合并、分立的，仲裁协议对其权利义务的继受人有效。

当事人订立仲裁协议后死亡的，仲裁协议对承继其仲裁事项中的权利义务的继承人有效。

前两款规定情形，当事人订立仲裁协议时另有约定的除外。

十、仲裁协议受让

1.42【司法解释】《2006 仲裁法解释》第九条

债权债务全部或者部分转让的，仲裁协议对受让人有效，但当事人另有约定、在受让债权债务时受让人明确反对或者不知有单独仲裁协议的除外。

十一、仲裁协议无效事由

1.43【法律】《2017 仲裁法》第十七条

有下列情形之一的，仲裁协议无效：

（一）约定的仲裁事项超出法律规定的仲裁范围的；

（二）无民事行为能力人或者限制民事行为能力人订立的仲裁协议；

（三）一方采取胁迫手段，迫使对方订立仲裁协议的。

十二、仲裁协议补充

1.44【法律】《2017 仲裁法》第十八条

仲裁协议对仲裁事项或者仲裁委员会没有约定或者约定不明确的，当事人可以补充协议；达不成补充协议的，仲裁协议无效。

十三、仲裁协议效力异议及裁定

1.45【法律】《2017 仲裁法》第二十条

当事人对仲裁协议的效力有异议的，可以请求仲裁委员会作出决定或者请求人民法院作出裁定。一方请求仲裁委员会作出决定，另一方请求人民法院作出裁定的，由人民法院裁定。

当事人对仲裁协议的效力有异议，应当在仲裁庭首次开庭前提出。

1.46【司法解释】《2006 仲裁法解释》第十三条

依照仲裁法第二十条第二款的规定，当事人在仲裁庭首次开庭前没有对仲裁协议的效力提出异议，而后向人民法院申请确认仲裁协议无效的，人民法院不予受理。

仲裁机构对仲裁协议的效力作出决定后，当事人向人民法院申请确认仲裁协议效力或者申请撤销仲裁机构的决定的，人民法院不予受理。

第五节　仲裁程序：从申请至裁决

一、仲裁申请

1.47【法律】《2017 仲裁法》第二十一条

当事人申请仲裁应当符合下列条件：

（一）有仲裁协议；

（二）有具体的仲裁请求和事实、理由；

（三）属于仲裁委员会的受理范围。

1.48【法律】《2017 仲裁法》第二十二条

当事人申请仲裁，应当向仲裁委员会递交仲裁协议、仲裁申请书及副本。

1.49【法律】《2017 仲裁法》第二十三条

仲裁申请书应当载明下列事项：

（一）当事人的姓名、性别、年龄、职业、工作单位和住所，法人或者其他组织的名称、住所和法定代表人或者主要负责人的姓名、职务；

（二）仲裁请求和所根据的事实、理由；

（三）证据和证据来源、证人姓名和住所。

二、仲裁受理

1.50【法律】《2017 仲裁法》第二十四条

仲裁委员会收到仲裁申请书之日起五日内，认为符合受理条件的，应当受理，并通知当事人；认为不符合受理条件的，应当书面通知当事人不予受理，并说明理由。

1.51【法律】《2017 仲裁法》第二十五条

仲裁委员会受理仲裁申请后，应当在仲裁规则规定的期限内将仲裁规则和仲裁员名册送达申请人，并将仲裁申请书副本和仲裁规则、仲裁员名册送达被申请人。

被申请人收到仲裁申请书副本后，应当在仲裁规则规定的期限内向仲裁委员会提交答辩书。仲裁委员会收到答辩书后，应当在仲裁规则规定的期限内将答辩书副本送达申请人。被申请人未提交答辩书的，不影响仲裁程序的进行。

三、存在仲裁协议却向法院起诉并获受理情形

1.52【法律】《2017 仲裁法》第二十六条

当事人达成仲裁协议，一方向人民法院起诉未声明有仲裁协议，人民法院受理后，另一方在首次开庭前提交仲裁协议的，人民法院应当驳回起诉，但仲裁协议无效的除外；另一方在首次开庭前未对人民法院受理该案提出异议的，视为放弃仲裁协议，人民法院应当继续审理。

1.53【司法解释】《2006 仲裁法解释》第十四条

仲裁法第二十六条规定的“首次开庭”是指答辩期满后人民法院组织的第一次开庭审理，不包括审前程序中的各项活动。

四、仲裁请求放弃或者变更，以及反请求

1.54【法律】《2017 仲裁法》第二十七条

申请人可以放弃或者变更仲裁请求。被申请人可以承认或者反驳仲裁请求，有权提出反请求。

五、仲裁参与人

1.55【法律】《2017 仲裁法》第二十九条

当事人、法定代理人可以委托律师和其他代理人进行仲裁活动。委托律师和其他代理人进行仲裁活动的，应当向仲裁委员会提交授权委托书。

六、仲裁庭组成和通知

1.56【法律】《2017 仲裁法》第三十条

仲裁庭可以由三名仲裁员或者一名仲裁员组成。由三名仲裁员组成的，设首席仲裁员。

1.57【法律】《2017 仲裁法》第三十一条

当事人约定由三名仲裁员组成仲裁庭的，应当各自选定或者各自委托仲裁委员会主任指定一名仲裁员，第三名仲裁员由当事人共同选定或者共同委托仲裁委员会主任指定。第三名仲裁员是首席仲裁员。

当事人约定由一名仲裁员成立仲裁庭的，应当由当事人共同选定或者共同委托仲裁委员会主任指定仲裁员。

1.58【法律】《2017 仲裁法》第三十二条

当事人没有在仲裁规则规定的期限内约定仲裁庭的组成方式或者选定仲裁员的，由仲裁委员会主任指定。

1.59【法律】《2017 仲裁法》第三十三条

仲裁庭组成后，仲裁委员会应当将仲裁庭的组成情况书面通知当事人。

七、仲裁员回避申请与决定

1.60【法律】《2017 仲裁法》第三十四条

仲裁员有下列情形之一的，必须回避，当事人也有权提出回避申请：

（一）是本案当事人或者当事人、代理人的近亲属；

（二）与本案有利害关系；

（三）与本案当事人、代理人有其他关系，可能影响公正仲裁的；

（四）私自会见当事人、代理人，或者接受当事人、代理人的请客送礼的。

1.61【法律】《2017 仲裁法》第三十五条

当事人提出回避申请，应当说明理由，在首次开庭前提出。回避事由在首次开庭后知道的，可以在最后一次开庭终结前提出。

1.62【法律】《2017 仲裁法》第三十六条

仲裁员是否回避，由仲裁委员会主任决定；仲裁委员会主任担任仲裁员时，由仲裁委员会集体决定。

八、仲裁员重新选定或者指定

1.63【法律】《2017 仲裁法》第三十七条

仲裁员因回避或者其他原因不能履行职责的，应当依照本法规定重新选定或者指定仲裁员。

因回避而重新选定或者指定仲裁员后，当事人可以请求已进行的仲裁程序重新进行，是否准许，由仲裁庭决定；仲裁庭也可以自行决定已进行的仲裁程序是否重新进行。

九、仲裁员除名

1.64【法律】《2017 仲裁法》第三十八条

仲裁员有本法第三十四条第（四）项规定的情形，情节严重的，或者有本法第五十八条第（六）项规定的情形的，应当依法承担法律责任，仲裁委员会应当将其除名。

十、仲裁开庭

1.65【法律】《2017 仲裁法》第三十九条

仲裁应当开庭进行。当事人协议不开庭的，仲裁庭可以根据仲裁申请书、答辩书以及其他材料作出裁决。

十一、仲裁不公开及例外和限制

1.66【法律】《2017 仲裁法》第四十条

仲裁不公开进行。当事人协议公开的，可以公开进行，但涉及国家秘密的除外。

十二、仲裁开庭日期通知和延期

1.67【法律】《2017 仲裁法》第四十一条

仲裁委员会应当在仲裁规则规定的期限内将开庭日期通知双方当事人。当事人有正当理由的，可以在仲裁规则规定的期限内请求延期开庭。是否延期，由仲裁庭决定。

十三、仲裁当事人无正当理由不到庭或者中途退庭

1.68【法律】《2017 仲裁法》第四十二条

申请人经书面通知，无正当理由不到庭或者未经仲裁庭许可中途退庭的，可以视为撤回仲裁申请。

被申请人经书面通知，无正当理由不到庭或者未经仲裁庭许可中途退庭的，可以缺席裁决。

十四、仲裁当事人举证及仲裁庭依职权收集

1.69【法律】《2017 仲裁法》第四十三条

当事人应当对自己的主张提供证据。

仲裁庭认为有必要收集的证据，可以自行收集。

十五、仲裁中专门性问题鉴定

1.70【法律】《2017 仲裁法》第四十四条

仲裁庭对专门性问题认为需要鉴定的，可以交由当事人约定的鉴定部门鉴定，也可以由仲裁庭指定的鉴定部门鉴定。

根据当事人的请求或者仲裁庭的要求，鉴定部门应当派鉴定人参加开庭。当事人经仲裁庭许可，可以向鉴定人提问。

十六、仲裁中证据当庭出示和质证

1.71【法律】《2017 仲裁法》第四十五条

证据应当在开庭时出示，当事人可以质证。

十七、仲裁中辩论及最后意见

1.72【法律】《2017 仲裁法》第四十七条

当事人在仲裁过程中有权进行辩论。辩论终结时，首席仲裁员或者独任仲裁员应当征询当事人的最后意见。

十八、仲裁开庭笔录

1.73【法律】《2017 仲裁法》第四十八条

仲裁庭应当将开庭情况记入笔录。当事人和其他仲裁参与人认为对自己陈述的记录

有遗漏或者差错的，有权申请补正。如果不予补正，应当记录该申请。

笔录由仲裁员、记录人员、当事人和其他仲裁参与人签名或者盖章。

十九、仲裁申请后和解

1.74【法律】《2017 仲裁法》第四十九条

当事人申请仲裁后，可以自行和解。达成和解协议的，可以请求仲裁庭根据和解协议作出裁决书，也可以撤回仲裁申请。

1.75【法律】《2017 仲裁法》第五十条

当事人达成和解协议，撤回仲裁申请后反悔的，可以根据仲裁协议申请仲裁。

二十、仲裁裁决前调解

1.76【法律】《2017 仲裁法》第五十一条

仲裁庭在作出裁决前，可以先行调解。当事人自愿调解的，仲裁庭应当调解。调解不成的，应当及时作出裁决。

调解达成协议的，仲裁庭应当制作调解书或者根据协议的结果制作裁决书。调解书与裁决书具有同等法律效力。

1.77【法律】《2017 仲裁法》第五十二条

调解书应当写明仲裁请求和当事人协议的结果。调解书由仲裁员签名，加盖仲裁委员会印章，送达双方当事人。

调解书经双方当事人签收后，即发生法律效力。

在调解书签收前当事人反悔的，仲裁庭应当及时作出裁决。

二十一、仲裁裁决作出

1.78【法律】《2017 仲裁法》第五十三条

裁决应当按照多数仲裁员的意见作出，少数仲裁员的不同意见可以记入笔录。仲裁庭不能形成多数意见时，裁决应当按照首席仲裁员的意见作出。

1.79【法律】《2017 仲裁法》第五十四条

裁决书应当写明仲裁请求、争议事实、裁决理由、裁决结果、仲裁费用的负担和裁决日期。当事人协议不愿写明争议事实和裁决理由的，可以不写。裁决书由仲裁员签名，加盖仲裁委员会印章。对裁决持不同意见的仲裁员，可以签名，也可以不签名。

二十二、先行仲裁裁决部分事实

1.80【法律】《2017 仲裁法》第五十五条

仲裁庭仲裁纠纷时，其中一部分事实已经清楚，可以就该部分先行裁决。

二十三、仲裁裁决补正

1.81【法律】《2017 仲裁法》第五十六条

对裁决书中的文字、计算错误或者仲裁庭已经裁决但在裁决书中遗漏的事项，仲裁庭应当补正；当事人自收到裁决书之日起三十日内，可以请求仲裁庭补正。

二十四、仲裁裁决生效

1.82【法律】《2017 仲裁法》第五十七条

裁决书自作出之日起发生法律效力。

第六节　仲裁保全

一、仲裁财产保全

1.83【法律】《2017 仲裁法》第二十八条

一方当事人因另一方当事人的行为或者其他原因，可能使裁决不能执行或者难以执行的，可以申请财产保全。

当事人申请财产保全的，仲裁委员会应当将当事人的申请依照民事诉讼法的有关规定提交人民法院。

申请有错误的，申请人应当赔偿被申请人因财产保全所遭受的损失。

二、仲裁证据保全

1.84【法律】《2017 仲裁法》第四十六条

在证据可能灭失或者以后难以取得的情况下，当事人可以申请证据保全。当事人申请证据保全的，仲裁委员会应当将当事人的申请提交证据所在地的基层人民法院。

第七节　仲裁裁决执行

一、仲裁裁决执行管辖法院

1.85【司法解释】《2006 仲裁法解释》第二十九条

当事人申请执行仲裁裁决案件，由被执行人住所地或者被执行的财产所在地的中级人民法院管辖。

二、仲裁裁决执行适用法

1.86【法律】《2017 仲裁法》第六十二条

当事人应当履行裁决。一方当事人不履行的，另一方当事人可以依照民事诉讼法的有关规定向人民法院申请执行。受申请的人民法院应当执行。

三、仲裁调解书及根据和解协议作出的仲裁裁决书可执行性

1.87【司法解释】《2006 仲裁法解释》第二十八条

当事人请求不予执行仲裁调解书或者根据当事人之间的和解协议作出的仲裁裁决书的，人民法院不予支持。

四、仲裁裁决中止执行

1.88【法律】《2017 仲裁法》第六十四条

一方当事人申请执行裁决，另一方当事人申请撤销裁决的，人民法院应当裁定中止执行。

人民法院裁定撤销裁决的，应当裁定终结执行。撤销裁决的申请被裁定驳回的，人民法院应当裁定恢复执行。

五、仲裁裁决不予执行

1.89【法律】《2017 仲裁法》第六十三条

被申请人提出证据证明裁决有民事诉讼法第二百一十三条第二款规定的情形之一的，经人民法院组成合议庭审查核实，裁定不予执行。

第八节　仲裁司法审查范围和通用程序

一、仲裁司法审查范围

1.90【司法解释】《2017 仲裁司法审查规定》第一条

本规定所称仲裁司法审查案件，包括下列案件：

（一）申请确认仲裁协议效力案件；

（二）申请执行我国内地仲裁机构的仲裁裁决案件；

（三）申请撤销我国内地仲裁机构的仲裁裁决案件；

（四）申请认可和执行香港特别行政区、澳门特别行政区、台湾地区仲裁裁决案件；

（五）申请承认和执行外国仲裁裁决案件；

（六）其他仲裁司法审查案件。

二、仲裁机构协助法院进行仲裁司法审查

1.91【司法解释】《2006 仲裁法解释》第三十条

根据审理撤销、执行仲裁裁决案件的实际需要，人民法院可以要求仲裁机构作出说明或者向相关仲裁机构调阅仲裁案卷。

人民法院在办理涉及仲裁的案件过程中作出的裁定，可以送相关的仲裁机构。

三、仲裁司法审查申请和管辖受理条件及其释明、裁定和上诉

1.92【司法解释】《2017 仲裁司法审查规定》第七条

申请人提交的文件不符合第五条、第六条的规定，经人民法院释明后提交的文件仍然不符合规定的，裁定不予受理。

申请人向对案件不具有管辖权的人民法院提出申请，人民法院应当告知其向有管辖权的人民法院提出申请，申请人仍不变更申请的，裁定不予受理。

申请人对不予受理的裁定不服的，可以提起上诉。

1.93【司法解释】《2017 仲裁司法审查规定》第八条

人民法院立案后发现不符合受理条件的，裁定驳回申请。

前款规定的裁定驳回申请的案件，申请人再次申请并符合受理条件的，人民法院应予受理。

当事人对驳回申请的裁定不服的，可以提起上诉。

四、仲裁司法审查案件受理期限及通知

1.94【司法解释】《2017 仲裁司法审查规定》第九条

对于申请人的申请，人民法院应当在七日内审查决定是否受理。

人民法院受理仲裁司法审查案件后，应当在五日内向申请人和被申请人发出通知书，告知其受理情况及相关的权利义务。

五、仲裁司法审查案件管辖权异议

1.95【司法解释】《2017 仲裁司法审查规定》第十条

人民法院受理仲裁司法审查案件后，被申请人对管辖权有异议的，应当自收到人民法院通知之日起十五日内提出。人民法院对被申请人提出的异议，应当审查并作出裁定。当事人对裁定不服的，可以提起上诉。

在中华人民共和国领域内没有住所的被申请人对人民法院的管辖权有异议的，应当自收到人民法院通知之日起三十日内提出。

六、仲裁司法审查案件管辖权冲突

1.96【司法解释】《2017 仲裁司法审查规定》第四条

申请人向两个以上有管辖权的人民法院提出申请的，由最先立案的人民法院管辖。

七、仲裁司法审查案件合议庭组成及询问当事人

1.97【司法解释】《2017 仲裁司法审查规定》第十一条

人民法院审查仲裁司法审查案件，应当组成合议庭并询问当事人。

八、仲裁司法审查之诉撤回及裁定

1.98【司法解释】《2017 仲裁司法审查规定》第十九条

人民法院受理仲裁司法审查案件后，作出裁定前，申请人请求撤回申请的，裁定准许。

九、仲裁司法审查裁定生效

1.99【司法解释】《2017 仲裁司法审查规定》第二十条

人民法院在仲裁司法审查案件中作出的裁定，除不予受理、驳回申请、管辖权异议的裁定外，一经送达即发生法律效力。当事人申请复议、提出上诉或者申请再审的，人民法院不予受理，但法律和司法解释另有规定的除外。

第九节　涉外仲裁司法审查特别规定

一、涉外仲裁协议或者涉外仲裁裁决认定

1.100【司法解释】《2017 仲裁司法审查规定》第十二条

仲裁协议或者仲裁裁决具有《最高人民法院关于适用〈中华人民共和国涉外民事关系法律适用法〉若干问题的解释（一）》第一条规定情形的，为涉外仲裁协议或者涉外仲裁裁决。

二、涉外仲裁协议法律适用法

1.101【司法解释】《2017 仲裁司法审查规定》第十三条

当事人协议选择确认涉外仲裁协议效力适用的法律，应当作出明确的意思表示，仅

约定合同适用的法律，不能作为确认合同中仲裁条款效力适用的法律。

1.102【司法解释】《2017 仲裁司法审查规定》第十四条

人民法院根据《中华人民共和国涉外民事关系法律适用法》第十八条的规定，确定确认涉外仲裁协议效力适用的法律时，当事人没有选择适用的法律，适用仲裁机构所在地的法律与适用仲裁地的法律将对仲裁协议的效力作出不同认定的，人民法院应当适用确认仲裁协议有效的法律。

1.103【司法解释】《2017 仲裁司法审查规定》第十五条

仲裁协议未约定仲裁机构和仲裁地，但根据仲裁协议约定适用的仲裁规则可以确定仲裁机构或者仲裁地的，应当认定其为《中华人民共和国涉外民事关系法律适用法》第十八条中规定的仲裁机构或者仲裁地。

三、涉及香港特别行政区、澳门特别行政区、我国台湾地区仲裁司法审查案件

1.104【司法解释】《2017 仲裁司法审查规定》第二十一条

人民法院受理的申请确认涉及香港特别行政区、澳门特别行政区、台湾地区仲裁协议效力的案件，申请执行或者撤销我国内地仲裁机构作出的涉及香港特别行政区、澳门特别行政区、台湾地区仲裁裁决的案件，参照适用涉外仲裁司法审查案件的规定审查。

第十节 仲裁协议效力确认之诉

一、仲裁协议效力确认之诉管辖法院

1.105【司法解释】《2017 仲裁司法审查规定》第二条

申请确认仲裁协议效力的案件，由仲裁协议约定的仲裁机构所在地、仲裁协议签订地、申请人住所地、被申请人住所地的中级人民法院或者专门人民法院管辖。

涉及海事海商纠纷仲裁协议效力的案件，由仲裁协议约定的仲裁机构所在地、仲裁协议签订地、申请人住所地、被申请人住所地的海事法院管辖；上述地点没有海事法院的，由就近的海事法院管辖。

1.106【司法解释】《2006 仲裁法解释》第十二条

当事人向人民法院申请确认仲裁协议效力的案件，由仲裁协议约定的仲裁机构所在地的中级人民法院管辖；仲裁协议约定的仲裁机构不明确的，由仲裁协议签订地或者被申请人住所地的中级人民法院管辖。

申请确认涉外仲裁协议效力的案件，由仲裁协议约定的仲裁机构所在地、仲裁协议签订地、申请人或者被申请人住所地的中级人民法院管辖。

涉及海事海商纠纷仲裁协议效力的案件，由仲裁协议约定的仲裁机构所在地、仲裁协议签订地、申请人或者被申请人住所地的海事法院管辖；上述地点没有海事法院的，由就近的海事法院管辖。

二、仲裁协议效力确认之诉申请要求

1.107【司法解释】《2017 仲裁司法审查规定》第五条

申请人向人民法院申请确认仲裁协议效力的，应当提交申请书及仲裁协议正本或者经证明无误的副本。

申请书应当载明下列事项：

（一）申请人或者被申请人为自然人的，应当载明其姓名、性别、出生日期、国籍及住所；为法人或者其他组织的，应当载明其名称、住所以及法定代表人或者代表人的姓名和职务；

（二）仲裁协议的内容；

（三）具体的请求和理由。

当事人提交的外文申请书、仲裁协议及其他文件，应当附有中文译本。

三、仲裁协议效力确认之诉审查

1.108【司法解释】《2006 仲裁法解释》第十五条

人民法院审理仲裁协议效力确认案件，应当组成合议庭进行审查，并询问当事人。

四、仲裁协议效力确认之诉适用法

1.109【司法解释】《2006 仲裁法解释》第十六条

对涉外仲裁协议的效力审查，适用当事人约定的法律；当事人没有约定适用的法律但约定了仲裁地的，适用仲裁地法律；没有约定适用的法律也没有约定仲裁地或者仲裁地约定不明的，适用法院地法律。

第十一节　外国仲裁裁决承认和执行司法审查特别规定

一、承认外国仲裁裁决案件管辖法院

1.110【司法解释】《2017 仲裁司法审查规定》第三条

外国仲裁裁决与人民法院审理的案件存在关联，被申请人住所地、被申请人财产所在地均不在我国内地，申请人申请承认外国仲裁裁决的，由受理关联案件的人民法院管

辖。受理关联案件的人民法院为基层人民法院的，申请承认外国仲裁裁决的案件应当由该基层人民法院的上一级人民法院管辖。受理关联案件的人民法院是高级人民法院或者最高人民法院的，由上述法院决定自行审查或者指定中级人民法院审查。

外国仲裁裁决与我国内地仲裁机构审理的案件存在关联，被申请人住所地、被申请人财产所在地均不在我国内地，申请人申请承认外国仲裁裁决的，由受理关联案件的仲裁机构所在地的中级人民法院管辖。

二、适用《纽约公约》审查涉外仲裁裁决承认和执行

1.111【司法解释】《2017 仲裁司法审查规定》第十六条

人民法院适用《承认及执行外国仲裁裁决公约》审查当事人申请承认和执行外国仲裁裁决案件时，被申请人以仲裁协议无效为由提出抗辩的，人民法院应当依照该公约第五条第一款（甲）项的规定，确定确认仲裁协议效力应当适用的法律。

三、适用国际条约或者互惠原则审查国外机构裁决承认和执行

1.112【法律】《民事诉讼法》第二百八十三条

国外仲裁机构的裁决，需要中华人民共和国人民法院承认和执行的，应当由当事人直接向被执行人住所地或者其财产所在地的中级人民法院申请，人民法院应当依照中华人民共和国缔结或者参加的国际条约，或者按照互惠原则办理。

四、外国仲裁裁决承认和执行法律适用法

1.113【典型案例】《2016 年十大典型海事案例》之大宇造船海洋株式会社（Daewoo Shipbuil-ding & Marine Engineering Co.，Ltd.）申请承认外国仲裁裁决案

基本案情

大宇造船作为建造方与 JELEPHANTCORPORATION 作为买方签订船舶建造合同，约定该合同项下的纠纷按照《1996 年英国仲裁法》提交英国伦敦仲裁解决。后大宇造船与 JELEPHANTCORPORATION、西象公司（CELEPHANTINC）签订合同主体变更协议，将买方变更为西象公司。大宇造船与西象公司、西达克凌公司（CDUCKLINGCORPORATION）又签订补充协议，由西达克凌公司承担部分付款义务。两协议均约定任何因协议所产生的纠纷应依照前述船舶建造合同仲裁条款进行仲裁。其后因未收到造船款，大宇造船在伦敦对西象公司和西达克凌公司提起仲裁。大宇造船指定的独任仲裁员作出仲裁裁决，支持大宇造船的请求。大宇造船向青岛海事法院申请承认该仲裁裁决。

裁判结果

青岛海事法院认为，大宇造船提交的我国有资质的翻译公司及翻译员翻译的中文译

文符合《纽约公约》规定的形式要求；涉案合同主体变更协议及补充协议，均明确约定并入仲裁协议，适用英国法在伦敦仲裁，属于以书面形式达成了有效的仲裁协议；独任仲裁员的委任程序以及仲裁送达程序符合《1996年英国仲裁法》的规定；承认或执行该项仲裁裁决，不与中国的公共秩序或中国法律相抵触。综上所述，该英国伦敦仲裁裁决不存在《纽约公约》规定拒绝承认的情形，应予承认。

典型意义

对于申请承认和执行外国海事仲裁裁决案件的审查，应根据我国法律的规定，依照我国缔结或参加的国际条约或者按照互惠原则进行。《纽约公约》是国际仲裁领域最重要的一项国际公约，为外国仲裁裁决的承认与执行设定了国际标准，并得到大多数国家的认同。作为该公约的缔约国，我国法院一直高度重视《纽约公约》在中国的适用，充分尊重当事人的意思自治，为外国仲裁裁决的承认和执行提供高效、便利的司法环境，为纠纷的多元解决创造良好的法治环境。本案审查准确把握《纽约公约》的宗旨与精神，正确解释与适用公约的条文，裁定对外国海事仲裁裁决予以承认，体现了支持国际海事仲裁和适度监督的司法理念，是对《纽约公约》解释和适用的积极尝试和有益探索。此外，本案适用仲裁地法律，即《1996年英国仲裁法》，认定仲裁协议的效力、仲裁庭组成合法性等问题，对涉外商事、海事案件审理中外国法律的查明和适用问题也具有一定的指导意义。

五、外国仲裁裁决是否违反我国公共政策、是否超裁、是否存在程序性问题

1.114【复函】最高人民法院关于西特福船运公司申请承认英国伦敦仲裁庭作出的"HULL XXK06－039"号仲裁裁决案件请示的复函［（2015）民四他字第48号］

本案系申请承认英国伦敦仲裁庭作出的仲裁裁决的案件。我国和英国都是《承认和执行外国仲裁裁决公约》的成员国，涉案仲裁裁决应否予以承认，应当根据该公约的规定进行审查。根据你院请示报告所述情况，本案审查重点是涉案英国伦敦仲裁庭"HULL XXK06－039"号仲裁裁决是否存在违反我国公共政策、超出仲裁协议范围以及其他程序性问题。

一、关于涉案仲裁裁决是否存在违反我国公共政策的问题，涉案仲裁裁决系伦敦仲裁庭于2012年2月9日就西特福船运公司与中国电子进出口山东公司、荣成市西霞口船业有限公司之间船舶建造合同纠纷作出的裁决；荣成市西霞口船业有限公司就同一船舶建造中所购主机品质问题对瓦锡兰芬兰有限公司、西特福船运公司、瓦锡兰发动机（上海）有限公司提起的船舶设备买卖侵权纠纷诉讼，青岛海事法院于2013年4月9日作出一审（2011）青海法海商初字第361号民事判决书，你院于2014年4月2日作出二审

(2013) 鲁民四终字第 88 号民事判决书，现该案由本院于 2015 年 12 月 14 日作出 (2014) 民申字第 1723 号民事裁定书提起再审。该仲裁与诉讼两案争议的当事人、标的、法律关系、具体请求均不同，而且船舶主机交付及其争议发生于涉案船舶逾期（建造合同约定交船日期 2009 年 1 月 31 日后的 210 天）仍未交付的事实之后，船舶建造合同解除与主机问题无关，两案在争议事由上没有牵连，也没有充分证据证明承认涉案仲裁裁决会与我国司法主权相冲突或者违反我国公共政策。

二、关于涉案仲裁裁决是否存在超出仲裁协议范围解决技术性争议的问题，根据涉案船舶建造合同的约定，卖方与买方应当共同指定第三方专家出具意见的程序，适用于“交船以及接受船舶之前的与技术有关的争议解决，以及交船后的保修期间的任何与技术有关的争议解决”，即适用于合同（正常）继续履行情况下交船及交船后保修阶段的技术争议解决；而涉案仲裁解决建造迟延、迟延原因以及是否解除合同等问题，最终裁决认定因卖方逾期不能交船而解除船舶建造合同，所解决的争议是船舶建造合同能否继续履行的问题，而不是涉及应由上述第三方专家出具意见解决的技术性争议，故不应由此认定涉案仲裁裁决超出仲裁协议范围。

三、关于涉案仲裁裁决是否存在超出仲裁协议范围处理责任承担的问题，涉案仲裁裁决 A 部分第（5）项为“若卖方未能向买方返还该等款项，买方将有权要求中国银行山东分行支付”。虽然中国银行山东分行为涉案船舶建造合同下买方预付款的返还提供还款保函，但该银行不是涉案船舶建造合同的一方当事人，也没有与合同当事人共同签订书面仲裁协议，不是涉案仲裁裁决的申请人或者被申请人。保函的权利义务关系不应作为涉案仲裁的裁决事项，伦敦仲裁庭作出的 A 部分第（5）项裁决超出了仲裁协议的范围，故该项裁决不应予以承认，但并不影响对其他可分事项裁决的承认。

四、关于涉案仲裁裁决是否存在其他程序问题，本案被申请人中国电子进出口山东公司、荣成市西霞口船业有限公司还提出伦敦仲裁庭超期裁决等其他抗辩事由，青岛海事法院和你院合议庭一致认为被申请人的其他抗辩均不成立，我院经审查同意青岛海事法院和你院合议庭的相关分析意见。

五、关于申请人西特福船运公司撤回申请承认的事项，涉案仲裁裁决 A 部分第（6）项为“在收到买方终止合同的通知后，卖方应毫不拖延地向买方返还全部款项 16,392,000 美元加上由此产生的利息”。西特福船运公司以其已经收到保函担保人中国银行支付的有关款项 16,392,000 美元及利息，向青岛海事法院书面表示撤回对涉案仲裁裁决 A 部分第（6）项的承认申请，应准许其处分诉讼权利而相应对该项裁决不予审查。

综上所述，对于英国伦敦仲裁庭“HULL XXK06 - 039”号仲裁裁决，除其 A 部分第（5）项因超出仲裁协议范围而不予承认和 A 部分第（6）项因申请人撤回承认申请而不予审查外，其他裁决事项应予承认。故基本同意你院合议庭多数意见与一致意见，不同意青岛海事法院关于涉案仲裁裁决存在违反我国公共政策、超出仲裁协议范围解决技术性争议等问题的意见。请你院在本案审结后将民事裁定书抄送我院。

六、外国仲裁裁决中费用裁决部分司法审查

1.115【复函】最高人民法院关于申请人翠丽提散货航运有限公司与被申请人江苏汇鸿国际集团土产进出口股份有限公司、扬州华美船业有限公司申请承认和执行伦敦仲裁裁决一案请示的复函［（2015）民四他字第34号］

一、本案费用裁决中，仲裁庭对申请人因伦敦仲裁程序而支付的费用和仲裁庭收取的费用及相关利息而作出的裁决，不存在《承认及执行外国仲裁裁决公约》第5条规定的不予承认和执行的情形，应当予以承认和执行。

二、由于本案费用裁决主要是对伦敦仲裁程序产生的相关仲裁费用如何核算和分担作出的裁决，因本案被申请人违反合同仲裁条款约定在中国法院提起诉讼而可能导致申请人产生的损失，不包括在伦敦仲裁程序产生的仲裁费用中，其性质属于违约损害赔偿。仲裁庭在本案费用裁决中直接对申请人在中国法院诉讼程序中产生的损失作出裁决，超出了费用裁决的范围。根据《承认及执行外国仲裁裁决公约》第5条第1款第（3）项的规定，本案费用裁决中关于33,815.42英镑的损害赔偿及利息部分不应予以承认和执行。

综上，同意你院关于对本案费用裁决中申请人因中国法院诉讼程序而产生的损害赔偿及利息部分不予承认和执行，对费用裁决其余部分予以承认和执行的意见。

第十二节　我国内地仲裁裁决执行特别规定

一、我国内地仲裁机构作出的非涉外仲裁裁决司法审查案件适用法

1.116【司法解释】《2017仲裁司法审查规定》第十七条第一款

人民法院对申请执行我国内地仲裁机构作出的非涉外仲裁裁决案件的审查，适用《中华人民共和国民事诉讼法》第二百三十七条的规定。

二、我国内地仲裁机构作出的涉外仲裁裁决司法审查案件适用法

1.117【司法解释】《2017仲裁司法审查规定》第十七条第二款

人民法院对申请执行我国内地仲裁机构作出的涉外仲裁裁决案件的审查，适用《中华人民共和国民事诉讼法》第二百七十四条的规定。

第十三节　仲裁裁决承认、执行或者撤销之诉通用规则

一、仲裁裁决承认、执行或者撤销之诉申请要求

1.118【司法解释】《2017 仲裁司法审查规定》第六条

申请人向人民法院申请执行或者撤销我国内地仲裁机构的仲裁裁决、申请承认和执行外国仲裁裁决的，应当提交申请书及裁决书正本或者经证明无误的副本。

申请书应当载明下列事项：

（一）申请人或者被申请人为自然人的，应当载明其姓名、性别、出生日期、国籍及住所；为法人或者其他组织的，应当载明其名称、住所以及法定代表人或者代表人的姓名和职务；

（二）裁决书的主要内容及生效日期；

（三）具体的请求和理由。

当事人提交的外文申请书、裁决书及其他文件，应当附有中文译本。

二、仲裁裁决撤销之诉管辖法院及法定事由

1.119【法律】《2017 仲裁法》第五十八条

当事人提出证据证明裁决有下列情形之一的，可以向仲裁委员会所在地的中级人民法院申请撤销裁决：

（一）没有仲裁协议的；

（二）裁决的事项不属于仲裁协议的范围或者仲裁委员会无权仲裁的；

（三）仲裁庭的组成或者仲裁的程序违反法定程序的；

（四）裁决所根据的证据是伪造的；

（五）对方当事人隐瞒了足以影响公正裁决的证据的；

（六）仲裁员在仲裁该案时有索贿受贿，徇私舞弊，枉法裁决行为的。

人民法院经组成合议庭审查核实裁决有前款规定情形之一的，应当裁定撤销。

人民法院认定该裁决违背社会公共利益的，应当裁定撤销。

1.120【司法解释】《2006 仲裁法解释》第十七条

当事人以不属于仲裁法第五十八条或者民事诉讼法第二百六十条规定的事由申请撤销仲裁裁决的，人民法院不予支持。

三、如何理解“没有仲裁协议”

1.121【司法解释】《2006 仲裁法解释》第十八条

仲裁法第五十八条第一款第一项规定的“没有仲裁协议”是指当事人没有达成仲裁协议。仲裁协议被认定无效或者被撤销的，视为没有仲裁协议。

四、仲裁裁决事项超出仲裁协议范围

1.122【司法解释】《2006 仲裁法解释》第十九条

当事人以仲裁裁决事项超出仲裁协议范围为由申请撤销仲裁裁决，经审查属实的，人民法院应当撤销仲裁裁决中的超裁部分。但超裁部分与其他裁决事项不可分的，人民法院应当撤销仲裁裁决。

五、如何理解“违反法定程序”

1.123【司法解释】《2006 仲裁法解释》第二十条

仲裁法第五十八条规定的“违反法定程序”，是指违反仲裁法规定的仲裁程序和当事人选择的仲裁规则可能影响案件正确裁决的情形。

六、仲裁员索贿受贿、徇私舞弊、枉法裁决行为认定标准

1.124【司法解释】《2017 仲裁司法审查规定》第十八条

《中华人民共和国仲裁法》第五十八条第一款第六项和《中华人民共和国民事诉讼法》第二百三十七条第二款第六项规定的仲裁员在仲裁该案时有索贿受贿，徇私舞弊，枉法裁决行为，是指已经由生效刑事法律文书或者纪律处分决定所确认的行为。

七、当事人是否在仲裁程序中对仲裁协议持有异议

1.125【司法解释】《2006 仲裁法解释》第二十七条

当事人在仲裁程序中未对仲裁协议的效力提出异议，在仲裁裁决作出后以仲裁协议无效为由主张撤销仲裁裁决或者提出不予执行抗辩的，人民法院不予支持。

当事人在仲裁程序中对仲裁协议的效力提出异议，在仲裁裁决作出后又以此为由主张撤销仲裁裁决或者提出不予执行抗辩，经审查符合仲裁法第五十八条或者民事诉讼法第二百一十七条、第二百六十条规定的，人民法院应予支持。

八、仲裁裁决撤销之诉时效

1.126【法律】《2017 仲裁法》第五十九条

当事人申请撤销裁决的，应当自收到裁决书之日起六个月内提出。

九、仲裁裁决撤销之诉审限及裁定

1.127【法律】《2017 仲裁法》第六十条

人民法院应当在受理撤销裁决申请之日起两个月内作出撤销裁决或者驳回申请的裁定。

十、重新仲裁通知及撤销程序恢复

1.128【法律】《2017 仲裁法》第六十一条

人民法院受理撤销裁决的申请后，认为可以由仲裁庭重新仲裁的，通知仲裁庭在一定期限内重新仲裁，并裁定中止撤销程序。仲裁庭拒绝重新仲裁的，人民法院应当裁定恢复撤销程序。

十一、国内仲裁裁决重新仲裁法定事由及期限

1.129【司法解释】《2006 仲裁法解释》第二十一条

当事人申请撤销国内仲裁裁决的案件属于下列情形之一的，人民法院可以依照仲裁法第六十一条的规定通知仲裁庭在一定期限内重新仲裁：

（一）仲裁裁决所根据的证据是伪造的；

（二）对方当事人隐瞒了足以影响公正裁决的证据的。

人民法院应当在通知中说明要求重新仲裁的具体理由。

1.130【司法解释】《2006 仲裁法解释》第二十二条

仲裁庭在人民法院指定的期限内开始重新仲裁的，人民法院应当裁定终结撤销程序；未开始重新仲裁的，人民法院应当裁定恢复撤销程序。

十二、重新仲裁裁决撤销申请及时效

1.131【司法解释】《2006 仲裁法解释》第二十三条

当事人对重新仲裁裁决不服的，可以在重新仲裁裁决书送达之日起六个月内依据仲裁法第五十八条规定向人民法院申请撤销。

十三、仲裁裁决撤销之诉审理程序

1.132【司法解释】《2006 仲裁法解释》第二十四条

当事人申请撤销仲裁裁决的案件，人民法院应当组成合议庭审理，并询问当事人。

十四、仲裁裁决中止执行裁定

1.133【司法解释】《2006 仲裁法解释》第二十五条

人民法院受理当事人撤销仲裁裁决的申请后，另一方当事人申请执行同一仲裁裁决的，受理执行申请的人民法院应当在受理后裁定中止执行。

1.134【司法解释】《2006 仲裁法解释》第二十六条

当事人向人民法院申请撤销仲裁裁决被驳回后，又在执行程序中以相同理由提出不予执行抗辩的，人民法院不予支持。

第二章

海事诉讼程序法律适用法

第一节 涉外海事诉讼程序法律适用法

一、诉讼程序中涉外民事案件界定

2.1【司法解释】《2015 民诉法解释》第五百二十二条

有下列情形之一，人民法院可以认定为涉外民事案件：

（一）当事人一方或者双方是外国人、无国籍人、外国企业或者组织的；

（二）当事人一方或者双方的经常居所地在中华人民共和国领域外的；

（三）标的物在中华人民共和国领域外的；

（四）产生、变更或者消灭民事关系的法律事实发生在中华人民共和国领域外的；

（五）可以认定为涉外民事案件的其他情形。

二、海事诉讼程序适用国际条约条件及例外

2.2【法律】《1999 海诉法》第三条

中华人民共和国缔结或者参加的国际条约与《中华人民共和国民事诉讼法》和本法对涉外海事诉讼有不同规定的，适用该国际条约的规定，但中华人民共和国声明保留的条款除外。

2.3【法律】《民事诉讼法》第二百六十条

中华人民共和国缔结或者参加的国际条约同本法有不同规定的，适用该国际条约的规定，但中华人民共和国声明保留的条款除外。

三、对享有外交特权与豁免者提起的民事诉讼适用相关国际条约

2.4【法律】《2017 民诉法》第二百六十一条

对享有外交特权与豁免的外国人、外国组织或者国际组织提起的民事诉讼，应当依照中华人民共和国有关法律和中华人民共和国缔结或者参加的国际条约的规定办理。

四、涉外民事诉讼适用中国法及例外

2.5【法律】《2017 民诉法》第二百五十九条

在中华人民共和国领域内进行涉外民事诉讼，适用本编规定。本编没有规定的，适用本法其他有关规定。

2.6【法律】《1999 海诉法》第二条

在中华人民共和国领域内进行海事诉讼，适用《中华人民共和国民事诉讼法》和本法。本法有规定的，依照其规定。

五、涉及香港特别行政区、澳门特别行政区和我国台湾地区民事诉讼程序法律适用法

2.7【司法解释】《2015 民诉法解释》第五百五十一条

人民法院审理涉及香港、澳门特别行政区和台湾地区的民事诉讼案件，可以参照适用涉外民事诉讼程序的特别规定。

第二节　管辖程序法律适用法

一、诉讼管辖约定及例外

2.8【司法解释】《2015 民诉法解释》第五百三十一条

涉外合同或者其他财产权益纠纷的当事人，可以书面协议选择被告住所地、合同履行地、合同签订地、原告住所地、标的物所在地、侵权行为地等与争议有实际联系地点的外国法院管辖。

根据民事诉讼法第三十三条和第二百六十六条规定，属于中华人民共和国法院专属管辖的案件，当事人不得协议选择外国法院管辖，但协议选择仲裁的除外。

二、更方便外国法院管辖

2.9【司法解释】《2015 民诉法解释》第五百三十二条

涉外民事案件同时符合下列情形的，人民法院可以裁定驳回原告的起诉，告知其向

更方便的外国法院提起诉讼：

（一）被告提出案件应由更方便外国法院管辖的请求，或者提出管辖异议；

（二）当事人之间不存在选择中华人民共和国法院管辖的协议；

（三）案件不属于中华人民共和国法院专属管辖；

（四）案件不涉及中华人民共和国国家、公民、法人或者其他组织的利益；

（五）案件争议的主要事实不是发生在中华人民共和国境内，且案件不适用中华人民共和国法律，人民法院审理案件在认定事实和适用法律方面存在重大困难；

（六）外国法院对案件享有管辖权，且审理该案件更加方便。

三、我国法院和外国法院管辖权积极冲突及解决

2.10【司法解释】《2015 民诉法解释》第五百三十三条

中华人民共和国法院和外国法院都有管辖权的案件，一方当事人向外国法院起诉，而另一方当事人向中华人民共和国法院起诉的，人民法院可予受理。判决后，外国法院申请或者当事人请求人民法院承认和执行外国法院对本案作出的判决、裁定的，不予准许；但双方共同缔结或者参加的国际条约另有规定的除外。

外国法院判决、裁定已经被人民法院承认，当事人就同一争议向人民法院起诉的，人民法院不予受理。

第三节　司法协助程序法律适用法

一、司法协助范围及例外

2.11【法律】《2017 民诉法》第二百七十六条

根据中华人民共和国缔结或者参加的国际条约，或者按照互惠原则，人民法院和外国法院可以相互请求，代为送达文书、调查取证以及进行其他诉讼行为。

外国法院请求协助的事项有损于中华人民共和国的主权、安全或者社会公共利益的，人民法院不予执行。

二、司法协助适用国际条约及外交途径

2.12【法律】《2017 民诉法》第二百七十七条

请求和提供司法协助，应当依照中华人民共和国缔结或者参加的国际条约所规定的途径进行；没有条约关系的，通过外交途径进行。

外国驻中华人民共和国的使领馆可以向该国公民送达文书和调查取证，但不得违反

中华人民共和国的法律，并不得采取强制措施。

除前款规定的情况外，未经中华人民共和国主管机关准许，任何外国机关或者个人不得在中华人民共和国领域内送达文书、调查取证。

三、外国法院请求我国法院提供司法协助之程序

2.13【法律】《2017 民诉法》第二百七十八条

外国法院请求人民法院提供司法协助的请求书及其所附文件，应当附有中文译本或者国际条约规定的其他文字文本。

人民法院请求外国法院提供司法协助的请求书及其所附文件，应当附有该国文字译本或者国际条约规定的其他文字文本。

四、我国法院提供司法协助之程序

2.14【法律】《2017 民诉法》第二百七十九条

人民法院提供司法协助，依照中华人民共和国法律规定的程序进行。外国法院请求采用特殊方式的，也可以按照其请求的特殊方式进行，但请求采用的特殊方式不得违反中华人民共和国法律。

五、我国法院生效判决、裁定向外国法院申请承认和执行程序

2.15【法律】《2017 民诉法》第二百八十条

人民法院作出的发生法律效力的判决、裁定，如果被执行人或者其财产不在中华人民共和国领域内，当事人请求执行的，可以由当事人直接向有管辖权的外国法院申请承认和执行，也可以由人民法院依照中华人民共和国缔结或者参加的国际条约的规定，或者按照互惠原则，请求外国法院承认和执行。

中华人民共和国涉外仲裁机构作出的发生法律效力的仲裁裁决，当事人请求执行的，如果被执行人或者其财产不在中华人民共和国领域内，应当由当事人直接向有管辖权的外国法院申请承认和执行。

六、外国法院生效判决、裁定向我国法院申请承认和执行

2.16【法律】《2017 民诉法》第二百八十一条

外国法院作出的发生法律效力的判决、裁定，需要中华人民共和国人民法院承认和执行的，可以由当事人直接向中华人民共和国有管辖权的中级人民法院申请承认和执行，也可以由外国法院依照该国与中华人民共和国缔结或者参加的国际条约的规定，或者按照互惠原则，请求人民法院承认和执行。

2.17【法律】《2017 民诉法》第二百八十二条

人民法院对申请或者请求承认和执行的外国法院作出的发生法律效力的判决、裁定，依照中华人民共和国缔结或者参加的国际条约，或者按照互惠原则进行审查后，认为不违反中华人民共和国法律的基本原则或者国家主权、安全、社会公共利益的，裁定承认其效力，需要执行的，发出执行令，依照本法的有关规定执行。违反中华人民共和国法律的基本原则或者国家主权、安全、社会公共利益的，不予承认和执行。

2.18【典型案例】《人民法院为“一带一路”建设提供司法服务和保障的典型案例》之案例 8：切实履行司法协助协定，依法承认和执行外国民商事判决——波兰弗里古波尔股份有限公司申请承认和执行波兰共和国法院判决案

基本案情

宁波甬昌公司因与弗里古波尔公司发生买卖合同纠纷，先后于 2004 年和 2006 年在波兰绿山城地区法院和奥波莱地区法院提起诉讼，诉请弗里古波尔公司支付 65,454 美元及相关利息。波兰上述法院均判决驳回宁波甬昌公司的诉请，但波兰弗罗茨瓦夫上诉法院改判宁波甬昌公司胜诉。其后，波兰最高法院裁定撤销波兰弗罗茨瓦夫上诉法院判决，将本案发回重审。2009 年 4 月 8 日，波兰弗罗茨瓦夫上诉法院作出判决，驳回宁波甬昌公司请求，并判令其退还弗里古波尔公司根据弗罗茨瓦夫上诉法院判决已经向其支付的 54,521 美元及相关诉讼费用。波兰弗罗茨瓦夫上诉法院作出的该终局判决于 2009 年 5 月 12 日生效。2011 年 4 月 8 日，弗里古波尔公司向宁波中院寄送申请承认与执行波兰法院判决的相关材料。2013 年 2 月 5 日，弗里古波尔公司又补充提交了相关材料，该案正式立案。宁波甬昌公司提出异议，认为判决的申请强制执行期限已过，且代理其参加波兰相关诉讼的律师并未获得授权。

裁判结果

宁波市中级人民法院审理认为，我国和波兰共和国缔结了《关于民事和刑事司法协助的协定》，故应当根据我国民事诉讼法及该协定的有关规定审查是否应予承认判决。根据当时我国法律有关申请执行期限及诉讼时效中止、中断的规定，弗里古波尔公司的申请未过法定期限。而且，宁波甬昌公司在波兰诉讼期间均以授权书委托同一律师参与诉讼，该授权书对律师作出了概括授权，宁波甬昌公司亦领受了弗里古波尔公司支付的 54,521 美元和相关诉讼费用，故律师代理行为应为有效。该院于 2014 年 3 月 12 日作出终审裁定，承认波兰弗罗茨瓦夫上诉法院于 2009 年 4 月 8 日作出的 I ACa 231/9 号民事判决。

典型意义

我国目前已和三十多个国家缔结了含民商事司法协助内容的双边协定，其中部分协定包含相互承认和执行民商事判决的内容。该案体现了我国法院切实履行司法协助协定，依法承认和执行外国法院民商事判决，平等保护中外当事人合法权益的立场。

2.19【典型案例】《第二批涉“一带一路”建设典型案例》之案例五：认定中新两国互惠关系，首次承认和执行新加坡法院商事判决——高尔集团股份有限公司申请承认和执行新加坡高等法院民事判决案

基本案情

高尔集团系在瑞士成立的股份有限公司，其于2016年6月向江苏省南京市中级人民法院申请称，其与江苏省纺织工业集团进出口有限公司因买卖合同产生纠纷，双方达成和解协议。因纺织工业集团进出口有限公司未履行和解协议，高尔集团依据和解协议中的约定管辖条款向新加坡高等法院提起诉讼，该院作出了生效判决。因纺织工业集团进出口有限公司及其财产在中国境内，故请求江苏省南京市中级人民法院对新加坡判决予以承认和执行。纺织工业集团进出口有限公司陈述意见称，中国和新加坡签署的《关于民事和商事司法协助的条约》并没有关于相互承认和执行法院判决和裁定的规定，根据《2017民诉法》第二百八十二条的规定，应驳回高尔集团的申请。

江苏省南京市中级人民法院查明，纺织工业集团进出口有限公司经新加坡高等法院合法传唤未到庭，新加坡高等法院于2015年10月22日作出缺席判决，判令纺织工业集团进出口有限公司偿付高尔集团35万美元及利息、费用。纺织工业集团进出口有限公司亦收到了该判决。2014年1月，新加坡高等法院曾承认和执行江苏省苏州市中级人民法院作出的民事判决。

裁判结果

江苏省南京市中级人民法院认为，案涉民事判决系新加坡高等法院作出。中国与新加坡之间并未缔结或者共同参加关于相互承认和执行生效民商事裁判文书的国际条约，但由于新加坡高等法院曾对中国法院的民事判决予以执行，根据互惠原则，中国法院可以对符合条件的新加坡法院的民事判决予以承认和执行。经审查，案涉判决亦不违反中国法律的基本原则或者国家主权、安全、社会公共利益，故依照《2017民诉法》第二百八十二条的规定，于2016年12月9日裁定承认和执行新加坡共和国高等法院于2015年10月22日作出的013号民事判决。

典型意义

该案系中国法院首次承认和执行新加坡法院商事判决。《2017民诉法》第二百八十二条规定承认和执行外国法院判决的依据为国际条约或互惠原则，而目前中国仅与不到三分之一的“一带一路”沿线国签有相互承认和执行民商事判决的司法协助条约，因此认定两国之间是否存在互惠关系，对沿线国法院的商事判决能否在中国法院得到承认和执行十分关键。该案根据新加坡法院承认和执行中国法院判决的先例，首次认定中新两国之间存在互惠关系，进而依据互惠原则承认和执行新加坡法院商事判决，这不仅对中

新商事判决的相互承认和执行具有里程碑的意义，并将有力推进“一带一路”沿线国之间在民商事判决承认和执行领域的司法合作实践。

七、司法协助申请退回

2.20【司法解释】《2015 民诉法解释》第五百四十九条

与中华人民共和国没有司法协助条约又无互惠关系的国家的法院，未通过外交途径，直接请求人民法院提供司法协助的，人民法院应予退回，并说明理由。

第三章

海事诉讼特别程序通用规则

第一节　海事诉讼适用法

一、我国海事诉讼特别程序法及民事诉讼法之适用

3.1【法律】《1999 海诉法》第一条

为维护海事诉讼当事人的诉讼权利，保证人民法院查明事实，分清责任，正确适用法律，及时审理海事案件，制定本法。

3.2【法律】《1999 海诉法》第二条

在中华人民共和国领域内进行海事诉讼，适用《中华人民共和国民事诉讼法》和本法。本法有规定的，依照其规定。

3.3【司法解释】《2003 海诉法解释》第九十七条

在中华人民共和国领域内进行海事诉讼，适用海事诉讼特别程序法的规定。海事诉讼特别程序法没有规定的，适用民事诉讼法的有关规定。

二、海事诉讼程序国际条约之适用与例外

3.4【法律】《1999 海诉法》第三条

中华人民共和国缔结或者参加的国际条约与《中华人民共和国民事诉讼法》和本法对涉外海事诉讼有不同规定的，适用该国际条约的规定，但中华人民共和国声明保留的条款除外。

第二节　海事诉讼管辖

一、海事诉讼专门管辖

3.5【法律】《1999 海诉法》第四条

海事法院受理当事人因海事侵权纠纷、海商合同纠纷以及法律规定的其他海事纠纷提起的诉讼。

3.6【法律】《1999 海诉法》第五条

海事法院及其所在地的高级人民法院和最高人民法院审理海事案件的，适用本法。

3.7【司法解释】《2003 海诉法解释》第一条

在海上或者通海水域发生的与船舶或者运输、生产、作业相关的海事侵权纠纷、海商合同纠纷，以及法律或者相关司法解释规定的其他海事纠纷案件由海事法院及其上级人民法院专门管辖。

二、海事诉讼专属管辖

3.8【法律】《1999 海诉法》第七条

下列海事诉讼，由本条规定的海事法院专属管辖：

（一）因沿海港口作业纠纷提起的诉讼，由港口所在地海事法院管辖；

（二）因船舶排放、泄漏、倾倒油类或者其他有害物质，海上生产、作业或者拆船、修船作业造成海域污染损害提起的诉讼，由污染发生地、损害结果地或者采取预防污染措施地海事法院管辖；

（三）因在中华人民共和国领域和有管辖权的海域履行的海洋勘探开发合同纠纷提起的诉讼，由合同履行地海事法院管辖。

3.9【司法解释】《2003 海诉法解释》第十一条

海事诉讼特别程序法第七条第（三）项规定的有管辖权的海域指中华人民共和国的毗连区、专属经济区、大陆架以及有管辖权的其他海域。

3.10【司法解释】《2003 海诉法解释》第十二条

海事诉讼特别程序法第七条第（三）项规定的合同履行地指合同的实际履行地；合同未实际履行的，为合同约定的履行地。

三、涉外海事诉讼无连接点管辖

3.11【法律】《1999 海诉法》第八条

海事纠纷的当事人都是外国人、无国籍人、外国企业或者组织，当事人书面协议选择中华人民共和国海事法院管辖的，即使与纠纷有实际联系的地点不在中华人民共和国领域内，中华人民共和国海事法院对该纠纷也具有管辖权。

四、海事诉讼地域管辖

3.12【法律】《1999海诉法》第六条

海事诉讼的地域管辖，依照《中华人民共和国民事诉讼法》的有关规定。

下列海事诉讼的地域管辖，依照以下规定：

（一）因海事侵权行为提起的诉讼，除依照《中华人民共和国民事诉讼法》第二十九条至第三十一条的规定以外，还可以由船籍港所在地海事法院管辖；

（二）因海上运输合同纠纷提起的诉讼，除依照《中华人民共和国民事诉讼法》第二十八条的规定以外，还可以由转运港所在地海事法院管辖；

（三）因海船租用合同纠纷提起的诉讼，由交船港、还船港、船籍港所在地、被告住所地海事法院管辖；

（四）因海上保赔合同纠纷提起的诉讼，由保赔标的物所在地、事故发生地、被告住所地海事法院管辖；

（五）因海船的船员劳务合同纠纷提起的诉讼，由原告住所地、合同签订地、船员登船港或者离船港所在地、被告住所地海事法院管辖；

（六）因海事担保纠纷提起的诉讼，由担保物所在地、被告住所地海事法院管辖；因船舶抵押纠纷提起的诉讼，还可以由船籍港所在地海事法院管辖；

（七）因海船的船舶所有权、占有权、使用权、优先权纠纷提起的诉讼，由船舶所在地、船籍港所在地、被告住所地海事法院管辖。

3.13【司法解释】《2003海诉法解释》第二条

涉外海事侵权纠纷案件和海上运输合同纠纷案件的管辖，适用民事诉讼法第二十五章的规定；民事诉讼法第二十五章没有规定的，适用海事诉讼特别程序法第六条第二款第（一）、（二）项的规定和民事诉讼法的其他有关规定。

3.14【司法解释】《2003海诉法解释》第三条

海事诉讼特别程序法第六条规定的海船指适合航行于海上或者通海水域的船舶。

3.15【司法解释】《2003海诉法解释》第四条

海事诉讼特别程序法第六条第二款第（一）项规定的船籍港指被告船舶的船籍港。被告船舶的船籍港不在中华人民共和国领域内，原告船舶的船籍港在中华人民共和国领域内的，由原告船舶的船籍港所在地的海事法院管辖。

3.16【司法解释】《2003海诉法解释》第五条

海事诉讼特别程序法第六条第二款第（二）项规定的起运港、转运港和到达港指合同约定的或者实际履行的起运港、转运港和到达港。合同约定的起运港、转运港和到达港与实际履行的起运港、转运港和到达港不一致的，以实际履行的地点确定案件管辖。

3.17【司法解释】《2003 海诉法解释》第六条

海事诉讼特别程序法第六条第二款第（四）项的保赔标的物所在地指保赔船舶的所在地。

3.18【司法解释】《2003 海诉法解释》第七条

海事诉讼特别程序法第六条第二款第（七）项规定的船舶所在地指起诉时船舶的停泊地或者船舶被扣押地。

3.19【法律】《1999 海诉法》第九条

当事人申请认定海上财产无主的，向财产所在地海事法院提出；申请因海上事故宣告死亡的，向处理海事事故主管机关所在地或者受理相关海事案件的海事法院提出。

3.20【司法解释】《2003 海诉法解释》第九条

因海难救助费用提起的诉讼，除依照民事诉讼法第三十二条的规定确定管辖外，还可以由被救助的船舶以外的其他获救财产所在地的海事法院管辖。

3.21【司法解释】《2003 海诉法解释》第十条

与船舶担保或者船舶优先权有关的借款合同纠纷，由被告住所地、合同履行地、船舶的船籍港、船舶所在地的海事法院管辖。

五、海事仲裁协议效力案件管辖

3.22【司法解释】《2003 海诉法解释》第十四条

认定海事仲裁协议效力案件，由被申请人住所地、合同履行地或者约定的仲裁机构所在地的海事法院管辖。

六、海事仲裁裁决承认和执行案件管辖

3.23【法律】《1999 海诉法》第十一条

当事人申请执行海事仲裁裁决，申请承认和执行外国法院判决、裁定以及国外海事仲裁裁决的，向被执行的财产所在地或者被执行人住所地海事法院提出。被执行的财产所在地或者被执行人住所地没有海事法院的，向被执行的财产所在地或者被执行人住所地的中级人民法院提出。

3.24【司法解释】《2003 海诉法解释》第十三条

当事人根据海事诉讼特别程序法第十一条的规定申请执行海事仲裁裁决，申请承认和执行国外海事仲裁裁决的，由被执行的财产所在地或者被执行人住所地的海事法院管辖；被执行的财产为船舶的，无论该船舶是否在海事法院管辖区域范围内，均由海事法院管辖。船舶所在地没有海事法院的，由就近的海事法院管辖。

前款所称财产所在地和被执行人住所地是指海事法院行使管辖权的地域。

七、船员劳务合同纠纷直接诉讼管辖权

3.25【司法解释】《2003 海诉法解释》第八条

因船员劳务合同纠纷直接向海事法院提起的诉讼，海事法院应当受理。

八、海事法院与地方人民法院管辖权冲突及解决

3.26【法律】《1999 海诉法》第十条

海事法院与地方人民法院之间因管辖权发生争议，由争议双方协商解决；协商解决不了的，报请他们的共同上级人民法院指定管辖。

3.27【司法解释】《2003 海诉法解释》第十五条

除海事法院及其上级人民法院外，地方人民法院对当事人提出的船舶保全申请应不予受理；地方人民法院为执行生效法律文书需要扣押和拍卖船舶的，应当委托船籍港所在地或者船舶所在地的海事法院执行。

九、海事法院之间管辖权冲突及解决

3.28【司法解释】《2003 海诉法解释》第十六条

两个以上海事法院都有管辖权的诉讼，原告可以向其中一个海事法院起诉；原告向两个以上有管辖权的海事法院起诉的，由最先立案的海事法院管辖。

3.29【司法解释】《2003 海诉法解释》第十七条

海事法院之间因管辖权发生争议，由争议双方协商解决；协商解决不了的，报请最高人民法院指定管辖。

第三节　海事诉讼送达

一、海事诉讼送达方式

3.30【法律】《1999 海诉法》第八十条

海事诉讼法律文书的送达，适用《中华人民共和国民事诉讼法》的有关规定，还可以采用下列方式：

（一）向受送达人委托的诉讼代理人送达；

（二）向受送达人在中华人民共和国领域内设立的代表机构、分支机构或者业务代办人送达；

（三）通过能够确认收悉的其他适当方式送达。

有关扣押船舶的法律文书也可以向当事船舶的船长送达。

3.31【司法解释】《2003 海诉法解释》第五十五条

海事诉讼特别程序法第八十条第一款第（三）项规定的其他适当方式包括传真、电子邮件（包括受送达人的专门网址）等送达方式。

通过以上方式送达的，应确认受送达人确已收悉。

3.32【法律】《民事诉讼法》第二百六十七条

人民法院对在中华人民共和国领域内没有住所的当事人送达诉讼文书，可以采用下列方式：

（一）依照受送达人所在国与中华人民共和国缔结或者共同参加的国际条约中规定的方式送达；

（二）通过外交途径送达；

（三）对具有中华人民共和国国籍的受送达人，可以委托中华人民共和国驻受送达人所在国的使领馆代为送达；

（四）向受送达人委托的有权代其接受送达的诉讼代理人送达；

（五）向受送达人在中华人民共和国领域内设立的代表机构或者有权接受送达的分支机构、业务代办人送达；

（六）受送达人所在国的法律允许邮寄送达的，可以邮寄送达，自邮寄之日起满三个月，送达回证没有退回，但根据各种情况足以认定已经送达的，期间届满之日视为送达；

（七）采用传真、电子邮件等能够确认受送达人收悉的方式送达；

（八）不能用上述方式送达的，公告送达，自公告之日起满三个月，即视为送达。

二、可向当事船舶船长送达的法律文书及例外

3.33【司法解释】《2003 海诉法解释》第五十三条

有关海事强制令、海事证据保全的法律文书可以向当事船舶的船长送达。

3.34【司法解释】《2003 海诉法解释》第五十四条

应当向被告送达的开庭传票等法律文书，可以向被扣押的被告船舶的船长送达，但船长作为原告的除外。

三、海事诉讼当事人拒绝签收时如何送达

3.35【法律】《1999 海诉法》第八十一条

有义务接受法律文书的人拒绝签收，送达人在送达回证上记明情况，经送达人、见证人签名或者盖章，将法律文书留在其住所或者办公处所的，视为送达。

第四节　海事担保及船舶检验或估价

一、海事担保范围与方式

3.36【法律】《1999 海诉法》第七十三条

海事担保包括本法规定的海事请求保全、海事强制令、海事证据保全等程序中所涉及的担保。

担保的方式为提供现金或者保证、设置抵押或者质押。

二、海事担保提交对象

3.37【法律】《1999 海诉法》第七十四条

海事请求人的担保应当提交给海事法院；被请求人的担保可以提交给海事法院，也可以提供给海事请求人。

三、海事担保提供方式及金额协商与裁量

3.38【法律】《1999 海诉法》第七十五条

海事请求人提供的担保，其方式、数额由海事法院决定。被请求人提供的担保，其方式、数额由海事请求人和被请求人协商；协商不成的，由海事法院决定。

四、担保金额限制

3.39【法律】《1999 海诉法》第七十六条

海事请求人要求被请求人就海事请求保全提供担保的数额，应当与其债权数额相当，但不得超过被保全的财产价值。

海事请求人提供担保的数额，应当相当于因其申请可能给被请求人造成的损失。具体数额由海事法院决定。

3.40【法律】《1999 海诉法》第七十八条

海事请求人请求担保的数额过高，造成被请求人损失的，应当承担赔偿责任。

五、海事担保变更或取消

3.41【法律】《1999 海诉法》第七十七条

担保提供后，提供担保的人有正当理由的，可以向海事法院申请减少、变更或者取消该担保。

3.42【司法解释】《2003 海诉法解释》第五十二条

海事诉讼特别程序法第七十七条规定的正当理由指：

（1）海事请求人请求担保的数额过高；

（2）被请求人已采取其他有效的担保方式；

（3）海事请求人的请求权消灭。

六、海事赔偿责任限制基金及先予执行担保

3.43【法律】《1999 海诉法》第七十九条

设立海事赔偿责任限制基金和先予执行等程序所涉及的担保，可以参照本章规定。

七、船舶检验或估价

3.44【法律】《1999 海诉法》第八十六条

船舶检验、估价应当由国家授权或者其他具有专业资格的机构或者个人承担。非经国家授权或者未取得专业资格的机构或者个人所作的检验或者估价结论，海事法院不予采纳。

3.45【司法解释】《2003 海诉法解释》第六十条

因船舶碰撞以外的海事海商案件需要进行船舶检验或者估价的，适用海事诉讼特别程序法第八十六条的规定。

第四章

海事诉讼审判程序特别规定

第一节　船舶碰撞和触碰案件

一、海事事故调查表

4.1【法律】《1999 海诉法》第八十二条

原告在起诉时、被告在答辩时，应当如实填写《海事事故调查表》。

4.2【司法解释】《2003 海诉法解释》第五十七条

《海事事故调查表》属于当事人对发生船舶碰撞基本事实的陈述。经对方当事人认可或者经法院查证属实，可以作为认定事实的依据。

4.3【法律】《1999 海诉法》第八十五条

当事人不能推翻其在《海事事故调查表》中的陈述和已经完成的举证，但有新的证据，并有充分的理由说明该证据不能在举证期间内提交的除外。

4.4【司法解释】《2003 海诉法解释》第五十九条

海事诉讼特别程序法第八十五条规定的新的证据指非当事人所持有，在开庭前尚未掌握或者不能获得，因而在开庭前不能举证的证据。

二、船舶碰撞和触碰案件送达起诉状或者答辩状不附送证据材料

4.5【法律】《1999 海诉法》第八十三条

海事法院向当事人送达起诉状或者答辩状时，不附送有关证据材料。

三、船舶碰撞和触碰案件完成举证说明书

4.6【法律】《1999 海诉法》第八十四条

当事人应当在开庭审理前完成举证。当事人完成举证并向海事法院出具完成举证说

明书后，可以申请查阅有关船舶碰撞的事实证据材料。

4.7【司法解释】《2003 海诉法解释》第五十六条

海事诉讼特别程序法第八十四条规定的当事人应当在开庭审理前完成举证的内容，包括当事人按照海事诉讼特别程序法第八十二条的规定填写《海事事故调查表》和提交有关船舶碰撞的事实证据材料。

前款规定的证据材料，当事人应当在一审开庭前向海事法院提供。

四、船舶碰撞事实和经过证据材料

4.8【司法解释】《2003 海诉法解释》第五十八条

有关船舶碰撞的事实证据材料指涉及船舶碰撞的经过、碰撞原因等方面的证据材料。

有关船舶碰撞的事实证据材料，在各方当事人完成举证后进行交换。当事人在完成举证前向法院申请查阅有关船舶碰撞的事实证据材料的，海事法院应予驳回。

五、船舶碰撞案件审限及延长

4.9【法律】《1999 海诉法》第八十七条

海事法院审理船舶碰撞案件，应当在立案后一年内审结。有特殊情况需要延长的，由本院院长批准。

六、间接碰撞和触碰案件程序参照适用

4.10【司法解释】《2003 海诉法解释》第六十一条

依据《中华人民共和国海商法》第一百七十条的规定提起的诉讼和因船舶触碰造成损害提起的诉讼，参照海事诉讼特别程序法关于审理船舶碰撞案件的有关规定审理。

第二节　共同海损案件

一、共同海损理算机构委托

4.11【法律】《1999 海诉法》第八十八条

当事人就共同海损的纠纷，可以协议委托理算机构理算，也可以直接向海事法院提起诉讼。海事法院受理未经理算的共同海损纠纷，可以委托理算机构理算。

4.12【司法解释】《2003 海诉法解释》第六十二条

未经理算的共同海损纠纷诉至海事法院的，海事法院应责令当事人自行委托共同海损理算。确有必要由海事法院委托理算的，由当事人提出申请，委托理算的费用由主张共同海损的当事人垫付。

二、共同海损理算报告异议及裁量

4.13【法律】《1999 海诉法》第八十九条

理算机构作出的共同海损理算报告，当事人没有提出异议的，可以作为分摊责任的依据；当事人提出异议的，由海事法院决定是否采纳。

4.14【司法解释】《2003 海诉法解释》第六十三条

当事人对共同海损理算报告提出异议，经海事法院审查异议成立，需要补充理算或者重新理算的，应当由原委托人通知理算人进行理算。原委托人不通知理算的，海事法院可以通知理算人重新理算，有关费用由异议人垫付；异议人拒绝垫付费用的，视为撤销异议。

三、共同海损关联诉讼独立性

4.15【法律】《1999 海诉法》第九十条

当事人可以不受因同一海损事故提起的共同海损诉讼程序的影响，就非共同海损损失向责任人提起诉讼。

四、共同海损关联诉讼合并审理

4.16【法律】《1999 海诉法》第九十一条

当事人就同一海损事故向受理共同海损案件的海事法院提起非共同海损的诉讼，以及对共同海损分摊向责任人提起追偿诉讼的，海事法院可以合并审理。

五、共同海损案件审限及延长

4.17【法律】《1999 海诉法》第九十二条

海事法院审理共同海损案件，应当在立案后一年内审结。有特殊情况需要延长的，由本院院长批准。

4.18【司法解释】《2003 海诉法解释》第六十四条

因与共同海损纠纷有关的非共同海损损失向责任人提起的诉讼，适用海事诉讼特别程序法第九十二条规定的审限。

第三节　海上保险代位求偿案件

一、海上保险代位求偿权诉讼范围

4.19【法律】《1999 海诉法》第九十三条

因第三人造成保险事故，保险人向被保险人支付保险赔偿后，在保险赔偿范围内可以代位行使被保险人对第三人请求赔偿的权利。

二、保险人以自己名义提起代位求偿诉讼

4.20【法律】《1999 海诉法》第九十四条

保险人行使代位请求赔偿权利时，被保险人未向造成保险事故的第三人提起诉讼的，保险人应当以自己的名义向该第三人提起诉讼。

4.21【司法解释】《2003 海诉法解释》第六十五条

保险人依据海事诉讼特别程序法第九十五条规定行使代位请求赔偿权利，应当以自己的名义进行；以他人名义提起诉讼的，海事法院应不予受理或者驳回起诉。

三、保险人申请变更当事人或者作为共同原告参加诉讼

4.22【法律】《1999 海诉法》第九十五条

保险人行使代位请求赔偿权利时，被保险人已经向造成保险事故的第三人提起诉讼的，保险人可以向受理该案的法院提出变更当事人的请求，代位行使被保险人对第三人请求赔偿的权利。

被保险人取得的保险赔偿不能弥补第三人造成的全部损失的，保险人和被保险人可以作为共同原告向第三人请求赔偿。

4.23【司法解释】《2003 海诉法解释》第六十六条

保险人依据海事诉讼特别程序法第九十五条的规定请求变更当事人或者请求作为共同原告参加诉讼的，海事法院应当予以审查并作出是否准予的裁定。当事人对裁定不服的，可以提起上诉。

四、保险人享有被保险人取得担保权益及限制

4.24【司法解释】《2003 海诉法解释》第六十七条

保险人依据海事诉讼特别程序法第九十五条的规定参加诉讼的，被保险人依此前进行的诉讼行为所取得的财产保全或者通过扣押取得的担保权益等，在保险人的代位请求赔偿权利范围内对保险人有效。被保险人因自身过错产生的责任，保险人不予承担。

五、保险人行使代位求偿权必备证据

4.25【法律】《1999 海诉法》第九十六条

保险人依照本法第九十四条、第九十五条的规定提起诉讼或者申请参加诉讼的，应当向受理该案的海事法院提交保险人支付保险赔偿的凭证，以及参加诉讼应当提交的其他文件。

4.26【司法解释】《2003 海诉法解释》第六十八条

海事诉讼特别程序法第九十六条规定的支付保险赔偿的凭证指赔偿金收据、银行支付单据或者其他支付凭证。仅有被保险人出具的权利转让书但不能出具实际支付证明的，不能作为保险人取得代位请求赔偿权利的事实依据。

六、油污损害保险人或者财务保证人法律地位

4.27【法律】《1999 海诉法》第九十七条

对船舶造成油污损害的赔偿请求，受损害人可以向造成油污损害的船舶所有人提出，也可以直接向承担船舶所有人油污损害责任的保险人或者提供财务保证的其他人提出。

油污损害责任的保险人或者提供财务保证的其他人被起诉的，有权要求造成油污损害的船舶所有人参加诉讼。

4.28【司法解释】《2003 海诉法解释》第六十九条

海事法院根据油污损害的保险人或者提供财务保证的其他人的请求，可以通知船舶所有人作为无独立请求权的第三人参加诉讼。

第四节　海事诉讼简易程序和海事支付令

一、海事案件简易程序

4.29【法律】《1999 海诉法》第九十八条

海事法院审理事实清楚、权利义务关系明确、争议不大的简单的海事案件，可以适用《中华人民共和国民事诉讼法》简易程序的规定。

二、海事支付令

4.30【法律】《1999 海诉法》第九十九条

债权人基于海事事由请求债务人给付金钱或者有价证券，符合《中华人民共和国民事诉讼法》有关规定的，可以向有管辖权的海事法院申请支付令。

债务人是外国人、无国籍人、外国企业或者组织，但在中华人民共和国领域内有住所、代表机构或者分支机构并能够送达支付令的，债权人可以向有管辖权的海事法院申请支付令。

第五节　海事公示催告程序

一、海事公示催告程序适用范围

4.31【法律】《1999 海诉法》第一百条

提单等提货凭证持有人，因提货凭证失控或者灭失，可以向货物所在地海事法院申请公示催告。

4.32【司法解释】《2003 海诉法解释》第七十条

海事诉讼特别程序法第一百条规定的失控指提单或者其他提货凭证被盗、遗失。

二、海事公示催告程序申请要求

4.33【司法解释】《2003 海诉法解释》第七十一条

申请人依据海事诉讼特别程序法第一百条的规定向海事法院申请公示催告的，应当递交申请书。申请书应当载明：提单等提货凭证的种类、编号、货物品名、数量、承运人、托运人、收货人、承运船舶名称、航次以及背书情况和申请的理由、事实等。有副本的应当附有单证的副本。

三、海事公示催告期间停止交货通知

4.34【司法解释】《2003 海诉法解释》第七十二条

海事法院决定受理公示催告申请的，应当同时通知承运人、承运人的代理人或者货物保管人停止交付货物，并于三日内发出公告，敦促利害关系人申报权利。公示催告的期间由海事法院根据情况决定，但不得少于三十日。

4.35【司法解释】《2003 海诉法解释》第七十三条

承运人、承运人的代理人或者货物保管人收到海事法院停止交付货物的通知后，应当停止交付，至公示催告程序终结。

四、海事公示催告期间提单转让无效

4.36【司法解释】《2003 海诉法解释》第七十四条

公示催告期间，转让提单的行为无效；有关货物的存储保管费用及风险由申请人承担。

五、凭担保提货及其裁量

4.37【司法解释】《2003 海诉法解释》第七十五条

公示催告期间，国家重点建设项目待安装、施工、生产的货物，救灾物资，或者货

物本身属性不宜长期保管以及季节性货物，在申请人提供充分可靠担保的情况下，海事法院可以依据申请人的申请作出由申请人提取货物的裁定。

承运人、承运人的代理人或者货物保管人收到海事法院准予提取货物的裁定后，应当依据裁定的指令将货物交付给指定的人。

六、海事公示催告程序利害关系人申报权利

4.38【司法解释】《2003 海诉法解释》第七十六条

公示催告期间，利害关系人可以向海事法院申报权利。海事法院收到利害关系人的申报后，应当裁定终结公示催告程序，并通知申请人和承运人、承运人的代理人或者货物保管人。

申请人、申报人可以就有关纠纷向海事法院提起诉讼。

七、海事公示催告期间无人申报及判决

4.39【司法解释】《2003 海诉法解释》第七十七条

公示催告期间无人申报的，海事法院应当根据申请人的申请作出判决，宣告提单或者有关提货凭证无效。判决内容应当公告，并通知承运人、承运人的代理人或者货物保管人。自判决公告之日起，申请人有权请求承运人、承运人的代理人或者货物保管人交付货物。

八、海事公示催告程序利害关系人起诉时效及法定事由

4.40【司法解释】《2003 海诉法解释》第七十八条

利害关系人因正当理由不能在公示催告期间向海事法院申报的，自知道或者应当知道判决公告之日起一年内，可以向作出判决的海事法院起诉。

第六节　船舶优先权催告程序

一、船舶优先权催告案件管辖

4.41【法律】《1999 海诉法》第一百二十一条

受让人申请船舶优先权催告的，应当向转让船舶交付地或者受让人住所地法院提出。

二、船舶受让人申请船舶优先权催告时限

4.42【司法解释】《2003 海诉法解释》第九十二条

船舶转让合同订立后船舶实际交付前，受让人即可申请船舶优先权催告。

受让人不能提供原船舶证书的，不影响船舶优先权催告申请的提出。

三、船舶受让人申请船舶优先权催告文件要求

4.43【法律】《1999 海诉法》第一百二十条

船舶转让时，受让人可以向海事法院申请船舶优先权催告，催促船舶优先权人及时主张权利，消灭该船舶附有的船舶优先权。

4.44【司法解释】《2003 海诉法解释》第九十三条

海事诉讼特别程序法第一百二十条规定的受让人指船舶转让中的买方和有买船意向的人，但受让人申请海事法院作出除权判决时，必须提交其已经实际受让船舶的证据。

4.45【法律】《1999 海诉法》第一百二十二条

申请船舶优先权催告，应当向海事法院提交申请书、船舶转让合同、船舶技术资料等文件。申请书应当载明船舶的名称、申请船舶优先权催告的事实和理由。

四、船舶优先权催告裁定、复议及公告

4.46【法律】《1999 海诉法》第一百二十三条

海事法院在收到申请书以及有关文件后，应当进行审查，在七日内作出准予或者不准予的裁定。

受让人对裁定不服的，可以申请复议一次。

4.47【司法解释】《2003 海诉法解释》第九十四条

船舶受让人对不准予船舶优先权催告申请的裁定提出复议的，海事法院应当在七日内作出复议决定。

4.48【法律】《1999 海诉法》第一百二十四条

海事法院在准予申请的裁定生效后，应当通过报纸或者其他新闻媒体发布公告，催促船舶优先权人在催告期间主张船舶优先权。

船舶优先权催告期间为六十日。

4.49【司法解释】《2003 海诉法解释》第九十五条

海事法院准予船舶优先权催告申请的裁定生效后，应当通过报纸或者其他新闻媒体连续公告三日。优先权催告的船舶为可以航行于国际航线的，应当通过对外发行的报纸或者其他新闻媒体发布公告。

五、船舶优先权主张

4.50【法律】《1999 海诉法》第一百二十五条

船舶优先权催告期间，船舶优先权人主张权利的，应当在海事法院办理登记；不主

张权利的，视为放弃船舶优先权。

4.51【司法解释】《2003 海诉法解释》第九十六条

利害关系人在船舶优先权催告期间提出优先权主张的，海事法院应当裁定优先权催告程序终结。

六、船舶优先权催告判决和公告

4.52【法律】《1999 海诉法》第一百二十六条

船舶优先权催告期间届满，无人主张船舶优先权的，海事法院应当根据当事人的申请作出判决，宣告该转让船舶不附有船舶优先权。判决内容应当公告。

第七节　海事强制令及船舶所有权确认之诉

一、海事强制令定义

4.53【法律】《1999 海诉法》第五十一条

海事强制令是指海事法院根据海事请求人的申请，为使其合法权益免受侵害，责令被请求人作为或者不作为的强制措施。

二、海事强制令管辖法院

4.54【法律】《1999 海诉法》第五十二条

当事人在起诉前申请海事强制令，应当向海事纠纷发生地海事法院提出。

三、海事强制令独立于诉讼管辖协议或者仲裁协议

4.55【法律】《1999 海诉法》第五十三条

海事强制令不受当事人之间关于该海事请求的诉讼管辖协议或者仲裁协议的约束。

4.56【司法解释】《2003 海诉法解释》第四十一条

诉讼或者仲裁前申请海事强制令的，适用海事诉讼特别程序法第五十三条的规定。

外国法院已受理相关海事案件或者有关纠纷已经提交仲裁的，当事人向中华人民共和国的海事法院提出海事强制令申请，并向法院提供可以执行海事强制令的相关证据的，海事法院应当受理。

四、海事强制令申请材料

4.57【法律】《1999 海诉法》第五十四条

海事请求人申请海事强制令，应当向海事法院提交书面申请。申请书应当载明申请理由，并附有关证据。

五、海事强制令担保

4.58【法律】《1999 海诉法》第五十五条

海事法院受理海事强制令申请，可以责令海事请求人提供担保。海事请求人不提供的，驳回其申请。

六、海事强制令条件

4.59【法律】《1999 海诉法》第五十六条

作出海事强制令，应当具备下列条件：

（一）请求人有具体的海事请求；

（二）需要纠正被请求人违反法律规定或者合同约定的行为；

（三）情况紧急，不立即作出海事强制令将造成损害或者使损害扩大。

七、海事强制令裁定期限

4.60【法律】《1999 海诉法》第五十七条

海事法院接受申请后，应当在四十八小时内作出裁定。裁定作出海事强制令的，应当立即执行；对不符合海事强制令条件的，裁定驳回其申请。

4.61【司法解释】《2003 海诉法解释》第四十二条

海事法院根据海事诉讼特别程序法第五十七条规定，准予申请人海事强制令申请的，应当制作民事裁定书并发布海事强制令。

八、海事强制令执行

4.62【司法解释】《2003 海诉法解释》第四十三条

海事强制令由海事法院执行。被申请人、其他相关单位或者个人不履行海事强制令的，海事法院应当依据民事诉讼法的有关规定强制执行。

九、海事强制令复议及撤销

4.63【法律】《1999 海诉法》第五十八条

当事人对裁定不服的，可以在收到裁定书之日起五日内申请复议一次。海事法院应当在收到复议申请之日起五日内作出复议决定。复议期间不停止裁定的执行。

利害关系人对海事强制令提出异议，海事法院经审查，认为理由成立的，应当裁定撤销海事强制令。

十、海事强制令异议及通知

4.64【司法解释】《2003 海诉法解释》第四十四条

利害关系人对海事法院作出海事强制令的民事裁定提出异议，海事法院经审查认为理由不成立的，应当书面通知利害关系人。

十一、海事强制令担保返还

4.65【司法解释】《2003 海诉法解释》第四十五条

海事强制令发布后十五日内，被请求人未提出异议，也未就相关的海事纠纷提起诉讼或者申请仲裁的，海事法院可以应申请人的请求，返还其提供的担保。

十二、被请求人拒不执行海事强制令法律后果

4.66【法律】《1999 海诉法》第五十九条

被请求人拒不执行海事强制令的，海事法院可以根据情节轻重处以罚款、拘留；构成犯罪的，依法追究刑事责任。

对个人的罚款金额，为一千元以上三万元以下。对单位的罚款金额，为三万元以上十万元以下。

拘留的期限，为十五日以下。

十三、海事强制令申请错误赔偿责任

4.67【法律】《1999 海诉法》第六十条

海事请求人申请海事强制令错误的，应当赔偿被请求人或者利害关系人因此所遭受的损失。

4.68【司法解释】《2003 海诉法解释》第四十六条

被请求人依据海事诉讼特别程序法第六十条的规定要求海事请求人赔偿损失的，由发布海事强制令的海事法院受理。

十四、海事强制令执行后诉讼管辖及限制

4.69【法律】《1999 海诉法》第六十一条

海事强制令执行后，有关海事纠纷未进入诉讼或者仲裁程序的，当事人就该海事请

求，可以向作出海事强制令的海事法院或者其他有管辖权的海事法院提起诉讼，但当事人之间订有诉讼管辖协议或者仲裁协议的除外。

十五、船舶所有权确认之诉

4.70【典型案例】《2015 船舶扣押与拍卖典型案例》之【案例 9】巴拿马天裕轮船有限公司申请扣押“姗妮 1 号”案

基本案情

申请人巴拿马天裕轮船有限公司（TENYU SHIPPING S. A. PANAMA）所属“天裕”（TENYU）轮于 1998 年 9 月装载 3006 吨铝锭从印度尼西亚库拉天琼港启航前往韩国仁川港，1998 年 9 月 27 日，船、货及船员全部失踪。1998 年 12 月 17 日，一艘悬挂洪都拉斯旗名为“姗妮 1 号（SANEI－1）”的货轮，配备 16 名印度尼西亚船员，装载 3000 吨棕榈油，驶进中国张家港。经国际海事组织调查，怀疑其为失踪的“天裕”轮。天裕公司于 1998 年 12 月 23 日向武汉海事法院递交诉前财产保全申请书，请求扣押停泊在中国张家港的“姗妮 1 号”轮。

判决结果

武汉海事法院依照《2017 民诉法》第九十三条、第二百五十一条第二款的规定，裁定准许申请人天裕轮船有限公司的诉前财产保全请求；扣押被申请人所属“姗妮 1 号”轮；责令被申请人提供 1 亿日元（83.3 万美元）的担保。武汉海事法院将扣押船舶裁定书送达该轮船长后，“姗妮 1 号”轮船舶证书上记载的船东一直没有任何反应。1999 年 1 月 11 日，天裕公司向武汉海事法院提起船舶所有权确认之诉，并随后向武汉海事法院提交了先予执行申请书，请求将“天裕”轮先予返还。1999 年 4 月 6 日天裕公司向武汉海事法院提交了由中保财产保险有限公司武汉市分公司国际业务部出具的先予执行担保。1999 年 4 月 15 日，武汉海事法院作出（1999）武海法通执字第 25 号民事裁定书，将扣押在中国张家港的“姗妮 1 号”轮即“天裕”轮返还给天裕公司。1999 年 11 月 22 日，武汉海事法院作出判决，确认“姗妮 1 号”轮即为天裕公司所有的“天裕”轮。

典型意义

本案是一起因国际海事欺诈或海盗袭击导致船舶失踪引起的扣押船舶案件。天裕公司是日本船东在巴拿马注册的一家单船公司，“天裕”轮的船壳保险人是日本共荣火灾海上保险株式会社，货物保险人是英国劳合社，失踪船员来自韩国和中国。“天裕”轮在马六甲海峡失踪，被改头换面成“姗妮 1 号”轮来到中国，其上船员是印度尼西亚人。本案案卷文字涉及日文、韩文、英文和中文等多种文字。

通过本案中的船舶扣押与审判，有效打击了国际海上欺诈及国际犯罪集团的嚣张气焰，树立了中国法院公正、高效的良好司法形象。天裕公司及其日本母公司向武汉海事法院赠送了“断疑案、伸正义、维护司法公正”的锦旗。世界著名保险协会劳合社时任主席马克思·泰勒先生，代表保险人致函武汉海事法院称：贵院站在公正的立场，给予了我们迅速和不偏不倚的支持。我们相信凭着对正义的高度责任感，贵院已经为中国法制建设进程，特别是为中国致力于成为亚太地区海事审判中心的目标，作出了显著的贡献！

第五章

海事请求保全通用规则

第一节　海事请求保全界定与管辖

一、海事请求保全定义和范围

5.1【法律】《1999 海诉法》第十二条

海事请求保全是指海事法院根据海事请求人的申请，为保障其海事请求的实现，对被请求人的财产所采取的强制措施。

5.2【司法解释】《2003 海诉法解释》第十八条

海事诉讼特别程序法第十二条规定的被请求人的财产包括船舶、船载货物、船用燃油以及船用物料。对其他财产的海事请求保全适用民事诉讼法有关财产保全的规定。

5.3【司法解释】《2003 海诉法解释》第十九条

海事诉讼特别程序法规定的船载货物指处于承运人掌管之下，尚未装船或者已经装载于船上以及已经卸载的货物。

二、海事请求保全管辖法院

5.4【法律】《1999 海诉法》第十三条

当事人在起诉前申请海事请求保全，应当向被保全的财产所在地海事法院提出。

5.5【司法解释】《2003 海诉法解释》第二十条

海事诉讼特别程序法第十三条规定的被保全的财产所在地指船舶的所在地或者货物的所在地。当事人在诉讼前对已经卸载但在承运人掌管之下的货物申请海事请求保全，如果货物所在地不在海事法院管辖区域的，可以向卸货港所在地的海事法院提出，也可以向货物所在地的地方人民法院提出。

三、海事请求保全独立于诉讼管辖协议或者仲裁协议

5.6【法律】《1999 海诉法》第十四条

海事请求保全不受当事人之间关于该海事请求的诉讼管辖协议或者仲裁协议的约束。

5.7【司法解释】《2003 海诉法解释》第二十一条

诉讼或者仲裁前申请海事请求保全适用海事诉讼特别程序法第十四条的规定。

外国法院已受理相关海事案件或者有关纠纷已经提交仲裁，但涉案财产在中华人民共和国领域内，当事人向财产所在地的海事法院提出海事请求保全申请的，海事法院应当受理。

第二节　海事请求保全程序：从申请到执行

一、海事请求保全申请材料

5.8【法律】《1999 海诉法》第十五条

海事请求人申请海事请求保全，应当向海事法院提交书面申请。申请书应当载明海事请求事项、申请理由、保全的标的物以及要求提供担保的数额，并附有关证据。

二、海事请求保全担保

5.9【法律】《1999 海诉法》第十六条

海事法院受理海事请求保全申请，可以责令海事请求人提供担保。海事请求人不提供的，驳回其申请。

三、海事请求保全裁定及复议和异议

5.10【法律】《1999 海诉法》第十七条

海事法院接受申请后，应当在四十八小时内作出裁定。裁定采取海事请求保全措施的，应当立即执行；对不符合海事请求保全条件的，裁定驳回其申请。

当事人对裁定不服的，可以在收到裁定书之日起五日内申请复议一次。海事法院应当在收到复议申请之日起五日内作出复议决定。复议期间不停止裁定的执行。

利害关系人对海事请求保全提出异议，海事法院经审查，认为理由成立的，应当解除对其财产的保全。

5.11【司法解释】《2003 海诉法解释》第二十二条

利害关系人对海事法院作出的海事请求保全裁定提出异议，经审查认为理由不成立

的，应当书面通知利害关系人。

四、法院解除海事保全或者返还担保

5.12【法律】《1999 海诉法》第十八条

被请求人提供担保，或者当事人有正当理由申请解除海事请求保全的，海事法院应当及时解除保全。

海事请求人在本法规定的期间内，未提起诉讼或者未按照仲裁协议申请仲裁的，海事法院应当及时解除保全或者返还担保。

5.13【司法解释】《2003 海诉法解释》第二十七条

海事诉讼特别程序法第十八条第二款、第七十四条规定的提供给海事请求人的担保，除被请求人和海事请求人有约定的外，海事请求人应当返还；海事请求人不返还担保的，该担保至海事请求保全期间届满之次日失效。

五、海事保全执行后之诉讼管辖及例外

5.14【法律】《1999 海诉法》第十九条

海事请求保全执行后，有关海事纠纷未进入诉讼或者仲裁程序的，当事人就该海事请求，可以向采取海事请求保全的海事法院或者其他有管辖权的海事法院提起诉讼，但当事人之间订有诉讼管辖协议或者仲裁协议的除外。

六、海事保全错误赔偿责任及诉讼管辖

5.15【法律】《1999 海诉法》第二十条

海事请求人申请海事请求保全错误的，应当赔偿被请求人或者利害关系人因此所遭受的损失。

5.16【司法解释】《2003 海诉法解释》第二十三条

被请求人或者利害关系人依据海事诉讼特别程序法第二十条的规定要求海事请求人赔偿损失，向采取海事请求保全措施的海事法院提起诉讼的，海事法院应当受理。

第六章

船舶保全及货物、燃油、物料或 20 总吨以下船艇扣押与拍卖

第一节 船舶保全(非船舶扣押) 及 20 总吨以下船艇扣押与拍卖

一、船舶保全与船舶扣押之区分

6.1【司法解释】《2015 扣押与拍卖船舶规定》第一条

海事请求人申请对船舶采取限制处分或者抵押等保全措施的，海事法院可以依照民事诉讼法的有关规定，裁定准许并通知船舶登记机关协助执行。

前款规定的保全措施不影响其他海事请求人申请扣押船舶。

二、船舶保全不影响船舶营运

6.2【法律】《1999 海诉法》第二十七条

海事法院裁定对船舶实施保全后，经海事请求人同意，可以采取限制船舶处分或者抵押等方式允许该船舶继续营运。

6.3【司法解释】《2003 海诉法解释》第二十九条

海事法院根据海事诉讼特别程序法第二十七条的规定准许已经实施保全的船舶继续营运的，一般仅限于航行于国内航线上的船舶完成本航次。

6.4【指导意见】《2004 年解答》第一百一十一条

在何种情况下，海事法院可以采取“活扣”的保全形式?

答：海事法院根据《海事诉讼特别程序法》的规定采取“活扣”的形式对船舶采取保全措施的，需经海事请求人同意，并且仅限定为国内航线上的船舶完成本航次。

三、船舶保全期限延长

6.5【司法解释】《2015 民诉法解释》第四百八十七条

人民法院冻结被执行人的银行存款的期限不得超过一年，查封、扣押动产的期限不得超过两年，查封不动产、冻结其他财产权的期限不得超过三年。

申请执行人申请延长期限的，人民法院应当在查封、扣押、冻结期限届满前办理续行查封、扣押、冻结手续，续行期限不得超过前款规定的期限。

人民法院也可以依职权办理续行查封、扣押、冻结手续。

6.6【司法解释】《2005 查封财产规定》第二十九条

人民法院冻结被执行人的银行存款及其他资金的期限不得超过六个月，查封、扣押动产的期限不得超过一年，查封不动产、冻结其他财产权的期限不得超过二年。法律、司法解释另有规定的除外。

申请执行人申请延长期限的，人民法院应当在查封、扣押、冻结期限届满前办理续行查封、扣押、冻结手续，续行期限不得超过前款规定期限的二分之一。

6.7【司法解释】《2005 查封财产规定》第三十条

查封、扣押、冻结期限届满，人民法院未办理延期手续的，查封、扣押、冻结的效力消灭。

查封、扣押、冻结的财产已经被执行拍卖、变卖或者抵债的，查封、扣押、冻结的效力消灭。

6.8【司法解释】《2016 财产保全规定》第十八条

申请保全人申请续行财产保全的，应当在保全期限届满七日前向人民法院提出；逾期申请或者不申请的，自行承担不能续行保全的法律后果。

人民法院进行财产保全时，应当书面告知申请保全人明确的保全期限届满日以及前款有关申请续行保全的事项。

四、20 总吨以下船艇扣押与拍卖

6.9【司法解释】《2003 海诉法解释》第三十九条

二十总吨以下小型船艇的扣押和拍卖，可以依照民事诉讼法规定的扣押和拍卖程序进行。

第二节　船载货物、留置货物及燃油、物料扣押与拍卖

一、船载货物扣押

6.10【法律】《1999 海诉法》第四十四条

海事请求人为保障其海事请求的实现，可以申请扣押船载货物。

申请扣押的船载货物，应当属于被请求人所有。

二、申请扣押船载货物的价值限定及例外

6.11【法律】《1999 海诉法》第四十五条

海事请求人申请扣押船载货物的价值，应当与其债权数额相当。

6.12【司法解释】《2003 海诉法解释》第三十六条

海事请求人申请扣押船载货物的价值应当与其请求的债权数额相当，但船载货物为不可分割的财产除外。

三、船载货物扣押期限

6.13【法律】《1999 海诉法》第四十六条

海事请求保全扣押船载货物的期限为十五日。

海事请求人在十五日内提起诉讼或者申请仲裁以及在诉讼或者仲裁过程中申请扣押船载货物的，扣押船载货物不受前款规定期限的限制。

四、船载货物拍卖申请与裁定及复议

6.14【法律】《1999 海诉法》第四十七条

船载货物扣押期间届满，被请求人不提供担保，而且货物不宜继续扣押的，海事请求人可以在提起诉讼或者申请仲裁后，向扣押船载货物的海事法院申请拍卖货物。

对无法保管、不易保管或者保管费用可能超过其价值的物品，海事请求人可以申请提前拍卖。

6.15【法律】《1999 海诉法》第四十八条

海事法院收到拍卖船载货物的申请后，应当进行审查，在七日内作出准予或者不准予拍卖船载货物的裁定。

当事人对裁定不服的，可以在收到裁定书之日起五日内申请复议一次。海事法院应当在收到复议申请之日起五日内作出复议决定。复议期间停止裁定的执行。

五、船载货物拍卖组织和实施

6.16【法律】《1999 海诉法》第四十九条

拍卖船载货物由海事法院指定的本院执行人员和聘请的拍卖师组成的拍卖组织实施，或者由海事法院委托的机构实施。

拍卖船载货物，本节没有规定的，参照本章第二节拍卖船舶的有关规定。

六、船用燃油、船用物料保全和拍卖

6.17【法律】《1999 海诉法》第五十条

海事请求人对与海事请求有关的船用燃油、船用物料申请海事请求保全，适用本节规定。

6.18【司法解释】《2003 海诉法解释》第三十八条

海事请求人申请扣押船用燃油、物料的，除适用海事诉讼特别程序法第五十条的规定外，还可以适用海事诉讼特别程序法第三章第一节的规定。

七、留置货物保全和拍卖

6.19【司法解释】《2003 海诉法解释》第四十条

申请人依据《中华人民共和国海商法》第八十八条规定申请拍卖留置的货物的，参照海事诉讼特别程序法关于拍卖船载货物的规定执行。

第七章

船舶扣押

第一节　船舶扣押相关管辖

一、船舶扣押管辖法院

7.1【司法解释】《2015扣押与拍卖船舶规定》第二十三条

当事人依照民事诉讼法第十五章第七节的规定，申请拍卖船舶实现船舶担保物权的，由船舶所在地或船籍港所在地的海事法院管辖，按照海事诉讼特别程序法以及本规定关于船舶拍卖受偿程序的规定处理。

7.2【指导意见】《2004解答》第一百零三条

地方人民法院是否可以对船舶采取保全措施?

答：无论在诉讼前还是在诉讼中，地方人民法院都不能对船舶采取保全措施。为执行生效判决或者其他生效法律文书需要对船舶实施扣押或者拍卖的，也应当委托船籍港所在地或者船舶所在地的海事法院执行。

7.3【典型案例】《2015船舶扣押与拍卖典型案例》之【案例6】丹麦供油有限公司申请扣押"星耀"轮案

基本案情

申请人丹麦供油有限公司（A/S Dan - Bunkering Ltd.）于2012年12月12日在香港海域为被申请人所属的巴拿马籍"星耀"（Xing Yao）轮提供485.1820公吨Fol80Cst及158.5280公吨Gas - Oil的船用油，费用为461,238.21美元。被申请人仅支付人民币1,000,000元（折合美元为158,730美元），仍欠302,508美元。后该轮驶入广东汕头水域，被申请人已联系好买家正准备向新的船东交船。为防止债权落空，申请人于2013年1月22日紧急向广州海事法院提出诉前海事请求保全申请，申请扣押"星耀"轮，并责令被申请人提供302,508美元或等值人民币的担保。"星耀"轮因吨位大无法靠泊码头，在汕头港离岸约25海里水域抛锚，随时可能驶离。

裁判结果

广州海事法院收到申请后，立即组成合议庭进行审查，要求申请人提供被扣船舶的具体地点；另外制作扣押船舶裁定书及扣船令。根据法律规定，海事请求权人应向船舶所在地的海事法院提出诉前海事请求保全申请，本案海事请求权人提供了"星耀"轮已驶离香港海域进入广东汕头海域抛锚的证据，应由广州海事法院依法行使海事司法管辖权扣船。经审查，广州海事法院认为，申请人的申请符合法律规定，应予准许。依照《海事诉讼特别程序法》第二十一条第（十二）项，第二十三条第一款第（一）、（二）项，第二十八条第一款的规定，裁定准许申请人的诉前海事请求保全申请；扣押被申请人所属的停泊于汕头港的"星耀"轮；责令被申请人提供302,508美元或等值人民币的担保。2013年1月24日，法官乘坐交通艇往返近七小时，冒着海上风浪，在离岸25海里水域登轮扣押了六万吨级的"星耀"轮；扣押船舶后，法官又积极促成申请人与被申请人进行协商。在法院主持下进行了诉前调解，1月29日，申请人即从被申请人处得到全额赔款。

二、船舶扣押管辖独立于诉讼管辖协议或者仲裁协议

7.4【法律】《1999海诉法》第十四条

海事请求保全不受当事人之间关于该海事请求的诉讼管辖协议或者仲裁协议的约束。

7.5【司法解释】《2003海诉法解释》第二十一条

诉讼或者仲裁前申请海事请求保全适用海事诉讼特别程序法第十四条的规定。

外国法院已受理相关海事案件或者有关纠纷已经提交仲裁，但涉案财产在中华人民共和国领域内，当事人向财产所在地的海事法院提出海事请求保全申请的，海事法院应当受理。

7.6【典事案例】《2015船舶扣押与拍卖典型案例》之【案例10】马绍尔群岛伊克利普斯财产股份公司申请扣押"SL－710"轮案

基本案情

2006年12月1日，申请人马绍尔群岛共和国伊克利普斯财产股份公司与被申请人中国福建圣龙船舶制造有限公司、温州润洋进出口贸易有限公司签订《船舶建造合同》，约定由两被申请人在福建福安为申请人设计建造一艘57,000载重吨的单壳散货船（建造船号为"SL－710"），价格3800万美元，分五期预付，每期760万美元，双方约定争议提交英国伦敦仲裁解决。申请人在支付第一期购船款760万美元后，以两被申请人违约

为由取消合同。2009年7月，两被申请人向英国伦敦仲裁庭申请仲裁，请求裁决申请人无权取消合同、无权要求返还预付款。申请人则提出反请求，请求裁决其已依约解除合同，有权请求返还760万美元预付款及利息；或裁决两被申请人构成毁约性违约，赔偿经评估得出的损失额。2010年9月，申请人得知两被申请人准备出售在建中的“SL－710”船，遂向厦门海事法院申请扣押该船，责令两被申请人提供908万美元可靠担保。

裁判结果

厦门海事法院经审查认为，申请人的申请符合我国扣押船舶的法定条件，依照《中华人民共和国海事诉讼特别诉讼法》第十二条、第十四条、第二十一条第（十三）项、第二十三条第一款第（一）项，以及《2003海诉法解释》第二十一条第二款的规定，裁定扣押了停泊于福建省福安市的“SL－710”船，责令两被申请人提供价值908万美元的可靠担保。船舶扣押期间，英国伦敦仲裁庭裁决申请人有权依据普通法解除合同并请求损害赔偿。随后两被申请人与申请人达成和解并履行赔偿义务，厦门海事法院依法解除对“SL－710”船的扣押。

典型意义

本案是外国当事人在其纠纷由外国仲裁机构进行仲裁过程中，向我国法院申请扣押船舶的海事请求保全案件。仲裁程序从申请仲裁到承认执行往往历时数年，其间容易因当事人转移资产而使胜诉裁决不能执行。我国作为联合国《承认及执行外国仲裁裁决公约》的缔约国，负有依法在我国承认、执行外国仲裁裁决的国际义务。应外国仲裁当事人的申请，对位于我国的船舶采取扣押保全措施，有助于保障外国仲裁裁决的顺利执行。

《中华人民共和国海事诉讼特别程序法》第十四条规定，“海事请求保全不受当事人之间关于该海事请求的诉讼管辖协议或者仲裁协议的约束。”《2003海诉法解释》第二十一条第二款进一步明确，“外国法院已受理相关海事案件或者有关纠纷已经提交仲裁，但涉案财产在中华人民共和国领域内，当事人向财产所在地的海事法院提出海事请求保全申请的，海事法院应当受理。”本案中，厦门海事法院依法裁定准许伊克利普斯财产股份公司的扣押船舶申请，及时制止两被申请人对船舶的处分，促使相关外国仲裁裁决确定的权利义务得以顺利实现。展现了我国海事法院严格适用法律，平等保护中外当事人合法权益的理念和胸怀，赢得国际认可与赞誉，希腊籍船东为此专程赶到厦门海事法院表示感谢和敬意。

三、通过船舶扣押取得管辖及例外

7.7【法律】《1999海诉法》第十九条

海事请求保全执行后，有关海事纠纷未进入诉讼或者仲裁程序的，当事人就该海事请求，可以向采取海事请求保全的海事法院或者其他有管辖权的海事法院提起诉讼，但当事人之间订有诉讼管辖协议或者仲裁协议的除外。

7.8【司法解释】《2015 扣押与拍卖船舶规定》第八条

船舶扣押后，海事请求人依据海事诉讼特别程序法第十九条的规定，向其他有管辖权的海事法院提起诉讼的，可以由扣押船舶的海事法院继续实施保全措施。

四、船舶扣押错误之诉管辖法院

7.9【司法解释】《2003 海诉法解释》第二十三条

被请求人或者利害关系人依据海事诉讼特别程序法第二十条的规定要求海事请求人赔偿损失，向采取海事请求保全措施的海事法院提起诉讼的，海事法院应当受理。

7.10【指导意见】《2004 解答》第一百零五条

当事人就错误申请扣押船舶提起赔偿诉讼的案件如何确定管辖的法院？

答：当事人以申请扣押船舶错误为由对海事请求人提起诉讼的，应当由实施扣押船舶的海事法院行使管辖权。

第二节　海事局协助执行扣押船舶

一、海事部门协助执行通知书

7.11【法律】《1999 海诉法》第二十六条

海事法院在发布或者解除扣押船舶命令的同时，可以向有关部门发出协助执行通知书，通知书应当载明协助执行的范围和内容，有关部门有义务协助执行。海事法院认为必要，可以直接派员登轮监护。

7.12【指导意见】《2006 海上调查指导意见》第二条第（一）项

海事法院裁定扣押船舶，应向海事局发出协助执行通知书，请求海事局提供协助。海事局根据裁定书载明的事项依照法律规定提供协助。协助执行中发生的有关费用，由海事局与海事法院结算。

7.13【指导意见】《2006 海上调查指导意见》第二条第（二）项

海事法院请求海事局协助不予办理船舶所有权变更、船舶转让等手续，或者对已经拍卖、变卖船舶的需要办理变更手续，应当出具协助执行通知书和有关裁判文书。

二、被扣押船舶安全保障

7.14【指导意见】《2006 海上调查指导意见》第二条第（三）项

被扣押船舶应当配备足够的在船值班的适任船员，保证船舶的安全。海事局对存在安全隐患的被扣押船舶可以采取强制措施配备船员，或者责令被扣押船舶移泊。涉及被扣押船舶的安全监管、船舶动向等有关事项，海事局与海事法院应当互相通报信息，给予必要的工作配合。

三、海事局分支机构报告和协助

7.15【指导意见】《2006 海上调查与指导意见》第二条第（四）项

为方便工作，海事法院请求海事局分支机构协助执行扣押船舶的，海事局分支机构向上级海事局报告后，协助办理船舶扣押手续。

四、被扣押船舶逃逸查处

7.16【指导意见】《2006 海上调查指导意见》第二条第（六）项

海事局、海事法院应当加强对被扣押船舶逃逸查处的合作，及时通报相关信息。海事局协助海事法院对逃逸船舶的追查。海事局、海事法院应当对逃逸船舶和事件当事人依法予以处罚。

第三节　扣押船舶法定事由

一、扣押船舶海事请求范围

7.17【法律】《海诉法》第二十一条

下列海事请求，可以申请扣押船舶：

（一）船舶营运造成的财产灭失或者损坏；

（二）与船舶营运直接有关的人身伤亡；

（三）海难救助；

（四）船舶对环境、海岸或者有关利益方造成的损害或者损害威胁；为预防、减少或者消除此种损害而采取的措施；为此种损害而支付的赔偿；为恢复环境而实际采取或者准备采取的合理措施的费用；第三方因此种损害而蒙受或者可能蒙受的损失；以及与本项所指的性质类似的损害、费用或者损失；

（五）与起浮、清除、回收或者摧毁沉船、残骸、搁浅船、被弃船或者使其无害有关的费用，包括与起浮、清除、回收或者摧毁仍在或者曾在该船上的物件或者使其无害的费用，以及与维护放弃的船舶和维持其船员有关的费用；

（六）船舶的使用或者租用的协议；

（七）货物运输或者旅客运输的协议；

（八）船载货物（包括行李）或者与其有关的灭失或者损坏；

（九）共同海损；

（十）拖航；

（十一）引航；

（十二）为船舶营运、管理、维护、维修提供物资或者服务；

（十三）船舶的建造、改建、修理、改装或者装备；

（十四）港口、运河、码头、港湾以及其他水道规费和费用；

（十五）船员的工资和其他款项，包括应当为船员支付的遣返费和社会保险费；

（十六）为船舶或者船舶所有人支付的费用；

（十七）船舶所有人或者光船承租人应当支付或者他人为其支付的船舶保险费（包括互保会费）；

（十八）船舶所有人或者光船承租人应当支付的或者他人为其支付的与船舶有关的佣金、经纪费或者代理费；

（十九）有关船舶所有权或者占有的纠纷；

（二十）船舶共有人之间有关船舶的使用或者收益的纠纷；

（二十一）船舶抵押权或者同样性质的权利；

（二十二）因船舶买卖合同产生的纠纷。

7.18【指导意见】《2004 解答》第一百零二条

哪些海事请求可以申请扣押船舶？

答：申请人只有具有《海事诉讼特别程序法》第 21 条规定的 22 项海事请求时，才可以向海事法院提出扣押船舶的海事请求保全申请。《海事诉讼特别程序法》规定的 22 项海事请求以外的请求，不能作为申请海事请求保全的理由。

二、为执行判决、仲裁裁决以及其他法律文书申请扣押船舶

7.19【法律】《1999 海诉法》第二十二条

非因本法第二十一条规定的海事请求不得申请扣押船舶，但为执行判决、仲裁裁决以及其他法律文书的除外。

7.20【典型案例】《2015 船舶扣押与拍卖典型案例》之【案例 1】陈震、陈春申请强制执行“中威案”判决扣押船舶案

基本案情

1936 年，中威轮船公司将其所有的“顺丰”轮、“新太平”轮租与大同海运株式会

社使用。租用期间，两轮被日本海军“扣留”，后交由大同海运株式会社继续运营至两轮沉没。中威轮船公司尔后通过政治、外交、司法等途径向日本政府索赔两轮损失，均未果。1988 年 12 月，原告中威轮船公司、陈震、陈春就该案向上海海事法院提起诉讼，要求被告日本海运株式会社（大同海运株式会社后身）支付租金并赔偿损失。诉讼期间，日本海运株式会社变更为商船三井株式会社。

2007 年 12 月 7 日，上海海事法院判决被告商船三井株式会社向原告陈震、陈春支付并赔偿船舶租金及孳息、船舶运营损失及孳息、船舶损失及孳息合计 2, 916, 477, 260. 80 日元。原告、被告均不服提起上诉。2010 年 8 月 6 日，上海市高级人民法院作出终审判决，驳回上诉，维持原判。判决生效后，商船三井株式会社迟迟不肯主动履行生效判决确定的赔偿义务。

裁判结果

2014 年 4 月 19 日，上海海事法院在本案强制执行程序中，对停泊于我国浙江省嵊泗马迹山港的被执行人商船三井株式会社所有的“宝韵”（BAOSTEEL EMOTION）轮依法实施扣押，4 天后，商船三井株式会社即按照上海海事法院《限期履行通知书》的要求，支付了判决本金 2, 916, 477, 260. 80 日元；一审、二审案件受理费、申请执行费；同时就迟延履行债务利息提供了现金担保。4 月 24 日，上海海事法院依法解除了对“宝韵”轮的扣押。

三、可以扣押当事船舶之情形及例外

7. 21 【法律】《1999 海诉法》第二十三条

有下列情形之一的，海事法院可以扣押当事船舶：

（一）船舶所有人对海事请求负有责任，并且在实施扣押时是该船的所有人；

（二）船舶的光船承租人对海事请求负有责任，并且在实施扣押时是该船的光船承租人或者所有人；

（三）具有船舶抵押权或者同样性质的权利的海事请求；

（四）有关船舶所有权或者占有的海事请求；

（五）具有船舶优先权的海事请求。

海事法院可以扣押对海事请求负有责任的船舶所有人、光船承租人、定期租船人或者航次租船人在实施扣押时所有的其他船舶，但与船舶所有权或者占有有关的请求除外。

从事军事、政府公务的船舶不得被扣押。

7. 22 【指导意见】《2004 解答》第一百一十二条

《海事诉讼特别程序法》第 23 条规定的“当事船舶”的含义是什么?

答：《海事诉讼特别程序法》规定的“当事船舶”是指引起海事请求的船舶。

第四节　扣押船舶申请及撤回

一、船舶扣押书面申请及证据

7.23【法律】《海诉法》第十五条

海事请求人申请海事请求保全，应当向海事法院提交书面申请。申请书应当载明海事请求事项、申请理由、保全的标的物以及要求提供担保的数额，并附有关证据。

7.24【法律】《海诉法》第二十五条

海事请求人申请扣押当事船舶，不能立即查明被请求人名称的，不影响申请的提出。

二、撤回船舶扣押申请及裁定

7.25【司法解释】《2015 扣押与拍卖船舶规定》第九条

扣押船舶裁定执行前，海事请求人撤回扣押船舶申请的，海事法院应当裁定予以准许，并终结扣押船舶裁定的执行。

扣押船舶裁定作出后因客观原因无法执行的，海事法院应当裁定终结执行。

第五节　船舶扣押担保

一、船舶扣押担保要求及例外

7.26【法律】《1999 海诉法》第十六条

海事法院受理海事请求保全申请，可以责令海事请求人提供担保。海事请求人不提供的，驳回其申请。

7.27【司法解释】《2015 扣押与拍卖船舶规定》第四条

海事请求人申请扣押船舶的，海事法院应当责令其提供担保。但因船员劳务合同、海上及通海水域人身损害赔偿纠纷申请扣押船舶，且事实清楚、权利义务关系明确的，可以不要求提供担保。

二、船舶扣押担保金额

7.28【司法解释】《2015 扣押与拍卖船舶规定》第五条

海事诉讼特别程序法第七十六条第二款规定的海事请求人提供担保的具体数额，应当相当于船舶扣押期间可能产生的各项维持费用与支出、因扣押造成的船期损失和被请求人为使船舶解除扣押而提供担保所支出的费用。

船舶扣押后，海事请求人提供的担保不足以赔偿可能给被请求人造成损失的，海事法院应责令其追加担保。

三、船舶扣押限额担保与追加担保

7.29【司法解释】《2003 海诉法解释》第二十六条

申请人为申请扣押船舶提供限额担保，在扣押船舶期限届满时，未按照海事法院的通知追加担保的，海事法院可以解除扣押。

四、船舶扣押担保形式

7.30【指导意见】《2004 解答》第一百零六条

海事请求人申请海事请求保全时应当提供什么样的担保？

答：海事请求人申请海事请求保全提供的担保应当是充分可靠的担保，如现金担保、银行和其他金融机构提供的担保等。若海事请求人提供的是国外担保，必要时可要求由国内的金融机构加保。海事法院应当尽量避免接受海事请求人提供的保证形式的担保。

五、船舶扣押担保解除

7.31【指导意见】《2004 解答》第一百零八条

海事请求人提供的担保如何处理？

答：相关海事纠纷的实体裁判生效后的一定期间内（可以掌握为 30 日），被申请人未就海事请求人申请海事请求保全错误提起诉讼的，海事请求人提供的担保解除。

六、船舶扣押担保返还

7.32【司法解释】《2015 扣押与拍卖船舶规定》第六条

案件终审后，海事请求人申请返还其所提供担保的，海事法院应将该申请告知被请求人，被请求人在三十日内未提起相关索赔诉讼的，海事法院可以准许海事请求人返还担保的申请。

被请求人同意返还，或生效法律文书认定被请求人负有责任，且赔偿或给付金额与海事请求人要求被请求人提供担保的数额基本相当的，海事法院可以直接准许海事请求人返还担保的申请。

第六节 船舶扣押裁定、复议、扣押期限及实施

一、船舶扣押裁定及其复议和异议

7.33【法律】《1999 海诉法》第十七条

海事法院接受申请后，应当在四十八小时内作出裁定。裁定采取海事请求保全措施的，应当立即执行；对不符合海事请求保全条件的，裁定驳回其申请。

当事人对裁定不服的，可以在收到裁定书之日起五日内申请复议一次。海事法院应当在收到复议申请之日起五日内作出复议决定。复议期间不停止裁定的执行。

利害关系人对海事请求保全提出异议，海事法院经审查，认为理由成立的，应当解除对其财产的保全。

二、如何理解船舶扣押程序“利害关系人”

7.34【指导意见】《2004 解答》第一百零四条

哪些人为《海事诉讼特别程序法》第 17 条第 3 款规定的利害关系人？

答：《海事诉讼特别程序法》第 17 条第 3 款中的“利害关系人”是指海事请求保全申请人和被申请人以外的对保全的财产主张权利的人，包括财产所有人。

三、船舶扣押异议审查与通知

7.35【司法解释】《2003 海诉法解释》第二十二条

利害关系人对海事法院作出的海事请求保全裁定提出异议，经审查认为理由不成立的，应当书面通知利害关系人。

四、船舶扣押期限

7.36【法律】《1999 海诉法》第二十八条

海事请求保全扣押船舶的期限为三十日。

海事请求人在三十日内提起诉讼或者申请仲裁以及在诉讼或者仲裁过程中申请扣押船舶的，扣押船舶不受前款规定期限的限制。

五、船舶扣押实施

7.37【司法解释】《2015 扣押与拍卖船舶规定》第七条

船舶扣押期间由船舶所有人或光船承租人负责管理。

船舶所有人或光船承租人不履行船舶管理职责的，海事法院可委托第三人或者海事请求人代为管理，由此产生的费用由船舶所有人或光船承租人承担，或在拍卖船舶价款中优先拨付。

7.38【指导意见】《2004 解答》第一百一十条

被扣押船舶可否正常进行装卸作业？

答：船舶被扣押期间，不影响正常装卸作业的进行；未经扣船法院的准许，被扣押船舶不能离开指定的扣押地点。

第七节　重复扣押

一、重复扣押船舶禁止及例外

7.39【法律】《1999 海诉法》第二十四条

海事请求人不得因同一海事请求申请扣押已被扣押过的船舶，但有下列情形之一的除外：

（一）被请求人未提供充分的担保；

（二）担保人有可能不能全部或者部分履行担保义务；

（三）海事请求人因合理的原因同意释放被扣押的船舶或者返还已提供的担保；或者不能通过合理措施阻止释放被扣押的船舶或者返还已提供的担保。

二、不同海事请求人先后申请船舶扣押及拍卖

7.40【司法解释】《2015 扣押与拍卖船舶规定》第二条

海事法院应不同海事请求人的申请，可以对本院或其他海事法院已经扣押的船舶采取扣押措施。

先申请扣押船舶的海事请求人未申请拍卖船舶的，后申请扣押船舶的海事请求人可以依据海事诉讼特别程序法第二十九条的规定，向准许其扣押申请的海事法院申请拍卖船舶。

7.41【指导意见】《2004 解答》第一百零七条

已经被扣押的船舶能否再次被扣押？

答：船舶被扣押后，其他海事请求人向海事法院提出海事请求保全申请扣押同一艘船舶的，海事法院可以作出扣押船舶的裁定，但是该扣押船舶的命令应在前一个扣押命令被解除时立即开始执行。

第八节　解除船舶扣押与返还担保

一、解除船舶扣押

7.42【法律】《1999 海诉法》第十八条第一款

被请求人提供担保，或者当事人有正当理由申请解除海事请求保全的，海事法院应当及时解除保全。

二、超过法定期限未提起诉讼或者申请仲裁情形下船舶扣押解除及例外

7.43【法律】《1999 海诉法》第十八条第二款

海事请求人在本法规定的期间内，未提起诉讼或者未按照仲裁协议申请仲裁的，海事法院应当及时解除保全或者返还担保。

7.44【司法解释】《2003 海诉法解释》第二十五条

海事请求保全扣押船舶超过三十日、扣押货物或者其他财产超过十五日，海事请求人未提起诉讼或者未按照仲裁协议申请仲裁的，海事法院应当及时解除保全或者返还担保。

海事请求人未在期限内提起诉讼或者申请仲裁，但海事请求人和被请求人协议进行和解或者协议约定了担保期限的，海事法院可以根据海事请求人的申请，裁定认可该协议。

三、返还被请求人船舶扣押担保

7.45【司法解释】《2003 海诉法解释》第二十七条

海事诉讼特别程序法第十八条第二款、第七十四条规定的提供给海事请求人的担保，除被请求人和海事请求人有约定的外，海事请求人应当返还；海事请求人不返还担保的，该担保至海事请求保全期间届满之次日失效。

四、被申请人破产情形下船舶扣押解除

7.46【法律】《企业破产法》第十九条

人民法院受理破产申请后，有关债务人财产的保全措施应当解除，执行程序应当中止。

第九节　船舶扣押错误

一、船舶扣押错误赔偿责任

7.47【法律】《1999 海诉法》第二十条

海事请求人申请海事请求保全错误的，应当赔偿被请求人或者利害关系人因此所遭受的损失。

二、船舶扣押错误赔偿项目

7.48【司法解释】《2003 海诉法解释》第二十四条

申请扣押船舶错误造成的损失，包括因船舶被扣押在停泊期间产生的各项维持费用与支出、船舶被扣押造成的船期损失和被申请人为使船舶解除扣押而提供担保所支出的费用。

第八章

船舶拍卖

第一节　船舶拍卖申请、裁定和复议

一、海事请求人申请船舶拍卖

8.1【法律】《1999 海诉法》第二十九条

船舶扣押期间届满，被请求人不提供担保，而且船舶不宜继续扣押的，海事请求人可以在提起诉讼或者申请仲裁后，向扣押船舶的海事法院申请拍卖船舶。

二、海事被请求人申请船舶拍卖

8.2【司法解释】《2003 海诉法解释》第三十条

申请扣押船舶的海事请求人在提起诉讼或者申请仲裁后，不申请拍卖被扣押船舶的，海事法院可以根据被申请人的申请拍卖船舶。拍卖所得价款由海事法院提存。

三、光租船舶拍卖申请

8.3【司法解释】《2015 扣押与拍卖船舶规定》第三条

船舶因光船承租人对海事请求负有责任而被扣押的，海事请求人依据海事诉讼特别程序法第二十九条的规定，申请拍卖船舶用于清偿光船承租人经营该船舶产生的相关债务的，海事法院应予准许。

8.4【典型案例】《2015 船舶扣押与拍卖典型案例》之【案例 8】五矿国际货运有限责任公司申请扣押“海芝”轮案

基　本　案　情

2000 年 9 月 6 日，五矿公司与龙珠公司签订光船租赁协议，承租龙珠公司光租经营的“海芝”轮，租期为1年+1年+1年，由五矿公司选择。2000年11月，双方达成还船协议，五矿公司将“海芝”轮交还龙珠公司，但龙珠公司拖欠五矿公司光租保证金及其他款项3,483,887.37元。2002年1月18日，五矿公司向宁波海事法院提出诉前海事请求保全申请，要求扣押龙珠公司光租经营的停泊在温州港的“海芝”轮，责令龙珠公司提供400万元的担保。

裁判结果

2002年1月21日，宁波海事法院作出裁定，准许五矿公司的诉前海事请求保全，并在温州小门岛液化气码头扣押了“海芝”轮。经查，“海芝”轮登记为圣文森特和格林纳汀斯的力涛航运有限公司所有，1999年8月5日，光租给龙珠公司经营，并在海口港监办理了船舶光租登记，属海关监管船舶。“海芝”轮扣押后，五矿公司、船舶抵押权人中国船舶工业贸易公司、船舶管理人珠海市宏舟船务有限公司分别向宁波海事法院提起诉讼；全体船员因得不到劳动报酬，商定由船长作为代表起诉讨要工资；海口海关申请债权，要求在船舶拍卖过程中，扣缴相关税款。五矿公司与龙珠公司光租租赁合同纠纷一案判决生效后，宁波海事法院根据五矿公司的申请，裁定拍卖“海芝”轮，以2338万元（含税款）成交。在优先拨付诉讼费用、国家税收、船舶保管、拍卖等费用后，余款由各债权人依法受偿分配。

典型意义

一是以具体案例明确海事请求权人可以申请扣押并拍卖承租人光租的当事船舶，较好地衔接了光租船舶的扣押和拍卖程序，有力地保障了海事请求权人的合法权益。二是明确境外船舶光租入境因拍卖转为国内船舶，进口环节国家税收应予优先拨付。“海芝”轮光租入境，属于海关监管船舶，因法院司法拍卖转为国内船舶时，依法缴纳相关国家税收（包括海关关税、代征增值税和光租税共计4,762,785.75元），且该笔费用应视为《1999海商法》第二十四条规定的“为海事请求人的共同利益而支付的其他费用”优先拨付。本案在妥善分配处理多项债权的情况下，依法保护了国家税收收入，维护海关监管制度。

四、船舶拍卖裁定和复议

8.5【法律】《1999海诉法》第三十条

海事法院收到拍卖船舶的申请后，应当进行审查，作出准予或者不准予拍卖船舶的裁定。

当事人对裁定不服的，可以在收到裁定书之日起五日内申请复议一次。海事法院应当在收到复议申请之日起五日内作出复议决定。复议期间停止裁定的执行。

第二节　船舶拍卖终止

一、海事请求人申请终止拍卖船舶及裁定和费用承担

8.6【法律】《1999 海诉法》第三十一条

海事请求人提交拍卖船舶申请后，又申请终止拍卖的，是否准许由海事法院裁定。海事法院裁定终止拍卖船舶的，为准备拍卖船舶所发生的费用由海事请求人承担。

二、利害关系人申请终止拍卖船舶及裁定和费用承担

8.7【司法解释】《2003 海诉法解释》第三十二条

利害关系人请求终止拍卖被扣押船舶的，是否准许，海事法院应当作出裁定；海事法院裁定终止拍卖船舶的，为准备拍卖船舶所发生的费用由利害关系人承担。

三、船舶拍卖终止申请期限

8.8【司法解释】《2003 海诉法解释》第三十三条

拍卖船舶申请人或者利害关系人申请终止拍卖船舶的，应当在公告确定的拍卖船舶日期届满七日前提出。

第三节　船舶拍卖公告和通知

一、拍卖船舶公告途径和时间

8.9【法律】《1999 海诉法》第三十二条第一款

海事法院裁定拍卖船舶，应当通过报纸或者其他新闻媒体发布公告。拍卖外籍船舶的，应当通过对外发行的报纸或者其他新闻媒体发布公告。

8.10【司法解释】《2003 海诉法解释》第三十一条

海事法院裁定拍卖船舶，应当通过报纸或者其他新闻媒体连续公告三日。

二、拍卖船舶公告内容及公告期间

8.11【法律】《1999 海诉法》第三十二条第二款

公告包括以下内容：

（一）被拍卖船舶的名称和国籍；

（二）拍卖船舶的理由和依据；

（三）拍卖船舶委员会的组成；

（四）拍卖船舶的时间和地点；

（五）被拍卖船舶的展示时间和地点；

（六）参加竞买应当办理的手续；

（七）办理债权登记事项；

（八）需要公告的其他事项。

拍卖船舶的公告期间不少于三十日。

三、拍卖船舶通知及其发送对象、时间、内容和方式

8.12【法律】《1999海诉法》第三十三条

海事法院应当在拍卖船舶三十日前，向被拍卖船舶登记国的登记机关和已知的船舶优先权人、抵押权人和船舶所有人发出通知。

通知内容包括被拍卖船舶的名称、拍卖船舶的时间和地点、拍卖船舶的理由和依据以及债权登记等。

通知方式包括书面方式和能够确认收悉的其他适当方式。

四、船舶拍卖通知发送对象信息披露

8.13【司法解释】《2003海诉法解释》第三十四条

海事请求人和被请求人应当按照海事法院的要求提供海事诉讼特别程序法第三十三条规定的已知的船舶优先权人、抵押权人和船舶所有人的有关确切情况。

第四节　拍卖船舶委员会和拍卖方案及海事局协助

一、拍卖船舶委员会组成

8.14【法律】《1999海诉法》第三十四条

拍卖船舶由拍卖船舶委员会实施。拍卖船舶委员会由海事法院指定的本院执行人员和聘请的拍卖师、验船师三人或者五人组成。

拍卖船舶委员会组织对船舶鉴定、估价；组织和主持拍卖；与竞买人签订拍卖成交确认书；办理船舶移交手续。

拍卖船舶委员会对海事法院负责，受海事法院监督。

二、拍卖船舶委员会职权

8.15【司法解释】《2015 扣押与拍卖船舶规定》第十一条

拍卖船舶由拍卖船舶委员会实施，海事法院不另行委托拍卖机构进行拍卖。

三、海事局协助船舶拍卖

8.16【指导意见】《2006 海上调查指导意见》第二条第（五）项

海事法院作出船舶拍卖裁定后，应当及时通知协助扣押船舶的海事局。船舶拍卖公告发布后，海事局可以通知已公告拍卖船舶的登记抵押权人在海事法院办理海事债权登记。

四、船舶拍卖方案制定和实施

8.17【典型案例】《2015 船舶扣押与拍卖典型案例》之【案例 4】上海海事法院扣押拍卖“富通 09”轮案

基本案情

“富通 09”轮系登记在被执行人朱某名下的干货轮，总吨 3880 吨，载重量 8300 吨。远东国际租赁有限公司为与芜湖市富通轮船运输有限责任公司、朱某船舶营运借款合同纠纷，于 2014 年 8 月 13 日向上海海事法院申请在上海港扣押朱某所有的“富通 09”轮。上海海事法院裁定予以准许，并实施了扣押。同月 26 日，远东国际租赁有限公司与上海银行股份有限公司浦东分行共同向该院就此纠纷提起诉讼。次月 5 日，原告、被告在法院的主持下达成调解协议，各被告同意向原告支付相应借款本金、利息等，若未能按期支付，原告可向上海海事法院申请拍卖“富通 09”轮，并在拍卖款中优先受偿。后因被告未能在调解书中确认的期限内支付调解款，原告申请强制执行。

裁判结果

上海海事法院收到强制执行申请后，立即对可执行财产进行排摸调查，并最终决定拍卖已扣押的“富通 09”轮。鉴于在以往的船舶拍卖中，因航运市场经济复苏缓慢的原因，一艘船舶常需要经多次流拍—降价—再拍的过程才得以最终成效，法院决定尝试以网上拍卖的方式拍卖该轮。2014 年 10 月 20 日，上海海事法院依据《海事诉讼特别程序法》的相关规定，成立了“富通 09”轮拍卖委员会。经反复论证网上拍卖的可行性后，根据《上海法院涉国有资产司法委托拍卖操作规则》的相关规定，上海海事法院与上海联交所协商开展网络竞拍船舶工作。11 月 28 日 15 时 17 分，经过 32 轮的激烈竞价，“富通 09”轮在上海联合产权交易所官方网站的交易平台以 604 万元的价格成功拍卖。

典型意义

船舶拍卖是海事债权实现的一个重要途径。在传统模式中，竞买人需要到拍卖现场参加竞拍，费用支出与时间成本降低了潜在竞买人参加竞买的积极性。网上拍卖充分运用现代互联网信息技术，极大地节约了竞买人的交易成本和交易时间，提高了船舶拍卖的竞争程度，更利于发现标的资产价格，保护债权人利益。上海海事法院在本案中依托上海联交所的成熟交易平台，确保了拍卖程序的安全性。是一次创新海事执行方式、提高便民服务水平的有益探索。

第五节　船舶拍卖及变卖程序

一、船舶拍卖竞买人登记及买船保证金交纳

8.18【法律】《1999 海诉法》第三十五条

竞买人应当在规定的期限内向拍卖船舶委员会登记。登记时应当交验本人、企业法定代表人或者其他组织负责人身份证明和委托代理人的授权委托书，并交纳一定数额的买船保证金。

二、被拍卖船舶展示及资料披露

8.19【法律】《1999 海诉法》第三十六条

拍卖船舶委员会应当在拍卖船舶前，展示被拍卖船舶，并提供察看被拍卖船舶的条件和有关资料。

三、船舶拍卖保留价确定

8.20【司法解释】《2015 扣押与拍卖船舶规定》第十二条

海事法院拍卖船舶应当依据评估价确定保留价。保留价不得公开。

第一次拍卖时，保留价不得低于评估价的百分之八十；因流拍需要再行拍卖的，可以酌情降低保留价，但降低的数额不得超过前次保留价的百分之二十。

四、船舶拍卖竞买安排

8.21【典型案例】《2015 船舶扣押与拍卖典型案例》之【案例 7】德国航运贷款银行申请扣押拍卖“阿明”轮案

基本案情

申请人德国航运贷款银行与马耳他共和国艾斯姆阿明航运有限公司等签订贷款协

议，后者以“阿明”轮（MV Amin，后更名为 MV Amin2 即“阿明 2”轮）作为担保，双方签订了《抵押协议》等法律文件并办理了第一顺位船舶抵押权登记。2013 年 10 月 29 日，德国航运贷款银行以艾斯姆阿明航运有限公司违反合同诸多约定，拖欠债务本息 27,777,581.76 欧元为由，向厦门海事法院申请诉前海事请求保全，扣押停泊于漳州港的伊朗籍“阿明 2”（MV Amin2）轮，并责令被申请人提供金额为 27,777,581.76 欧元的担保。

裁判结果

厦门海事法院经审查认为，德国航运贷款银行的申请符合法律规定，于 2013 年 11 月 4 日裁定予以准许，该行随后向厦门海事法院提起诉讼。由于被申请人未能提供担保，德国航运贷款银行申请拍卖船舶，并于 2014 年 5 月 5 日得到准许。

2014 年 10 月 28 日上午，来自挪威、巴拿马、马绍尔群岛共和国、利比里亚及中国香港等国家和地区的竞买人参加了拍卖，经过 157 轮叫价后，载重近 16 万吨的超级油轮“阿明 2”轮以人民币 3.24 亿元的价格成交，超出起拍价近 8000 万元。

典型意义

本案船舶价值巨大，双方当事人均为外国企业，竞买人也多为外国企业。中国法院在扣押与拍卖船舶过程中，严格依照法律规定。依照维也纳领事公约，及时通知船籍国驻华使领馆。积极协调外轮代理、边检部门，提前制定工作流程，充分满足中外竞买人实地察看船舶的要求。严格依法裁定、果断执行、认真负责、细致周到的专业水准、敬业精神和工作作风，也充分树立了我国法院的司法公信力，彰显了我国海事司法的良好形象。

五、船舶拍卖流拍及再次拍卖

8.22【司法解释】《2015 扣押与拍卖船舶规定》第十条

船舶拍卖未能成交，需要再次拍卖的，适用拍卖法第四十五条关于拍卖日七日前发布拍卖公告的规定。

六、船舶拍卖两次流拍后变卖

8.23【司法解释】《2015 扣押与拍卖船舶规定》第十三条

对经过两次拍卖仍然流拍的船舶，可以进行变卖。变卖价格不得低于评估价的百分之五十。

七、船舶拍卖变卖不成解除扣押

8.24【司法解释】《2015 扣押与拍卖船舶规定》第十四条

依照本规定第十三条变卖仍未成交的，经已受理登记债权三分之二以上份额的债权人同意，可以低于评估价的百分之五十进行变卖处理。仍未成交的，海事法院可以解除船舶扣押。

八、船舶拍卖或变卖法律效力

8.25【司法解释】《2015 扣押与拍卖船舶规定》第十五条

船舶经海事法院拍卖、变卖后，对该船舶已采取的其他保全措施效力消灭。

九、船舶拍卖成交确认书签署及船舶价款支付

8.26【法律】《1999 海诉法》第三十七条

买受人在签署拍卖成交确认书后，应当立即交付不低于百分之二十的船舶价款，其余价款在成交之日起七日内付清，但拍卖船舶委员会与买受人另有约定的除外。

十、船舶拍卖或变卖后移交及解除扣押

8.27【法律】《1999 海诉法》第三十八条

买受人付清全部价款后，原船舶所有人应当在指定的期限内于船舶停泊地以船舶现状向买受人移交船舶。拍卖船舶委员会组织和监督船舶的移交，并在船舶移交后与买受人签署船舶移交完毕确认书。

移交船舶完毕，海事法院发布解除扣押船舶命令。

十一、船舶拍卖或变卖后移交状况变化及船舶价款扣减

8.28【司法解释】《2003 海诉法解释》第三十五条

海事诉讼特别程序法第三十八条规定的船舶现状指船舶展示时的状况。船舶交接时的状况与船舶展示时的状况经评估确有明显差别的，船舶价款应当作适当的扣减，但属于正常损耗或者消耗的燃油不在此限。

十二、船舶拍卖或变卖后移交完成公告

8.29【法律】《1999 海诉法》第三十九条

船舶移交后，海事法院应当通过报纸或者其他新闻媒体发布公告，公布船舶已经公开拍卖并移交给买受人。

十三、船舶拍卖或变卖后所有权转让和登记

8.30【司法解释】《2003 海诉法解释》第三十七条

拍卖的船舶移交后，海事法院应当及时通知相关的船舶登记机关。

8.31【法律】《1999 海诉法》第四十条

买受人接收船舶后，应当持拍卖成交确认书和有关材料，向船舶登记机关办理船舶所有权登记手续。原船舶所有人应当向原船舶登记机关办理船舶所有权注销登记。原船舶所有人不办理船舶所有权注销登记的，不影响船舶所有权的转让。

十四、船舶拍卖无效情形

8.32【法律】《1999 海诉法》第四十一条

竞买人之间恶意串通的，拍卖无效。参与恶意串通的竞买人应当承担拍卖船舶费用并赔偿有关损失。海事法院可以对参与恶意串通的竞买人处最高应价百分之十以上百分之三十以下的罚款。

第六节　船舶拍卖适用法

一、执行程序中船舶拍卖清偿债务适用法

8.33【法律】《1999 海诉法》第四十三条

执行程序中拍卖被扣押船舶清偿债务的，可以参照本节有关规定。

二、海事法院上级法院拍卖船舶适用法

8.34【司法解释】《2015 扣押与拍卖船舶规定》第二十四条

海事法院的上级人民法院扣押与拍卖船舶的，适用本规定。

执行程序中拍卖被扣押船舶清偿债务的，适用本规定。

三、二十总吨以下小型船艇扣押与拍卖适用法

8.35【司法解释】《海诉法解释》第三十九条

二十总吨以下小型船艇的扣押和拍卖，可以依照民事诉讼法规定的扣押和拍卖程序进行。

四、拍卖法在船舶拍卖程序中适用条件

8.36【法律】《海诉法》第四十二条

除本节规定的以外，拍卖适用《中华人民共和国拍卖法》的有关规定。

第九章

海事赔偿责任限制基金设立

第一节　申请设立基金主体及管辖

一、海事赔偿责任限制申请人主体限定及申请期限

9.1【法律】《1999 海诉法》第一百零一条

船舶所有人、承租人、经营人、救助人、保险人在发生海事事故后，依法申请责任限制的，可以向海事法院申请设立海事赔偿责任限制基金。

船舶造成油污损害的，船舶所有人及其责任保险人或者提供财务保证的其他人为取得法律规定的责任限制的权利，应当向海事法院设立油污损害的海事赔偿责任限制基金。

设立责任限制基金的申请可以在起诉前或者诉讼中提出，但最迟应当在一审判决作出前提出。

9.2【司法解释】《2003 海诉法解释》第七十九条

海事诉讼特别程序法第一百零一条规定的船舶所有人指有关船舶证书上载明的船舶所有人。

二、设立海事赔偿责任限制基金独立于诉讼管辖协议或者仲裁协议

9.3【法律】《1999 海诉法》第一百零三条

设立海事赔偿责任限制基金，不受当事人之间关于诉讼管辖协议或者仲裁协议的约束。

三、诉前申请设立海事赔偿责任限制基金管辖法院

9.4【法律】《1999 海诉法》第一百零二条

当事人在起诉前申请设立海事赔偿责任限制基金的，应当向事故发生地、合同履行地或者船舶扣押地海事法院提出。

9.5【司法解释】《2003 海诉法解释》第八十条

海事事故发生在中华人民共和国领域外的，船舶发生事故后进入中华人民共和国领域内的第一到达港视为海事诉讼特别程序法第一百零二条规定的事故发生地。

四、诉讼中申请设立海事赔偿责任限制基金管辖法院

9.6【司法解释】《2003 海诉法解释》第八十一条

当事人在诉讼中申请设立海事赔偿责任限制基金的，应当向受理相关海事纠纷案件的海事法院提出，但当事人之间订有有效诉讼管辖协议或者仲裁协议的除外。

第二节　基金设立申请及裁定程序

一、海事赔偿责任限制基金设立申请

9.7【法律】《1999 海诉法》第一百零四条

申请人向海事法院申请设立海事赔偿责任限制基金，应当提交书面申请。申请书应当载明申请设立海事赔偿责任限制基金的数额、理由，以及已知的利害关系人的名称、地址和通讯方法，并附有关证据。

二、海事赔偿责任限制基金申请通知和公告

9.8【法律】《1999 海诉法》第一百零五条

海事法院受理设立海事赔偿责任限制基金申请后，应当在七日内向已知的利害关系人发出通知，同时通过报纸或者其他新闻媒体发布公告。

通知和公告包括下列内容：

（一）申请人的名称；

（二）申请的事实和理由；

（三）设立海事赔偿责任限制基金事项；

（四）办理债权登记事项；

（五）需要告知的其他事项。

9.9【司法解释】《2003 海诉法解释》第八十二条

设立海事赔偿责任限制基金应当通过报纸或者其他新闻媒体连续公告三日。如果涉及的船舶是可以航行于国际航线的，应当通过对外发行的报纸或者其他新闻媒体发布公告。

三、海事赔偿责任限制基金利害关系人异议及裁定和上诉

9.10【法律】《1999 海诉法》第一百零六条

利害关系人对申请人申请设立海事赔偿责任限制基金有异议的，应当在收到通知之日起七日内或者未收到通知的在公告之日起三十日内，以书面形式向海事法院提出。

海事法院收到利害关系人提出的书面异议后，应当进行审查，在十五日内作出裁定。异议成立的，裁定驳回申请人的申请；异议不成立的，裁定准予申请人设立海事赔偿责任限制基金。

当事人对裁定不服的，可以在收到裁定书之日起七日内提起上诉。第二审人民法院应当在收到上诉状之日起十五日内作出裁定。

四、海事赔偿责任限制基金利害关系人异议之诉审查范围

9.11【司法解释】《2003 海诉法解释》第八十三条

利害关系人依据海事诉讼特别程序法第一百零六条的规定对申请人设立海事赔偿责任限制基金提出异议的，海事法院应当对设立基金申请人的主体资格、事故所涉及的债权性质和申请设立基金的数额进行审查。

五、异议消除及海事赔偿责任限制基金设立

9.12【法律】《1999 海诉法》第一百零七条

利害关系人在规定的期间内没有提出异议的，海事法院裁定准予申请人设立海事赔偿责任限制基金。

六、海事赔偿责任限制基金设立要求、金额、方式及期限

9.13【法律】《1999 海诉法》第一百零八条

准予申请人设立海事赔偿责任限制基金的裁定生效后，申请人应当在海事法院设立海事赔偿责任限制基金。

设立海事赔偿责任限制基金可以提供现金，也可以提供经海事法院认可的担保。

海事赔偿责任限制基金的数额，为海事赔偿责任限额和自事故发生之日起至基金设立之日止的利息。以担保方式设立基金的，担保数额为基金数额及其在基金设立期间的

利息。

以现金设立基金的，基金到达海事法院指定帐户之日为基金设立之日。以担保设立基金的，海事法院接受担保之日为基金设立之日。

9.14【司法解释】《2003 海诉法解释》第八十四条

准予申请人设立海事赔偿责任限制基金的裁定生效后，申请人应当在三日内在海事法院设立海事赔偿责任限制基金。申请人逾期未设立基金的，按自动撤回申请处理。

9.15【司法解释】《2003 海诉法解释》第八十五条

海事诉讼特别程序法第一百零八条规定的担保指中华人民共和国境内的银行或者其他金融机构所出具的担保。

七、海事赔偿责任限制基金申请设立错误赔偿责任

9.16【法律】《1999 海诉法》第一百一十条

申请人申请设立海事赔偿责任限制基金错误的，应当赔偿利害关系人因此所遭受的损失。

第三节 海事赔偿责任限制基金设立后法律影响

一、海事赔偿责任限制基金设立对其他财产保全之影响

9.17【司法解释】《2003 海诉法解释》第八十六条

设立海事赔偿责任限制基金后，向基金提出请求的任何人，不得就该项索赔对设立或以其名义设立基金的人的任何其他财产，行使任何权利。

二、海事赔偿责任限制基金设立后管辖集中及例外

9.18【法律】《1999 海诉法》第一百零九条

设立海事赔偿责任限制基金以后，当事人就有关海事纠纷应当向设立海事赔偿责任限制基金的海事法院提起诉讼，但当事人之间订有诉讼管辖协议或者仲裁协议的除外。

第十章

债权登记与受偿程序

第一节　拍卖船舶债权登记

一、船舶拍卖公告期间内债权登记申请

10.1【法律】《1999 海诉法》第一百一十一条

海事法院裁定强制拍卖船舶的公告发布后，债权人应当在公告期间，就与被拍卖船舶有关的债权申请登记。公告期间届满不登记的，视为放弃在本次拍卖船舶价款中受偿的权利。

10.2【司法解释】《2003 海诉法解释》第八十七条

海事诉讼特别程序法第一百一十一条规定的与被拍卖船舶有关的债权指与被拍卖船舶有关的海事债权。

二、船舶拍卖申请人不须申请债权登记

10.3【司法解释】《2015 扣押与拍卖船舶规定》第十八条

申请拍卖船舶的海事请求人未经债权登记，直接要求参与拍卖船舶价款分配的，海事法院应予准许。

三、船舶拍卖程序中债权登记期间

10.4【司法解释】《2015 扣押与拍卖船舶规定》第十六条

海事诉讼特别程序法第一百一十一条规定的申请债权登记期间的届满之日，为拍卖船舶公告最后一次发布之日起第六十日。

前款所指公告为第一次拍卖时的拍卖船舶公告。

四、船舶拍卖程序中债权登记程序终结

10.5【司法解释】《2015 扣押与拍卖船舶规定》第十九条

海事法院裁定终止拍卖船舶的，应当同时裁定终结债权登记受偿程序，当事人已经缴纳的债权登记申请费予以退还。

五、船舶拍卖程序中债权登记裁定

10.6【司法解释】《2015 扣押与拍卖船舶规定》第十七条

海事法院受理债权登记申请后，应当在船舶被拍卖、变卖成交后，依照海事诉讼特别程序法第一百一十四条的规定作出是否准予的裁定。

第二节　海事赔偿责任限制基金债权登记期间及逾期后果

10.7【法律】《1999 海诉法》第一百一十二条

海事法院受理设立海事赔偿责任限制基金的公告发布后，债权人应当在公告期间就与特定场合发生的海事事故有关的债权申请登记。公告期间届满不登记的，视为放弃债权。

第三节　债权登记及确权诉讼通用规则

一、债权登记申请材料

10.8【法律】《1999 海诉法》第一百一十三条

债权人向海事法院申请登记债权的，应当提交书面申请，并提供有关债权证据。

债权证据，包括证明债权的具有法律效力的判决书、裁定书、调解书、仲裁裁决书和公证债权文书，以及其他证明具有海事请求的证据材料。

二、债权登记审查与裁定

10.9【法律】《1999 海诉法》第一百一十四条

海事法院应当对债权人的申请进行审查，对提供债权证据的，裁定准予登记；对不提供债权证据的，裁定驳回申请。

10.10【法律】《1999 海诉法》第一百一十五条

债权人提供证明债权的判决书、裁定书、调解书、仲裁裁决书或者公证债权文书

的，海事法院经审查认定上述文书真实合法的，裁定予以确认。

10.11【司法解释】《2003 海诉法解释》第八十八条

海事诉讼特别程序法第一百一十五条规定的判决书、裁定书、调解书和仲裁裁决书指我国国内的判决书、裁定书、调解书和仲裁裁决书。对于债权人提供的国外的判决书、裁定书、调解书和仲裁裁决书，适用民事诉讼法第二百六十八条和第二百六十九条规定的程序审查。

三、确权诉讼作为海事请求证据

10.12【法律】《1999 海诉法》第一百一十六条

债权人提供其他海事请求证据的，应当在办理债权登记以后，在受理债权登记的海事法院提起确权诉讼。当事人之间有仲裁协议的，应当及时申请仲裁。

海事法院对确权诉讼作出的判决、裁定具有法律效力，当事人不得提起上诉。

四、确权诉讼时效

10.13【司法解释】《2003 海诉法解释》第九十条

债权人依据海事诉讼特别程序法第一百一十六条规定向受理债权登记的海事法院提起确权诉讼的，应当在办理债权登记后七日内提起。

五、债权登记前已提起诉讼不适用于确权诉讼程序

10.14【司法解释】《2015 扣押与拍卖船舶规定》第二十条

当事人在债权登记前已经就有关债权提起诉讼的，不适用海事诉讼特别程序法第一百一十六条第二款的规定，当事人对海事法院作出的判决、裁定可以依法提起上诉。

六、需判定船舶过失程度比例确权诉讼可上诉

10.15【司法解释】《2015 扣押与拍卖船舶规定》第二十一条

债权人依照海事诉讼特别程序法第一百一十六条第一款的规定提起确权诉讼后，需要判定碰撞船舶过失程度比例的，当事人对海事法院作出的判决、裁定可以依法提起上诉。

七、债权登记相关案件合并审理及例外

10.16【司法解释】《2003 海诉法解释》第八十九条

在债权登记前，债权人已向受理债权登记的海事法院以外的海事法院起诉的，受理案件的海事法院应当将案件移送至登记债权的海事法院一并审理，但案件已经进入二审的除外。

第四节　债权人会议及受偿程序

一、债权确认与债权人会议召开

10.17【法律】《1999 海诉法》第一百一十七条

海事法院审理并确认债权后，应当向债权人发出债权人会议通知书，组织召开债权人会议。

二、船舶价款或者海事赔偿责任限制基金分配方案、受偿协议及裁定

10.18【法律】《1999 海诉法》第一百一十八条

债权人会议可以协商提出船舶价款或者海事赔偿责任限制基金的分配方案，签订受偿协议。

受偿协议经海事法院裁定认可，具有法律效力。

债权人会议协商不成的，由海事法院依照《中华人民共和国海商法》以及其他有关法律规定的受偿顺序，裁定船舶价款或者海事赔偿责任限制基金的分配方案。

三、船舶价款或者海事赔偿责任限制基金本息分配顺序

10.19【法律】《1999 海诉法》第一百一十九条

拍卖船舶所得价款及其利息，或者海事赔偿责任限制基金及其利息，应当一并予以分配。

分配船舶价款时，应当由责任人承担的诉讼费用，为保存、拍卖船舶和分配船舶价款产生的费用，以及为债权人的共同利益支付的其他费用，应当从船舶价款中先行拨付。

清偿债务后的余款，应当退还船舶原所有人或者海事赔偿责任限制基金设立人。

10.20【司法解释】《2003 海诉法解释》第九十一条

海事诉讼特别程序法第一百一十九条第二款规定的三项费用按顺序拨付。

10.21【司法解释】《2003 海诉法解释》第二十八条

船舶被扣押期间产生的各项维持费用和支出，应当作为为债权人共同利益支出的费用，从拍卖船舶的价款中优先拨付。

10.22【司法解释】《2015 扣押与拍卖船舶规定》第二十二条

海事法院拍卖、变卖船舶所得价款及其利息，先行拨付海事诉讼特别程序法第一百一十九条第二款规定的费用后，依法按照下列顺序进行分配：

（一）具有船舶优先权的海事请求；

（二）由船舶留置权担保的海事请求；

（三）由船舶抵押权担保的海事请求；

（四）与被拍卖、变卖船舶有关的其他海事请求。

依据海事诉讼特别程序法第二十三条第二款的规定申请扣押船舶的海事请求人申请拍卖船舶的，在前款规定海事请求清偿后，参与船舶价款的分配。

依照前款规定分配后的余款，按照民事诉讼法及相关司法解释的规定执行。

10.23【司法解释】《2015 民诉法解释》第五百一十条

参与分配执行中，执行所得价款扣除执行费用，并清偿应当优先受偿的债权后，对于普通债权，原则上按照其占全部申请参与分配债权数额的比例受偿。清偿后的剩余债务，被执行人应当继续清偿。债权人发现被执行人有其他财产的，可以随时请求人民法院执行。

10.24【典型案例】《2015 船舶扣押与拍卖典型案例》之【案例 3】奥列格等外籍船员申请扣押“密斯姆”轮案

基本案情

“密斯姆”（Maxima）轮是密斯姆航运公司所有的散货轮，注册地在荷属安德列斯威廉斯塔德港。2012 年 6 月，该轮在我国沿海海域航行途中不慎与他轮发生碰撞，事故造成他轮严重受损，同时因碰撞发生溢油事故，对附近海域造成污染。事故发生后，“密斯姆”轮被送往崇明码头维修。自此，奥列格等 11 名在船的乌克兰籍船员工资一直未予发放，之后 6 名船员自掏腰包先行回国，其余 5 名船员仍滞留在船，负责看守船舶。2013 年 7 月，“密斯姆”轮在船的 5 名乌克兰船员因船东长期拖欠其工资于 2013 年 7 月 17 日向上海海事法院提出扣押船舶的海事请求保全申请，并就船员劳务合同纠纷对船东密斯姆航运公司提起诉讼。其他船员随后也提起诉讼。

裁判结果

上海海事法院收到申请后，于当日即作出扣船裁定。考虑到外籍船员盼望早日回家的急切心情，法院协调落实船员上淡水、物料、生活保障用品的供应后，积极与船员劳务公司、船东代理以及外籍船员律师联系，委托国内船员劳务公司派员看管船舶，使外籍船员得以回国。

开庭审理后，上海海事法院迅速作出判决，支持了船员们的全部诉请。判决生效后，因被告未在法定期限内履行判决书中确定的义务，奥格列等于 2014 年 1 月向上海海事法院申请强制执行。上海海事法院依法启动船舶拍卖程序。最终“密斯姆”轮以人民币 3990 万元被德国一家航运公司竞得，船员的劳务报酬在拍卖款中依法获得优先清偿。

10.25【最高人民法院普通案例】（2014）民申字第 1777 号民事裁定书

关于中油泰富公司提出的保全费用和边防看船费用。《海事诉讼特别程序法》第一百一十九条规定，“拍卖船舶所得价款及其利息，或者海事赔偿责任限制基金及其利息，应当一并予以分配。分配船舶价款时，应当由责任人承担的诉讼费用，为保存、拍卖船舶和分配船舶价款产生的费用，以及为债权人的共同利益支付的其他费用，应当从船舶价款中先行拨付。清偿债务后的余款，应当退还船舶原所有人或者海事赔偿责任限制基金设立人”。其中对保全费用和看船费用是否应在基金中优先拨付并无规定。故二审判决未支持中油泰富公司该项主张，并无不当。

四、船舶轮候保全情形下如何分配

10.26【司法解释】《2016 处分查封财产批复》

一、执行过程中，应当由首先查封、扣押、冻结（以下简称查封）法院负责处分查封财产。但已进入其他法院执行程序的债权对查封财产有顺位在先的担保物权、优先权（该债权以下简称优先债权），自首先查封之日起已超过 60 日，且首先查封法院就该查封财产尚未发布拍卖公告或者进入变卖程序的，优先债权执行法院可以要求将该查封财产移送执行。

二、优先债权执行法院要求首先查封法院将查封财产移送执行的，应当出具商请移送执行函，并附确认优先债权的生效法律文书及案件情况说明。

首先查封法院应当在收到优先债权执行法院商请移送执行函之日起 15 日内出具移送执行函，将查封财产移送优先债权执行法院执行，并告知当事人。

移送执行函应当载明将查封财产移送执行及首先查封债权的相关情况等内容。

三、财产移送执行后，优先债权执行法院在处分或继续查封该财产时，可以持首先查封法院移送执行函办理相关手续。

优先债权执行法院对移送的财产变价后，应当按照法律规定的清偿顺序分配，并将相关情况告知首先查封法院。

首先查封债权尚未经生效法律文书确认的，应当按照首先查封债权的清偿顺位，预留相应份额。

四、首先查封法院与优先债权执行法院就移送查封财产发生争议的，可以逐级报请双方共同的上级法院指定该财产的执行法院。

共同的上级法院根据首先查封债权所处的诉讼阶段、查封财产的种类及所在地、各债权数额与查封财产价值之间的关系等案件具体情况，认为由首先查封法院执行更为妥当的，也可以决定由首先查封法院继续执行，但应当督促其在指定期限内处分查封财产。

五、破产情形下涉船执行和受偿特别规定

10.27【司法解释】《2015 民诉法解释》第五百一十三条

在执行中，作为被执行人的企业法人符合企业破产法第二条第一款规定情形的，执

行法院经申请执行人之一或者被执行人同意，应当裁定中止对该被执行人的执行，将执行案件相关材料移送被执行人住所地人民法院。

10.28【司法解释】《2015 民诉法解释》第五百一十四条

被执行人住所地人民法院应当自收到执行案件相关材料之日起三十日内，将是否受理破产案件的裁定告知执行法院。不予受理的，应当将相关案件材料退回执行法院。

10.29【司法解释】《2015 民诉法解释》第五百一十五条

被执行人住所地人民法院裁定受理破产案件的，执行法院应当解除对被执行人财产的保全措施。被执行人住所地人民法院裁定宣告被执行人破产的，执行法院应当裁定终结对该被执行人的执行。

被执行人住所地人民法院不受理破产案件的，执行法院应当恢复执行。

10.30【司法解释】《2015 民诉法解释》第五百一十六条

当事人不同意移送破产或者被执行人住所地人民法院不受理破产案件的，执行法院就执行变价所得财产，在扣除执行费用及清偿优先受偿的债权后，对于普通债权，按照财产保全和执行中查封、扣押、冻结财产的先后顺序清偿。

10.31【最高人民法院普通案例】（2016）最高法执监 205 号执行裁定书

本院认为，本案的争议焦点是南京中院（2013）宁执字第 386－4 号执行裁定是否合法。

首先，本案符合参与分配的法定条件，申诉人华瑞公司认为本案不符合参与分配条件的理由不能成立。由于南京中院作出（2013）宁执字第 386－4 号执行裁定时，《最高人民法院关于适用〈中华人民共和国民事诉讼法〉的解释》还未施行，因此仍应适用《最高人民法院关于人民法院执行工作若干问题的规定（试行）》的有关规定。该规定第九十六条规定，被执行人为企业法人，未经清理或清算而撤销、注销或歇业，其财产不足清偿全部债务的，应当参照本规定第九十条至第九十五条的规定，对各债权人的债权按比例清偿。本案中被执行人高通公司为企业法人，未经清理或清算。高通公司法定代表人王庆芳于 2012 年 12 月即已下落不明，高通公司无人工作，生产经营活动已终止满一年，符合《中华人民共和国企业法人登记管理条例》第二十二条关于企业法人领取营业执照后停止经营活动满一年的视同歇业的规定。目前已经查明的经判决进入执行程序的被执行人高通公司的债务数额达到 18,535.5322 万元，但可以执行的财产只有高通公司持有金鼎公司 8000 万股，评估价值为 8403.42 万元，属于财产不足清偿全部债务的情况。新北法院 2015 年 10 月 19 日裁定受理久和公司对高通公司的破产清算申请，也印证了高通公司确实存在资不抵债的情况。综上，本案符合参与分配的法定条件。申诉人华瑞公司提出，本案是在案外人异议之诉仍在进行、案外人提供担保申请停止执行以及华瑞公司亦提供担保请求继续执行的情况下，南京中院继续执行的，其他债权人因未提供担保和申请继续执行，因此不能申请参与分配。该理由不能成立，因为另案债权人是否提供担保并申请继续执行，并非法定的申请参与分配的条件。案外人异议之诉的存在以及案外人提供担保申请停止执行可能会延缓最终的分配，但不能剥夺另案债权人参与分配的权利。

其次，南京中院对华瑞公司予以全额清偿违反法律规定，并损害其他债权人的合法权利。原告华瑞公司与被告高通公司、商汇公司企业借贷纠纷一案，常州中院于2012年10月9日对高通公司在金鼎公司所持有的8%的股权予以冻结，10月16日将该案移送南京中院管辖，南京中院于2012年10月30日受理后，为该股权的首先冻结法院。该院于2014年2月13日、3月13日收到鼓楼法院转交的吴某琴、谢某平的参与分配申请，于2014年11月18日、20日收到新北法院请求将商汇公司、久和公司纳入参与分配对象的函以及两个公司的参与分配申请。作为首先冻结法院，南京中院应当根据《最高人民法院关于人民法院执行工作若干问题的规定（试行）》第九十条至第九十六条的规定对参与分配申请进行审查，依法对同一顺位的执行债权按比例进行分配。但南京中院对另案债权人的参与分配申请和异议申请置之不理，作出（2013）宁执字第386-4号执行裁定对华瑞公司全额清偿，违反了上述规定，损害了其他债权人的合法权利。

六、跨境破产情形下船舶扣押、拍卖及受偿

10.32【典型案例】《2015船舶扣押与拍卖典型案例》之【案例2】舟山市海利远洋渔业有限公司申请"雪曼斯"轮案

基本案情

"雪曼斯"（SNOWMASS）轮系俄罗斯籍远洋运输船，原登记所有人为东风航运代理有限公司，登记光船承租人为斯马特航运代理有限公司。2009年11月，该轮自阿根廷外大西洋西南海域承运一批冷冻鱿鱼到达舟山港，货物变质受损。货主上海和顺渔业有限公司、舟山市海利远洋渔业有限公司、舟山新吉利远洋渔业有限公司以该轮冷冻设备故障导致其托运的冷冻鱿鱼严重受损为由，于2009年12月29日向宁波海事法院申请扣押停泊于舟山港马峙锚地的"雪曼斯"轮，要求船方提供300万元担保。

裁判结果

宁波海事法院审查后依法裁定扣押"雪曼斯"轮，责令"雪曼斯"轮船东向法院提供300万元或其他可靠担保。该轮船东已被宣告破产，由破产管理人接管，因忙于破产事务无暇顾及涉案纠纷，外籍船员困顿无助，一名外籍船员扣押期间因病死亡。对此，宁波海事法院采取了以下应对措施：第一，安排好船员扣押期间食宿，协调看船公司负责看管；第二，垫付船员遣返费，在做好船舶交接后，立刻安排船员回国；第三，通知原告追加提供充足担保；第四，依法拍卖船舶，将连同船员医疗费、遗体火化等费用在

内的遣返费用在船舶拍卖款中优先拨付。

10.33【典型案例】《2015船舶扣押与拍卖典型案例》之【案例5】“三湖蓝宝石”轮系列扣押案

基本案情

2011年6月9日，申请人阿联酋阿曼国际贸易公司因与被申请人韩国三湖海运株式会社债务纠纷向武汉海事法院申请扣押被申请人所属的“三湖蓝宝石”（SAMHO SAPPHIRE）轮。此后，又有六家境外债权人，申请对该轮采取扣押措施，债权人涉及七个国家和地区，债权总额达600余万美元。此外还有该轮抵押权人韩国釜山银行的抵押债权超过4000万美元。

裁判结果

武汉海事法院于2011年6月11日在南通对“三湖蓝宝石”轮实施扣押。船东三湖海运株式会社由于有两条船连续遭到索马里海盗劫持，公司经营遭受重创，已被韩国法院列入破产保护。由于船东无力提供担保，依照我国海事诉讼特别程序法，船舶依法将被拍卖。部分船员在船舶被扣押后，情绪极不稳定，要求弃船回国。韩国驻武汉领事馆向湖北省外事办发出照会，对被扣船舶和船员的安全表示关注。

由于当时国际航运市场并不景气，该轮的拍卖价格估计只有1000多万美元，远不够抵押权人一家受偿。同时，拍卖船舶还要支付检验、评估、拍卖费用，船东将会承担巨大的损失。因此拍卖结果无论是对船东、抵押权人还是普通债权人来说均无一受益。

武海海事法院积极地与各方当事人进行联系沟通，释明中国法律，分析拍卖的成本和结果，经过耐心细致而艰苦的调解工作，终于促成各方当事人达成和解协议，同意由“三湖蓝宝石”轮抵押权人釜山银行拿出45万美元按普通债权人的债权比例进行支付，各普通债权人同意解除对“三湖蓝宝石”轮的扣押。2011年9月23日，武汉海事法院解除对该轮的扣押，“三湖蓝宝石”轮安全驶离南通，开往釜山。

第十一章

调　解

第一节　调解基本原则和安排

一、调解基本原则

（一）调解自愿

11.1【司法解释】《2004 调解规定》第一条

人民法院对受理的第一审、第二审和再审民事案件，可以在答辩期满后裁判作出前进行调解。在征得当事人各方同意后，人民法院可以在答辩期满前进行调解。

（二）调解优先及例外

11.2【司法解释】《2004 调解规定》第二条

对于有可能通过调解解决的民事案件，人民法院应当调解。但适用特别程序、督促程序、公示催告程序、破产还债程序的案件，婚姻关系、身份关系确认案件以及其他依案件性质不能进行调解的民事案件，人民法院不予调解。

二、调解者选定及介入

11.3【司法解释】《2004 调解规定》第三条

根据民事诉讼法第八十七条的规定，人民法院可以邀请与当事人有特定关系或者与案件有一定联系的企业事业单位、社会团体或者其他组织，和具有专门知识、特定社会经验、与当事人有特定关系并有利于促成调解的个人协助调解工作。

经各方当事人同意，人民法院可以委托前款规定的单位或者个人对案件进行调解，达成调解协议后，人民法院应当依法予以确认。

三、诉讼中和解与调解安排

11.4【司法解释】《2004 调解规定》第四条

当事人在诉讼过程中自行达成和解协议的，人民法院可以根据当事人的申请依法确认和解协议制作调解书。双方当事人申请庭外和解的期间，不计入审限。

当事人在和解过程中申请人民法院对和解活动进行协调的，人民法院可以委派审判辅助人员或者邀请、委托有关单位和个人从事协调活动。

四、调解回避

11.5【司法解释】《2004 调解规定》第五条

人民法院应当在调解前告知当事人主持调解人员和书记员姓名以及是否申请回避等有关诉讼权利和诉讼义务。

五、调解期限

11.6【司法解释】《2004 调解规定》第六条

在答辩期满前人民法院对案件进行调解，适用普通程序的案件在当事人同意调解之日起 15 天内，适用简易程序的案件在当事人同意调解之日起 7 天内未达成调解协议的，经各方当事人同意，可以继续调解。延长的调解期间不计入审限。

第二节　调解方式和程序

一、调解方式

11.7【司法解释】《2004 调解规定》第七条

当事人申请不公开进行调解的，人民法院应当准许。

调解时当事人各方应当同时在场，根据需要也可以对当事人分别作调解工作。

11.8【司法解释】《2004 调解规定》第八条

当事人可以自行提出调解方案，主持调解的人员也可以提出调解方案供当事人协商时参考。

二、调解协议内容超出诉讼请求

11.9【司法解释】《2004 调解规定》第九条

调解协议内容超出诉讼请求的，人民法院可以准许。

三、调解协议中特定条款效力

11.10【司法解释】《2004 调解规定》第十条

人民法院对于调解协议约定一方不履行协议应当承担民事责任的，应予准许。

调解协议约定一方不履行协议，另一方可以请求人民法院对案件作出裁判的条款，人民法院不予准许。

四、调解相关担保

11.11【司法解释】《2004 调解规定》第十一条

调解协议约定一方提供担保或者案外人同意为当事人提供担保的，人民法院应当准许。

案外人提供担保的，人民法院制作调解书应当列明担保人，并将调解书送交担保人。担保人不签收调解书的，不影响调解书生效。

当事人或者案外人提供的担保符合担保法规定的条件时生效。

五、调解协议不予确认事由

11.12【司法解释】《2004 调解规定》第十二条

调解协议具有下列情形之一的，人民法院不予确认：

（一）侵害国家利益、社会公共利益的；

（二）侵害案外人利益的；

（三）违背当事人真实意思的；

（四）违反法律、行政法规禁止性规定的。

六、调解协议生效

11.13【司法解释】《2004 调解规定》第十三条

根据民事诉讼法第九十条第一款第（四）项规定，当事人各方同意在调解协议上签名或者盖章后生效，经人民法院审查确认后，应当记入笔录或者将协议附卷，并由当事人、审判人员、书记员签名或者盖章后即具有法律效力。当事人请求制作调解书的，人民法院应当制作调解书送交当事人。当事人拒收调解书的，不影响调解协议的效力。一方不履行调解协议的，另一方可以持调解书向人民法院申请执行。

七、诉讼费用承担未达成协议不影响调解协议效力

11.14【司法解释】《2004 调解规定》第十四条

当事人不能对诉讼费用如何承担达成协议的，不影响调解协议的效力。人民法院可

以直接决定当事人承担诉讼费用的比例，并将决定记入调解书。

八、对调解书内容无权利和义务的当事人不签收不影响调解书效力

11.15【司法解释】《2004 调解规定》第十五条

对调解书的内容既不享有权利又不承担义务的当事人不签收调解书的，不影响调解书的效力。

九、调解书异议及补正

11.16【司法解释】《2004 调解规定》第十六条

当事人以民事调解书与调解协议的原意不一致为由提出异议，人民法院审查后认为异议成立的，应当根据调解协议裁定补正民事调解书的相关内容。

十、部分诉讼请求调解确认和调解书制作

11.17【司法解释】《2004 调解规定》第十七条

当事人就部分诉讼请求达成调解协议的，人民法院可以就此先行确认并制作调解书。

当事人就主要诉讼请求达成调解协议，请求人民法院对未达成协议的诉讼请求提出处理意见并表示接受该处理结果的，人民法院的处理意见是调解协议的一部分内容，制作调解书的记入调解书。

十一、调解协议不得据以制作判决

11.18【司法解释】《2004 调解规定》第十八条

当事人自行和解或者经调解达成协议后，请求人民法院按照和解协议或者调解协议的内容制作判决书的，人民法院不予支持。

十二、调解书及其相关担保执行

11.19【司法解释】《2004 调解规定》第十九条

调解书确定的担保条款条件或者承担民事责任的条件成就时，当事人申请执行的，人民法院应当依法执行。

不履行调解协议的当事人按照前款规定承担了调解书确定的民事责任后，对方当事人又要求其承担民事诉讼法第二百三十二条规定的迟延履行责任的，人民法院不予支持。

11.20【司法解释】《2004 调解规定》第二十条

调解书约定给付特定标的物的，调解协议达成前该物上已经存在的第三人的物权和优先权不受影响。第三人在执行过程中对执行标的物提出异议的，应当按照民事诉讼法第二百零八条规定处理。

第四编

涉海商事证据规则

第一章

涉海商事特别证据规则

在我国《1992 海商法》和《1999 海事诉讼特别程序法》中存在一些明示证据规定及默示证据要求，构成了其特别证据规则，以区别于一般证据规则。在查明事实过程中，特别证据规则和一般证据规则不可或缺，前者为查明事实指明方向，后者为查明事实厘清路径。

第一节 《1992 海商法》中明示证据规定

一、《1992 海商法》关于签订书面合同的明示规定

《1992 海商法》第九条：船舶所有权的取得、转让和消灭，应当向船舶登记机关登记；未经登记的，不得对抗第三人。

船舶所有权的转让，应当签订书面合同。

《1992 海商法》第十二条：船舶所有人或者船舶所有人授权的人可以设定船舶抵押权。

船舶抵押权的设定，应当签订书面合同。

《1992 海商法》第四十三条：承运人或者托运人可以要求书面确认海上货物运输合同的成立。但是，航次租船合同应当书面订立。电报、电传和传真具有书面效力。

《1992 海商法》第一百二十八条：船舶租用合同，包括定期租船合同和光船租赁合同，均应当书面订立。

《1992 海商法》第一百五十六条：海上拖航合同应当书面订立。

二、《1992 海商法》关于举证责任分配的明示规定

《1992 海商法》第五十一条：在责任期间货物发生的灭失或者损坏是由于下列原因之一造成的，承运人不负赔偿责任：

（一）船长、船员、引航员或者承运人的其他受雇人在驾驶船舶或者管理船舶中的过失；

（二）火灾，但是由于承运人本人的过失所造成的除外；

（三）天灾，海上或者其他可航水域的危险或者意外事故；

（四）战争或者武装冲突；

（五）政府或者主管部门的行为、检疫限制或者司法扣押；

（六）罢工、停工或者劳动受到限制；

（七）在海上救助或者企图救助人命或者财产；

（八）托运人、货物所有人或者他们的代理人的行为；

（九）货物的自然特性或者固有缺陷；

（十）货物包装不良或者标志欠缺、不清；

（十一）经谨慎处理仍未发现的船舶潜在缺陷；

（十二）非由于承运人或者承运人的受雇人、代理人的过失造成的其他原因。

承运人依照前款规定免除赔偿责任的，除第（二）项规定的原因外，应当负举证责任。

《1992 海商法》第五十二条：因运输活动物的固有的特殊风险造成活动物灭失或者损害的，承运人不负赔偿责任。但是，承运人应当证明业已履行托运人关于运输活动物的特别要求，并证明根据实际情况，灭失或者损害是由于此种固有的特殊风险造成的。

《1992 海商法》第五十四条：货物的灭失、损坏或者迟延交付是由于承运人或者承运人的受雇人、代理人的不能免除赔偿责任的原因和其他原因共同造成的，承运人仅在其不能免除赔偿责任的范围内负赔偿责任；但是，承运人对其他原因造成的灭失、损坏或者迟延交付应当负举证责任。

《1992 海商法》第五十八条：就海上货物运输合同所涉及的货物灭失、损坏或者迟延交付对承运人提起的任何诉讼，不论海事请求人是否合同的一方，也不论是根据合同或者是根据侵权行为提起的，均适用本章关于承运人的抗辩理由和限制赔偿责任的规定。

前款诉讼是对承运人的受雇人或者代理人提起的，经承运人的受雇人或者代理人证明，其行为是在受雇或者受委托的范围之内的，适用前款规定。

《1992 海商法》第一百一十四条：在本法第一百一十一条规定的旅客及其行李的运送期间，因承运人或者承运人的受雇人、代理人在受雇或者受委托的范围内的过失引起

事故，造成旅客人身伤亡或者行李灭失、损坏的，承运人应当负赔偿责任。

请求人对承运人或者承运人的受雇人、代理人的过失，应当负举证责任；但是，本条第三款和第四款规定的情形除外。

旅客的人身伤亡或者自带行李的灭失、损坏，是由于船舶的沉没、碰撞、搁浅、爆炸、火灾所引起或者是由于船舶的缺陷所引起的，承运人或者承运人的受雇人、代理人除非提出反证，应当视为其有过失。

旅客自带行李以外的其他行李的灭失或者损坏，不论由于何种事故所引起，承运人或者承运人的受雇人、代理人除非提出反证，应当视为其有过失。

《海商法》第一百一十五条：经承运人证明，旅客的人身伤亡或者行李的灭失、损坏，是由于旅客本人的过失或者旅客和承运人的共同过失造成的，可以免除或者相应减轻承运人的赔偿责任。

经承运人证明，旅客的人身伤亡或者行李的灭失、损坏，是由于旅客本人的故意造成的，或者旅客的人身伤亡是由于旅客本人健康状况造成的，承运人不负赔偿责任。

《1992 海商法》第一百六十二条：在海上拖航过程中，承拖方或者被拖方遭受的损失，由一方的过失造成的，有过失的一方应当负赔偿责任；由双方过失造成的，各方按照过失程度的比例负赔偿责任。

虽有前款规定，经承拖方证明，被拖方的损失是由于下列原因之一造成的，承拖方不负赔偿责任：

（一）拖轮船长、船员、引航员或者承拖方的其他受雇人、代理人在驾驶拖轮或者管理拖轮中的过失；

（二）拖轮在海上救助或者企图救助人命或者财产时的过失。

本条规定仅在海上拖航合同没有约定或者没有不同约定时适用。

《1992 海商法》第一百九十六条：提出共同海损分摊请求的一方应当负举证责任，证明其损失应当列入共同海损。

三、《1992 海商法》关于可以要求一方当事人提供证据的明示规定

《1992 海商法》第二百五十一条：保险事故发生后，保险人向被保险人支付保险赔偿前，可以要求被保险人提供与确认保险事故性质和损失程度有关的证明和资料。

《1992 海商法》第二百五十二条：保险标的发生保险责任范围内的损失是由第三人造成的，被保险人向第三人要求赔偿的权利，自保险人支付赔偿之日起，相应转移给保险人。

被保险人应当向保险人提供必要的文件和其所需要知道的情况，并尽力协助保险人向第三人追偿。

《1992 海商法》第十四条：建造中的船舶可以设定船舶抵押权。

建造中的船舶办理抵押权登记，还应当向船舶登记机关提交船舶建造合同。

四、《1992 海商法》关于书面通知、初步证据和最终证据的明示规定

《1992 海商法》第七十七条：除依照本法第七十五条的规定作出保留外，承运人或者代其签发提单的人签发的提单，是承运人已经按照提单所载状况收到货物或者货物已经装船的初步证据；承运人向善意受让提单的包括收货人在内的第三人提出的与提单所载状况不同的证据，不予承认。

《1992 海商法》第八十一条：承运人向收货人交付货物时，收货人未将货物灭失或者损坏的情况书面通知承运人的，此项交付视为承运人已经按照运输单证的记载交付以及货物状况良好的初步证据。

货物灭失或者损坏的情况非显而易见的，在货物交付的次日起连续七日内，集装箱货物交付的次日起连续十五日内，收货人未提交书面通知的，适用前款规定。

货物交付时，收货人已经会同承运人对货物进行联合检查或者检验的，无需就所查明的灭失或者损坏的情况提交书面通知。

《1992 海商法》第一百一十九条：行李发生明显损坏的，旅客应当依照下列规定向承运人或者承运人的受雇人、代理人提交书面通知：

（一）自带行李，应当在旅客离船前或者离船时提交；

（二）其他行李，应当在行李交还前或者交还时提交。

行李的损坏不明显，旅客在离船时或者行李交还时难以发现的，以及行李发生灭失的，旅客应当在离船或者行李交还或者应当交还之日起十五日内，向承运人或者承运人的受雇人、代理人提交书面通知。

旅客未依照本条第一、二款规定及时提交书面通知的，除非提出反证，视为已经完整无损地收到行李。

行李交还时，旅客已经会同承运人对行李进行联合检查或者检验的，无需提交书面通知。

五、《1992 海商法》关于证据制作的明示规定

《1992 海商法》第三十六条：为保障在船人员和船舶的安全，船长有权对在船上进行违法、犯罪活动的人采取禁闭或者其他必要措施，并防止其隐匿、毁灭、伪造证据。

船长采取前款措施，应当制作案情报告书，由船长和两名以上在船人员签字，连同人犯送交有关当局处理。

《1992 海商法》第三十七条：船长应当将船上发生的出生或者死亡事件记入航海日志，并在两名证人的参加下制作证明书。死亡证明书应当附有死者遗物清单。死者有遗嘱的，船长应当予以证明。死亡证明书和遗嘱由船长负责保管，并送交家属或者有关方面。

第二节 《1999 海诉法》中明示证据规定

一、《1999 海诉法》关于特定事项申请人提交证据的明示规定

《1999 海诉法》第十五条：海事请求人申请海事请求保全，应当向海事法院提交书面申请。申请书应当载明海事请求事项、申请理由、保全的标的物以及要求提供担保的数额，并附有关证据。

《1999 海诉法》第五十四条：海事请求人申请海事强制令，应当向海事法院提交书面申请。申请书应当载明申请理由，并附有关证据。

《1999 海诉法》第六十五条：海事请求人申请海事证据保全，应当向海事法院提交书面申请。申请书应当载明请求保全的证据、该证据与海事请求的联系、申请理由。【备注：该规定未明示要求“并附相关证据”】

《1999 海诉法》第九十六条：保险人依照本法第九十四条、第九十五条的规定提起诉讼或者申请参加诉讼的，应当向受理该案的海事法院提交保险人支付保险赔偿的凭证，以及参加诉讼应当提交的其他文件。

《1999 海诉法》第一百零四条：申请人向海事法院申请设立海事赔偿责任限制基金，应当提交书面申请。申请书应当载明申请设立海事赔偿责任限制基金的数额、理由，以及已知的利害关系人的名称、地址和通讯方法，并附有关证据。

《1999 海诉法》第一百一十三条：债权人向海事法院申请登记债权的，应当提交书面申请，并提供有关债权证据。

债权证据，包括证明债权的具有法律效力的判决书、裁定书、调解书、仲裁裁决书和公证债权文书，以及其他证明具有海事请求的证据材料。

二、《1999 海诉法》关于船舶拍卖后所有权变更的证据要求

《1999 海诉法》第四十条：买受人接收船舶后，应当持拍卖成交确认书和有关材料，向船舶登记机关办理船舶所有权登记手续。原船舶所有人应当向原船舶登记机关办理船舶所有权注销登记。原船舶所有人不办理船舶所有权注销登记的，不影响船舶所有权的转让。

三、《1999 海诉法》关于船舶检验、估价证据的明示规定

《1999 海诉法》第八十六条：船舶检验、估价应当由国家授权或者其他具有专业资格的机构或者个人承担。非经国家授权或者未取得专业资格的机构或者个人所作的检验

或者估价结论，海事法院不予采纳。

四、《1999 海诉法》关于共同海损理算证据的明示规定

《1999 海诉法》第八十八条：当事人就共同海损的纠纷，可以协议委托理算机构理算，也可以直接向海事法院提起诉讼。海事法院受理未经理算的共同海损纠纷，可以委托理算机构理算。

《1999 海诉法》第八十九条：理算机构作出的共同海损理算报告，当事人没有提出异议的，可以作为分摊责任的依据；当事人提出异议的，由海事法院决定是否采纳。

五、《1999 海诉法》关于船舶碰撞案件证据的明示规定

《1999 海诉法》第八十二条：原告在起诉时、被告在答辩时，应当如实填写《海事事故调查表》。

《1999 海诉法》第八十三条：海事法院向当事人送达起诉状或者答辩状时，不附送有关证据材料。

《1999 海诉法》第八十四条：当事人应当在开庭审理前完成举证。当事人完成举证并向海事法院出具完成举证说明书后，可以申请查阅有关船舶碰撞的事实证据材料。

《1999 海诉法》第八十五条：当事人不能推翻其在《海事事故调查表》中的陈述和已经完成的举证，但有新的证据，并有充分的理由说明该证据不能在举证期间内提交的除外。

六、《1999 海诉法》关于证据保全方式的明示规定

《1999 海诉法》第七十条：海事法院进行海事证据保全，根据具体情况，可以对证据予以封存，也可以提取复制件、副本，或者进行拍照、录相，制作节录本、调查笔录等。确有必要的，也可以提取证据原件。

七、《1999 海诉法》关于债权受偿协议的明示规定

《1999 海诉法》第一百一十八条：债权人会议可以协商提出船舶价款或者海事赔偿责任限制基金的分配方案，签订受偿协议。

受偿协议经海事法院裁定认可，具有法律效力。

八、《1999 海诉法》关于诉讼管辖协议及仲裁协议的明示规定

《1999 海诉法》第十四条：海事请求保全不受当事人之间关于该海事请求的诉讼管辖协议或者仲裁协议的约束。

《1999 海诉法》第十九条：海事请求保全执行后，有关海事纠纷未进入诉讼或者仲

裁程序的，当事人就该海事请求，可以向采取海事请求保全的海事法院或者其他有管辖权的海事法院提起诉讼，但当事人之间订有诉讼管辖协议或者仲裁协议的除外。

《1999 海诉法》第五十三条：海事强制令不受当事人之间关于该海事请求的诉讼管辖协议或者仲裁协议的约束。

《1999 海诉法》第六十四条：海事证据保全不受当事人之间关于该海事请求的诉讼管辖协议或者仲裁协议的约束。

《1999 海诉法》第一百零三条：设立海事赔偿责任限制基金，不受当事人之间关于诉讼管辖协议或者仲裁协议的约束。

第三节　以《1992 海商法》第十四章为例，阐明相关事项默示证据要求

《1992 海商法》第十四章“涉外关系的法律运用”包括第二百六十八条至第二百七十六条，共九条，其中不存在关于证据的明示规定。但是，这并不意味着相关事项无需证据证明。

实际上，本章标题中的“涉外关系”自身就须相关证据证明方可成立，遑论本章中其他具体规定。譬如，《1992 海商法》第二百六十九条规定，“合同当事人可以选择合同适用的法律，法律另有规定的除外。合同当事人没有选择的，适用与合同有最密切联系的国家的法律。”对此，若合同当事人选择了合同适用的法律的，则应凭相应协议（包括有效口头协议）予以证明。若没有这种协议的，则须举证证明“与合同有最密切联系的国家”为哪一国。进一步，若该最密切联系国非法院地国而为外国的，则须举证证明该外国法。

由此推之，除了《1992 海商法》明示证据规定之外，《1992 海商法》其他规定虽无明示证据规定，但均蕴含着默示证据要求，用以确定当事人分别在实体和法律适用方面的权利、义务和责任。

《1999 海诉法》亦复如之，只不过其旨在确定当事人在程序方面的权利、义务和责任。譬如，《1999 海诉法》第六十七条规定，“采取海事证据保全，应当具备下列条件：（一）请求人是海事请求的当事人；（二）请求保全的证据对该海事请求具有证明作用；（三）被请求人是与请求保全的证据有关的人；（四）情况紧急，不立即采取证据保全就会使该海事请求的证据灭失或者难以取得。”这就要求申请人提供初步证据证明或合理解释其申请符合这些法定条件；如符合，其方可享有此项程序权利；反之，则不得享有。

第二章

中国民事证据规则

第一节　证据审查原则、证明标准及法院证据指引

一、证据审查原则

2.1【法律】《2017 民诉法》第六十四条第三款

人民法院应当按照法定程序，全面地、客观地审查核实证据。

2.2【司法解释】《2001 民事证据规定》第六十三条

人民法院应当以证据能够证明的案件事实为依据依法作出裁判。

2.3【司法解释】《2001 民事证据规定》第七十九条第一款

人民法院应当在裁判文书中阐明证据是否采纳的理由。

2.4【司法解释】《2019 民事证据规定》第九十七条

人民法院应当在裁判文书中阐明证据是否采纳的理由。

对当事人无争议的证据，是否采纳的理由可以不在裁判文书中表述。

二、证明标准：高度盖然性原则及例外

2.5【司法解释】《2015 民诉法解释》第一百零八条

对负有举证证明责任的当事人提供的证据，人民法院经审查并结合相关事实，确信待证事实的存在具有高度可能性的，应当认定该事实存在。

对一方当事人为反驳负有举证证明责任的当事人所主张事实而提供的证据，人民法院经审查并结合相关事实，认为待证事实真伪不明的，应当认定该事实不存在。

法律对于待证事实所应达到的证明标准另有规定的，从其规定。

三、法院证据指引

2.6【司法解释】《2001 民事证据规定》第三条

人民法院应当向当事人说明举证的要求及法律后果，促使当事人在合理期限内积极、全面、正确、诚实地完成举证。

当事人因客观原因不能自行收集的证据，可申请人民法院调查收集。

2.7【司法解释】《2019 民事证据规定》第二条

人民法院应当向当事人说明举证的要求及法律后果，促使当事人在合理期限内积极、全面、正确、诚实地完成举证。

当事人因客观原因不能自行收集的证据，可申请人民法院调查收集。

第二节　证据的类型

一、证据类型范围

2.8【法律】《2017 民事诉讼法》第六十三条

证据包括：

（一）当事人的陈述；

（二）书证；

（三）物证；

（四）视听资料；

（五）电子数据；

（六）证人证言；

（七）鉴定意见；

（八）勘验笔录。

证据必须查证属实，才能作为认定事实的根据。

二、外国法作为证据

2.9【指导意见】《2005 纪要》第五十二条

当事人提供的外国法律经质证后无异议的，人民法院应予确认。对当事人有异议的部分或者当事人提供的专家意见不一致的，由人民法院审查认定。

2.10【指导意见】《2004 解答》第四十二条

查明外国法时，通过法律专家提供是一种途径。对中外法律专家应做广义理解，并应注重中外法律专家提供的外国法是否准确。对中外法律专家提供的外国法，人民法院在审理有关涉外商事案件中仍需要进行质证。

三、当事人无争议事实认定及例外

2.11【司法解释】《2001 民事证据规定》第十三条

对双方当事人无争议但涉及国家利益、社会公共利益或者他人合法权益的事实，人民法院可以责令当事人提供有关证据。

2.12【司法解释】《2019 民事证据规定》第十八条

双方当事人无争议的事实符合《最高人民法院关于适用〈中华人民共和国民事诉讼法〉的解释》第九十六条第一款规定情形的，人民法院可以责令当事人提供有关证据。

四、公证证明、公文书证

2.13【法律】《2017 民事诉讼法》第六十九条

经过法定程序公证证明的法律事实和文书，人民法院应当作为认定事实的根据，但有相反证据足以推翻公证证明的除外。

2.14【司法解释】《2015 民诉法解释》第一百一十四条

国家机关或者其他依法具有社会管理职能的组织，在其职权范围内制作的文书所记载的事项推定为真实，但有相反证据足以推翻的除外。必要时，人民法院可以要求制作文书的机关或者组织对文书的真实性予以说明。

2.15【指导意见】《2005 纪要》第一百三十七条

船舶碰撞事故发生后，主管机关进行事故调查过程中由海事事故当事人确认的海事调查材料，若无相反证据，可以作为海事法院认定案件事实的证据。

2.16【指导意见】《2006 海上调查指导意见》第一条第（五）项

海事调查报告及其结论意见可以作为海事法院在案件审理中的诉讼证据，除非有充分事实证据和理由足以推翻海事调查报告及其结论意见。

2.17【指导意见】《2006 海上调查指导意见》第一条第（六）项

海事法院在案件审理中，诉讼当事人对海事局的海事调查报告及其结论意见有疑义的，海事法院可以要求海事局对当事人提出的相关问题作出解释和说明。

五、视听资料

2.18【司法解释】《2015 民诉法解释》第一百一十六条第一款

视听资料包括录音资料和影像资料。

六、电子数据

2.19【司法解释】《2015 民诉法解释》第一百一十六条第二款、第三款

电子数据是指通过电子邮件、电子数据交换、网上聊天记录、博客、微博客、手机短信、电子签名、域名等形成或者存储在电子介质中的信息。

存储在电子介质中的录音资料和影像资料，适用电子数据的规定。

2.20【司法解释】《2019 民事证据规定》第十四条

电子数据包括下列信息、电子文件：

（一）网页、博客、微博客等网络平台发布的信息；

（二）手机短信、电子邮件、即时通信、通讯群组等网络应用服务的通信信息；

（三）用户注册信息、身份认证信息、电子交易记录、通信记录、登录日志等信息；

（四）文档、图片、音频、视频、数字证书、计算机程序等电子文件；

（五）其他以数字化形式存储、处理、传输的能够证明案件事实的信息。

2.21【司法解释】《2019 民事证据规定》第九十九条第二款第三种情形

存储在电子计算机等电子介质中的视听资料，适用电子数据的规定。

2.22【司法解释】《2019 民事证据规定》第十五条第二款

当事人以电子数据作为证据的，应当提供原件。电子数据的制作者制作的与原件一致的副本，或者直接来源于电子数据的打印件或其他可以显示、识别的输出介质，视为电子数据的原件。

2.23【司法解释】《2019 民事证据规定》第九十三条

人民法院对于电子数据的真实性，应当结合下列因素综合判断：

（一）电子数据的生成、存储、传输所依赖的计算机系统的硬件、软件环境是否完整、可靠；

（二）电子数据的生成、存储、传输所依赖的计算机系统的硬件、软件环境是否处于正常运行状态，或者不处于正常运行状态时对电子数据的生成、存储、传输是否有影响；

（三）电子数据的生成、存储、传输所依赖的计算机系统的硬件、软件环境是否具备有效的防止出错的监测、核查手段；

（四）电子数据是否被完整地保存、传输、提取，保存、传输、提取的方法是否可靠；

（五）电子数据是否在正常的往来活动中形成和存储；

（六）保存、传输、提取电子数据的主体是否适当；

（七）影响电子数据完整性和可靠性的其他因素。

人民法院认为有必要的，可以通过鉴定或者勘验等方法，审查判断电子数据的真实性。

2.24【司法解释】《2019 民事证据规定》第九十四条

电子数据存在下列情形的，人民法院可以确认其真实性，但有足以反驳的相反证据的除外：

（一）由当事人提交或者保管的于己不利的电子数据；

（二）由记录和保存电子数据的中立第三方平台提供或者确认的；

（三）在正常业务活动中形成的；

（四）以档案管理方式保管的；

（五）以当事人约定的方式保存、传输、提取的。

电子数据的内容经公证机关公证的，人民法院应当确认其真实性，但有相反证据足以推翻的除外。

2.25【司法解释】《2016 刑案电子数据规定》第一条

电子数据是案件发生过程中形成的，以数字化形式存储、处理、传输的，能够证明案件事实的数据。

电子数据包括但不限于下列信息、电子文件：

（一）网页、博客、微博客、朋友圈、贴吧、网盘等网络平台发布的信息；

（二）手机短信、电子邮件、即时通信、通讯群组等网络应用服务的通信信息；

（三）用户注册信息、身份认证信息、电子交易记录、通信记录、登录日志等信息；

（四）文档、图片、音视频、数字证书、计算机程序等电子文件。

以数字化形式记载的证人证言、被害人陈述以及犯罪嫌疑人、被告人供述和辩解等证据，不属于电子数据。确有必要的，对相关证据的收集、提取、移送、审查，可以参照适用本规定。

2.26【司法解释】《2016 刑案电子数据规定》第二十九条

本规定中下列用语的含义：

（一）存储介质，是指具备数据信息存储功能的电子设备、硬盘、光盘、优盘、记忆棒、存储卡、存储芯片等载体。

（二）完整性校验值，是指为防止电子数据被篡改或者破坏，使用散列算法等特定算法对电子数据进行计算，得出的用于校验数据完整性的数据值。

（三）网络远程勘验，是指通过网络对远程计算机信息系统实施勘验，发现、提取与犯罪有关的电子数据，记录计算机信息系统状态，判断案件性质，分析犯罪过程，确定侦查方向和范围，为侦查破案、刑事诉讼提供线索和证据的侦查活动。

（四）数字签名，是指利用特定算法对电子数据进行计算，得出的用于验证电子数据来源和完整性的数据值。

（五）数字证书，是指包含数字签名并对电子数据来源、完整性进行认证的电子文件。

（六）访问操作日志，是指为审查电子数据是否被增加、删除或者修改，由计算机信息系统自动生成的对电子数据访问、操作情况的详细记录。

第三节　证据的形式

一、当事人陈述作为证据之要求及除外

2.27【法律】《2017 民事诉讼法》第七十五条

人民法院对当事人的陈述，应当结合本案的其他证据，审查确定能否作为认定事实的根据。

当事人拒绝陈述的，不影响人民法院根据证据认定案件事实。

2.28【司法解释】《2001 民事证据规定》第七十六条

当事人对自己的主张，只有本人陈述而不能提出其他相关证据的，其主张不予支持。但对方当事人认可的除外。

2.29【司法解释】《2015 民诉法解释》第一百一十条

人民法院认为有必要的，可以要求当事人本人到庭，就案件有关事实接受询问。在询问当事人之前，可以要求其签署保证书。

保证书应当载明据实陈述、如有虚假陈述愿意接受处罚等内容。当事人应当在保证书上签名或者捺印。

负有举证证明责任的当事人拒绝到庭、拒绝接受询问或者拒绝签署保证书，待证事实又欠缺其他证据证明的，人民法院对其主张的事实不予认定。

二、当事人签字确认的调查材料

2.30【指导意见】《2006 海上调查指导意见》第一条第（四）项

海上交通事故当事人在海事局事故调查中签字确认的调查材料，除非有相反的证据和理由，海事法院可以作为证据采信。

三、书证原件、物证原物

2.31【法律】《2017 民事诉讼法》第七十条第一款

书证应当提交原件。物证应当提交原物。提交原件或者原物确有困难的，可以提交复制品、照片、副本、节录本。

2.32【司法解释】《2019 民事证据规定》第九十一条

公文书证的制作者根据文书原件制作的载有部分或者全部内容的副本，与正本具有相同的证明力。

在国家机关存档的文件，其复制件、副本、节录本经档案部门或者制作原本的机关证明其内容与原本一致的，该复制件、副本、节录本具有与原本相同的证明力。

2.33【司法解释】《2019 民事证据规定》第九十二条

私文书证的真实性，由主张以私文书证证明案件事实的当事人承担举证责任。私文书证由制作者或者其代理人签名、盖章或捺印的，推定为真实。

私文书证上有删除、涂改、增添或者其他形式瑕疵的，人民法院应当综合案件的具体情况判断其证明力。

2.34【司法解释】《2001 民事证据规定》第十条

当事人向人民法院提供证据，应当提供原件或者原物。如需自己保存证据原件、原物或者提供原件、原物确有困难的，可以提供经人民法院核对无异的复制件或者复制品。

2.35【司法解释】《2019 民事证据规定》第十一条

当事人向人民法院提供证据，应当提供原件或者原物。如需自己保存证据原件、原物或者提供原件、原物确有困难的，可以提供经人民法院核对无异的复制件或者复制品。

2.36【司法解释】《2019 民事证据规定》第十二条

以动产作为证据的，应当将原物提交人民法院。原物不宜搬移或者不宜保存的，当事人可以提供复制品、影像资料或者其他替代品。

人民法院在收到当事人提交的动产或者替代品后，应当及时通知双方当事人到人民法院或者保存现场查验。

2.37【司法解释】《2019 民事证据规定》第十三条

当事人以不动产作为证据的，应当向人民法院提供该不动产的影像资料。

人民法院认为有必要的，应当通知双方当事人到场进行查验。

2.38【司法解释】《2015 民诉法解释》第一百一十一条

民事诉讼法第七十条规定的提交书证原件确有困难，包括下列情形：

（一）书证原件遗失、灭失或者毁损的；

（二）原件在对方当事人控制之下，经合法通知提交而拒不提交的；

（三）原件在他人控制之下，而其有权不提交的；

（四）原件因篇幅或者体积过大而不便提交的；

（五）承担举证证明责任的当事人通过申请人民法院调查收集或者其他方式无法获

得书证原件的。

前款规定情形，人民法院应当结合其他证据和案件具体情况，审查判断书证复制品等能否作为认定案件事实的根据。

2.39【司法解释】《2001 民事证据规定》第六十九条第（四）项

下列证据不能单独作为认定案件事实的依据：

（四）无法与原件、原物核对的复印件、复制品。

2.40【司法解释】《2019 民事证据规定》第九十条第（五）项

下列证据不能单独作为认定案件事实的根据：

（五）无法与原件、原物核对的复印件、复制品。

2.41【司法解释】《2001 民事证据规定》第七十条第（一）、（二）项

一方当事人提出的下列证据，对方当事人提出异议但没有足以反驳的相反证据的，人民法院应当确认其证明力：

（一）书证原件或者与书证原件核对无误的复印件、照片、副本、节录本；

（二）物证原物或者与物证原物核对无误的复制件、照片、录像资料等。

四、外文书证及其中文译本

2.42【法律】《2017 民事诉讼法》第七十条第二款

提交外文书证，必须附有中文译本。

2.43【司法解释】《2001 民事证据规定》第十二条

当事人向人民法院提供外文书证或者外文说明资料，应当附有中文译本。

2.44【司法解释】《2019 民事证据规定》第十七条

当事人向人民法院提供外文书证或者外文说明资料，应当附有中文译本。

2.45【指导意见】《2004 解答》第二十一条

当事人提供的外文资料是否必须都附中文译本？

答：根据《2017 民诉法》和《最高人民法院关于民事诉讼证据的若干规定》的规定，当事人向人民法院提供外文书证或者外文说明资料，应当附有中文译本。因此，当事人为诉讼目的而提供的所有外文资料，均需要附中文译本。对于当事人未附中文译本的外文资料，人民法院可以不作为证据使用。

五、单位证明材料

2.46【司法解释】《2015 民诉法解释》第一百一十五条

单位向人民法院提出的证明材料，应当由单位负责人及制作证明材料的人员签名或者盖章，并加盖单位印章。人民法院就单位出具的证明材料，可以向单位及制作证明材料的人员进行调查核实。必要时，可以要求制作证明材料的人员出庭作证。

单位及制作证明材料的人员拒绝人民法院调查核实，或者制作证明材料的人员无正当理由拒绝出庭作证的，该证明材料不得作为认定案件事实的根据。

六、视听资料真伪

2.47【法律】《2017 民事诉讼法》第七十一条

人民法院对视听资料，应当辨别真伪，并结合本案的其他证据，审查确定能否作为认定事实的根据。

2.48【司法解释】《2019 民事证据规定》第十五条第一款

当事人以视听资料作为证据的，应当提供存储该视听资料的原始载体。

2.49【司法解释】《2001 民事证据规定》第六十九条第（三）项

下列证据不能单独作为认定案件事实的依据：

（三）存有疑点的视听资料。

2.50【司法解释】《2019 民事证据规定》第九十条第（四）项

下列证据不能单独作为认定案件事实的根据：

（四）存有疑点的视听资料、电子数据。

2.51【司法解释】《2001 民事证据规定》第七十条第（三）项

一方当事人提出的下列证据，对方当事人提出异议但没有足以反驳的相反证据的，人民法院应当确认其证明力：

（三）有其他证据佐证并以合法手段取得的、无疑点的视听资料或者与视听资料核对无误的复制件。

2.52【司法解释】《2019 民事证据规定》第九十九条第二款第二种情形

关于书证的规定适用于视听资料、电子数据。

七、外文视听资料及其记录文本和中文译本

2.53【指导意见】《2005 纪要》第四十一条

当事人向人民法院提供外文视听资料的，应附有视听资料中所用语言的记录文本及中文译本。

八、电子数据原始存储介质、完整性校验值和身份匹配及提取过程

2.54【司法解释】《2016 刑案电子数据规定》第二条

侦查机关应当遵守法定程序，遵循有关技术标准，全面、客观、及时地收集、提取电子数据；人民检察院、人民法院应当围绕真实性、合法性、关联性审查判断电子数据。

2.55【司法解释】《2016 刑案电子数据规定》第二十一条

控辩双方向法庭提交的电子数据需要展示的，可以根据电子数据的具体类型，借助多媒体设备出示、播放或者演示。必要时，可以聘请具有专门知识的人进行操作，并就相关技术问题作出说明。

2.56【司法解释】《2016 刑案电子数据规定》第五条

对作为证据使用的电子数据，应当采取以下一种或者几种方法保护电子数据的完整性：

（一）扣押、封存电子数据原始存储介质；

（二）计算电子数据完整性校验值；

（三）制作、封存电子数据备份；

（四）冻结电子数据；

（五）对收集、提取电子数据的相关活动进行录像；

（六）其他保护电子数据完整性的方法。

2.57【司法解释】《2016 刑案电子数据规定》第六条

初查过程中收集、提取的电子数据，以及通过网络在线提取的电子数据，可以作为证据使用。

2.58【司法解释】《2016 刑案电子数据规定》第二十二条

对电子数据是否真实，应当着重审查以下内容：

（一）是否移送原始存储介质；在原始存储介质无法封存、不便移动时，有无说明原因，并注明收集、提取过程及原始存储介质的存放地点或者电子数据的来源等情况；

（二）电子数据是否具有数字签名、数字证书等特殊标识；

（三）电子数据的收集、提取过程是否可以重现；

（四）电子数据如有增加、删除、修改等情形的，是否附有说明；

（五）电子数据的完整性是否可以保证。

2.59【司法解释】《2016 刑案电子数据规定》第二十三条

对电子数据是否完整，应当根据保护电子数据完整性的相应方法进行验证：

（一）审查原始存储介质的扣押、封存状态；

（二）审查电子数据的收集、提取过程，查看录像；

（三）比对电子数据完整性校验值；

（四）与备份的电子数据进行比较；

（五）审查冻结后的访问操作日志；

（六）其他方法。

2.60【司法解释】《2016 刑案电子数据规定》第二十四条

对收集、提取电子数据是否合法，应当着重审查以下内容：

（一）收集、提取电子数据是否由二名以上侦查人员进行，取证方法是否符合相关技术标准；

（二）收集、提取电子数据，是否附有笔录、清单，并经侦查人员、电子数据持有人（提供人）、见证人签名或者盖章；没有持有人（提供人）签名或者盖章的，是否注明原因；对电子数据的类别、文件格式等是否注明清楚；

（三）是否依照有关规定由符合条件的人员担任见证人，是否对相关活动进行录像；

（四）电子数据检查是否将电子数据存储介质通过写保护设备接入到检查设备；有条件的，是否制作电子数据备份，并对备份进行检查；无法制作备份且无法使用写保护设备的，是否附有录像。

2.61【司法解释】《2016 刑案电子数据规定》第二十五条

认定犯罪嫌疑人、被告人的网络身份与现实身份的同一性，可以通过核查相关 IP 地址、网络活动记录、上网终端归属、相关证人证言以及犯罪嫌疑人、被告人供述和辩解等进行综合判断。

认定犯罪嫌疑人、被告人与存储介质的关联性，可以通过核查相关证人证言以及犯罪嫌疑人、被告人供述和辩解等进行综合判断。

2.62【司法解释】《2016 刑案电子数据规定》第二十八条

电子数据具有下列情形之一的，不得作为定案的根据：

（一）电子数据系篡改、伪造或者无法确定真伪的；

（二）电子数据有增加、删除、修改等情形，影响电子数据真实性的；

（三）其他无法保证电子数据真实性的情形。

九、特殊电子数据

2.63【司法解释】《2016 刑案电子数据规定》第十九条

对侵入、非法控制计算机信息系统的程序、工具以及计算机病毒等无法直接展示的电子数据，应当附电子数据属性、功能等情况的说明。

对数据统计量、数据同一性等问题，侦查机关应当出具说明。

十、境外证据公证认证

2.64【司法解释】《2001 民事证据规定》第十一条第一款

当事人向人民法院提供的证据系在中华人民共和国领域外形成的，该证据应当经所在国公证机关予以证明，并经中华人民共和国驻该国使领馆予以认证，或者履行中华人民共和国与该所在国订立的有关条约中规定的证明手续。

2.65【司法解释】《2019 民事证据规定》第十六条第一款和第二款

当事人提供的公文书证系在中华人民共和国领域外形成的，该证据应当经所在国公证机关证明，或者履行中华人民共和国与该所在国订立的有关条约中规定的证明手续。

中华人民共和国领域外形成的涉及身份关系的证据，应当经所在国公证机关证明并经中华人民共和国驻该国使领馆认证，或者履行中华人民共和国与该所在国订立的有关条约中规定的证明手续。

2.66【指导意见】《2005 纪要》第三十九条

对当事人提供的在我国境外形成的证据，人民法院应根据不同情况分别作如下处理：

（1）对证明诉讼主体资格的证据，应履行相关的公证、认证或者其他证明手续；

（2）对其他证据，由提供证据的一方当事人选择是否办理相关的公证、认证或者其他证明手续，但人民法院认为确需办理的除外。

对在我国境外形成的证据，不论是否已办理公证、认证或者其他证明手续，人民法院均应组织当事人进行质证，并结合当事人的质证意见进行审核认定。

2.67【指导意见】《2005 纪要》第四十条

对当事人提供的在我国境外形成的应履行相关公证、认证或者其他证明手续的证据，应当经所在国公证机关公证，并经我国驻该国使领馆认证，或者履行我国与该所在国订立的有关条约中规定的证明手续。如果其所在国与我国没有外交关系，则该证据应经与我国有外交关系的第三国驻该国使领馆认证，再转由我国驻该第三国使领馆认证。

2.68【指导意见】《2004 解答》第十六条

对于境外形成的证据是否都必须办理公证、认证或者其他证明手续？

答：根据最高人民法院法释【2001】33 号《关于民事诉讼证据的若干规定》第 11 条的规定，当事人向人民法院提供的证据系在我国领域外形成的，该证据应当经所在国公证机关予以证明，并经我国驻该国使领馆予以认证，或者履行我国与该所在国订立的有关条约中规定的证明手续。但如果其所在国与我国没有外交关系，则该证据应经与我国有外交关系的第三国驻该国使领馆认证，再转由我国驻该第三国使领馆认证。但是，对于用于国际流通的商业票据、我国驻外使领馆取得的证据材料、通过双边司法协助协定或者外交途径取得的证据材料以及当事人没有异议的证据材料，则无需办理公证、认证或者其他证明手续。

2.69【指导意见】《2004 解答》第十七条

对于一审已经办理了公证、认证或者其他证明手续的证据材料，二审期间是否仍要办理？

答：对于一审期间已经办理了公证、认证或者其他证明手续的证据材料，二审期间一般不必再办理公证、认证或者其他证明手续，但二审期间情况发生变化的除外。

2.70【指导意见】《2004 解答》第十八条

对于已经履行公证、认证或者其他证明手续的境外证据，人民法院应当如何认定？

答：人民法院在审理涉外商事案件中，对于当事人提供的境外证据，即使已经履行了公证、认证或者其他证明手续，也应当在庭审中进行质证，以确定有关证据材料的证明力。

十一、香港特别行政区、澳门特别行政区、我国台湾地区形成证据证明手续

2.71【司法解释】《2001 民事证据规定》第十一条第二款

当事人向人民法院提供的证据是在香港、澳门、台湾地区形成的，应当履行相关的证明手续。

2.72【司法解释】《2019 民事证据规定》第十六条第三款

当事人向人民法院提供的证据是在香港、澳门、台湾地区形成的，应当履行相关的证明手续。

2.73【指导意见】《2004 解答》第十九条

对于港澳地区形成的证据如何办理？

答：根据最高人民法院法释【2001】33 号《关于民事诉讼证据的若干规定》第 11 条的规定，当事人向人民法院提供的证据是在香港、澳门地区形成的，应当履行相关的证明手续。具体方法如下：

在内地无住所的香港当事人从内地以外寄交或者托交的有关诉讼材料，需经我国司法部委托的香港律师公证，同时应当由中国法律服务（香港）有限公司加盖转递专用章。

在内地无住所的澳门当事人从内地以外寄交或者托交的有关诉讼材料，需经我国司法部派驻澳门的中国公证员公证，同时应当由中国法律服务（澳门）有限公司加盖转递专用章。

2.74《1993 两岸公证书使用查证协议》第一条

一、联系主体

（一）关于寄送公证书副本及查证事宜，双方分别以中国公证员协会或有关省、自治区、直辖市公证员协会与财团法人海峡交流基金会相互联系。

（二）本协议其他相关事宜，由海峡两岸关系协会与财团法人海峡交流基金会联系。

十二、证人证言基本要求

2.75【法律】《2017 民事诉讼法》第七十二条

凡是知道案件情况的单位和个人，都有义务出庭作证。有关单位的负责人应当支持证人作证。

不能正确表达意思的人，不能作证。

2.76【司法解释】《2001 民事证据规定》第五十三条

不能正确表达意志的人，不能作为证人。

待证事实与其年龄、智力状况或者精神健康状况相适应的无民事行为能力人和限制民事行为能力人，可以作为证人。

2.77【司法解释】《2019 民事证据规定》第六十七条

不能正确表达意思的人，不能作为证人。

待证事实与其年龄、智力状况或者精神健康状况相适应的无民事行为能力人和限制民事行为能力人，可以作为证人。

2.78【司法解释】《2001 民事证据规定》第六十九条第（一）、（二）和（五）项

下列证据不能单独作为认定案件事实的依据：

（一）未成年人所作的与其年龄和智力状况不相当的证言；

（二）与一方当事人或者其代理人有利害关系的证人出具的证言；

（五）无正当理由未出庭作证的证人证言。

2.79【司法解释】《2019 民事证据规定》第九十条第（二）和（三）项

下列证据不能单独作为认定案件事实的根据：

（二）无民事行为能力人或者限制民事行为能力人所作的与其年龄、智力状况或者精神健康状况不相当的证言；

（三）与一方当事人或者其代理人有利害关系的证人陈述的证言。

2.80【司法解释】《2001 民事证据规定》第七十八条

人民法院认定证人证言，可以通过对证人的智力状况、品德、知识、经验、法律意识和专业技能等的综合分析作出判断。

第四节 新的证据

一、新的证据提出及限制

2.81【法律】《2017 民事诉讼法》第一百三十九条第一款

当事人在法庭上可以提出新的证据。

2.82【法律】《2017 民事诉讼法》第六十五条第二款

人民法院根据当事人的主张和案件审理情况，确定当事人应当提供的证据及其期限。当事人在该期限内提供证据确有困难的，可以向人民法院申请延长期限，人民法院根据当事人的申请适当延长。当事人逾期提供证据的，人民法院应当责令其说明理由；

拒不说明理由或者理由不成立的，人民法院根据不同情形可以不予采纳该证据，或者采纳该证据但予以训诫、罚款。

2.83【司法解释】《2019 民事证据规定》第五十二条

当事人在举证期限内提供证据存在客观障碍，属于民事诉讼法第六十五条第二款规定的“当事人在该期限内提供证据确有困难”的情形。

前款情形，人民法院应当根据当事人的举证能力、不能在举证期限内提供证据的原因等因素综合判断。必要时，可以听取对方当事人的意见。

2.84【司法解释】《2015 民诉法解释》第二百三十一条

当事人在法庭上提出新的证据的，人民法院应当依照民事诉讼法第六十五条第二款规定和本解释相关规定处理。

2.85【法律】《2017 民事诉讼法》第一百六十九条

第二审人民法院对上诉案件，应当组成合议庭，开庭审理。经过阅卷、调查和询问当事人，对没有提出新的事实、证据或者理由，合议庭认为不需要开庭审理的，可以不开庭审理。

第二审人民法院审理上诉案件，可以在本院进行，也可以到案件发生地或者原审人民法院所在地进行。

二、新的证据界定

2.86【司法解释】《2001 民事证据规定》第四十一条

《民事诉讼法》第一百二十五条第一款规定的“新的证据”，是指以下情形：

（一）一审程序中的新的证据包括：当事人在一审举证期限届满后新发现的证据；当事人确因客观原因无法在举证期限内提供，经人民法院准许，在延长的期限内仍无法提供的证据。

（二）二审程序中的新的证据包括：一审庭审结束后新发现的证据；当事人在一审举证期限届满前申请人民法院调查取证未获准许，二审法院经审查认为应当准许并依当事人申请调取的证据。

2.87【司法解释】《2001 民事证据规定》第四十三条

当事人举证期限届满后提供的证据不是新的证据的，人民法院不予采纳。

当事人经人民法院准许延期举证，但因客观原因未能在准许的期限内提供，且不审理该证据可能导致裁判明显不公的，其提供的证据可视为新的证据。

2.88【指导意见】《2005 纪要》第四十二条

当事人提交的证据材料不属于新的证据，人民法院经审查认为该证据可能影响裁判结果的，应予以质证。

2.89【司法解释】《2001 民事证据规定》第四十四条

《民事诉讼法》第一百七十九条第一款第（一）项规定的“新的证据”，是指原审庭审结束后新发现的证据。

当事人在再审程序中提供新的证据的，应当在申请再审时提出。

2.90【指导意见】《2008 举证时限通知》第十条

关于新的证据的认定问题。人民法院对于“新的证据”，应当依照《证据规定》第四十一条、第四十二条、第四十三条、第四十四条的规定，结合以下因素综合认定：

（一）证据是否在举证期限或者《证据规定》第四十一条、第四十四条规定的其他期限内已经客观存在；

（二）当事人未在举证期限或者司法解释规定的其他期限内提供证据，是否存在故意或者重大过失的情形。

三、新的证据提交期限

2.91【司法解释】《2001 民事证据规定》第四十二条

当事人在一审程序中提供新的证据的，应当在一审开庭前或者开庭审理时提出。

当事人在二审程序中提供新的证据的，应当在二审开庭前或者开庭审理时提出；二审不需要开庭审理的，应当在人民法院指定的期限内提出。

2.92【指导意见】《2008 举证时限通知》第八条

关于二审新的证据举证期限的问题。在第二审人民法院审理中，当事人申请提供新的证据的，人民法院指定的举证期限，不受“不得少于三十日”的限制。

四、新的证据对方意见或者举证

2.93【司法解释】《2001 民事证据规定》第四十五条

一方当事人提出新的证据的，人民法院应当通知对方当事人在合理期限内提出意见或者举证。

五、新的证据提交导致的损失和费用承担

2.94【司法解释】《2001 民事证据规定》第四十六条

由于当事人的原因未能在指定期限内举证，致使案件在二审或者再审期间因提出新的证据被人民法院发回重审或者改判的，原审裁判不属于错误裁判案件。一方当事人请求提出新的证据的另一方当事人负担由此增加的差旅、误工、证人出庭作证、诉讼等合理费用以及由此扩大的直接损失，人民法院应予支持。

第五节　证据的要求

一、证据的真实性、关联性、合法性及证明力

2.95【司法解释】《2001 民事证据规定》第五十条

质证时当事人应当围绕证据的真实性、关联性、合法性，针对证据证明力有无以及证明力大小，进行质疑、说明与辩驳。

2.96【司法解释】《2015 民诉法解释》第一百零四条

人民法院应当组织当事人围绕证据的真实性、合法性以及与待证事实的关联性进行质证，并针对证据有无证明力和证明力大小进行说明和辩论。

能够反映案件真实情况、与待证事实相关联、来源和形式符合法律规定的证据，应当作为认定案件事实的根据。

二、证据的合理性

2.97【司法解释】《2001 民事证据规定》第六十四条

审判人员应当依照法定程序全面、客观地审核证据，依据法律的规定，遵循法官职业道德，运用逻辑推理和日常生活经验，对证据有无证明力和证明力大小独立进行判断，并公开判断的理由和结果。

2.98【司法解释】《2015 民诉法解释》第一百零五条

人民法院应当按照法定程序，全面、客观地审核证据，依照法律规定，运用逻辑推理和日常生活经验法则，对证据有无证明力和证明力大小进行判断，并公开判断的理由和结果。

2.99【司法解释】《2019 民事证据规定》第八十五条

人民法院应当以证据能够证明的案件事实为根据依法作出裁判。

审判人员应当依照法定程序，全面、客观地审核证据，依据法律的规定，遵循法官职业道德，运用逻辑推理和日常生活经验，对证据有无证明力和证明力大小独立进行判断，并公开判断的理由和结果。

2.100【司法解释】《2019 民事证据规定》第八十六条

当事人对于欺诈、胁迫、恶意串通事实的证明，以及对于口头遗嘱或赠与事实的证明，人民法院确信该待证事实存在的可能性能够排除合理怀疑的，应当认定该事实存在。

与诉讼保全、回避等程序事项有关的事实，人民法院结合当事人的说明及相关证

据，认为有关事实存在的可能性较大的，可以认定该事实存在。

三、证据链完备性

2.101【司法解释】《2001民事证据规定》第六十六条

审判人员对案件的全部证据，应当从各证据与案件事实的关联程度、各证据之间的联系等方面进行综合审查判断。

第六节　证据排除及例外

一、非法证据排除

2.102【司法解释】《2001民事证据规定》第六十八条

以侵害他人合法权益或者违反法律禁止性规定的方法取得的证据，不能作为认定案件事实的依据。

二、严重违背公序良俗证据排除

2.103【司法解释】《2015民诉法解释》第一百零六条

对以严重侵害他人合法权益、违反法律禁止性规定或者严重违背公序良俗的方法形成或者获取的证据，不得作为认定案件事实的根据。

三、和解或调解期间认可事实之排除及例外

2.104【司法解释】《2001民事证据规定》第六十七条

在诉讼中，当事人为达成调解协议或者和解的目的作出妥协所涉及的对案件事实的认可，不得在其后的诉讼中作为对其不利的证据。

2.105【司法解释】《2015民诉法解释》第一百零七条

在诉讼中，当事人为达成调解协议或者和解协议作出妥协而认可的事实，不得在后续的诉讼中作为对其不利的根据，但法律另有规定或者当事人均同意的除外。

四、涉及欺诈、胁迫、恶意串通等事实证据审查认定

2.106【司法解释】《2015民诉法解释》第一百零九条

当事人对欺诈、胁迫、恶意串通事实的证明，以及对口头遗嘱或者赠与事实的证明，人民法院确信该待证事实存在的可能性能够排除合理怀疑的，应当认定该事实存在。

第七节　起诉和反诉时证据要求

一、起诉时证据事项

2.107【法律】《2017 民事诉讼法》第一百二十一条

起诉状应当记明下列事项：

（一）原告的姓名、性别、年龄、民族、职业、工作单位、住所、联系方式，法人或者其他组织的名称、住所和法定代表人或者主要负责人的姓名、职务、联系方式；

（二）被告的姓名、性别、工作单位、住所等信息，法人或者其他组织的名称、住所等信息；

（三）诉讼请求和所根据的事实与理由；

（四）证据和证据来源，证人姓名和住所。

二、起诉或者反诉时证据要求

2.108【司法解释】《2001 民事证据规定》第一条

原告向人民法院起诉或者被告提出反诉，应当附有符合起诉条件的相应的证据材料。

2.109【司法解释】《2019 民事证据规定》第一条

原告向人民法院起诉或者被告提出反诉，应当提供符合起诉条件的相应的证据。

第八节　举证责任

一、举证责任法律适用法

2.110【指导意见】《2004 解答》第十五条

举证责任应当适用法院地法还是适用合同准据法？

答：举证责任是指当事人对自己提出的主张有提供证据进行证明的责任，属于程序问题。涉外商事纠纷案件的当事人虽然在合同中约定了准据法，但举证责任及其后果均应适用法院地法，而不应适用当事人约定的合同准据法。

二、“谁主张，谁举证”原则

2.111【法律】《2017 民事诉讼法》第六十四条

当事人对自己提出的主张，有责任提供证据。

当事人及其诉讼代理人因客观原因不能自行收集的证据，或者人民法院认为审理案件需要的证据，人民法院应当调查收集。

人民法院应当按照法定程序，全面地、客观地审查核实证据。

2.112【司法解释】《2015 民诉法解释》第九十条

当事人对自己提出的诉讼请求所依据的事实或者反驳对方诉讼请求所依据的事实，应当提供证据加以证明，但法律另有规定的除外。

在作出判决前，当事人未能提供证据或者证据不足以证明其事实主张的，由负有举证证明责任的当事人承担不利的后果。

2.113【司法解释】《2001 民事证据规定》第二条

当事人对自己提出的诉讼请求所依据的事实或者反驳对方诉讼请求所依据的事实有责任提供证据加以证明。

没有证据或者证据不足以证明当事人的事实主张的，由负有举证责任的当事人承担不利后果。

2.114【最高人民法院普通案例】(2016) 最高法民申 38 号民事裁定书

《2017 民诉法》第六十四条第一款规定："当事人对自己提出的主张，有责任提供证据"。五洋公司主张 2007 年 3 月 28 日保险标的在新加坡靠码头时遭遇碰撞而受损。但其提交的证据中，并无有关事故发生的直接证据。

船级证书等船舶证书只能表明有关船舶检验、认证机构认为涉案驳船符合有关技术规范，不能证明发生了五洋公司主张的碰撞事故。

在五洋公司提交的新加坡仲裁裁决书中，独任仲裁员依据船长调查报告认定"月神·穆丽雅"轮的损坏包括凹痕、擦痕、油漆损伤和锈迹，并未认定"月神·穆丽雅"触碰了新加坡码头。

保险公司接到报案后，没有就是否发生保险事故发表意见，尚不构成自认，不能免除五洋公司对此项主张的举证责任。

一审、二审法院不支持五洋公司关于发生碰撞码头事故的主张，并无不当。

2.115【最高人民法院普通案例】(2014) 民申字第 567 号民事裁定书

《2017 民诉法》第六十四条第一款规定，当事人对自己的主张，有责任提供证据。《1992 海商法》第二百五十一条也规定，保险事故发生后，保险人向被保险人支付保险赔偿前，可以要求被保险人提供与确认保险事故性质和损失程度有关的证明和资料。

本案中，中谷公司作为原告和被保险人，有责任提交证据证明发生了其所主张的保险事故。但其提交的《上海双希保险公估有限公司"利远和平"轮检验报告》，作为鉴定意见，仅推测涉案事故"很可能是 10 月 19 日 18 时 30 分后在外甩尾礁西侧之暗礁处触底”，且得出上述结论所依据的航海日志、压舱水记录在重要时段出现多处未按规定进行的涂改，鉴定人也没有依法到庭接受询问。中谷公司并未就事故性质完成初步举证，一审、二审判决未采信该检验报告中的鉴定结论，并无不当。

三、“谁主张、谁举证”原则在特定法律关系中应用

2.116【司法解释】《2015 民诉法解释》第九十一条

人民法院应当依照下列原则确定举证证明责任的承担，但法律另有规定的除外：

（一）主张法律关系存在的当事人，应当对产生该法律关系的基本事实承担举证证明责任；

（二）主张法律关系变更、消灭或者权利受到妨害的当事人，应当对该法律关系变更、消灭或者权利受到妨害的基本事实承担举证证明责任。

2.117【司法解释】《2001 民事证据规定》第五条

在合同纠纷案件中，主张合同关系成立并生效的一方当事人对合同订立和生效的事实承担举证责任；主张合同关系变更、解除、终止、撤销的一方当事人对引起合同关系变动的事实承担举证责任。

对合同是否履行发生争议的，由负有履行义务的当事人承担举证责任。

对代理权发生争议的，由主张有代理权一方当事人承担举证责任。

四、举证责任倒置

2.118【司法解释】《2001 民事证据规定》第四条

下列侵权诉讼，按照以下规定承担举证责任：

（一）因新产品制造方法发明专利引起的专利侵权诉讼，由制造同样产品的单位或者个人对其产品制造方法不同于专利方法承担举证责任；

（二）高度危险作业致人损害的侵权诉讼，由加害人就受害人故意造成损害的事实承担举证责任；

（三）因环境污染引起的损害赔偿诉讼，由加害人就法律规定的免责事由及其行为与损害结果之间不存在因果关系承担举证责任；

（四）建筑物或者其他设施以及建筑物上的搁置物、悬挂物发生倒塌、脱落、坠落致人损害的侵权诉讼，由所有人或者管理人对其无过错承担举证责任；

（五）饲养动物致人损害的侵权诉讼，由动物饲养人或者管理人就受害人有过错或者第三人有过错承担举证责任；

（六）因缺陷产品致人损害的侵权诉讼，由产品的生产者就法律规定的免责事由承担举证责任；

（七）因共同危险行为致人损害的侵权诉讼，由实施危险行为的人就其行为与损害

结果之间不存在因果关系承担举证责任；

（八）因医疗行为引起的侵权诉讼，由医疗机构就医疗行为与损害结果之间不存在因果关系及不存在医疗过错承担举证责任。

有关法律对侵权诉讼的举证责任有特殊规定的，从其规定。

2.119【司法解释】《2001 民事证据规定》第六条

在劳动争议纠纷案件中，因用人单位作出开除、除名、辞退、解除劳动合同、减少劳动报酬、计算劳动者工作年限等决定而发生劳动争议的，由用人单位负举证责任。

五、举证责任移转

2.120【地方法院基础案例】上海海事法院（2015）沪海法商初字第 2888 号民事判决书

本院认为，涉案提单为记名提单，但欧达公司作为承运人依法仍负有凭单交货的义务。在双方约定交货方式为 CY/CY 即整箱交货方式情况下，擅自拆箱行为违反了海上货物运输合同约定。根据已查明的事实，涉案两票货物到港后立即被无正当理由拆箱，因此涉案货物被无单放行的初步证明已经成立，举证责任因此发生转移，应由欧达公司证明拆箱后的涉案货物始终在其持续控制之下。

六、根据公平原则和诚实信用原则确定举证责任

2.121【司法解释】《2001 民事证据规定》第七条

在法律没有具体规定，依本规定及其他司法解释无法确定举证责任承担时，人民法院可以根据公平原则和诚实信用原则，综合当事人举证能力等因素确定举证责任的承担。

第九节　反驳证据

一、一方当事人对另一方证据有无反驳证据

2.122【司法解释】《2001 民事证据规定》第七十二条

一方当事人提出的证据，另一方当事人认可或者提出的相反证据不足以反驳的，人民法院可以确认其证明力。

一方当事人提出的证据，另一方当事人有异议并提出反驳证据，对方当事人对反驳证据认可的，可以确认反驳证据的证明力。

二、同等证明力反驳证据

2.123【司法解释】《2001 民事证据规定》第七十三条

双方当事人对同一事实分别举出相反的证据，但都没有足够的依据否定对方证据

的，人民法院应当结合案件情况，判断一方提供证据的证明力是否明显大于另一方提供证据的证明力，并对证明力较大的证据予以确认。

因证据的证明力无法判断导致争议事实难以认定的，人民法院应当依据举证责任分配的规则作出裁判。

第十节　证据披露

一、持有证据但拒不披露及其法律后果

2.124【司法解释】《2001 民事证据规定》第七十五条

有证据证明一方当事人持有证据无正当理由拒不提供，如果对方当事人主张该证据的内容不利于证据持有人，可以推定该主张成立。

2.125【指导意见】《2006 海事调查指导意见》第一条第九款

海上交通事故发生后，逃逸船舶拒绝接受海事调查或者诉讼中拒绝承认发生碰撞事故，受害船舶当事人有证据证明逃逸船舶当事人持有证据可以证明事故发生的相关事实，逃逸船舶无正当理由拒不提供的，海事法院在案件审理中根据《最高人民法院关于民事诉讼证据的若干规定》第七十五条的规定，结合证明案件事实的有关证据，可以作出逃逸船舶妨碍举证的不利推定。

二、法院责令披露证据

2.126【司法解释】《2015 民诉法解释》第一百一十二条

书证在对方当事人控制之下的，承担举证证明责任的当事人可以在举证期限届满前书面申请人民法院责令对方当事人提交。

申请理由成立的，人民法院应当责令对方当事人提交，因提交书证所产生的费用，由申请人负担。对方当事人无正当理由拒不提交的，人民法院可以认定申请人所主张的书证内容为真实。

2.127【司法解释】《2019 民事证据规定》第四十五条

当事人根据《最高人民法院关于适用〈中华人民共和国民事诉讼法〉的解释》第一百一十二条的规定申请人民法院责令对方当事人提交书证的，申请书应当载明所申请提交的书证名称或者内容、需要以该书证证明的事实及事实的重要性、对方当事人控制该书证的根据以及应当提交该书证的理由。

对方当事人否认控制书证的，人民法院应当根据法律规定、习惯等因素，结合案件的事实、证据，对于书证是否在对方当事人控制之下的事实作出综合判断。

2.128【司法解释】《2019 民事证据规定》第四十六条

人民法院对当事人提交书证的申请进行审查时，应当听取对方当事人的意见，必要时可以要求双方当事人提供证据、进行辩论。

当事人申请提交的书证不明确、书证对于待证事实的证明无必要、待证事实对于裁判结果无实质性影响、书证未在对方当事人控制之下或者不符合本规定第四十七条情形的，人民法院不予准许。

当事人申请理由成立的，人民法院应当作出裁定，责令对方当事人提交书证；理由不成立的，通知申请人。

2.129【司法解释】《2019 民事证据规定》第四十七条

下列情形，控制书证的当事人应当提交书证：

（一）控制书证的当事人在诉讼中曾经引用过的书证；

（二）为对方当事人的利益制作的书证；

（三）对方当事人依照法律规定有权查阅、获取的书证；

（四）账簿、记账原始凭证；

（五）人民法院认为应当提交书证的其他情形。

前款所列书证，涉及国家秘密、商业秘密、当事人或第三人的隐私，或者存在法律规定应当保密的情形的，提交后不得公开质证。

2.130【司法解释】《2019 民事证据规定》第四十八条第一款

控制书证的当事人无正当理由拒不提交书证的，人民法院可以认定对方当事人所主张的书证内容为真实。

2.131【司法解释】《2019 民事证据规定》第九十五条

一方当事人控制证据无正当理由拒不提交，对待证事实负有举证责任的当事人主张该证据的内容不利于控制人的，人民法院可以认定该主张成立。

三、毁灭或者破坏待披露证据及其法律后果

2.132【司法解释】《2015 民诉法解释》第一百一十三条

持有书证的当事人以妨碍对方当事人使用为目的，毁灭有关书证或者实施其他致使书证不能使用行为的，人民法院可以依照民事诉讼法第一百一十一条规定，对其处以罚款、拘留。

2.133【司法解释】《2019 民事证据规定》第四十八条第二款

控制书证的当事人存在《最高人民法院关于适用〈中华人民共和国民事诉讼法〉的解释》第一百一十三条规定情形的，人民法院可以认定对方当事人主张以该书证证明的事实为真实。

第十一节　无须举证的事实及例外

一、无须举证事实范围

2.134【司法解释】《2001 民事证据规定》第九条

下列事实当事人无需举证证明：

（一）众所周知的事实；

（二）自然规律及定理；

（三）根据法律规定或者已知事实和日常生活经验法则能推定出的另一事实；

（四）已为人民法院发生法律效力的裁判所确认的事实；

（五）已为仲裁机构的生效裁决所确认的事实；

（六）已为有效公证文书所证明的事实。

前款第（一）、（三）、（四）、（五）、（六）项，当事人有相反证据足以推翻的除外。

2.135【司法解释】《2015 民诉法解释》第九十三条

下列事实，当事人无须举证证明：

（一）自然规律以及定理、定律；

（二）众所周知的事实；

（三）根据法律规定推定的事实；

（四）根据已知的事实和日常生活经验法则推定出的另一事实；

（五）已为人民法院发生法律效力的裁判所确认的事实；

（六）已为仲裁机构生效裁决所确认的事实；

（七）已为有效公证文书所证明的事实。

前款第二项至第四项规定的事实，当事人有相反证据足以反驳的除外；第五项至第七项规定的事实，当事人有相反证据足以推翻的除外。

2.136【司法解释】《2019 民事证据规定》第十条

下列事实，当事人无须举证证明：

（一）自然规律以及定理、定律；

（二）众所周知的事实；

（三）根据法律规定推定的事实；

（四）根据已知的事实和日常生活经验法则推定出的另一事实；

（五）已为仲裁机构的生效裁决所确认的事实；

（六）已为人民法院发生法律效力的裁判所确认的基本事实；

（七）已为有效公证文书所证明的事实。

前款第二项至第五项事实，当事人有相反证据足以反驳的除外；第六项、第七项事实，当事人有相反证据足以推翻的除外。

2.137【最高人民法院普通案例】（2014）民申字第1551号民事裁定书

关于33号裁决书能否作为认定本案事实以及损失数额的定案依据。

根据《最高人民法院关于民事诉讼证据的若干规定》第九条规定：已为人民法院或仲裁机构作出的生效裁判或仲裁裁决所确认的事实，当事人无需举证证明，但当事人有相反证据足以推翻的除外。

本案中，天福公司主张其不是33号裁决书的当事人，无法在仲裁庭进行抗辩，33号裁决书对其没有约束力，该裁决不能作为本案的定案依据。由于对于33号裁决书所确认的涉案货物因系冒牌货而被处理的事实、仓储费及货物销毁费用等事实，天福公司并没有提交相反证据，原审法院依据33号裁决书认定涉案货物系冒牌货物，并确认涉案仓储费及货物销毁费用的数额，并无不当。

二、当事人自认不利事实及例外

2.138【司法解释】《2015民诉法解释》第九十二条

一方当事人在法庭审理中，或者在起诉状、答辩状、代理词等书面材料中，对于自己不利的事实明确表示承认的，另一方当事人无需举证证明。

对于涉及身份关系、国家利益、社会公共利益等应当由人民法院依职权调查的事实，不适用前款自认的规定。

自认的事实与查明的事实不符的，人民法院不予确认。

2.139【司法解释】《2001民事证据规定》第七十四条

诉讼过程中，当事人在起诉状、答辩状、陈述及其委托代理人的代理词中承认的对已方不利的事实和认可的证据，人民法院应当予以确认，但当事人反悔并有相反证据足以推翻的除外。

2.140【司法解释】《2001民事证据规定》第八条

诉讼过程中，一方当事人对另一方当事人陈述的案件事实明确表示承认的，另一方当事人无需举证。但涉及身份关系的案件除外。

对一方当事人陈述的事实，另一方当事人既未表示承认也未否认，经审判人员充分说明并询问后，其仍不明确表示肯定或者否定的，视为对该项事实的承认。

当事人委托代理人参加诉讼的，代理人的承认视为当事人的承认。但未经特别授权的代理人对事实的承认直接导致承认对方诉讼请求的除外；当事人在场但对其代理人的承认不作否认表示的，视为当事人的承认。

当事人在法庭辩论终结前撤回承认并经对方当事人同意，或者有充分证据证明其承认行为是在受胁迫或者重大误解情况下作出且与事实不符的，不能免除对方当事人的举证责任。

2.141【司法解释】《2019 民事证据规则》第三条

在诉讼过程中，一方当事人陈述的于己不利的事实，或者对于己不利的事实明确表示承认的，另一方当事人无需举证证明。

在证据交换、询问、调查过程中，或者在起诉状、答辩状、代理词等书面材料中，当事人明确承认于己不利的事实的，适用前款规定。

2.142【司法解释】《2019 民事证据规定》第四条

一方当事人对于另一方当事人主张的于己不利的事实既不承认也不否认，经审判人员说明并询问后，其仍然不明确表示肯定或者否定的，视为对该事实的承认。

2.143【司法解释】《2019 民事证据规定》第五条

当事人委托诉讼代理人参加诉讼的，除授权委托书明确排除的事项外，诉讼代理人的自认视为当事人的自认。

当事人在场对诉讼代理人的自认明确否认的，不视为自认。

2.144【司法解释】《2019 民事证据规定》第六条

普通共同诉讼中，共同诉讼人中一人或者数人作出的自认，对作出自认的当事人发生效力。

必要共同诉讼中，共同诉讼人中一人或者数人作出自认而其他共同诉讼人予以否认的，不发生自认的效力。其他共同诉讼人既不承认也不否认，经审判人员说明并询问后仍然不明确表示意见的，视为全体共同诉讼人的自认。

2.145【司法解释】《2019 民事证据规定》第七条

一方当事人对于另一方当事人主张的于己不利的事实有所限制或者附加条件予以承认的，由人民法院综合案件情况决定是否构成自认。

2.146【司法解释】《2019 民事证据规定》第八条

《最高人民法院关于适用〈中华人民共和国民事诉讼法〉的解释》第九十六条第一款规定的事实，不适用有关自认的规定。

自认的事实与已经查明的事实不符的，人民法院不予确认。

2.147【司法解释】《2019 民事证据规定》第九条

有下列情形之一，当事人在法庭辩论终结前撤销自认的，人民法院应当准许：

（一）经对方当事人同意的；

（二）自认是在受胁迫或者重大误解情况下作出的。

人民法院准许当事人撤销自认的，应当作出口头或者书面裁定。

三、外国法院判决认定事实及例外

2.148【指导意见】《2004 解答》第二十条

人民法院能否直接采用外国法院判决所认定的事实？

答：对于外国法院做出的民商事判决所认定的事实，除有关判决已为人民法院承认或者当事人认可外，人民法院不宜直接采用外国法院判决所认定的事实。

第十二节 现场勘验

一、现场勘验申请或者依职权进行

2.149【司法解释】《2015 民诉法解释》第一百二十四条

人民法院认为有必要的，可以根据当事人的申请或者依职权对物证或者现场进行勘验。勘验时应当保护他人的隐私和尊严。

人民法院可以要求鉴定人参与勘验。必要时，可以要求鉴定人在勘验中进行鉴定。

二、现场勘验程序

2.150【法律】《2017 民事诉讼法》第八十条

勘验物证或者现场，勘验人必须出示人民法院的证件，并邀请当地基层组织或者当事人所在单位派人参加。当事人或者当事人的成年家属应当到场，拒不到场的，不影响勘验的进行。

有关单位和个人根据人民法院的通知，有义务保护现场，协助勘验工作。

勘验人应当将勘验情况和结果制作笔录，由勘验人、当事人和被邀参加人签名或者盖章。

2.151【司法解释】《2001 民事证据规定》第三十条

人民法院勘验物证或者现场，应当制作笔录，记录勘验的时间、地点、勘验人、在场人、勘验的经过、结果，由勘验人、在场人签名或者盖章。对于绘制的现场图应当注明绘制的时间、方位、测绘人姓名、身份等内容。

2.152【司法解释】《2019 民事证据规定》第四十三条

人民法院应当在勘验前将勘验的时间和地点通知当事人。当事人不参加的，不影响勘验进行。

当事人可以就勘验事项向人民法院进行解释和说明，可以请求人民法院注意勘验中的重要事项。

人民法院勘验物证或者现场，应当制作笔录，记录勘验的时间、地点、勘验人、在场人、勘验的经过、结果，由勘验人、在场人签名或者盖章。对于绘制的现场图应当注明绘制的时间、方位、测绘人姓名、身份等内容。

三、现场勘验笔录

2.153【司法解释】《2001 民事证据规定》第七十条第（四）项

一方当事人提出的下列证据，对方当事人提出异议但没有足以反驳的相反证据的，人民法院应当确认其证明力：

（四）一方当事人申请人民法院依照法定程序制作的对物证或者现场的勘验笔录。

第十三节　鉴定

一、鉴定申请或依职权进行

2.154【法律】《2017 民事诉讼法》第七十六条

当事人可以就查明事实的专门性问题向人民法院申请鉴定。当事人申请鉴定的，由双方当事人协商确定具备资格的鉴定人；协商不成的，由人民法院指定。

当事人未申请鉴定，人民法院对专门性问题认为需要鉴定的，应当委托具备资格的鉴定人进行鉴定。

二、鉴定人权利

2.155【法律】《2017 民事诉讼法》第七十七条

鉴定人有权了解进行鉴定所需要的案件材料，必要时可以询问当事人、证人。

鉴定人应当提出书面鉴定意见，在鉴定书上签名或者盖章。

三、鉴定人义务

2.156【法律】《2017 民事诉讼法》第七十八条

当事人对鉴定意见有异议或者人民法院认为鉴定人有必要出庭的，鉴定人应当出庭作证。经人民法院通知，鉴定人拒不出庭作证的，鉴定意见不得作为认定事实的根据；支付鉴定费用的当事人可以要求返还鉴定费用。

2.157【司法解释】《2001 民事证据规定》第五十九条

鉴定人应当出庭接受当事人质询。

鉴定人确因特殊原因无法出庭的，经人民法院准许，可以书面答复当事人的质询。

2. 158【司法解释】《2019 民事证据规定》第七十九条

鉴定人依照民事诉讼法第七十八条的规定出庭作证的，人民法院应当在开庭审理三日前将出庭的时间、地点及要求通知鉴定人。

委托机构鉴定的，应当由从事鉴定的人员代表机构出庭。

2. 159【司法解释】《2019 民事证据规定》第八十条

鉴定人应当就鉴定事项如实答复当事人的异议和审判人员的询问。当庭答复确有困难的，经人民法院准许，可以在庭审结束后书面答复。

人民法院应当及时将书面答复送交当事人，并听取当事人的意见。必要时，可以再次组织质证。

2. 160【司法解释】《2019 民事证据规定》第八十一条

鉴定人拒不出庭作证的，鉴定意见不得作为认定案件事实的根据。人民法院应当建议有关主管部门或者组织对拒不出庭作证的鉴定人予以处罚。

当事人要求退还鉴定费用的，人民法院应当在三日内作出裁定，责令鉴定人退还；拒不退还的，由人民法院依法执行。

当事人因鉴定人拒不出庭作证申请重新鉴定的，人民法院应当准许。

四、鉴定申请期限

2. 161【司法解释】《2001 民事证据规定》第二十五条

当事人申请鉴定，应当在举证期限内提出。符合本规定第二十七条规定的情形，当事人申请重新鉴定的除外。

对需要鉴定的事项负有举证责任的当事人，在人民法院指定的期限内无正当理由不提出鉴定申请或者不预交鉴定费用或者拒不提供相关材料，致使对案件争议的事实无法通过鉴定结论予以认定的，应当对该事实承担举证不能的法律后果。

2. 162【司法解释】《2019 民事证据规定》第三十条

人民法院在审理案件过程中认为待证事实需要通过鉴定意见证明的，应当向当事人释明，并指定提出鉴定申请的期间。

符合《最高人民法院关于适用〈中华人民共和国民事诉讼法〉的解释》第九十六条第一款规定情形的，人民法院应当依职权委托鉴定。

2. 163【司法解释】《2019 民事证据规定》第三十一条

当事人申请鉴定，应当在人民法院指定期间内提出，并预交鉴定费用。逾期不提出申请或者不预交鉴定费用的，视为放弃申请。

对需要鉴定的待证事实负有举证责任的当事人，在人民法院指定期间内无正当理由不提出鉴定申请或者不预交鉴定费用，或者拒不提供相关材料，致使待证事实无法查明的，应当承担举证不能的法律后果。

2.164【司法解释】《2015 民诉法解释》第一百二十一条

当事人申请鉴定，可以在举证期限届满前提出。申请鉴定的事项与待证事实无关联，或者对证明待证事实无意义的，人民法院不予准许。

人民法院准许当事人鉴定申请的，应当组织双方当事人协商确定具备相应资格的鉴定人。当事人协商不成的，由人民法院指定。

符合依职权调查收集证据条件的，人民法院应当依职权委托鉴定，在询问当事人的意见后，指定具备相应资格的鉴定人。

2.165【指导意见】《2005 纪要》第四十三条

当事人在一审时未申请鉴定，或者申请鉴定后无正当理由不预交鉴定费用或拒不提交相关材料致使无法鉴定，而在二审或者再审期间申请鉴定的，视下列情况分别处理：（1）人民法院经审查认为，不鉴定不会影响裁判结果的，对当事人的申请不予准许；（2）人民法院经审查认为，不鉴定可能导致案件的主要事实不清的，对当事人的申请应予准许。

五、鉴定机构确定

2.166【司法解释】《2001 民事证据规定》第二十六条

当事人申请鉴定经人民法院同意后，由双方当事人协商确定有鉴定资格的鉴定机构、鉴定人员，协商不成的，由人民法院指定。

2.167【司法解释】《2019 民事证据规定》第三十二条

人民法院准许鉴定申请的，应当组织双方当事人协商确定具备相应资格的鉴定人。当事人协商不成的，由人民法院指定。

人民法院依职权委托鉴定的，可以在询问当事人的意见后，指定具备相应资格的鉴定人。

人民法院在确定鉴定人后应当出具委托书，委托书中应当载明鉴定事项、鉴定范围、鉴定目的和鉴定期限。

六、鉴定程序

2.168【司法解释】《2019 民事证据规定》第三十三条

鉴定开始之前，人民法院应当要求鉴定人签署承诺书。承诺书中应当载明鉴定人保证客观、公正、诚实地进行鉴定，保证出庭作证，如作虚假鉴定应当承担法律责任等内容。

鉴定人故意作虚假鉴定的，人民法院应当责令其退还鉴定费用，并根据情节，依照民事诉讼法第一百一十一条的规定进行处罚。

2.169【司法解释】《2019民事证据规定》第三十四条

人民法院应当组织当事人对鉴定材料进行质证。未经质证的材料，不得作为鉴定的根据。

经人民法院准许，鉴定人可以调取证据、勘验物证和现场、询问当事人或者证人。

2.170【司法解释】《2019民事证据规定》第三十五条

鉴定人应当在人民法院确定的期限内完成鉴定，并提交鉴定书。

鉴定人无正当理由未按期提交鉴定书的，当事人可以申请人民法院另行委托鉴定人进行鉴定。人民法院准许的，原鉴定人已经收取的鉴定费用应当退还；拒不退还的，依照本规定第八十一条第二款的规定处理。

2.171【司法解释】《2019民事证据规定》第三十七条

人民法院收到鉴定书后，应当及时将副本送交当事人。

当事人对鉴定书的内容有异议的，应当在人民法院指定期间内以书面方式提出。

对于当事人的异议，人民法院应当要求鉴定人作出解释、说明或者补充。人民法院认为有必要的，可以要求鉴定人对当事人未提出异议的内容进行解释、说明或者补充。

2.172【司法解释】《2019民事证据规定》第三十八条

当事人在收到鉴定人的书面答复后仍有异议的，人民法院应当根据《诉讼费用交纳办法》第十一条的规定，通知有异议的当事人预交鉴定人出庭费用，并通知鉴定人出庭。有异议的当事人不预交鉴定人出庭费用的，视为放弃异议。

双方当事人对鉴定意见均有异议的，分摊预交鉴定人出庭费用。

2.173【司法解释】《2019民事证据规定》第三十九条

鉴定人出庭费用按照证人出庭作证费用的标准计算，由败诉的当事人负担。因鉴定意见不明确或者有瑕疵需要鉴定人出庭的，出庭费用由其自行负担。

人民法院委托鉴定时已经确定鉴定人出庭费用包含在鉴定费用中的，不再通知当事人预交。

七、重新鉴定及补充鉴定

2.174【司法解释】《2001民事证据规定》第二十七条

当事人对人民法院委托的鉴定部门作出的鉴定结论有异议申请重新鉴定，提出证据证明存在下列情形之一的，人民法院应予准许：

（一）鉴定机构或者鉴定人员不具备相关的鉴定资格的；

（二）鉴定程序严重违法的；

（三）鉴定结论明显依据不足的；

（四）经过质证认定不能作为证据使用的其他情形。

对有缺陷的鉴定结论，可以通过补充鉴定、重新质证或者补充质证等方法解决的，不予重新鉴定。

2.175【司法解释】《2019民事证据规定》第四十条

当事人申请重新鉴定，存在下列情形之一的，人民法院应当准许：

（一）鉴定人不具备相应资格的；

（二）鉴定程序严重违法的；

（三）鉴定意见明显依据不足的；

（四）鉴定意见不能作为证据使用的其他情形。

存在前款第一项至第三项情形的，鉴定人已经收取的鉴定费用应当退还。拒不退还的，依照本规定第八十一条第二款的规定处理。

对鉴定意见的瑕疵，可以通过补正、补充鉴定或者补充质证、重新质证等方法解决的，人民法院不予准许重新鉴定的申请。

重新鉴定的，原鉴定意见不得作为认定案件事实的根据。

2.176【司法解释】《2001民事证据规定》第二十八条

一方当事人自行委托有关部门作出的鉴定结论，另一方当事人有证据足以反驳并申请重新鉴定的，人民法院应予准许。

2.177【司法解释】《2019民事证据规定》第四十一条

对于一方当事人就专门性问题自行委托有关机构或者人员出具的意见，另一方当事人有证据或者理由足以反驳并申请鉴定的，人民法院应予准许。

八、鉴定报告审查

2.178【司法解释】《2001民事证据规定》第二十九条

审判人员对鉴定人出具的鉴定书，应当审查是否具有下列内容：

（一）委托人姓名或者名称、委托鉴定的内容；

（二）委托鉴定的材料；

（三）鉴定的依据及使用的科学技术手段；

（四）对鉴定过程的说明；

（五）明确的鉴定结论；

（六）对鉴定人鉴定资格的说明；

（七）鉴定人员及鉴定机构签名盖章。

2.179【司法解释】《2019民事证据规定》第三十六条

人民法院对鉴定人出具的鉴定书，应当审查是否具有下列内容：

（一）委托法院的名称；

（二）委托鉴定的内容、要求；

（三）鉴定材料；

（四）鉴定所依据的原理、方法；

（五）对鉴定过程的说明；

（六）鉴定意见；

（七）承诺书。

鉴定书应当由鉴定人签名或者盖章，并附鉴定人的相应资格证明。委托机构鉴定的，鉴定书应当由鉴定机构盖章，并由从事鉴定的人员签名。

九、鉴定报告采信与撤销

2.180【司法解释】《2019民事证据规定》第四十二条

鉴定意见被采信后，鉴定人无正当理由撤销鉴定意见的，人民法院应当责令其退还鉴定费用，并可以根据情节，依照民事诉讼法第一百一十一条的规定对鉴定人进行处罚。当事人主张鉴定人负担由此增加的合理费用的，人民法院应予支持。

人民法院采信鉴定意见后准许鉴定人撤销的，应当责令其退还鉴定费用。

十、鉴定报告认定及证明力

2.181【司法解释】《2001民事证据规定》第七十一条

人民法院委托鉴定部门作出的鉴定结论，当事人没有足以反驳的相反证据和理由的，可以认定其证明力。

2.182【典型案例】2016年十大典型海事案例之栾某某等21人与康菲石油中国有限公司（Conoco Phillips China Inc.）、中国海洋石油总公司海上污染损害责任纠纷案

天津海事法院一审认为，根据本案证据，可以认定溢油事故构成对栾某某等21人养殖海域的污染损害，康菲公司应就此进行赔偿，中海油公司在事故发生时不是油田的作业者，也不控制污染源，不应承担赔偿责任。

栾某某等21人应当对损失程度和数额承担举证责任。因博亚公司未取得农业部渔政渔港监督管理局核发的《渔业污染事故调查鉴定资格证书》，不具备鉴定资质，对其出具的《技术咨询报告》的证明力不予认定。

栾某某等21人对于养殖损失程度和数额的举证没有达到充分、确定的程度。鉴于审理过程中对栾某某等21人损失进行评估、鉴定的条件已不具备，应结合本案相关证据及案件事实对污染程度及损失数额进行综合认定。结合相关证据及案件事实，参照乐亭县人民政府确定的赔偿补偿标准，天津海事法院判决康菲公司赔偿栾某某等21人损失人民币1,683,464.4元。栾某某等21人不服，提起上诉。天津市高级人民法院二审判

决驳回上诉，维持原判。

2.183【地方法院基础案例】浙江省高级人民法院（2016）浙民终479号民事判决书

对于曲轴断裂的原因，保险公司提供的《技术鉴定报告》合法有效，江苏省产品质量监督检验研究院具有对曲轴断裂进行勘查、检验的资质，在结合现场查勘以及祥和利公司提交的相关资料的基础上，该院所出具的《技术鉴定报告》应具有一定的专业性和公信力。

而祥和利公司对曲轴断裂原因未提出观点，也未提供证据予以反驳，故本院认可《技术鉴定报告》的结论。

十一、电子数据鉴定及检查和实验

2.184【司法解释】《2016刑案电子数据规定》第十七条

对电子数据涉及的专门性问题难以确定的，由司法鉴定机构出具鉴定意见，或者由公安部指定的机构出具报告。对于人民检察院直接受理的案件，也可以由最高人民检察院指定的机构出具报告。

具体办法由公安部、最高人民检察院分别制定。

2.185【司法解释】《2016刑案电子数据规定》第二十六条

公诉人、当事人或者辩护人、诉讼代理人对电子数据鉴定意见有异议，可以申请人民法院通知鉴定人出庭作证。人民法院认为鉴定人有必要出庭的，鉴定人应当出庭作证。

经人民法院通知，鉴定人拒不出庭作证的，鉴定意见不得作为定案的根据。对没有正当理由拒不出庭作证的鉴定人，人民法院应当通报司法行政机关或者有关部门。

公诉人、当事人或者辩护人、诉讼代理人可以申请法庭通知有专门知识的人出庭，就鉴定意见提出意见。

对电子数据涉及的专门性问题的报告，参照适用前三款规定。

2.186【司法解释】《2016刑案电子数据规定》第十六条

对扣押的原始存储介质或者提取的电子数据，可以通过恢复、破解、统计、关联、比对等方式进行检查。必要时，可以进行侦查实验。

电子数据检查，应当对电子数据存储介质拆封过程进行录像，并将电子数据存储介质通过写保护设备接入到检查设备进行检查；有条件的，应当制作电子数据备份，对备份进行检查；无法使用写保护设备且无法制作备份的，应当注明原因，并对相关活动进行录像。

电子数据检查应当制作笔录，注明检查方法、过程和结果，由有关人员签名或者盖章。进行侦查实验的，应当制作侦查实验笔录，注明侦查实验的条件、经过和结果，由参加实验的人员签名或者盖章。

第十四节　专业意见

一、专业意见范围

2.187【法律】《2017 民事诉讼法》第七十九条

当事人可以申请人民法院通知有专门知识的人出庭，就鉴定人作出的鉴定意见或者专业问题提出意见。

2.188【司法解释】《2015 民诉法解释》第一百二十二条

当事人可以依照民事诉讼法第七十九条的规定，在举证期限届满前申请一至二名具有专门知识的人出庭，代表当事人对鉴定意见进行质证，或者对案件事实所涉及的专业问题提出意见。

具有专门知识的人在法庭上就专业问题提出的意见，视为当事人的陈述。

人民法院准许当事人申请的，相关费用由提出申请的当事人负担。

2.189【司法解释】《2019 民事证据规定》第八十三条

当事人依照民事诉讼法第七十九条和《最高人民法院关于适用〈中华人民共和国民事诉讼法〉的解释》第一百二十二条的规定，申请有专门知识的人出庭的，申请书中应当载明有专门知识的人的基本情况和申请的目的。

人民法院准许当事人申请的，应当通知双方当事人。

2.190【司法解释】《2019 民事证据规定》第八十四条

审判人员可以对有专门知识的人进行询问。经法庭准许，当事人可以对有专门知识的人进行询问，当事人各自申请的有专门知识的人可以就案件中的有关问题进行对质。

有专门知识的人不得参与对鉴定意见质证或者就专业问题发表意见之外的法庭审理活动。

二、专家出庭与盘问

2.191【司法解释】《2001 民事证据规定》第六十一条

当事人可以向人民法院申请由一至二名具有专门知识的人员出庭就案件的专门性问题进行说明。人民法院准许其申请的，有关费用由提出申请的当事人负担。

审判人员和当事人可以对出庭的具有专门知识的人员进行询问。

经人民法院准许，可以由当事人各自申请的具有专门知识的人员就有案件中的问题进行对质。

具有专门知识的人员可以对鉴定人进行询问。

2.192【司法解释】《2015 民诉法解释》第一百二十三条

人民法院可以对出庭的具有专门知识的人进行询问。经法庭准许，当事人可以对出庭的具有专门知识的人进行询问，当事人各自申请的具有专门知识的人可以就案件中的有关问题进行对质。

具有专门知识的人不得参与专业问题之外的法庭审理活动。

第十五节 调查取证

一、法院调查取证职权

2.193【法律】《2017 民事诉讼法》第六十七条

人民法院有权向有关单位和个人调查取证，有关单位和个人不得拒绝。

人民法院对有关单位和个人提出的证明文书，应当辨别真伪，审查确定其效力。

2.194【指导意见】《2006 海事调查指导意见》第一条第（三）项

海事局应协助海事法院查询案件审理中涉及的船舶国籍、船舶所有权、船舶抵押权、船舶租赁的登记和变更情况。

2.195【司法解释】《2001 民事证据规定》第十六条

除本规定第十五条规定的情形外，人民法院调查收集证据，应当依当事人的申请进行。

二、法院调查取证规范

2.196【司法解释】《2015 民诉法解释》第九十七条

人民法院调查收集证据，应当由两人以上共同进行。调查材料要由调查人、被调查人、记录人签名、捺印或者盖章。

2.197【指导意见】《2006 海事调查指导意见》第一条第（四）项

海事法院因审理海事案件需要到海事局调查收集证据时，应派两名法官并应出示工作证件及协助调查通知书，海事局应提供事故当事人提交的证据材料以及其他与海上交通事故有关的证据材料。海事法院收集的证据原件不能提取的，可以复制，由海事局签章确认。

2.198【司法解释】《2001 民事证据规定》第二十条

调查人员调查收集的书证可以是原件，也可以是经核对无误的副本或者复制件。是副本或者复制件的，应当在调查笔录中说明来源和取证情况。

2.199【司法解释】《2019 民事证据规定》第二十一条

人民法院调查收集的书证，可以是原件，也可以是经核对无误的副本或者复制件。是副本或者复制件的，应当在调查笔录中说明来源和取证情况。

2.200【司法解释】《2001 民事证据规定》第二十一条

调查人员调查收集的物证应当是原物。被调查人提供原物确有困难的，可以提供复制品或者照片。提供复制品或者照片的，应当在调查笔录中说明取证情况。

2.201【司法解释】《2019 民事证据规定》第二十二条

人民法院调查收集的物证应当是原物。被调查人提供原物确有困难的，可以提供复制品或者影像资料。提供复制品或者影像资料的，应当在调查笔录中说明取证情况。

2.202【司法解释】《2001 民事证据规定》第二十二条

调查人员调查收集计算机数据或者录音、录像等视听资料的，应当要求被调查人提供有关资料的原始载体。提供原始载体确有困难的，可以提供复制件。提供复制件的，调查人员应当在调查笔录中说明其来源和制作经过。

2.203【司法解释】《2019 民事证据规定》第二十三条

人民法院调查收集视听资料、电子数据，应当要求被调查人提供原始载体。

提供原始载体确有困难的，可以提供复制件。提供复制件的，人民法院应当在调查笔录中说明其来源和制作经过。

人民法院对视听资料、电子数据采取证据保全措施的，适用前款规定。

2.204【司法解释】《2001 民事证据规定》第三十一条

摘录有关单位制作的与案件事实相关的文件、材料，应当注明出处，并加盖制作单位或者保管单位的印章，摘录人和其他调查人员应当在摘录件上签名或者盖章。

摘录文件、材料应当保持内容相应的完整性，不得断章取义。

2.205【司法解释】《2019 民事证据规定》第四十四条

摘录有关单位制作的与案件事实相关的文件、材料，应当注明出处，并加盖制作单位或者保管单位的印章，摘录人和其他调查人员应当在摘录件上签名或者盖章。

摘录文件、材料应当保持内容相应的完整性。

2.206【司法解释】《2019 民事证据规定》第二十四条

人民法院调查收集可能需要鉴定的证据，应当遵守相关技术规范，确保证据不被污染。

三、申请调查取证事由

2.207【法律】《2017 民事诉讼法》第六十四条第二款

当事人及其诉讼代理人因客观原因不能自行收集的证据，或者人民法院认为审理案件需要的证据，人民法院应当调查收集。

2.208【司法解释】《2001民事证据规定》第十七条

符合下列条件之一的，当事人及其诉讼代理人可以申请人民法院调查收集证据：

（一）申请调查收集的证据属于国家有关部门保存并须人民法院依职权调取的档案材料；

（二）涉及国家秘密、商业秘密、个人隐私的材料；

（三）当事人及其诉讼代理人确因客观原因不能自行收集的其他材料。

2.209【司法解释】《2015民诉法解释》第九十四条

民事诉讼法第六十四条第二款规定的当事人及其诉讼代理人因客观原因不能自行收集的证据包括：

（一）证据由国家有关部门保存，当事人及其诉讼代理人无权查阅调取的；

（二）涉及国家秘密、商业秘密或者个人隐私的；

（三）当事人及其诉讼代理人因客观原因不能自行收集的其他证据。

当事人及其诉讼代理人因客观原因不能自行收集的证据，可以在举证期限届满前书面申请人民法院调查收集。

2.210【司法解释】《2015民诉法解释》第九十六条

民事诉讼法第六十四条第二款规定的人民法院认为审理案件需要的证据包括：

（一）涉及可能损害国家利益、社会公共利益的；

（二）涉及身份关系的；

（三）涉及民事诉讼法第五十五条规定诉讼的；

（四）当事人有恶意串通损害他人合法权益可能的；

（五）涉及依职权追加当事人、中止诉讼、终结诉讼、回避等程序性事项的。

除前款规定外，人民法院调查收集证据，应当依照当事人的申请进行。

2.211【司法解释】《2019民事证据规定》第八条

《最高人民法院关于适用〈中华人民共和国民事诉讼法〉的解释》第九十六条第一款规定的事实，不适用有关自认的规定。

自认的事实与已经查明的事实不符的，人民法院不予确认。

2.212【司法解释】《2019民事证据规定》第十八条

双方当事人无争议的事实符合《最高人民法院关于适用〈中华人民共和国民事诉讼法〉的解释》第九十六条第一款规定情形的，人民法院可以责令当事人提供有关证据。

2.213【司法解释】《2001民事证据规定》第十五条

《民事诉讼法》第六十四条规定的“人民法院认为审理案件需要的证据”，是指以下情形：

（一）涉及可能有损国家利益、社会公共利益或者他人合法权益的事实；

（二）涉及依职权追加当事人、中止诉讼、终结诉讼、回避等与实体争议无关的程序事项。

四、调查取证不予准许事由

2.214【司法解释】《2015 民诉法解释》第九十五条

当事人申请调查收集的证据，与待证事实无关联、对证明待证事实无意义或者其他无调查收集必要的，人民法院不予准许。

五、调查取证申请材料

2.215【司法解释】《2001 民事证据规定》第十八条

当事人及其诉讼代理人申请人民法院调查收集证据，应当提交书面申请。申请书应当载明被调查人的姓名或者单位名称、住所地等基本情况、所要调查收集的证据的内容、需要由人民法院调查收集证据的原因及其要证明的事实。

六、调查取证申请期限

2.216【司法解释】《2001 民事证据规定》第十九条

当事人及其诉讼代理人申请人民法院调查收集证据，不得迟于举证期限届满前七日。

人民法院对当事人及其诉讼代理人的申请不予准许的，应当向当事人或其诉讼代理人送达通知书。当事人及其诉讼代理人可以在收到通知书的次日起三日内向受理申请的人民法院书面申请复议一次。人民法院应当在收到复议申请之日起五日内作出答复。

2.217【司法解释】《2019 民事证据规定》第二十条

当事人及其诉讼代理人申请人民法院调查收集证据，应当在举证期限届满前提交书面申请。

申请书应当载明被调查人的姓名或者单位名称、住所地等基本情况、所要调查收集的证据名称或者内容、需要由人民法院调查收集证据的原因及其要证明的事实以及明确的线索。

2.218【指导意见】《2005 纪要》第四十四条

当事人在一审时申请人民法院调取证据未获准许，而在二审或者再审期间申请调取证据的，视下列情况分别处理：(1) 人民法院经审查认为，不调取证据不会影响裁判结果的，对当事人的申请不予准许；(2) 人民法院经审查认为，不调取证据可能导致案件的主要事实不清的，对当事人的申请应予准许。

七、海事案件调查取证特别规定

2.219【指导意见】《2006 海事调查指导意见》第一条第（七）项

海事法院在受理船舶碰撞案件中，为查明案件事实，经当事人申请，或者海事法院认为案件审理需要，在出具协助调查通知书后，可以向海事局调取船舶航行记录的信息资料。

2.220【指导意见】《2006 海事调查指导意见》第一条第（八）项

中国海事局及其所属机构与外国海事调查机关联合调查的证据材料，不属于海事局向海事法院提供的证据范畴。

八、电子数据（提取）调查取证

2.221【司法解释】《2016 刑案电子数据规定》第三条

人民法院、人民检察院和公安机关有权依法向有关单位和个人收集、调取电子数据。有关单位和个人应当如实提供。

2.222【司法解释】《2016 刑案电子数据规定》第十三条

调取电子数据，应当制作调取证据通知书，注明需要调取电子数据的相关信息，通知电子数据持有人、网络服务提供者或者有关部门执行。

2.223【司法解释】《2016 刑案电子数据规定》第七条

收集、提取电子数据，应当由二名以上侦查人员进行。取证方法应当符合相关技术标准。

2.224【司法解释】《2016 刑案电子数据规定》第八条

收集、提取电子数据，能够扣押电子数据原始存储介质的，应当扣押、封存原始存储介质，并制作笔录，记录原始存储介质的封存状态。

封存电子数据原始存储介质，应当保证在不解除封存状态的情况下，无法增加、删除、修改电子数据。封存前后应当拍摄被封存原始存储介质的照片，清晰反映封口或者张贴封条处的状况。

封存手机等具有无线通信功能的存储介质，应当采取信号屏蔽、信号阻断或者切断电源等措施。

2.225【司法解释】《2016 刑案电子数据规定》第九条

具有下列情形之一，无法扣押原始存储介质的，可以提取电子数据，但应当在笔录中注明不能扣押原始存储介质的原因、原始存储介质的存放地点或者电子数据的来源等情况，并计算电子数据的完整性校验值：

（一）原始存储介质不便封存的；

（二）提取计算机内存数据、网络传输数据等不是存储在存储介质上的电子数据的；

（三）原始存储介质位于境外的；

（四）其他无法扣押原始存储介质的情形。

对于原始存储介质位于境外或者远程计算机信息系统上的电子数据，可以通过网络在线提取。

为进一步查明有关情况，必要时，可以对远程计算机信息系统进行网络远程勘验。进行网络远程勘验，需要采取技术侦查措施的，应当依法经过严格的批准手续。

2.226【司法解释】《2016 刑案电子数据规定》第十条

由于客观原因无法或者不宜依据第八条、第九条的规定收集、提取电子数据的，可以采取打印、拍照或者录像等方式固定相关证据，并在笔录中说明原因。

2.227【司法解释】《2016 刑案电子数据规定》第十四条

收集、提取电子数据，应当制作笔录，记录案由、对象、内容、收集、提取电子数据的时间、地点、方法、过程，并附电子数据清单，注明类别、文件格式、完整性校验值等，由侦查人员、电子数据持有人（提供人）签名或者盖章；电子数据持有人（提供人）无法签名或者拒绝签名的，应当在笔录中注明，由见证人签名或者盖章。有条件的，应当对相关活动进行录像。

2.228【司法解释】《2016 刑案电子数据规定》第十五条

收集、提取电子数据，应当根据刑事诉讼法的规定，由符合条件的人员担任见证人。由于客观原因无法由符合条件的人员担任见证人的，应当在笔录中注明情况，并对相关活动进行录像。

针对同一现场多个计算机信息系统收集、提取电子数据的，可以由一名见证人见证。

2.229【司法解释】《2016 刑案电子数据规定》第二十七条

电子数据的收集、提取程序有下列瑕疵，经补正或者作出合理解释的，可以采用；不能补正或者作出合理解释的，不得作为定案的根据：

（一）未以封存状态移送的；

（二）笔录或者清单上没有侦查人员、电子数据持有人（提供人）、见证人签名或者盖章的；

（三）对电子数据的名称、类别、格式等注明不清的；

（四）有其他瑕疵的。

2.230【司法解释】《2016 刑案电子数据规定》第十八条

收集、提取的原始存储介质或者电子数据，应当以封存状态随案移送，并制作电子数据的备份一并移送。

对网页、文档、图片等可以直接展示的电子数据，可以不随案移送打印件；人民法院、人民检察院因设备等条件限制无法直接展示电子数据的，侦查机关应当随案移送打印件，或者附展示工具和展示方法说明。

对冻结的电子数据，应当移送被冻结电子数据的清单，注明类别、文件格式、冻结主体、证据要点、相关网络应用账号，并附查看工具和方法的说明。

九、电子数据（冻结）调查取证

2.231【司法解释】《2016 刑案电子数据规定》第十一条

具有下列情形之一的，经县级以上公安机关负责人或者检察长批准，可以对电子数据进行冻结：

（一）数据量大，无法或者不便提取的；

（二）提取时间长，可能造成电子数据被篡改或者灭失的；

（三）通过网络应用可以更为直观地展示电子数据的；

（四）其他需要冻结的情形。

2.232【司法解释】《2016 刑案电子数据规定》第十二条

冻结电子数据，应当制作协助冻结通知书，注明冻结电子数据的网络应用账号等信息，送交电子数据持有人、网络服务提供者或者有关部门协助办理。解除冻结的，应当在三日内制作协助解除冻结通知书，送交电子数据持有人、网络服务提供者或者有关部门协助办理。

冻结电子数据，应当采取以下一种或者几种方法：

（一）计算电子数据的完整性校验值；

（二）锁定网络应用账号；

（三）其他防止增加、删除、修改电子数据的措施。

第十六节　海事证据保全

一、海事证据保全定义

2.233【法律】《1999 海诉法》第六十二条

海事证据保全是指海事法院根据海事请求人的申请，对有关海事请求的证据予以提取、保存或者封存的强制措施。

二、海事证据保全管辖法院

2.234【法律】《1999 海诉法》第六十三条

当事人在起诉前申请海事证据保全，应当向被保全的证据所在地海事法院提出。

三、海事证据保全管辖独立于诉讼管辖协议或者仲裁协议

2.235【法律】《1999 海诉法》第六十四条

海事证据保全不受当事人之间关于该海事请求的诉讼管辖协议或者仲裁协议的约束。

2.236【司法解释】《2003 海诉法解释》第四十七条

诉讼前申请海事证据保全，适用海事诉讼特别程序法第六十四条的规定。

外国法院已受理相关海事案件或者有关纠纷已经提交仲裁，当事人向中华人民共和国的海事法院提出海事证据保全申请，并提供被保全的证据在中华人民共和国领域内的相关证据的，海事法院应当受理。

四、海事证据保全申请

2.237【法律】《1999 海诉法》第六十五条

海事请求人申请海事证据保全，应当向海事法院提交书面申请。申请书应当载明请求保全的证据、该证据与海事请求的联系、申请理由。

2.238【司法解释】《2003 海诉法解释》第四十八条

海事请求人申请海事证据保全，申请书除应当依照海事诉讼特别程序法第六十五条的规定载明相应内容外，还应当载明证据收集、调取的有关线索。

五、海事证据保全要件

2.239【法律】《1999 海诉法》第六十七条

采取海事证据保全，应当具备下列条件：

（一）请求人是海事请求的当事人；

（二）请求保全的证据对该海事请求具有证明作用；

（三）被请求人是与请求保全的证据有关的人；

（四）情况紧急，不立即采取证据保全就会使该海事请求的证据灭失或者难以取得。

六、海事证据保全担保

2.240【法律】《1999 海诉法》第六十六条

海事法院受理海事证据保全申请，可以责令海事请求人提供担保。海事请求人不提供的，驳回其申请。

七、海事证据保全裁定与执行

2.241【法律】《1999 海诉法》第六十八条

海事法院接受申请后，应当在四十八小时内作出裁定。裁定采取海事证据保全措施

的，应当立即执行；对不符合海事证据保全条件的，裁定驳回其申请。

八、海事证据保全裁定之复议和异议

2.242【法律】《1999海诉法》第六十九条

当事人对裁定不服的，可以在收到裁定书之日起五日内申请复议一次。海事法院应当在收到复议申请之日起五日内作出复议决定。复议期间不停止裁定的执行。被请求人申请复议的理由成立的，应当将保全的证据返还被请求人。

利害关系人对海事证据保全提出异议，海事法院经审查，认为理由成立的，应当裁定撤销海事证据保全；已经执行的，应当将与利害关系人有关的证据返还利害关系人。

2.243【司法解释】《2003海诉法解释》第五十条

利害关系人对海事法院作出的海事证据保全裁定提出异议，海事法院经审查认为理由不成立的，应当书面通知利害关系人。

九、海事证据保全措施

2.244【法律】《1999海诉法》第七十条

海事法院进行海事证据保全，根据具体情况，可以对证据予以封存，也可以提取复制件、副本，或者进行拍照、录相，制作节录本、调查笔录等。确有必要的，也可以提取证据原件。

十、被保全海事证据复制

2.245【司法解释】《2003海诉法解释》第四十九条

海事请求人在采取海事证据保全的海事法院提起诉讼后，可以申请复制保全的证据材料；相关海事纠纷在中华人民共和国领域内的其他海事法院或者仲裁机构受理的，受诉法院或者仲裁机构应海事请求人的申请可以申请复制保全的证据材料。

十一、海事证据保全错误赔偿责任

2.246【法律】《1999海诉法》第七十一条

海事请求人申请海事证据保全错误的，应当赔偿被请求人或者利害关系人因此所遭受的损失。

2.247【司法解释】《2003海诉法解释》第五十一条

被请求人依据海事诉讼特别程序法第七十一条的规定要求海事请求人赔偿损失的，由采取海事证据保全的海事法院受理。

十二、海事证据保全后诉讼管辖

2.248【法律】《1999 海诉法》第七十二条

海事证据保全后，有关海事纠纷未进入诉讼或者仲裁程序的，当事人就该海事请求，可以向采取证据保全的海事法院或者其他有管辖权的海事法院提起诉讼，但当事人之间订有诉讼管辖协议或者仲裁协议的除外。

第十七节 民事证据保全

一、民事证据保全条件

2.249【法律】《2017 民事诉讼法》第八十一条

在证据可能灭失或者以后难以取得的情况下，当事人可以在诉讼过程中向人民法院申请保全证据，人民法院也可以主动采取保全措施。

因情况紧急，在证据可能灭失或者以后难以取得的情况下，利害关系人可以在提起诉讼或者申请仲裁前向证据所在地、被申请人住所地或者对案件有管辖权的人民法院申请保全证据。

证据保全的其他程序，参照适用本法第九章保全的有关规定。

二、民事证据保全申请期限

2.250【司法解释】《2001 民事证据规定》第二十三条第一款和第三款

当事人依据《民事诉讼法》第七十四条的规定向人民法院申请保全证据，不得迟于举证期限届满前七日。

法律、司法解释规定诉前保全证据的，按照其规定办理。

2.251【司法解释】《2019 民事证据规定》第二十五条

当事人或者利害关系人根据民事诉讼法第八十一条的规定申请证据保全的，申请书应当载明需要保全的证据的基本情况、申请保全的理由以及采取何种保全措施等内容。

当事人根据民事诉讼法第八十一条第一款的规定申请证据保全的，应当在举证期限届满前向人民法院提出。

法律、司法解释对诉前证据保全有规定的，依照其规定办理。

2.252【司法解释】《2015 民诉法解释》第九十八条第一款

当事人根据民事诉讼法第八十一条第一款规定申请证据保全的，可以在举证期限届满前书面提出。

三、民事证据保全担保要求及裁定和执行

2.253【法律】《2017 民事诉讼法》第一百条

人民法院对于可能因当事人一方的行为或者其他原因，使判决难以执行或者造成当事人其他损害的案件，根据对方当事人的申请，可以裁定对其财产进行保全、责令其作出一定行为或者禁止其作出一定行为；当事人没有提出申请的，人民法院在必要时也可以裁定采取保全措施。

人民法院采取保全措施，可以责令申请人提供担保，申请人不提供担保的，裁定驳回申请。

人民法院接受申请后，对情况紧急的，必须在四十八小时内作出裁定；裁定采取保全措施的，应当立即开始执行。

2.254【司法解释】《2001 民事证据规定》第二十三条第二款

当事人申请保全证据的，人民法院可以要求其提供相应的担保。

2.255【司法解释】《2019 民事证据规定》第二十六条

当事人或者利害关系人申请采取查封、扣押等限制保全标的物使用、流通等保全措施，或者保全可能对证据持有人造成损失的，人民法院应当责令申请人提供相应的担保。

担保方式或者数额由人民法院根据保全措施对证据持有人的影响、保全标的物的价值、当事人或者利害关系人争议的诉讼标的金额等因素综合确定。

2.256【司法解释】《2015 民诉法解释》第九十八条第二款

证据保全可能对他人造成损失的，人民法院应当责令申请人提供相应的担保。

四、民事证据保全裁定之复议

2.257【法律】《2017 民事诉讼法》第一百零八条

当事人对保全或者先予执行的裁定不服的，可以申请复议一次。复议期间不停止裁定的执行。

五、民事证据保全措施

2.258【司法解释】《2001 民事证据规定》第二十四条

人民法院进行证据保全，可以根据具体情况，采取查封、扣押、拍照、录音、录像、复制、鉴定、勘验、制作笔录等方法。

人民法院进行证据保全，可以要求当事人或者诉讼代理人到场。

2.259【司法解释】《2019 民事证据规定》第二十七条

人民法院进行证据保全，可以要求当事人或者诉讼代理人到场。

根据当事人的申请和具体情况，人民法院可以采取查封、扣押、录音、录像、复制、鉴定、勘验等方法进行证据保全，并制作笔录。

在符合证据保全目的的情况下，人民法院应当选择对证据持有人利益影响最小的保全措施。

六、民事证据保全错误赔偿责任

2.260【法律】《2017 民事诉讼法》第一百零五条

申请有错误的，申请人应当赔偿被申请人因保全所遭受的损失。

2.261【司法解释】《2019 民事证据规定》第二十八条

申请证据保全错误造成财产损失，当事人请求申请人承担赔偿责任的，人民法院应予支持。

七、保全证据的移交

2.262【司法解释】《2019 民事证据规定》第二十九条

人民法院采取诉前证据保全措施后，当事人向其他有管辖权的人民法院提起诉讼的，采取保全措施的人民法院应当根据当事人的申请，将保全的证据及时移交受理案件的人民法院。

八、证据保全的补充规定

2.263【司法解释】《2019 民事证据规定》第九十九条第一款

本规定对证据保全没有规定的，参照适用法律、司法解释关于财产保全的规定。

第十八节　举证期限

一、举证期限确定

2.264【法律】《2017 民事诉讼法》第六十五条

当事人对自己提出的主张应当及时提供证据。

人民法院根据当事人的主张和案件审理情况，确定当事人应当提供的证据及其期限。当事人在该期限内提供证据确有困难的，可以向人民法院申请延长期限，人民法院根据当事人的申请适当延长。当事人逾期提供证据的，人民法院应当责令其说明理由；拒不说明理由或者理由不成立的，人民法院根据不同情形可以不予采纳该证据，或者采纳该证据但予以训诫、罚款。

2.265【司法解释】《2015 民诉法解释》第九十九条

人民法院应当在审理前的准备阶段确定当事人的举证期限。举证期限可以由当事人协商，并经人民法院准许。

人民法院确定举证期限，第一审普通程序案件不得少于十五日，当事人提供新的证据的第二审案件不得少于十日。

举证期限届满后，当事人对已经提供的证据，申请提供反驳证据或者对证据来源、形式等方面的瑕疵进行补正的，人民法院可以酌情再次确定举证期限，该期限不受前款规定的限制。

2.266【司法解释】《2001 民事证据规定》第三十三条

人民法院应当在送达案件受理通知书和应诉通知书的同时向当事人送达举证通知书。举证通知书应当载明举证责任的分配原则与要求、可以向人民法院申请调查取证的情形、人民法院根据案件情况指定的举证期限以及逾期提供证据的法律后果。

举证期限可以由当事人协商一致，并经人民法院认可。

由人民法院指定举证期限的，指定的期限不得少于三十日，自当事人收到案件受理通知书和应诉通知书的次日起计算。

2.267【指导意见】《2008 举证时限通知》第一条

关于第三十三条第三款规定的举证期限问题。《证据规定》第三十三条第三款规定的举证期限是指在适用一审普通程序审理民事案件时，人民法院指定当事人提供证据证明其主张的基础事实的期限，该期限不得少于三十日。但是人民法院在征得双方当事人同意后，指定的举证期限可以少于三十日。前述规定的举证期限届满后，针对某一特定事实或特定证据或者基于特定原因，人民法院可以根据案件的具体情况，酌情指定当事人提供证据或者反证的期限，该期限不受“不得少于三十日”的限制。

2.268【指导意见】《2008 举证时限通知》第二条

关于适用简易程序审理案件的举证期限问题。适用简易程序审理的案件，人民法院指定的举证期限不受《证据规定》第三十三条第三款规定的限制，可以少于三十日。简易程序转为普通程序审理，人民法院指定的举证期限少于三十日的，人民法院应当为当事人补足不少于三十日的举证期限。但在征得当事人同意后，人民法院指定的举证期限可以少于三十日。

2.269【司法解释】《2019 民事证据规定》第五十条

人民法院应当在审理前的准备阶段向当事人送达举证通知书。

举证通知书应当载明举证责任的分配原则和要求、可以向人民法院申请调查收集证据的情形、人民法院根据案件情况指定的举证期限以及逾期提供证据的法律后果等内容。

2.270【司法解释】《2019 民事证据规定》第五十一条

举证期限可以由当事人协商，并经人民法院准许。

人民法院指定举证期限的，适用第一审普通程序审理的案件不得少于十五日，当事人提供新的证据的第二审案件不得少于十日。适用简易程序审理的案件不得超过十五日，小额诉讼案件的举证期限一般不得超过七日。

举证期限届满后，当事人提供反驳证据或者对已经提供的证据的来源、形式等方面的瑕疵进行补正的，人民法院可以酌情再次确定举证期限，该期限不受前款规定的期间限制。

二、逾期提供证据后果

2.271【司法解释】《2001 民事证据规定》第三十四条

当事人应当在举证期限内向人民法院提交证据材料，当事人在举证期限内不提交的，视为放弃举证权利。

对于当事人逾期提交的证据材料，人民法院审理时不组织质证。但对方当事人同意质证的除外。

当事人增加、变更诉讼请求或者提起反诉的，应当在举证期限届满前提出。

2.272【司法解释】《2015 民诉法解释》第一百零一条

当事人逾期提供证据的，人民法院应当责令其说明理由，必要时可以要求其提供相应的证据。

当事人因客观原因逾期提供证据，或者对方当事人对逾期提供证据未提出异议的，视为未逾期。

2.273【司法解释】《2015 民诉法解释》第一百零二条

当事人因故意或者重大过失逾期提供的证据，人民法院不予采纳。但该证据与案件基本事实有关的，人民法院应当采纳，并依照民事诉讼法第六十五条、第一百一十五条第一款的规定予以训诫、罚款。

当事人非因故意或者重大过失逾期提供的证据，人民法院应当采纳，并对当事人予以训诫。

当事人一方要求另一方赔偿因逾期提供证据致使其增加的交通、住宿、就餐、误工、证人出庭作证等必要费用的，人民法院可予支持。

2.274【司法解释】《2019 民事证据规则》第五十九条

人民法院对逾期提供证据的当事人处以罚款的，可以结合当事人逾期提供证据的主观过错程度、导致诉讼迟延的情况、诉讼标的金额等因素，确定罚款数额。

三、举证期限延长

2.275【司法解释】《2015 民诉法解释》第一百条

当事人申请延长举证期限的，应当在举证期限届满前向人民法院提出书面申请。

申请理由成立的，人民法院应当准许，适当延长举证期限，并通知其他当事人。延长的举证期限适用于其他当事人。

申请理由不成立的，人民法院不予准许，并通知申请人。

2.276【司法解释】《2001 民事证据规定》第三十六条

当事人在举证期限内提交证据材料确有困难的，应当在举证期限内向人民法院申请延期举证，经人民法院准许，可以适当延长举证期限。当事人在延长的举证期限内提交证据材料仍有困难的，可以再次提出延期申请，是否准许由人民法院决定。

2.277【指导意见】《2008 举证时限通知》第六条

关于当事人申请延长举证期限的问题。当事人申请延长举证期限经人民法院准许的，为平等保护双方当事人的诉讼权利，延长的举证期限适用于其他当事人。

2.278【司法解释】《2019 民事证据规定》第五十四条

当事人申请延长举证期限的，应当在举证期限届满前向人民法院提出书面申请。

申请理由成立的，人民法院应当准许，适当延长举证期限，并通知其他当事人。延长的举证期限适用于其他当事人。

申请理由不成立的，人民法院不予准许，并通知申请人。

四、举证期限重新指定

2.279【司法解释】《2001 民事证据规定》第三十五条

诉讼过程中，当事人主张的法律关系的性质或者民事行为的效力与人民法院根据案件事实作出的认定不一致的，不受本规定第三十四条规定的限制，人民法院应当告知当事人可以变更诉讼请求。

当事人变更诉讼请求的，人民法院应当重新指定举证期限。

2.280【司法解释】《2019 民事证据规定》第五十五条

存在下列情形的，举证期限按照如下方式确定：

（一）当事人依照民事诉讼法第一百二十七条规定提出管辖权异议的，举证期限中止，自驳回管辖权异议的裁定生效之日起恢复计算；

（二）追加当事人、有独立请求权的第三人参加诉讼或者无独立请求权的第三人经人民法院通知参加诉讼的，人民法院应当依照本规定第五十一条的规定为新参加诉讼的当事人确定举证期限，该举证期限适用于其他当事人；

（三）发回重审的案件，第一审人民法院可以结合案件具体情况和发回重审的原因，酌情确定举证期限；

（四）当事人增加、变更诉讼请求或者提出反诉的，人民法院应当根据案件具体情况重新确定举证期限；

（五）公告送达的，举证期限自公告期届满之次日起计算。

2.281【指导意见】《2008 举证时限通知》第七条

关于增加、变更诉讼请求以及提出反诉时的举证期限问题。当事人在一审举证期限内增加、变更诉讼请求或者提出反诉，或者人民法院依照《证据规定》第三十五条的规定告知当事人可以变更诉讼请求后，当事人变更诉讼请求的，人民法院应当根据案件的具体情况重新指定举证期限。当事人对举证期限有约定的，依照《证据规定》第三十三条第二款的规定处理。

2.282【指导意见】《2008 举证时限通知》第三条

关于当事人提出管辖权异议后的举证期限问题。当事人在一审答辩期内提出管辖权异议的，人民法院应当在驳回当事人管辖权异议的裁定生效后，依照《证据规定》第三十三条第三款的规定，重新指定不少于三十日的举证期限。但在征得当事人同意后，人民法院可以指定少于三十日的举证期限。

2.283【指导意见】《2008 举证时限通知》第四条

关于对人民法院依职权调查收集的证据提出相反证据的举证期限问题。人民法院依照《证据规定》第十五条调查收集的证据在庭审中出示后，当事人要求提供相反证据的，人民法院可以酌情确定相应的举证期限。

2.284【指导意见】《2008 举证时限通知》第五条

关于增加当事人时的举证期限问题。人民法院在追加当事人或者有独立请求权的第三人参加诉讼的情况下，应当依照《证据规定》第三十三条第三款的规定，为新参加诉讼的当事人指定举证期限。该举证期限适用于其他当事人。

2.285【指导意见】《2008 举证时限通知》第九条

关于发回重审案件举证期限问题。发回重审的案件，第一审人民法院在重新审理时，可以结合案件的具体情况和发回重审的原因等情况，酌情确定举证期限。如果案件是因违反法定程序被发回重审的，人民法院在征求当事人的意见后，可以不再指定举证期限或者酌情指定举证期限。但案件因遗漏当事人被发回重审的，按照本通知第五条处理。如果案件是因认定事实不清、证据不足发回重审的，人民法院可以要求当事人协商确定举证期限，或者酌情指定举证期限。上述举证期限不受“不得少于三十日”的限制。

第十九节 证据交接和证据交换

一、证据交接

2.286【法律】《2017 民诉法》第六十六条

人民法院收到当事人提交的证据材料，应当出具收据，写明证据名称、页数、份数、原件或者复印件以及收到时间等，并由经办人员签名或者盖章。

2.287【司法解释】《2001 民事证据规定》第十四条

当事人应当对其提交的证据材料逐一分类编号，对证据材料的来源、证明对象和内容作简要说明、签名盖章、注明提交日期，并依照对方当事人人数提出副本。

人民法院收到当事人提交的证据材料，应当出具收据，注明证据的名称、份数和页数以及收到的时间，由经办人员签名或者盖章。

2.288【司法解释】《2019 民事证据规定》第十九条

当事人应当对其提交的证据材料逐一分类编号，对证据材料的来源、证明对象和内容作简要说明，签名盖章，注明提交日期，并依照对方当事人人数提出副本。

人民法院收到当事人提交的证据材料，应当出具收据，注明证据的名称、份数和页数以及收到的时间，由经办人员签名或者盖章。

二、证据交换安排

2.289【司法解释】《2001 民事证据规定》第三十七条

经当事人申请，人民法院可以组织当事人在开庭审理前交换证据。

人民法院对于证据较多或者复杂疑难的案件，应当组织当事人在答辩期届满后、开庭审理前交换证据。

三、证据交换时间

2.290【司法解释】《2001 民事证据规定》第三十八条

交换证据的时间可以由当事人协商一致并经人民法院认可，也可以由人民法院指定。

人民法院组织当事人交换证据的，交换证据之日举证期限届满。当事人申请延期举证经人民法院准许的，证据交换日相应顺延。

2.291【司法解释】《2019 民事证据规定》第五十六条

人民法院依照民事诉讼法第一百三十三条第（四）项的规定，通过组织证据交换进行审理前准备的，证据交换之日举证期限届满。

证据交换的时间可以由当事人协商一致并经人民法院认可，也可以由人民法院指定。当事人申请延期举证经人民法院准许的，证据交换日相应顺延。

四、证据交换主持和目的

2.292【司法解释】《2001 民事证据规定》第三十九条

证据交换应当在审判人员的主持下进行。

在证据交换的过程中，审判人员对当事人无异议的事实、证据应当记录在卷；对有异议的证据，按照需要证明的事实分类记录在卷，并记载异议的理由。通过证据交换，确定双方当事人争议的主要问题。

2.293【司法解释】《2019 民事证据规定》第五十七条

证据交换应当在审判人员的主持下进行。

在证据交换的过程中，审判人员对当事人无异议的事实、证据应当记录在卷；对有异议的证据，按照需要证明的事实分类记录在卷，并记载异议的理由。通过证据交换，确定双方当事人争议的主要问题。

五、再次交换证据

2.294【司法解释】《2001 民事证据规定》第四十条

当事人收到对方交换的证据后提出反驳并提出新证据的，人民法院应当通知当事人在指定的时间进行交换。

证据交换一般不超过两次。但重大、疑难和案情特别复杂的案件，人民法院认为确有必要再次进行证据交换的除外。

2.295【司法解释】《2019 民事证据规定》第五十八条

当事人收到对方的证据后有反驳证据需要提交的，人民法院应当再次组织证据交换。

六、证据交换完成后出示证据

2.296【指导意见】《2005 纪要》第一百三十六条

海事法院根据当事人的申请向有关部门调查收集的证据，在当事人完成举证并出具完成举证说明书后出示。

第二十节　证据出示和质证

一、证据出示和质证强制性

2.297【法律】《2017 民诉法》第六十八条

证据应当在法庭上出示，并由当事人互相质证。对涉及国家秘密、商业秘密和个人隐私的证据应当保密，需要在法庭出示的，不得在公开开庭时出示。

2.298【司法解释】《2015 民诉法解释》第一百零三条

证据应当在法庭上出示，由当事人互相质证。未经当事人质证的证据，不得作为认定案件事实的根据。

当事人在审理前的准备阶段认可的证据，经审判人员在庭审中说明后，视为质证过的证据。

涉及国家秘密、商业秘密、个人隐私或者法律规定应当保密的证据，不得公开质证。

2.299【司法解释】《2001 民事证据规定》第四十七条

证据应当在法庭上出示，由当事人质证。未经质证的证据，不能作为认定案件事实的依据。

当事人在证据交换过程中认可并记录在卷的证据，经审判人员在庭审中说明后，可以作为认定案件事实的依据。

2.300【司法解释】《2019 民事证据规定》第六十条

当事人在审理前的准备阶段或者人民法院调查、询问过程中发表过质证意见的证据，视为质证过的证据。

当事人要求以书面方式发表质证意见，人民法院在听取对方当事人意见后认为有必要的，可以准许。人民法院应当及时将书面质证意见送交对方当事人。

2.301【司法解释】《2001 民事证据规定》第四十八条

涉及国家秘密、商业秘密和个人隐私或者法律规定的其他应当保密的证据，不得在开庭时公开质证。

2.302【司法解释】《2016 刑案电子数据规定》第四条

电子数据涉及国家秘密、商业秘密、个人隐私的，应当保密。

二、核对原件、原物

2.303【司法解释】《2001 民事证据规定》第四十九条

对书证、物证、视听资料进行质证时，当事人有权要求出示证据的原件或者原物。但有下列情况之一的除外：

（一）出示原件或者原物确有困难并经人民法院准许出示复制件或者复制品的；

（二）原件或者原物已不存在，但有证据证明复制件、复制品与原件或原物一致的。

2.304【司法解释】《2019 民事证据规定》第六十一条

对书证、物证、视听资料进行质证时，当事人应当出示证据的原件或者原物。但有下列情形之一的除外：

（一）出示原件或者原物确有困难并经人民法院准许出示复制件或者复制品的；

（二）原件或者原物已不存在，但有证据证明复制件、复制品与原件或者原物一致的。

三、质证范围

2.305【司法解释】《2001民事证据规定》第五十条

质证时当事人应当围绕证据的真实性、关联性、合法性，针对证据证明力有无以及证明力大小，进行质疑、说明与辩驳。

2.306【司法解释】《2015民诉法解释》第一百零四条

人民法院应当组织当事人围绕证据的真实性、合法性以及与待证事实的关联性进行质证，并针对证据有无证明力和证明力大小进行说明和辩论。

能够反映案件真实情况、与待证事实相关联、来源和形式符合法律规定的证据，应当作为认定案件事实的根据。

四、质证记录

2.307【司法解释】《2001民事证据规定》第六十二条

法庭应当将当事人的质证情况记入笔录，并由当事人核对后签名或者盖章。

五、质证次序

2.308【司法解释】《2001民事证据规定》第五十一条

质证按下列顺序进行：

（一）原告出示证据，被告、第三人与原告进行质证；

（二）被告出示证据，原告、第三人与被告进行质证；

（三）第三人出示证据，原告、被告与第三人进行质证。

人民法院依照当事人申请调查收集的证据，作为提出申请的一方当事人提供的证据。

人民法院依照职权调查收集的证据应当在庭审时出示，听取当事人意见，并可就调查收集该证据的情况予以说明。

2.309【司法解释】《2019民事证据规定》第六十二条

质证一般按下列顺序进行：

（一）原告出示证据，被告、第三人与原告进行质证；

（二）被告出示证据，原告、第三人与被告进行质证；

（三）第三人出示证据，原告、被告与第三人进行质证。

人民法院根据当事人申请调查收集的证据，审判人员对调查收集证据的情况进行说明后，由提出申请的当事人与对方当事人、第三人进行质证。

人民法院依职权调查收集的证据，由审判人员对调查收集证据的情况进行说明后，听取当事人的意见。

2.310【司法解释】《2001 民事证据规定》第五十二条

案件有两个以上独立的诉讼请求的，当事人可以逐个出示证据进行质证。

第二十一节　当事人陈述

一、对当事人陈述的要求

2.311【司法解释】《2019 民事证据规定》第六十三条

当事人应当就案件事实作真实、完整的陈述。

当事人的陈述与此前陈述不一致的，人民法院应当责令其说明理由，并结合当事人的诉讼能力、证据和案件具体情况进行审查认定。

当事人故意作虚假陈述妨碍人民法院审理的，人民法院应当根据情节，依照民事诉讼法第一百一十一条的规定进行处罚。

二、当事人陈述的程序

2.312【司法解释】《2019 民事证据规定》第六十四条

人民法院认为有必要的，可以要求当事人本人到场，就案件的有关事实接受询问。

人民法院要求当事人到场接受询问的，应当通知当事人询问的时间、地点、拒不到场的后果等内容。

2.313【司法解释】《2019 民事证据规定》第六十五条

人民法院应当在询问前责令当事人签署保证书并宣读保证书的内容。

保证书应当载明保证据实陈述，绝无隐瞒、歪曲、增减，如有虚假陈述应当接受处罚等内容。当事人应当在保证书上签名、捺印。

当事人有正当理由不能宣读保证书的，由书记员宣读并进行说明。

2.314【司法解释】《2019 民事证据规定》第六十六条

当事人无正当理由拒不到场、拒不签署或宣读保证书或者拒不接受询问的，人民法院应当综合案件情况，判断待证事实的真伪。待证事实无其他证据证明的，人民法院应当作出不利于该当事人的认定。

第二十二节　证人出庭作证

一、证人出庭作证申请期限

2.315【司法解释】《2015 民诉法解释》第一百一十七条

当事人申请证人出庭作证的，应当在举证期限届满前提出。

符合本解释第九十六条第一款规定情形的，人民法院可以依职权通知证人出庭作证。

未经人民法院通知，证人不得出庭作证，但双方当事人同意并经人民法院准许的除外。

2.316【司法解释】《2001 民事证据规定》第五十四条

当事人申请证人出庭作证，应当在举证期限届满十日前提出，并经人民法院许可。

人民法院对当事人的申请予以准许的，应当在开庭审理前通知证人出庭作证，并告知其应当如实作证及作伪证的法律后果。

证人因出庭作证而支出的合理费用，由提供证人的一方当事人先行支付，由败诉一方当事人承担。

2.317【司法解释】《2019 民事证据规定》第六十九条

当事人申请证人出庭作证的，应当在举证期限届满前向人民法院提交申请书。

申请书应当载明证人的姓名、职业、住所、联系方式，作证的主要内容，作证内容与待证事实的关联性，以及证人出庭作证的必要性。

符合《最高人民法院关于适用〈中华人民共和国民事诉讼法〉的解释》第九十六条第一款规定情形的，人民法院应当依职权通知证人出庭作证。

2.318【司法解释】《2019 民事证据规定》第七十条

人民法院准许证人出庭作证申请的，应当向证人送达通知书并告知双方当事人。通知书中应当载明证人作证的时间、地点，作证的事项、要求以及作伪证的法律后果等内容。

当事人申请证人出庭作证的事项与待证事实无关，或者没有通知证人出庭作证必要的，人民法院不予准许当事人的申请。

二、证人出庭作证之原则及例外

2.319【法律】《2017 民诉法》第七十三条

经人民法院通知，证人应当出庭作证。有下列情形之一的，经人民法院许可，可以通过书面证言、视听传输技术或者视听资料等方式作证：

（一）因健康原因不能出庭的；

（二）因路途遥远，交通不便不能出庭的；

（三）因自然灾害等不可抗力不能出庭的；

（四）其他有正当理由不能出庭的。

2.320【司法解释】《2019 民事证据规定》第七十六条

证人确有困难不能出庭作证，申请以书面证言、视听传输技术或者视听资料等方式作证的，应当向人民法院提交申请书。申请书中应当载明不能出庭的具体原因。

符合民事诉讼法第七十三条规定情形的，人民法院应当准许。

2.321【司法解释】《2001 民事证据规定》第五十五条

证人应当出庭作证，接受当事人的质询。

证人在人民法院组织双方当事人交换证据时出席陈述证言的，可视为出庭作证。

2.322【司法解释】《2019 民事证据规定》第六十八条

人民法院应当要求证人出庭作证，接受审判人员和当事人的询问。证人在审理前的准备阶段或者人民法院调查、询问等双方当事人在场时陈述证言的，视为出庭作证。

双方当事人同意证人以其他方式作证并经人民法院准许的，证人可以不出庭作证。

无正当理由未出庭的证人以书面等方式提供的证言，不得作为认定案件事实的根据。

2.323【司法解释】《2001 民事证据规定》第五十六条

《民事诉讼法》第七十条规定的“证人确有困难不能出庭”，是指有下列情形：

（一）年迈体弱或者行动不便无法出庭的；

（二）特殊岗位确实无法离开的；

（三）路途特别遥远，交通不便难以出庭的；

（四）因自然灾害等不可抗力的原因无法出庭的；

（五）其他无法出庭的特殊情况。

前款情形，经人民法院许可，证人可以提交书面证言或者视听资料或者通过双向视听传输技术手段作证。

三、证人出庭作证费用垫付及承担

2.324【法律】《2017 民诉法》第七十四条

证人因履行出庭作证义务而支出的交通、住宿、就餐等必要费用以及误工损失，由败诉一方当事人负担。当事人申请证人作证的，由该当事人先行垫付；当事人没有申请，人民法院通知证人作证的，由人民法院先行垫付。

2.325【司法解释】《2015 民诉法解释》第一百一十八条

民事诉讼法第七十四条规定的证人因履行出庭作证义务而支出的交通、住宿、就餐等必要费用，按照机关事业单位工作人员差旅费用和补贴标准计算；误工损失按照国家上年度职工日平均工资标准计算。

人民法院准许证人出庭作证申请的，应当通知申请人预缴证人出庭作证费用。

2.326【司法解释】《2019 民事证据规定》第七十五条

证人出庭作证后，可以向人民法院申请支付证人出庭作证费用。证人有困难需要预先支取出庭作证费用的，人民法院可以根据证人的申请在出庭作证前支付。

四、证人出庭作证前签署保证书

2.327【司法解释】《2015 民诉法解释》第一百一十九条

人民法院在证人出庭作证前应当告知其如实作证的义务以及作伪证的法律后果，并责令其签署保证书，但无民事行为能力人和限制民事行为能力人除外。

证人签署保证书适用本解释关于当事人签署保证书的规定。

2.328【司法解释】《2015 民诉法解释》第一百二十条

证人拒绝签署保证书的，不得作证，并自行承担相关费用。

2.329【司法解释】《2019 民事证据规定》第七十一条

人民法院应当要求证人在作证之前签署保证书，并在法庭上宣读保证书的内容。但无民事行为能力人和限制民事行为能力人作为证人的除外。

证人确有正当理由不能宣读保证书的，由书记员代为宣读并进行说明。

证人拒绝签署或者宣读保证书的，不得作证，并自行承担相关费用。

证人保证书的内容适用当事人保证书的规定。

2.330【司法解释】《2019 民事证据规定》第七十七条

证人经人民法院准许，以书面证言方式作证的，应当签署保证书；以视听传输技术或者视听资料方式作证的，应当签署保证书并宣读保证书的内容。

五、证人出庭陈述规范

2.331【司法解释】《2001 民事证据规定》第五十七条

出庭作证的证人应当客观陈述其亲身感知的事实。证人为聋哑人的，可以其他表达方式作证。

证人作证时，不得使用猜测、推断或者评论性的语言。

2.332【司法解释】《2019 民事证据规定》第七十二条

证人应当客观陈述其亲身感知的事实，作证时不得使用猜测、推断或者评论性语言。

证人作证前不得旁听法庭审理，作证时不得以宣读事先准备的书面材料的方式陈述证言。

证人言辞表达有障碍的，可以通过其他表达方式作证。

2.333【司法解释】《2019民事证据规定》第七十三条

证人应当就其作证的事项进行连续陈述。

当事人及其法定代理人、诉讼代理人或者旁听人员干扰证人陈述的，人民法院应当及时制止，必要时可以依照民事诉讼法第一百一十条的规定进行处罚。

六、证人询问及交叉盘问

2.334【司法解释】《2001民事证据规定》第五十八条

审判人员和当事人可以对证人进行询问。证人不得旁听法庭审理；询问证人时，其他证人不得在场。人民法院认为有必要的，可以让证人进行对质。

2.335【司法解释】《2019民事证据规定》第七十四条

审判人员可以对证人进行询问。当事人及其诉讼代理人经审判人员许可后可以询问证人。

询问证人时其他证人不得在场。

人民法院认为有必要的，可以要求证人之间进行对质。

2.336【司法解释】《2001民事证据规定》第六十条

经法庭许可，当事人可以向证人、鉴定人、勘验人发问。

询问证人、鉴定人、勘验人不得使用威胁、侮辱及不适当引导证人的言语和方式。

2.337【司法解释】《2019民事证据规定》第八十二条

经法庭许可，当事人可以询问鉴定人、勘验人。

询问鉴定人、勘验人不得使用威胁、侮辱等不适当的言语和方式。

2.338【司法解释】《2019民事证据规定》第九十九条第二款第一种情形

除法律、司法解释另有规定外，对当事人、鉴定人、有专门知识的人的询问参照适用本规定中关于询问证人的规定。

七、证人证言的认定

2.339【司法解释】《2019民事证据规定》第九十六条

人民法院认定证人证言，可以通过对证人的智力状况、品德、知识、经验、法律意识和专业技能等的综合分析作出判断。

第二十三节　证据审核认定

一、单一证据证明力审查

2.340【司法解释】《2001 民事证据规定》第六十五条

审判人员对单一证据可以从下列方面进行审核认定：

（一）证据是否原件、原物，复印件、复制品与原件、原物是否相符；

（二）证据与本案事实是否相关；

（三）证据的形式、来源是否符合法律规定；

（四）证据的内容是否真实；

（五）证人或者提供证据的人，与当事人有无利害关系。

2.341【司法解释】《2019 民事证据规定》第八十七条

审判人员对单一证据可以从下列方面进行审核认定：

（一）证据是否为原件、原物，复制件、复制品与原件、原物是否相符；

（二）证据与本案事实是否相关；

（三）证据的形式、来源是否符合法律规定；

（四）证据的内容是否真实；

（五）证人或者提供证据的人与当事人有无利害关系。

2.342【司法解释】《2019 民事证据规定》第九十条

下列证据不能单独作为认定案件事实的根据：

（一）当事人的陈述；

（二）无民事行为能力人或者限制民事行为能力人所作的与其年龄、智力状况或者精神健康状况不相当的证言；

（三）与一方当事人或者其代理人有利害关系的证人陈述的证言；

（四）存有疑点的视听资料、电子数据；

（五）无法与原件、原物核对的复制件、复制品。

二、数个证据证明力审查

2.343【司法解释】《2001 民事证据规定》第七十七条

人民法院就数个证据对同一事实的证明力，可以依照下列原则认定：

（一）国家机关、社会团体依职权制作的公文书证的证明力一般大于其他书证；

（二）物证、档案、鉴定结论、勘验笔录或者经过公证、登记的书证，其证明力一般大于其他书证、视听资料和证人证言；

（三）原始证据的证明力一般大于传来证据；

（四）直接证据的证明力一般大于间接证据；

（五）证人提供的对与其有亲属或者其他密切关系的当事人有利的证言，其证明力一般小于其他证人证言。

2.344【司法解释】《2019 民事证据规定》第八十八条

审判人员对案件的全部证据，应当从各证据与案件事实的关联程度、各证据之间的联系等方面进行综合审查判断。

三、当事人无争议证据

2.345【司法解释】《2001 民事证据规定》第七十九条第二款

对当事人无争议的证据，是否采纳的理由可以不在裁判文书中表述。

2.346【司法解释】《2019 民事证据规定》第八十九条

当事人在诉讼过程中认可的证据，人民法院应当予以确认。但法律、司法解释另有规定的除外。

当事人对认可的证据反悔的，参照《最高人民法院关于适用〈中华人民共和国民事诉讼法〉的解释》第二百二十九条的规定处理。

2.347【司法解释】《2015 民诉法解释》第二百二十九条

当事人在庭审中对其在审理前的准备阶段认可的事实和证据提出不同意见的，人民法院应当责令其说明理由。必要时，可以责令其提供相应证据。人民法院应当结合当事人的诉讼能力、证据和案件的具体情况进行审查。理由成立的，可以列入争议焦点进行审理。

四、被告缺席时证据审查

2.348【指导意见】《2005 纪要》第四十五条

对经合法传唤的被告未到庭而进行缺席审判的案件，不能免除原告对其诉讼请求的证明责任，人民法院仍应对原告所提交的证据材料进行审查。

第二十四节　证据相关行政处罚及刑事责任

2.349【法律】《2017 民诉法》第一百一十一条

诉讼参与人或者其他人有下列行为之一的，人民法院可以根据情节轻重予以罚款、拘留；构成犯罪的，依法追究刑事责任：

（一）伪造、毁灭重要证据，妨碍人民法院审理案件的；

（二）以暴力、威胁、贿买方法阻止证人作证或者指使、贿买、胁迫他人作伪证的；

（三）隐藏、转移、变卖、毁损已被查封、扣押的财产，或者已被清点并责令其保管的财产，转移已被冻结的财产的；

（四）对司法工作人员、诉讼参加人、证人、翻译人员、鉴定人、勘验人、协助执行的人，进行侮辱、诽谤、诬陷、殴打或者打击报复的；

（五）以暴力、威胁或者其他方法阻碍司法工作人员执行职务的；

（六）拒不履行人民法院已经发生法律效力的判决、裁定的。

人民法院对有前款规定的行为之一的单位，可以对其主要负责人或者直接责任人员予以罚款、拘留；构成犯罪的，依法追究刑事责任。

2.350【司法解释】《2001 民事证据规定》第八十条

对证人、鉴定人、勘验人的合法权益依法予以保护。

当事人或者其他诉讼参与人伪造、毁灭证据，提供假证据，阻止证人作证，指使、贿买、胁迫他人作伪证，或者对证人、鉴定人、勘验人打击报复的，依照《民事诉讼法》第一百零二条的规定处理。

2.351【司法解释】《2019 民事证据规定》第九十八条

对证人、鉴定人、勘验人的合法权益依法予以保护。

当事人或者其他诉讼参与人伪造、毁灭证据，提供虚假证据，阻止证人作证，指使、贿买、胁迫他人作伪证，或者对证人、鉴定人、勘验人打击报复的，依照民事诉讼法第一百一十条、第一百一十一条的规定进行处罚。

2.352【司法解释】《2019 民事证据规定》第七十八条

当事人及其诉讼代理人对证人的询问与待证事实无关，或者存在威胁、侮辱证人或不适当引导等情形的，审判人员应当及时制止。必要时可以依照民事诉讼法第一百一十条、第一百一十一条的规定进行处罚。

证人故意作虚假陈述，诉讼参与人或者其他人以暴力、威胁、贿买等方法妨碍证人作证，或者在证人作证后以侮辱、诽谤、诬陷、恐吓、殴打等方式对证人打击报复的，人民法院应当根据情节，依照民事诉讼法第一百一十一条的规定，对行为人进行处罚。

中国涉海商事法基石及未来

本书首创中国涉海商事法大一统模型，将散列涉海商事法律规范，以管辖法、程序法、法律适用法、实体法、特别证据规则和一般证据规则等六类法律规范为导向，予以系统化集成，并按此框架对具体法律章节和条文进行了初步归集。

因此，本书在一定时期内可作为涉海商事法律实务检索工具书使用，并可作为跟踪涉海商事法律规范更新之框架，从而产生持续应用价值。

从未来较长时期看，本书将此前一段时期（20 世纪 90 年代至 21 世纪 10 年代）涉海商事法汇纂，作为此后一段时期调整基准和具体参照，故有基石之义。

承前启后，中国涉海商事法未来如何，仍充满变数和乱流。

在全球范围内，涉海商事可远绍公元前十八世纪两河流域，公元前六世纪至八世纪兴盛于环地中海，之后扩及阿拉伯半岛及欧洲大陆及斯堪的纳维亚半岛。

随着大航海时代及地理大发现之开拓，涉海商事逐渐遍及全球。此期间屡次发生海权兴替。

这种历史传承决定了涉海商事之惯例性、技术性和竞争性，是已体现于涉海商事法中。

进一步，航运商事历来为资本密集型行业，航运金融如影随形。其内在要求决定了相应法律势必具有确定性、可预见性、法律风险可控性、争议诉辩性以及裁判逻辑性；否则航运金融活动当事人均无法具有信心，而时刻担忧资金出借与回笼，事不成矣。

涉海经济和金融与涉海商事法之衔接切换部，历来幽隐，却为航运权枢。

恰在此兵家必争之地，即二者之间如何进行衔接切换，形成了三大航运流派，即欧陆流派、英美流派及穆斯林流派。

值此我国《1992 海商法》修订之际、正当我国海洋强国战略推行之时，我国相关法律规定势必受到涉海经济、商业及金融之内在制约，同时面临当前流行之欧陆、英美及穆斯林三大航运流派之外在竞争。

因此，涉海商事法实际上并不具有太多任意性，否则其后果只能是对内自损涉海经济、商业及金融之根本，对外败退于其他航运流派。

涉海商事法甚至不具有独立性，仅为航运经济、商业及金融之剑锋或芳华。涉海经济、商业及金融更优安排需要对应涉海商事法，否则二者俱废。

涉海商事法之非任意性和非独立性，进一步彰显了涉海经济、金融及商事与涉海法衔接切换部之权枢地位和作用。这对于未来涉海经济、商业和金融走向提供了新式解析维度，乃深具战略意义者，非同小可。

随着电商时代来临、人工智能勃兴，民间个体被赋予更多能量。就涉海经济而言，其已开始与游鲨潜鳄乃至大邑小邦共舞。

非洲有驴。燕赵一介布衣，泛海贩之。得驴，船运于越。获利而返。

此事虽小，可以见大，其中蕴含涉海经济和商业、金融模式，关乎涉海商事法变迁。由此推阐，众多个体融于航运将会改变涉海经济以及涉海法格局。

是故，秉此权枢，布衣之怒，可行路于海，大邑之谦，可来远民。

鸣 谢

本书谋篇布局系受《中国海商法研究》（2015 年第 3 期）、《中国海法典编纂论纲》（作者：司玉琢、李天生）启发。2019 年 7 月 21 日，笔者有幸在大连拜见司玉琢老师、初北平老师、蒋跃川老师、李天生老师和刘晨虹老师等，就海法体系和学科初步想法进行了汇报，获得了关键指正，激发了更深思考。这就为本书从 2019 年 7 月 21 日至 9 月 23 日两个月时间内完成初稿定型提供了难以估量的智慧和动力！定稿之后，司玉琢老师为本书欣然作序，点明诀要，提携后进，以如海气魄对我国建设海洋强国、建设“21 世纪海上丝绸之路”、构建中国特色海法体系和创建海法学科提出殷切期盼！谨向以上诸君，顺致谢忱！

随之，笔者以书稿求教于大成所高级合伙人王英波大律师，幸得赞誉，心下轻安。又承蒙第十一届人大代表、第十二届全国政协常委、大成 Dentons 全球董事局主席彭雪峰先生为本书作序，在更高层次上阐述了本书在法律服务专业化、国际化以及中国法治国际合作方面的意义，既展示中国法治发展成果，又看到其中薄弱环节，以辩证眼光看待问题，侧重自强不息、聚力前行，意境高远！借此机会，诚挚感谢！

特别感谢全职国际商事仲裁员、最高人民法院国际商事法庭专家委员会委员、香港国际仲裁中心名誉主席杨良宜先生、中山大学法学院教授、博士生导师、南方海洋科学与工程广东省实验室（珠海）特聘研究员郭萍教授、上海国际航运研究中心理事会专家委员会委员金海博士推荐本书！

杨良宜先生是我的启蒙者。我在 1998 年反复读了杨先生《英国合约法》，从此走上了海商法的道路。这本书至今还在我的书架上，经过 21 年岁月，书页已经泛黄褶皱，字里行间的读书笔记已经褪色，但其专业光芒和勇于格剑的精神历久弥新！因此，杨先生能为本书写推荐语，我是深受感动并深感荣幸的，甚至想到，当我老了，是不是也能像杨先生一样对中国海商法事业仍然充满热情，乃至越战越勇。

郭萍老师在我于2017年至2018年写第一本书《保险合同争端解决通典》时就曾给予无私帮助，以深厚的学术见地开示我对中国保险合同法进行不断深入的拆解和整合。当我于2019年12月28日就本书稿恭请郭老师评论时，郭老师更是一针见血地指出我的法律“混搭”技术越来越娴熟，而这种法律“混搭”恰是海商实务不可或缺，从而具有了一种创新意义。这再次生动地展示了郭老师开放和精湛的学术素养。

金海博士从航运产业周期及投融资走势的新维度看待本书，让涉海商事法律规范扎根航运产业发展，如同安放了一把“定海神针”，为我打开了一片新视野。

感谢北京大成（广州）律师事务所胡圆圆律师对于本书英文书名提供的宝贵建议。

本书于2019年9月23日向法律出版社递交初稿，10月28日收到审稿意见，经系统修改后于11月18日杀青。改稿过程中，本书原有法律认知中模糊之处开始显露并变得明朗，混乱之处开始纠结并得以厘清。募然回望，初稿重浊，腐叶遍地；终稿轻清，云卷云舒；脱黏去缚，顿然发生。为此，感谢法律出版社田浩编辑及各位审稿和排版老师专业和悉心指导！法律出版社堪称我国法律出版界模范。

值得一提的是，本书设有“涉海法哲学导论”一节，其依据主要在于《超越分析哲学——尽显我们所知领域的本相》（［美］王浩著，徐英瑾译，浙江大学出版社2010年版）和《物演通论——自然存在、精神存在与社会存在的统一哲学原理》（王东岳著，中信出版社2015年版），两书均尝试对传统哲学予以批判和扬弃，其中创设多有深合本书法式者，振聋发聩。

例如，按王浩《超越分析哲学》“前言”，“哲学研究的重点便是对我们的所知、所信及所感的恰当遴选和排列，而不是像科学那样着重于发现，或像艺术那样着重于创造”，“只有经过‘所知’这道细网的筛选（至少以惯常的俗套方式筛选之），‘所信’及‘所感’才有资格进入哲学——因为只有在我们的信念和感受为我们所知的前提下，前二者才能够为我们所用”。涉海法作为人们对涉海实务进行法律认知的产物，此“所知”既体现于相关法律规范中，其中又蕴含着“所信”与“所感”，对其进行遴选和排列，岂孔子“述而不作”之微言大义欤？是为本书体系之哲学基础。

又如，按王东岳《物演通论》第495页至第496页，其“第一次明确指出了‘精神’的自然源头，回答了自笛卡尔以来始终存在的‘物质实体’与‘心灵实体’的关系问题，即彻底清理了‘知’与‘在’的终极关系问题，将认识论从‘横向二元并立关系’转变为‘纵向一元衍存关系’，也就是将既往哲学所争论不休的‘认识什么和如何认识’的纯主观问题，归结或还原为‘认识的本性在于如何维系其载体存在’的存在论问题”。实际上，涉海法作为一种精神现象，乃是涉海实务的属性之一，其从涉海实务中衍生，用以维系涉海实务之发展，二者分合之际乃是一脉，唯此一脉之逻辑因人而异、各有短长尔，故有不同涉海实务与涉海法之流变。是故，涉海法与涉海实务“变动不居，周流六虚，上下无常，刚柔相易，不可为典要，唯变所适”（语出《周易系辞下》），乃为本书之深意。

另外，若无家人分忧，包括承担家务和专心上学读书，笔者在工作之余也无法倾注如许精力完成本书，乃成蹉跎，因此功劳亦归之。

最后，还有众多同仁为本书提供了慷慨的帮助，在此一并致谢！

任雁冰

2019年12月30日于广州

图书在版编目(CIP)数据

涉海商事争议解决法律全书:规则通解与实务指引/任雁冰编著. --北京:法律出版社,2020
ISBN 978-7-5197-4197-6

Ⅰ.①涉… Ⅱ.①任… Ⅲ.①海商法-研究 Ⅳ.①D996.19

中国版本图书馆CIP数据核字(2020)第021224号

涉海商事争议解决法律全书
——规则通解与实务指引
SHEHAI SHANGSHI ZHENGYI JIEJUE FALÜ QUANSHU
—GUIZE TONGJIE YU SHIWU ZHIYIN

任雁冰 编著

责任编辑 田 浩 薛 晗
装帧设计 汪奇峰

出版 法律出版社
总发行 中国法律图书有限公司
经销 新华书店
印刷 中煤(北京)印务有限公司
责任校对 杨锦华
责任印制 胡晓雅

编辑统筹 法商出版分社
开本 787毫米×1092毫米 1/16
印张 30.25
字数 569千
版本 2020年4月第1版
印次 2020年4月第1次印刷

法律出版社/北京市丰台区莲花池西里7号(100073)
网址/www.lawpress.com.cn
投稿邮箱/info@lawpress.com.cn
举报维权邮箱/jbwq@lawpress.com.cn
销售热线/400-660-8393
编辑电话/010-83938130

中国法律图书有限公司/北京市丰台区莲花池西里7号(100073)
全国各地中法图分、子公司销售电话:
统一销售客服/400-660-8393/6393
第一法律书店/010-83938432/8433
西安分公司/029-85330678
重庆分公司/023-67453036
上海分公司/021-62071639/1636
深圳分公司/0755-83072995

书号:ISBN 978-7-5197-4197-6
定价:128.00元
(如有缺页或倒装,中国法律图书有限公司负责退换)